Grundwissen Politik

Paul Ackermann
Horst Becker
Jürgen Feick
Eva-Maria Hartmann
Gerhard Hufnagel
Christine Probst-Dobler
Herbert Uhl
Jürgen Wagner
Dieter Wolf

Ernst Klett Schulbuchverlag
Stuttgart Düsseldorf Berlin Leipzig

Inhaltsverzeichnis

2 Wirtschaftsprozesse, Wirtschaftsordnungen und Wirtschaftspolitik

3 Das politische System der Bundesrepublik Deutschland

4 Recht und Rechtsprechung

5 Massenmedien

6 Umweltpolitik

7 Europäische Union

8 Internationale Beziehungen: Regionale und globale Friedenssicherung

9 Entwicklungsländer und Entwicklungspolitik: Der Nord-Süd-Konflikt

Politik und Geschmack haben zwei Dinge gemeinsam: Über beide läßt sich trefflich streiten und die Meinungen über das jeweils Richtige gehen weit auseinander. Doch während sich kaum jemand findet, der sich nicht ein eigenes Urteil etwa über Musik, Mode oder Mitmenschen zutraut, überlassen die meisten Menschen die Politik „denen da oben". Dieses Abschieben entspricht einer Tradition, die in der Politik schon immer „Ein garstig Lied! Pfui! Ein politisch Lied!" gesehen hat. Auch heute noch wird die Politik häufig als ein zwar notwendiges Übel angesehen, an der sich aber niemand durch eigenes Handeln „Schmutzigmachen" möchte.

Dabei wird meist verkannt, daß sich Politik zum einen nicht als eine Art unabänderliches Schicksal über unseren Köpfen zusammenbraut und zum anderen gerade erst das fehlende Wissen über die vielfältigen und teilweise komplizierten Zusammenhänge und inneren Gesetzmäßigkeiten der Politik zur Unzufriedenheit mit ihr, aber auch zur eigenen (politischen) Ohnmacht führen. Politische Entscheidungen in Form von Gesetzen, Verordnungen, Rahmenvorgabe oder finanziellen Zuweisungen beeinflussen durchaus unser tägliches Leben, unsere Lebensplanung, unsere Arbeits- und Handlungsmöglichkeiten (z. B. Tarifautonomie der Arbeitgeber und Arbeitnehmer, Straßenverkehrsordnung, Hochschulrahmengesetz oder die Förderung Auszubildender nach dem Bundesausbildungsgesetz). Deshalb ermöglichen grundlegende Kenntnisse über all das, was Politik ausmacht, nicht nur ein besseres Verständnis etwa der Nachrichten und politischen Berichte in den Medien, sondern auch einen größeren Gestaltungsspielraum der eigenen Geschicke durch die Fähigkeit, politisch zu handeln.

Die leitenden *Grundfragen* dieses „Grundwissens" waren daher: Was muß die und der einzelne wissen, um politische Vorgänge und Ereignisse zu durchschauen, um sie verstehen und eigenständig beurteilen zu können? Welche Kenntnisse sollten vorhanden sein, um Politik nicht nur erleben, sondern durch Beteiligung und eigenes Handeln erfahren und gestalten zu können?

Die Autorinnen und Autoren aus den Bereichen Wissenschaft und Schule nähern sich dem umfassenden Thema „Politik" auf unterschiedliche Art und Weise, um so deren vielfältiger Erscheinungs- und Wirkungsformen gerecht zu werden: So beeinflussen *gesellschaftliche Voraussetzungen* (z. B. Einkommens- und Vermögensverhältnisse, Bildungschancen oder Familienstrukturen) und *wirtschaftliche Rahmenbedingungen* (z. B. soziale Marktwirtschaft, Preise und Inflation oder außenwirtschaftliche Beziehungen) die Vorgänge im *politischen System* (z. B. Zuständigkeiten

der politischen Organe, Aufgaben der Parteien oder der Weg eines Gesetzes). Gleichzeitig bestimmen die *Rechtsverhältnisse* eines Landes (z. B. Grundgesetz, Organe der Rechtssprechung oder die Aufgaben des Rechts im demokratischen Staat) die ‚Spielregeln' für Staat und Gesellschaft. Angesichts eines weitreichenden Wandels der politischen Verhältnisse in den letzten Jahren (Ende des Kalten Krieges, Deutsche Einheit, Voranschreiten der europäischen Einigung) war *ein vollständig neu bearbeitetes und im Umfang erweitertes „Grundwissen Politik"* notwendig geworden. Dabei wurde versucht, den verstärkten meinungsbildenden Einfluß der *Massenmedien,* aber auch deren demokratiefördernde Rolle zu berücksichtigen. Zudem wurde ein Kapitel über ein ganz konkretes Politikfeld (Umweltpolitik) hinzugefügt, um anhand eines Beispiels das *mannigfaltige Zusammenspiel der gesellschaftlichen, wirtschaftlichen, politischen und rechtlichen Ebenen* zu demonstrieren.
Politik spielt sich jedoch nicht nur innerhalb eines Staates, sondern auch zwischen den Staaten ab. Für die Bundesrepublik als hochindustrialisiertes, außerordentlich exportabhängiges Land sind dabei nicht allein die nachbarschaftlichen Beziehungen in der Europäischen Union lebensnotwendig, sondern auch das friedliche Zusammenleben der Völker der Erde und der Ausgleich zwischen den reichen Ländern des Nordens und den armen Ländern des Südens. Aus diesen Grundüberlegungen ergab sich der Rahmen des neuen „Grundwissen Politik", das die Schulbücher zum selben Thema ergänzen soll: (1) Gesellschaft, (2) Wirtschaft, (3) Politisches System, (4) Recht, (5) Massenmedien, (6) Umweltpolitik, (7) Europäische Union, (8) Friedenssicherung und (9) Nord-Süd-Konflikt.
Eine klare und allgemeinverständliche Darstellung, Schaubilder und Tabellen erleichtern es der Leserin und dem Leser, sich rasch einen Überblick über die wichtigsten politischen Daten und Zusammenhänge zu verschaffen. Das Buch ermöglicht, die sich daraus ergebenden Probleme in systematischer Weise zu erarbeiten, Informationen zu ordnen und bereits vorhandene Kenntnisse aufzufrischen. Ein ausführliches Stichwortregister und eine übersichtliche Gliederung machen es zudem möglich, das „Grundwissen" auch als Nachschlagewerk zu benutzen.

1 Gesellschaft in Deutschland – Strukturen und Konflikte

Gesellschaft = Konflikt und Kooperation   Die Gesellschaft kann als Summe von Einzelmenschen (Individuen) verstanden werden, die wie in einem Netzwerk untereinander in Verbindung stehen, um – teils friedlich, teils feindlich – bestimmte Ziele zu erreichen und bestimmte Bedürfnisse zu befriedigen. Die einzelnen Menschen wie die verschiedenen Gruppen einer Gesellschaft können sehr unterschiedliche Auffassungen und Absichten haben, so daß soziale Konflikte in jeder sozialen Einheit zu beobachten sind. Diese Beziehungen werden sehr häufig für eine längere Dauer beibehalten und durch besondere Maßnahmen geregelt, wie beispielsweise Gebote, Verträge, Belohnungen und Strafen; besonders wichtig sind die Bestimmungen darüber, wer jeweils zu der sozialen Einheit gehört. Dies gilt für Familien ebenso wie für Freundescliquen, Schulklassen, Sportvereine, Fabriken, Militäreinheiten, Parteien oder Kirchen – und letztlich auch für jeden Staat. Die sozialen Beziehungen in diesen verschiedenen Einheiten kann man sich wie ein Netzwerk vorstellen – die Soziologen sprechen von „sozialen Systemen". Jede soziale Einheit (Familie, Schulklasse, Betrieb, Kirche, Staat) hat eine bestimmte Ordnung, eine „Struktur". In jedem sozialen System gibt es Mitglieder, die den anderen gegenüber Weisungen und Befehle erteilen können, die stellvertretend für andere handeln dürfen; in jedem sozialen System gibt es ein „Oben" und ein „Unten", höhere und niedrigere Positionen, viel oder nur sehr wenig Macht und Ansehen.

Untersuchungsfelder   Um die Gesellschaft eines Staates darzustellen, werden üblicherweise das Staatsgebiet sowie die Bevölkerung aus Männern und Frauen in den verschiedenen Altersgruppen beschrieben. Es wird untersucht, wie die Menschen in ihren Familien zusammenleben; wie und wo sie arbeiten, was sie verdienen. Wie neue Mitglieder in die Regeln, Sitten und Gebräuche der Gesellschaft einbezogen, wie sie „gebildet" werden, ist ebenso wichtig wie die Frage, wer Macht über wen besitzt und mit welchem Recht, ob und wie versucht wird, einen Ausgleich der Unterschiede zwischen den Menschen herbeizuführen. Zur Kennzeichnung einer Gesellschaft gehört auch die Untersuchung, welche Vorstellungen die Menschen von sich und den anderen haben, was sie von diesen erwarten und was sie selber zur Lösung der gemeinsamen Aufgaben und Probleme beitragen wollen – also die Werte und Einstellungen der Individuen.

1. Bevölkerungsentwicklung und Gesellschaftsmodell: Auf dem Weg in die „multikulturelle Gesellschaft"?

1.1 Menschen, Flächen, Orte

Fläche und Bevölkerung Die Bundesrepublik Deutschland besteht seit der Vereinigung mit der ehemaligen DDR am 3. Oktober 1990 aus 16 Bundesländern. Mit einer Fläche von ungefähr 357 000 Quadratkilometern ist Deutschland nun ein mittelgroßer Staat (an 61. Stelle in der Welt). Mit einer Einwohnerzahl von 81,2 Mio. (12. Rang in der Welt) ist Deutschland nach Rußland der bevölkerungsreichste Staat in Europa. Im Durchschnitt leben hier 225 Menschen auf einem Quadratkilometer (in den alten Bundesländern sind es 259, in den neuen Bundesländern 146); das ist verhältnismäßig viel – in den USA leben durchschnittlich 27, in Rußland 9, in Brasilien 17 Menschen auf einem Quadratkilometer.

Übersicht 1

Bevölkerung der Bundesrepublik (1992)	in Mio.	in %
Gesamtzahl	81,2	100
Frauen	41,7	51,4
Männer	39,5	48,7
Ausländer	6,9	8,5
Bundesbürger über 65 Jahre	12,2	15,0
Bundesbürger unter 15 Jahren	13,2	16,4
Haushalte	35,7	100
mit einer Person	12	33,7
mit mehreren Personen	23,7	66,3
Quelle: Statistisches Bundesamt		

„Größe" als politischer Faktor? Solche Größenzahlen von Fläche und Bevölkerung sagen noch nichts über die politische Bedeutung oder die Macht eines Staates. Um internationale Anerkennung zu finden und Einfluß ausüben zu können, sind heute nicht mehr nur große Gebiete, reiche Bodenschätze oder starke Armeen ausschlaggebend. Weitaus wichtiger sind das Wissen und die Ausbildung der Menschen sowie die damit verbundene wirtschaftliche Leistungsfähigkeit eines Landes: die natürliche und soziale Lebensqualität sowie die Zufriedenheit und Einsatzbereitschaft der Menschen sind gleichermaßen wichtig.

Ballungsgebiete Die Einwohner unseres Landes sind sehr ungleichmäßig über das Staatsgebiet verteilt. Die meisten Bundesbürger leben in Klein- oder Mittelstädten. Ein wesentliches Merkmal der Siedlungsstruktur Deutschlands sind die industriellen Ballungsgebiete. Die größten Verdichtungsräume sind Rhein-Ruhr, Rhein-Main, Berlin, Hamburg, Stuttgart und München sowie das Dreieck zwischen Leipzig, Dresden und Chemnitz. Sie umfassen zwar insgesamt nur knapp 10 Prozent der Fläche, in ihnen leben aber etwa 46 Prozent der gesamten Bevölkerung und sogar weit über die Hälfte aller Beschäftigten. In den großstädtischen Kernen dieser Gebiete wird durchschnittlich eine Bevölkerungsdichte von 2000 bis 4000 Menschen pro Quadratkilometer erreicht. Hier wird die Umwelt durch Industrie und Verkehr besonders stark geschädigt. Die Infrastruktur ist überlastet: viele Menschen beanspruchen Wohnungen, Straßen, Verkehrsmittel. Die Spannungen zwischen den Menschen steigen, Streß und gesundheitliche Schäden nehmen zu. Die Entfernungen zwischen den Arbeitsstätten und den Wohngebieten werden größer und müssen von den Berufstätigen als zusätzliche Belastung verkraftet werden. In den 80er Jahren sind viele Industrie- und Wirtschaftsbetriebe aus den Großstädten in die umliegenden ländlichen Gebiete umgezogen. Der Innenraum der Städte ist nach Laden- und Büroschluß wie ausgestorben; die umliegende Landschaft wird „zersiedelt". Das Leben in der Großstadt hat aber auch Vorteile: es gibt Museen und Theater, Schulen, Krankenhäuser und Sportstätten. So ist es vielleicht zu erklären, daß die Verstädterung weiter fortschreitet: innerhalb von fünf Jahren ist die Bevölkerung der deutschen Großstädte um fünf Prozent gewachsen.

1.2   Einheitliche Lebensverhältnisse – eine schwierige Aufgabe

Der Deutsche Bundestag hat es als eine Aufgabe des Staates bestimmt, in allen Gebieten der Republik für gesunde Lebens- und Arbeitsbedingungen sowie ausgewogene wirtschaftliche, soziale und kulturelle Verhältnisse zu sorgen. Das verlangt gezielte Maßnahmen, um die Infrastruktur (Verkehrswege, Kommunikationsnetze usw.), die Umweltqualität sowie die regionale Wirtschaftskraft zu verbessern. Bereits vor der Eingliederung der DDR wurden 60 Prozent der Fläche des Bundesgebietes zu „Problemregionen" gerechnet, in denen ein Drittel der Bevölkerung lebte: in erster Linie dünnbesiedelte Gebiete (Bayerischer Wald, Ostfriesland, Zonenrandgebiet). Auch wirtschaftlich schwache Regionen, in denen bestimmte Wirtschaftszweige, wie die Kohle- und Stahlindustrie (Saarland und Ruhrgebiet) oder der Schiffsbau (an der Küste) nicht mehr wettbewerbsfähig sind, zählen dazu.

Aufbau in Ostdeutschland Durch die Vereinigung der Bundesrepublik mit der DDR 1990 wurde zwar ein einheitlicher Staat geschaffen, der aber zwei Gesellschaften umfaßte. Die Lebensbedingungen der Menschen in den fünf neuen Bundesländern waren schlechter als im Westen Deutschlands: die Einkommen lagen niedriger, doch die Teuerungsrate stieg steil an; die Arbeitslosigkeit war größer; die Wohnverhältnisse waren schlechter; die Umweltbelastungen waren höher. Einheitliche Lebensverhältnisse in ganz Deutschland zu schaffen, ist keine leichte Aufgabe:
– Es müssen große Umweltschäden im Gebiet der ehemaligen DDR beseitigt werden. Hunderttausende neuer Arbeitsplätze müssen geschaffen werden, und zwar nicht nur für diejenigen, die bisher in unrentablen Industriebetrieben beschäftigt waren, sondern auch für die meisten der 850 000 Beschäftigten in den Landwirtschaftlichen Produktionsgenossenschaften (LPG). Es müssen Zehntausende alter Wohnungen renoviert und neue Wohnungen zu erschwinglichen Mieten gebaut werden. Elektrizitätsversorgung, Verkehrssysteme, Telefonverbindungen, Wasser- und Abwasserversorgung usw. mußten erneuert werden.
– Es waren öffentliche Verwaltungen sowie Justiz und Polizei aufzubauen, die nach rechtsstaatlichen Regeln arbeiten.
Diese Aufgaben verursachen hohe Kosten, bisher etwa 140 Mrd. DM jährlich. Die notwendigen Finanzmittel sollen durch erhöhte Steuern und Sonderabgaben sowie durch höhere Staatsschulden aufgebracht werden. Auch die Europäische Union hat im Rahmen ihrer Regionalförderung viel Geld in die neuen Bundesländer geschleust.

1.3 Die Deutschen – „ein sterbendes Volk"?

Bevölkerungsentwicklung Die Verteilung der verschiedenen Altersstufen innerhalb der Bevölkerung der Bundesrepublik ist sehr ungleichmäßig und im Vergleich zu anderen Ländern außergewöhnlich. Der Anteil der jungen Menschen an der Gesamtbevölkerung hat sich ständig verringert, während der Anteil der älteren Menschen gestiegen ist. Seit 1972 gibt es ein Geburtendefizit, d. h. es sterben jährlich mehr Menschen als geboren werden. Vor 100 Jahren brachten 1000 Frauen im Alter zwischen 15 und 45 Jahren 173 Kinder zur Welt; heute beträgt diese „Fruchtbarkeitsziffer" 52 Kinder – ein Rückgang um 70 Prozent. Auch die Kinderzahlen der in Deutschland lebenden Ausländer, die zunächst höher als die der Deutschen waren, sind in der Vergangenheit stetig

Übersicht 2

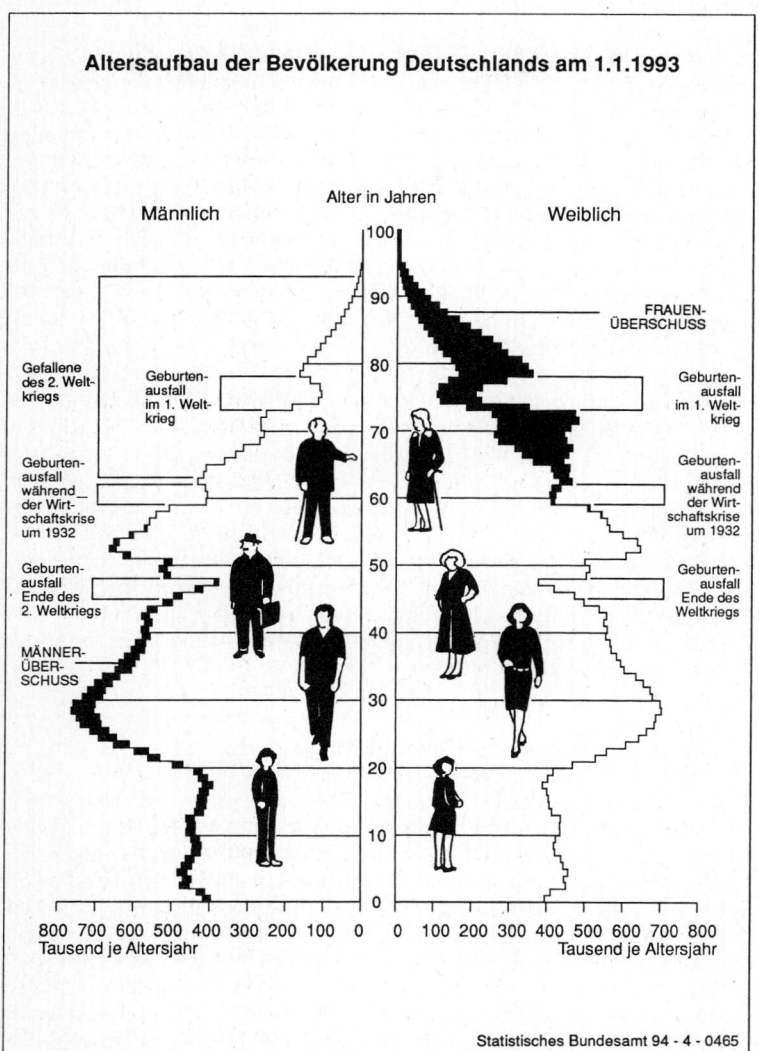

Altersaufbau der Bevölkerung Deutschlands am 1.1.1993

Männlich

Alter in Jahren

Weiblich

FRAUEN-ÜBERSCHUSS

Gefallene des 2. Weltkriegs

Geburtenausfall im 1. Weltkrieg

Geburtenausfall im 1. Weltkrieg

Geburtenausfall während der Wirtschaftskrise um 1932

Geburtenausfall während der Wirtschaftskrise um 1932

Geburtenausfall Ende des 2. Weltkriegs

Geburtenausfall Ende des Weltkriegs

MÄNNER-ÜBER-SCHUSS

800 700 600 500 400 300 200 100 0
Tausend je Altersjahr

0 100 200 300 400 500 600 700 800
Tausend je Altersjahr

Statistisches Bundesamt 94 - 4 - 0465

gesunken. Die Größe der Bevölkerung wird wahrscheinlich weiter schrumpfen.

Ursachen Für diese Entwicklung müssen mehrere Ursachen herangezogen werden: Durch die Fortschritte in der Medizin leben die Menschen länger; gleichzeitig werden weniger Kinder geboren, weil es bewußte Familienplanung gibt; Kinder werden nicht mehr als Arbeitskräfte oder zur Alterssicherung gebraucht; keine Kinder zu haben, wird nicht mehr als Unglück oder Schande angesehen. Viele, auch verheiratete Frauen haben eine bessere Bildung als früher und wollen berufstätig sein; Familien mit mehreren Kindern sind wirtschaftlich schlecht gestellt, finden kaum Wohnungen. Auch haben viele Menschen Angst, Kinder in eine unsichere Zukunft zu entlassen; so gingen die Geburten in den fünf neuen Bundesländern innerhalb von zwei Jahren nach der Vereinigung bis 1994 auf ein Drittel zurück.

Folgen Der Rückgang der Bevölkerung wird von vielen als das größte Problem der Sozialpolitik angesehen, denn er gefährdet das System der Alterssicherung. Wenn die gegenwärtigen Regelungen des sogenannten „Generationenvertrages" beibehalten werden, müssen immer weniger Erwerbstätige die ständig wachsenden Beträge der Renten erarbeiten. – Aber der Rückgang der Bevölkerung kann auch eine Entlastung bedeuten: Es könnten beispielsweise mehr soziale Dienste zur Verfügung stehen; die Klassenstärken in den Schulen könnten sinken; mehr Ärzte könnten die Bevölkerung versorgen; auch würden wahrscheinlich die Belastungen und Gefahren durch den Autoverkehr abnehmen sowie die Umwelt besser geschont werden.

1.4 Deutschland – ein Einwanderungsland?

Zuwanderung Seit 1945 wurden im Gebiet der alten Bundesrepublik insgesamt 14 Millionen Flüchtlinge aus den ehemaligen deutschen Ostgebieten und der DDR sowie deutsche Aussiedler aus Osteuropa aufgenommen – das sind 26 Prozent der westdeutschen Bevölkerung gewesen (nach Israel ist das die zweitgrößte Zuwanderungsrate der westlichen Welt). Seit Ende der 50er Jahre wurden in Südeuropa „Gastarbeiter" angeworben, die zusammen mit ihren Familien inzwischen eine Bevölkerungsgruppe von 6,9 Millionen ausmachen, das sind knapp 8 Prozent der Gesamtbevölkerung. 1990 hielten sich 60 Prozent der Ausländer zehn Jahre oder länger im früheren Bundesgebiet auf. Da jedoch die doppelte Staatsbürgerschaft bislang nicht rechtlich möglich ist, sind bisher nur verhältnismäßig wenige Einbürgerungen vorgenommen worden.

Vorschläge Damit auch in Zukunft eine ausreichende Zahl von Erwerbstätigen den hohen Lebensstandard erhalten und die Renten erwirtschaften kann, halten viele Wissenschaftler und Wirtschaftsvertreter sowie einige Politiker eine gesetzlich geregelte Zuwanderung für notwendig. Verschiedene Berechnungen belaufen sich auf 200 000 bis 600 000 Menschen, die jährlich in die Bundesrepublik kommen müßten.

Übersicht 3

Bevölkerungsentwicklung in Deutschland bei verschiedenen Wanderungsannahmen 1990–2050

Jahr	Bevölkerung in Millionen ohne Zuwanderung	jährl. Zuwanderung von 250 000	jährl. Zuwanderung in Mio. zwecks Bevölkerungskonstanz
1990	79,1	79,1	0
2000	77,4	80,8	0,3
2010	74,0	80,1	0,4
2020	69,0	78,2	0,5
2030	62,9	75,2	0,5
2040	55,8	71,2	0,6
2050	48,4	66,8	0,6
Einwanderungen 1990-2050 insgesamt	0	15,0	26,5

G. Buttler, Deutschlands Wirtschaft braucht Einwanderer, in: H.-U. Klose (Hg.), Altern der Gesellschaft. Antworten auf demographischen Wandel, Köln 1993, S. 63

Streit um die Einwanderungspolitik Die Frage, ob eine Zuwanderung nach Deutschland überhaupt zugelassen und wie sie geregelt werden sollte, ist heftig umstritten. Bisher haben alle Bundesregierungen und die Mehrheit der Parteien es abgelehnt, Deutschland als Einwanderungsland anzusehen und entsprechende Gesetze zu verabschieden. Statt dessen wurde versucht, durch einschränkende Asyl-Gesetze und Vereinbarungen mit den Nachbarstaaten zu verhindern, daß Hunderttausende von Menschen auf der Suche nach Arbeit und Wohlstand in die Bundesrepublik kommen konnten.
Gegen diese Politik der Abschottung werden kritische Stimmen aus Kirchen, Gewerkschaften, Unternehmerverbänden und auch den Parteien

selbst laut; es wird eine berechenbare Einwanderungspolitik, ähnlich wie in anderen westlichen Demokratien (z. B. den USA), verlangt. Deutschland sei tatsächlich schon seit langem ein Einwanderungsland. Die Bundesrepublik müsse zu einer „multikulturellen Gesellschaft" werden, in der die Menschen, trotz ihrer unterschiedlichen Sprachen, Religionen und Lebensgewohnheiten, in einer gemeinsamen Rechts- und Staatsordnung friedlich und frei zusammenleben könnten. Nicht Herkunft und Abstammung seien entscheidend, um Bürger der Bundesrepublik zu sein bzw. zu werden, sondern die Bereitschaft, sich für die Wertordnung des Grundgesetzes zu entscheiden und die hier geltenden Gesetze zu befolgen.

In schroffem Widerspruch zu dieser Politik der multikulturellen Öffnung stehen die ausländerfeindlichen Gewalttaten, die seit der deutschen Vereinigung an Zahl und Brutalität zugenommen haben und denen zahlreiche Ermordete und Verletzte zum Opfer fielen.

2. Struktur und Wandel der Familie – neue Formen privaten Lebens

2.1 Das Modell: die Kleinfamilie

Ehe als Norm   In allen Industriegesellschaften ist die Kern- oder Kleinfamilie heute noch die vorherrschende Form: 90 Prozent der Erwachsenen waren einmal in ihrem Leben verheiratet und 85 Prozent aller Kinder werden ehelich geboren. Meist leben zwei Generationen, Eltern und Kinder, in einem Haushalt; unter „Haushalt" verstehen die Forscher und Statistiker jeweils die Personen, die zusammenleben und in dieser Personengemeinschaft auch zusammen arbeiten und wirtschaften. Wohnung und Arbeitsstätte befinden sich in der Regel nicht im selben Haus. Ausnahmen gibt es bei Landwirten und selbständigen Handwerkern, in den letzten Jahren verstärkt auch bei den sogenannten Computer-Heimarbeitern.

Ein Teil der Erziehung und beruflichen Ausbildung sowie Vor- und Fürsorge bei Krankheit und Alter – Aufgaben, die früher von und in der Familie erfüllt wurden – sind weitgehend an öffentliche Einrichtungen (Kindergarten, Schule, Sozialversicherung, Krankenhaus und Altenheim) übergegangen.

Neue Formen   Die Lebensform der Ehe als rechtliche und gesellschaftliche Einrichtung, die in der Bundesrepublik durch die Verfassung (Art. 6 GG) noch einen besonderen Wert erhält, wird von immer mehr Menschen kritisch gesehen: von 1950 bis 1992 ist in Westdeutschland die Zahl der Eheschließungen um ein Viertel zurückgegangen. Besonders bemerkenswert ist die Zunahme der nichtehelichen Lebensgemeinschaften: 1972 wurde deren Zahl auf etwa 137 000 geschätzt, 1991 waren es fast 1,4 Mio., in denen 378 000 Kinder lebten. Auffällig ist auch der steile Anstieg der Einpersonen-Haushalte: 1925 waren es 7 Prozent, heute sind über ein Drittel aller Haushalte, in einigen Großstädten sogar bereits über die Hälfte, „Single"-Haushalte. In den neuen Bundesländern sind diese beiden Lebensformen nicht so häufig zu finden. Sozialwissenschaftler kennzeichnen diese Entwicklungen – kleinere Familien, mehr Scheidungen, uneheliche Lebensgemeinschaften und Single-Haushalte – als Suche der Menschen in der modernen Industriegesellschaft nach kleinen, privaten Lebensformen. Das kann dazu führen, daß in Zukunft die Nachfrage nach Wohnungen steigt, der Verkehr zunimmt und noch mehr Arbeitsplätze, vor allem für Teilzeitarbeit, gesucht werden.

Familien 1991 gab es in Deutschland etwa 22 Mio. Familien mit ca. 15,4 Mio. Kindern unter 8 Jahren. Rein statistisch entfallen im Durchschnitt auf jede Familie 1,4 Kinder. In der früheren DDR war die Zwei-Kinder-Familie die von den Eltern bevorzugte Form. Die Situation ist schwierig. Immer mehr Ehen bleiben kinderlos. Untersuchungen haben ergeben, daß die Entscheidung für eine Ehe ohne Kinder oft bewußt getroffen wird; oder der Wunsch nach einem Kind wird auf ein späteres Alter verschoben, weil junge Frauen beides wollen, Beruf und Kind. Trotz staatlicher Förderung (Steuererleichterungen, Erziehungsgeld, Kindergeld) bedeutet jedes Kind eine große wirtschaftliche Belastung für seine Eltern. Das Einkommen einer Familie müßte sich beim ersten Kind um durchschnittlich 22 Prozent erhöhen, wenn der vorher erreichte Lebensstandard gehalten werden soll.

2.2 Veränderte Rollen – neue Herausforderungen

Berufstätige Frauen In der Bundesrepublik sind etwa 16,5 Mio. Frauen im arbeitsfähigen Alter (15–65 Jahre) erwerbstätig, das sind fast 63 Prozent dieser Altersgruppe; in der früheren DDR waren 90 Prozent aller Frauen erwerbstätig, im internationalen Vergleich eine Spitzenposition. Selbst verheiratete Frauen mit Kleinkindern gingen mehrheitlich (62 Prozent) einer hauptberuflichen Erwerbsarbeit nach. Gegenwärtig üben in Deutschland fast 58 Prozent aller Mütter mit Kindern einen Beruf aus. Fast 900 000 erwerbstätige Frauen haben Kinder unter 18 Jahren zu betreuen; die Zahl der erwerbstätigen Mütter mit Kindern unter drei Jahren belief sich im Jahre 1991 auf 163 000.

Jährlich kehren rund 320 000 Frauen auf den Arbeitsmarkt zurück; sie haben sich durchschnittlich für 7 Jahre aus dem Erwerbsleben zurückgezogen, um sich hauptsächlich der Erziehung ihrer Kinder zu widmen. 40 Prozent der früher berufstätigen Frauen (bei den jüngeren sogar 60 Prozent) wollen wieder in den Beruf zurückkehren (vor allem als Teilzeitbeschäftigte). In der Regel sind diese Frauen durch Beruf, Kinder und Haushalt in dreifacher Weise belastet. Weil die Männer ihren berufstätigen Partnerinnen nur sehr wenig bei der Hausarbeit helfen, muß eine voll berufstätige Mutter fast 14,5 Stunden täglich für Familie und Beruf arbeiten.

Alleinerziehende Mütter 1991 gab es in Deutschland fast 1,3 Mio. alleinerziehende Frauen mit etwa 1,75 Mio. Kindern unter 18 Jahren; 377 000 Frauen hatten zwei und mehr Kinder zu erziehen. Die meisten Mütter müssen erwerbstätig sein, um den Lebensunterhalt für sich und ihre Kinder zu verdienen. Ihre finanzielle Lage ist schwierig: 195 000 dieser Haushalte „mit weiblicher Bezugsperson" (wie es in der amtlichen Statistik heißt) haben monatlich nicht mehr als 1000 DM zur Verfügung; über ein Fünftel aller Alleinerziehenden ist auf Sozialhilfe angewiesen. Im Jahr 1991 lebten in Deutschland 204 000 alleinerziehende Väter mit Kindern unter 18 Jahren.

Staatliche Hilfen Durch gesetzliche Vorschriften und finanzielle Unterstützung soll erreicht werden, daß keine Mutter (oder auch kein alleinerziehender Vater) aus wirtschaftlichen Gründen gezwungen ist, wegen der Berufstätigkeit die Betreuung eines Kindes zurückzustellen. Jede nichterwerbstätige Mutter erwirbt mit der Geburt eines Kindes für längstens zwei Jahre den Anspruch auf Erziehungsgeld (für ein halbes Jahr 600,– DM pro Monat, danach von der Höhe des monatlichen Familieneinkommens abhängig).
Wenn die Mutter berufstätig ist, soll ihr die dreifache Belastung durch Beruf, Kinder und Haushalt erleichtert werden. Gesetzlich vorgeschrieben ist dazu der sogenannte „Mutterschutz": sechs Wochen vor und acht Wochen nach der Geburt bleibt die Mutter von der Berufsarbeit freigestellt; es wird ihr (teils vom Arbeitgeber, teils aus der Sozialversicherung) der bisherige Nettolohn weitergezahlt. Nach Ablauf des Mutterschutzes hat sie Anspruch auf Erziehungsgeld bis zu zwei Jahren und Erziehungsurlaub bis zu drei Jahren nach der Geburt.
Erziehungsurlaub und -geld kann auch der Vater anstelle der Mutter beanspruchen. Wenige Väter machen bislang Gebrauch von dieser Möglichkeit. Das Arbeitsverhältnis für diesen Elternteil darf währenddessen nicht gekündigt werden. Erziehungszeiten werden bei der Altersrente berücksichtigt.

Übersicht 4

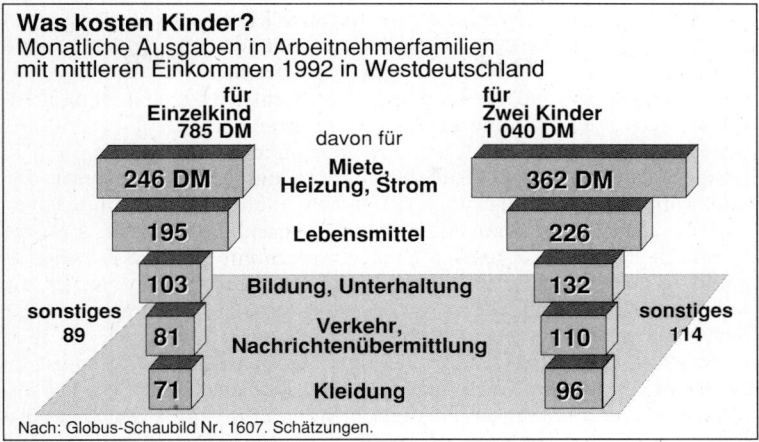

Was kosten Kinder?
Monatliche Ausgaben in Arbeitnehmerfamilien
mit mittleren Einkommen 1992 in Westdeutschland

für
Einzelkind
785 DM

davon für

für
Zwei Kinder
1 040 DM

246 DM — Miete, Heizung, Strom — 362 DM

195 — Lebensmittel — 226

103 — Bildung, Unterhaltung — 132

sonstiges 89 — 81 — Verkehr, Nachrichtenübermittlung — 110 — sonstiges 114

71 — Kleidung — 96

Nach: Globus-Schaubild Nr. 1607. Schätzungen.

Kinder In der Bundesrepublik leben etwas über 15,3 Mio. Kinder und
Jugendliche unter 18 Jahren. Kinder unter 11 Jahren sind inzwischen die-
jenige Altersgruppe in der gesamten Bevölkerung, die am stärksten von
Armut bedroht ist; 514 000 von ihnen leben in Haushalten, die auf Sozialhilfe angewiesen sind. Über 2 Mio. Kinder wachsen heute in Deutschland
nur mit einem Elternteil zusammen auf. Neben den Kindern berufstätiger
und alleinerziehender Mütter befinden sich häufig auch die fast 1,3 Millionen ausländischen Kinder in schwieriger Lage.
Jährlich werden über 108 000 Kinder und junge Menschen im Rahmen
der Jugendhilfe außerhalb ihrer eigenen Familie in Heimen oder von
Pflegefamilien betreut. Die Zahl der Familien, die bereit sind, Pflegekin-
der aufzunehmen, ist zurückgegangen. Die amtliche Statistik hat für 1992
ca. 105 000 Kinder unter 15 Jahren ermittelt, die schwerbehindert sind
und die darum in ihrem täglichen Leben auf vielfältige, nicht nur häusli-
che Hilfe angewiesen sind.
Die gesetzlichen Bestimmungen für eine Adoption, d. h. die Annahme
eines fremden Kindes als eigenes Kind, sind verbessert worden; 1991 wurden etwas über 7000 Kinder und Jugendliche adoptiert.
Kinder sind großen Gefahren ausgesetzt, nicht nur im Straßenverkehr.
Im Jahre 1992 mußten sich deutsche Staatsanwälte und Gerichte mit fast
17 000 Fällen von sexuellem Kindesmißbrauch befassen; die Zahl der
nicht bekannten Fälle liegt schätzungsweise um das Drei- bis Zehnfache

höher. Rechtsmediziner und Kinderärzte nehmen an, daß schätzungsweise bis zu 1000 Kinder jährlich durch Gewaltanwendung sterben und
200 000 Kinder so stark mißhandelt werden, daß sie körperliche Folgen
davontragen. Die meisten Übergriffe ereignen sich im engeren Umfeld
der Familien. Die Kinderkommission des Deutschen Bundestages hat
vorgeschlagen, gesonderte Kinder-Rechte in das Grundgesetz aufzunehmen – bisher jedoch ohne Erfolg.

Ältere Menschen Der Anteil der älteren Menschen an der Gesamtbevölkerung nimmt ständig zu: Heute sind etwa 15 Prozent der Bundesbürger älter als 65 Jahre (dem Alter des „normalen" Ausscheidens aus dem
Berufsleben); in 20 Jahren wird dieser Anteil bereits bei ca 25 Prozent liegen. Die Bedürfnisse und Gewohnheiten älterer Menschen werden die
Lebensformen in der Gesellschaft stärker prägen als bisher. Daraus ergeben sich einige Fragen und Probleme:
– Wie können der Lebensunterhalt und die sozialen und medizinischen
  Dienste für die nicht mehr Erwerbstätigen erwirtschaftet werden? Der
  politische Streit über die Finanzierung der Renten oder der Pflegeversicherung wird fortdauern.
– Wird der Stellenwert von Gesundheit und Medizin noch zunehmen
  und werden sich die entsprechenden Wirtschaftszweige im Dienstleistungsbereich ausweiten?
– Wie werden sich Industrie und Handel, Reiseunternehmen und Massenmedien auf die Konsumwünsche dieser Altersgruppe, die zum Teil
  über verhältnismäßig viel Geld verfügen wird, einstellen?
– Die steigende Zahl älterer Menschen wird beim Bau von Häusern und
  öffentlichen Gebäuden ebenso eine Rolle spielen wie bei der Stadt-
  und Verkehrsplanung.
– Auch die politischen Parteien werden auf die Vorstellungen dieser
  Wählergruppe stärker eingehen.
– Im Bildungssystem wird vor allem die allgemeine und politische Wei-
  terbildung eine stärkere Rolle spielen; schon heute gibt es an vielen
  Universitäten ein „Seniorenstudium" oder ein „Studium der dritten
  Lebensphase".

2.3 Erziehungsziele und Erziehungsstile: Selbstbestimmung
statt Autorität

Wie in vergleichbaren Industriegesellschaften, so haben sich auch in
Deutschland (in West wie in Ost) die Formen des Zusammenlebens in der
Familie verändert. Doch lebt der weitaus größte Teil der Kinder und
Jugendlichen mit seinen Eltern in einer *Kernfamilie.*

In den achtziger Jahren stellten Sozialwissenschaftler eine „stille Revolution", einen Wertewandel in den westlichen Industriegesellschaften fest, der auch in den Familien zu beobachten sei. Zwar seien im Laufe der Jahrzehnte immer weniger Kinder geboren worden, aber diesen hätten sich die Eltern dann mit mehr Aufmerksamkeit zuwenden können. Erziehungsstil und Erziehungsziele hätten sich spürbar geändert: statt gehorsame, disziplinierte, höfliche und ordentliche Kinder durch strenge Gebote und Strafen heranzuziehen, würden nun die meisten Eltern versuchen, nicht autoritär zu sein. Ihre Kinder sollten zu freien, glücklichen, selbstbewußten und selbständigen Menschen heranwachsen. Trotz der autoritären politischen Bedingungen in der DDR wäre ein ähnlicher Wandel in den Erziehungsformen zu beobachten gewesen.

Die überwiegende Mehrheit befragter Jugendlicher in West- wie in Ostdeutschland sind mit ihrer Familie recht zufrieden und fühlen sich frei erzogen; sie zeigen ein hohes Maß an Unabhängigkeit und Selbständigkeit gegenüber ihren Eltern, die sie aber gleichzeitig als Gesprächspartner schätzen.

Auflösung der Familie? Die ständig steigenden Zahlen von alleinerziehenden Eltern und Single-Haushalten, die hohen Scheidungsziffern sowie die Zunahme nichtehelicher Lebensgemeinschaften werden oft als Beweis für die Auflösung der Familie als zentraler Lebensform moderner Gesellschaften angesehen. Zwar können innerhalb dieser neuen Formen des Zusammenlebens bestimmte soziale und wirtschaftliche Aufgaben, die früher im Familienverband bewältigt wurden, nicht mehr erfüllt werden – so vor allem die Pflege älterer Menschen. Aber Familiensoziologen verweisen auf die Tatsache, daß sich neue soziale Beziehungsmuster innerhalb größerer Verwandtschaftsgruppen (Tanten und Onkel, Vettern und Kusinen) herausgebildet haben, und die Menschen in den Industriegesellschaften noch immer einen erheblichen Teil ihrer Zeit innerhalb dieses Netzwerks verbringen.

Sowohl in den jüngeren Familien als auch in den nichtehelichen Lebensgemeinschaften wird die Gleichberechtigung von Mann und Frau ernstgenommen. Hier wird im Alltag eine eher partnerschaftliche Beziehung zu praktizieren versucht, was vor allem vom Bildungsgrad und der verbreiteten Berufstätigkeit der Frauen abhängt.

Die Tatsache, daß zwar die Zahl der nichtehelichen Geburten steigt, gleichzeitig aber auch die Zahl der bewußten Anerkennung der Vaterschaft zunimmt und die Eltern der Kinder in der Regel mit ihnen im selben Haushalt zusammenwohnen, wird als Zeichen von Verantwortungsbewußtsein gewertet. Für die Menschen in den westlichen Industriestaaten hat die Familie als scheinbar privater Raum, von dem man Geborgenheit erwartet, nach wie vor eine große Bedeutung.

3. Bildung – Bürgerrecht und gesellschaftliche Notwendigkeit

3.1 Was ist und wozu dient Bildung?

Drei Funktionen   Viele verbinden den Begriff Bildung mit der Vorstellung von Menschen, die eine Menge wissen, seien es nun Geschichtszahlen, mathematische Formeln oder Fremdsprachen. Manche denken bei diesem Wort auch an volle Bücherregale, Museumsbesuche oder Konzerte. Bildung ist aber mehr – ein sozialer Vorgang, der für die Entwicklung jedes einzelnen und der Gesellschaft von großer Bedeutung ist. Den jungen Menschen werden die Sprache und Verhaltensweisen, die Sitten, Werte und Regeln einer bestehenden Gesellschaft eingeübt *(Sozialisation)*. Ihnen werden die Kenntnisse vermittelt, die zum Leben und Arbeiten, für Beruf und Wirtschaft notwendig sind *(Qualifikation)*. Gleichzeitig werden die Heranwachsenden in unterschiedliche Schulformen und Ausbildungsgänge „sortiert", die dann auf unterschiedliche Aufgaben vorbereiten und zu unterschiedlichen Rangpositionen (z. B. als Staatsbeamter) berechtigen *(Selektion)*. Bildung ist für jeden einzelnen unerläßlich, um frei entscheiden, selbständig leben und erfolgreich arbeiten zu können. Die Demokratie als Lebensform braucht informierte und kritische Wählerinnen und Wähler. Bildung ist ein Bürgerrecht.

3.2 Staatliche Regelungen und gesellschaftliche Kosten

Schulaufsicht   Weil Bildung für die Gesellschaft notwendig und für den einzelnen ein Bürgerrecht ist, wird sie in Deutschland weitgehend von staatlichen Stellen organisiert, finanziert und kontrolliert. Für die heranwachsende Generation gilt die allgemeine Schulpflicht. „Das gesamte Schulwesen steht unter der Aufsicht des Staates" (Art. 7 Abs. 1 GG). Wann, wie, was und wozu gelernt werden soll, bestimmen staatlich genehmigte Lehrpläne und Prüfungsordnungen. Schulbücher müssen von Behörden genehmigt werden. Die Lehrer aller Schularten werden vom Staat ausgebildet und bezahlt; ihre Arbeit wird durch Gesetze geregelt und durch Beamte in Schulämtern und Ministerien beaufsichtigt.
Schüler und Eltern können bislang am Schulleben nur soweit mitwirken, wie Gesetze dies zulassen. In vielen anderen Ländern (z. B. den USA und Großbritannien) werden zwar die Grundregeln des Bildungssystems auch vom Staat bestimmt, aber es gibt weitaus mehr private Schulen und Universitäten als in Deutschland, die in der Regel von den Kindern aus den reicheren Schichten besucht werden.

Bildungsföderalismus   Nach dem Grundgesetz liegt die Verantwortung für das Bildungssystem in erster Linie bei den Bundesländern. Das führt zu einer großen Vielfalt, aber auch zu Unübersichtlichkeit: So gelten in den einzelnen Ländern häufig andere Vorschriften und Bezeichnungen. Die fünf neuen Bundesländer haben zunächst einmal im Gegensatz zur alten Bundesrepublik die Schulzeit von 12 Jahren beibehalten. Die Übergänge von einer Schule auf die andere werden unterschiedlich geregelt. Die Schulbücher und Lehrpläne sind verschieden. Die finanziellen Aufwendungen sind nicht überall gleich.

Bildungsausgaben   Bildung ist nicht nur notwendig, sondern kostet auch Geld. 1992 gaben staatliche und private Stellen (etwa Unternehmen und Kirchen) dafür insgesamt 171 Mrd. DM aus: Dies entspricht etwa 6,2 Prozent des Bruttosozialprodukts. Ungefähr 12,4 Prozent der öffentlichen Ausgaben von Bund, Ländern und Gemeinden werden für Bildung eingesetzt. Im Vergleich der öffentlichen Bildungsausgaben der großen Industrieländer liegt Deutschland im unteren Drittel.

Struktur   Das heutige deutsche Bildungssystems ist in der zweiten Hälfte des 19. Jahrhunderts geprägt worden. Drei voneinander abgegrenzte Schularten bestimmen die Struktur des allgemeinbildenden Schulsystems der Bundesrepublik. Ein weiteres charakteristisches Merkmal ist die Trennung von allgemeiner und beruflicher Bildung, d. h., in den Schulen des allgemeinbildenden Systems wird nicht gezielt auf die Arbeitswelt vorbereitet, und man kann dort keinen Beruf erlernen. Im Gegensatz dazu wurde im Schulsystem der früheren DDR versucht, eine engere Verbindung von Schule und Arbeitswelt, theoretischer und praktischer Ausbildung zu erreichen (polytechnische Bildung).

3.3   Schulsystem und individuelle Bildungswege

Schularten   Auf dem Sockel der Grundschule erheben sich die drei Säulen der Hauptschule, der Realschule und des Gymnasiums. In der Regel wird am Ende der Grundschule, also bereits im zehnten Lebensjahr, entschieden, in welchen der „Bildungsfahrstühle" das einzelne Kind einsteigen darf. Zwar ist auch noch nach Jahren der Übergang in eine andere Schulart möglich, geschieht aber nicht so häufig. Der jeweilige Abschluß der drei Schularten berechtigt zu verschiedenen weiterführenden Bildungsgängen. Neben den erwähnten Schularten gibt es in einigen Bundesländern auch die Integrierte Gesamtschule, in der gleichzeitig größtmögliche Durchlässigkeit zwischen den Schularten und gezielte Förderung jedes Schülers erreicht werden sollen.

Übersicht 5

Der Aufbau des Bildungswesens

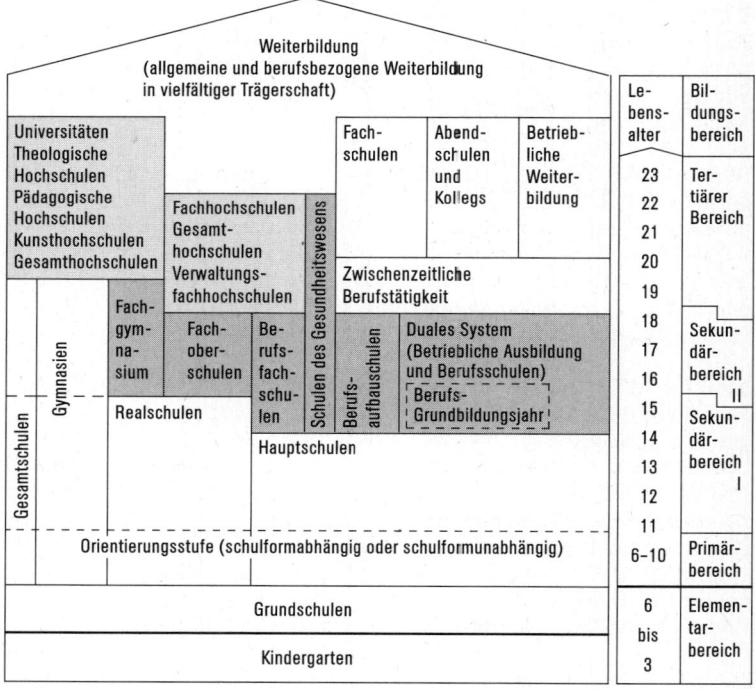

								Le-bens-alter	Bil-dungs-bereich

Weiterbildung
(allgemeine und berufsbezogene Weiterbildung
in vielfältiger Trägerschaft)

Universitäten / Theologische Hochschulen / Pädagogische Hochschulen / Kunsthochschulen / Gesamthochschulen

Fachhochschulen / Gesamthochschulen / Verwaltungsfachhochschulen

Fachschulen — Abendschulen und Kollegs — Betriebliche Weiterbildung

23 / 22 / 21 / 20 / 19 — Tertiärer Bereich

Zwischenzeitliche Berufstätigkeit

Gymnasien / Fachgymnasium / Fachoberschulen / Berufsfachschulen / Realschulen

Schulen des Gesundheitswesens

Berufsaufbauschulen

Duales System (Betriebliche Ausbildung und Berufsschulen)
Berufs-Grundbildungsjahr

18 / 17 / 16 — Sekundärbereich II
15 — Sekundärbereich II

Gesamtschulen

Hauptschulen

14 / 13 / 12 / 11 — Sekundärbereich I

Orientierungsstufe (schulformabhängig oder schulformunabhängig)

6–10 — Primärbereich

Grundschulen — 6 — Elementarbereich
Kindergarten — bis 3 — Elementarbereich

Schematische Darstellung der typischen Struktur des Bildungssystems der Bundesrepublik Deutschland. In den einzelnen Bundesländern bestehen Abweichungen.

Nach: H. Becker, J. Feick, H. Uhl, Leitfragen Politik, Stuttgart/Dresden 1993, S. 26

Schüler Aus statistischen Erhebungen lassen sich folgende Tatsachen ablesen: Im Durchschnitt wechseln etwa 32 Prozent der Grundschüler in die Realschule und 35 Prozent auf das Gymnasium, während ca. 28 Prozent in die Hauptschule gehen; etwa 6 Prozent besuchen Gesamtschulen. Der prozentuale Anteil der Hauptschüler an den Jugendlichen eines Jahrgangs ist in der Vergangenheit stetig gesunken, der Anteil der Ausländerkinder in dieser Schulart ist dagegen gestiegen. Insgesamt gibt es etwa

837 000 ausländische Schüler in der Bundesrepublik. Die meisten besuchen die Grund- und Hauptschulen, nur knapp 10 Prozent das Gymnasium. Ein Drittel der ausländischen Schüler erreichen nicht den Hauptschulabschluß (verglichen mit 6,6 Prozent der deutschen Schüler).

Übersicht 6

Schüler an Allgemeinbild. Schulen in Tausend (1992)	9 342
dar.: Grundschulen	3 422
Hauptschulen	1 482
Integr. Klas. f. Haupt- u. Realschüler	133
Sonderschulen	359
Polytechnische Oberschulen	–
Realschulen	1 280
Gymnasien	2 045
Integrierte Gesamtschulen	493
Abendschulen und Kollegs	49
an Beruflichen Schulen	2 467
dar.: Berufsschulen	1 675
Berufsfachschulen	264
Fachschulen	160
an Schulen des Gesundheitswesens	104
Auszubildende	1 667
Quelle: Ständige Konferenz der Kultusminister der Länder (KMK)	

3.4 Mehr Bildungschancen – weniger Bildungsgerechtigkeit

Elternhaus und Schule Das Elternhaus bestimmt weitgehend den Bildungsweg der Kinder: Die Hauptschule wird zu zwei Dritteln von Schülern besucht, deren Eltern selbst auch diese Schulart besucht haben. 63 Prozent der Hauptschüler stammen aus Arbeiterfamilien, während nur 11 Prozent der Gymnasiasten einen Arbeiter zum Vater haben. Auch das Einkommen der Familie bestimmt den Bildungsweg der Kinder: im Gymnasium sind die Kinder der höheren Einkommensklassen deutlich zahlreicher vertreten, während der größte Teil der Hauptschüler aus Familien mit geringerem Einkommen stammt.
Eltern aus höheren sozialen Schichten legen größeren Wert auf Bildung; sie betonen den Wettbewerbs- und Leistungsgedanken; sie wehren sich stärker gegen den sozialen Abstieg ihrer Kinder, während der Wille zum sozialen Aufstieg bei den unteren Schichten nicht so ausgeprägt ist. Wer bereits über einen höheren Bildungsabschluß verfügt, fördert die sprach-

lichen und historischen Kenntnisse seiner Kinder, wie sie in den Schulen verlangt werden. Das dreigliedrige Schulsystem verstärkt und verfestigt die soziale Sortierung nach unterschiedlichen Bildungsleistungen.

Gleiche Bildungschancen Über Jahrzehnte änderte sich nichts an der „Vererbung" der Bildungschancen in der deutschen Gesellschaft: So betrug 1959/60 der Anteil der Arbeiterkinder unter den westdeutschen Studenten 5 Prozent; seit Anfang des Jahrhunderts hatte dieser statistische Wert zwischen 2 Prozent und 4 Prozent geschwankt. In ähnlicher Weise waren Mädchen und Frauen sowie Katholiken in den höheren Bildungsgängen nur schwach vertreten. In den sechziger Jahren erinnerten einige Wissenschaftler daran, daß Bildung ein allgemeines Bürgerrecht sei, das in der Demokratie nicht für einzelne Klassen oder Schichten reserviert bleiben dürfe. Gleichzeitig forderten Vertreter der Wirtschaft mehr und besser qualifizierte Schulabgänger und Akademiker, um so die Wettbewerbsfähigkeit der deutschen Wirtschaft zu steigern.

Bildungsreform und Bildungsexpansion Es wurden drei Schulstufen (Primär- sowie Sekundarstufe I und II) abgegrenzt, die als Querverbindungen durch die drei Schularten verlaufen und den Übergang zwischen den Schulformen erleichtern sollen; die Hauptschule wurde als eigenständige weiterführende Schulform geschaffen; in einigen Bundesländern wurden Gesamtschulen errichtet, um in einer einzigen Schulform alle Schüler gemeinsam zu unterrichten und gezielt zu fördern; zusätzliche Wege zu Abitur und Studium wurden eröffnet; neue Lehrpläne mit neuen Lehrinhalten (z. B. Sozialwissenschaften) wurden erlassen; die Oberstufe des Gymnasiums und das Abitur wurden reformiert. Es wurden mehr Schulen gebaut und neue Universitäten gegründet; die Lehrer wurden anders ausgebildet, und es wurden erheblich mehr Lehrer eingestellt.

Veränderung der Bildungschancen Reform und Expansion des Bildungssystems zeigten Ergebnisse: Der Anteil der Schüler eines Jahrgangs, die nach der Grundschule auf die Realschule oder das Gymnasium wechselten, vergrößerte sich; eine stetig wachsende Anzahl von Mädchen und Kindern der unteren sozialen Schichten (Arbeiter und kleine Selbständige) konnten die Realschule besuchen, so daß auf der Ebene der mittleren Abschlüsse die Chancenunterschiede verringert worden sind. Dies gilt jedoch nicht für Abitur und Studium. Gleichzeitig stieg nämlich der sowieso schon hohe Anteil der Beamtenkinder noch einmal stärker als aller anderen Gruppen (12 Prozent); bei den Arbeiterkindern war der Chancenzuwachs mit 5 Prozentpunkten dagegen am geringsten. Seit 1985 sind sie die einzigen, deren Chancen auf eine gymnasiale Ausbildung sich nicht erhöht haben, obwohl der Zustrom in diese Schulform weiter gewachsen ist. Derselbe Vorgang läßt sich bei der Quote der Studienanfänger beobachten; auch hier sind die Beamtenkinder am stärksten an der Erhöhung der Studentenzahlen beteiligt. Der Anteil von Arbeiterkindern unter den Studierenden ist zunächst von 5 Prozent im Jahre 1960 auf 16 Prozent im Jahre 1976 gestiegen; diese Quote fiel dann wieder ab und liegt seit 1983 bei 9 Prozent.

Vermehrung der Bildungschancen bewirkt nicht zwangsläufig eine gleichmäßigere Verteilung der Bildungsqualifikationen über alle Gruppen der Gesellschaft. Die „Vererbung" ließ sich auch in der DDR beobachten, in der das Gleichheitsprinzip ja noch viel stärker herausgestellt worden war. Unmittelbar nach der Staatsgründung wurden in erster Linie nur „Arbeiter- und Bauernkinder" zum Studium zugelassen. Aber schon bald stieg der Anteil von Kindern der „sozialistischen Intelligenz" (Lehrer, Ärzte, Betriebsleiter, Parteifunktionäre, Offiziere usw.) an den Studierenden von 19 Prozent im Jahre 1960 auf 78 Prozent im Jahre 1989.

Übersicht 7

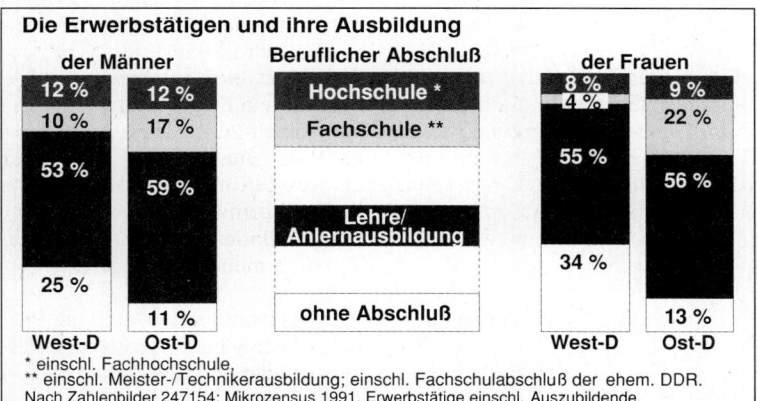

Die Erwerbstätigen und ihre Ausbildung

Beruflicher Abschluß

der Männer: West-D 12 %, Ost-D 12 % Hochschule *; West-D 10 %, Ost-D 17 % Fachschule **; West-D 53 %, Ost-D 59 % Lehre/Anlernausbildung; West-D 25 %, Ost-D 11 % ohne Abschluß

der Frauen: West-D 8 %, Ost-D 9 % Hochschule *; West-D 4 %, Ost-D 22 % Fachschule **; West-D 55 %, Ost-D 56 % Lehre/Anlernausbildung; West-D 34 %, Ost-D 13 % ohne Abschluß

* einschl. Fachhochschule,
** einschl. Meister-/Technikerausbildung; einschl. Fachschulabschluß der ehem. DDR.
Nach Zahlenbilder 247154: Mikrozensus 1991. Erwerbstätige einschl. Auszubildende.

3.5 Berufliche Bildung und Weiterbildung

Schule und Berufsstart Der Schulabschluß ist für den Einstieg ins Berufsleben und die damit verbundenen Lebenschancen eine wichtige Weichenstellung. Nahezu 7 Prozent der jungen Bundesbürger verlassen am Ende ihrer Pflichtschulzeit die Schule ohne Hauptschulabschluß; das waren 1992 fast 64 000 Jugendliche. Ihre Startbedingungen im Wettbewerb um Ausbildungsplätze sind sehr schlecht. Nach amtlichen Prognosen werden bis zum Jahr 2000 rd. 1,7 Mio. Jugendliche ohne qualifizierte Ausbildung auf den Arbeitsmarkt drängen.

Das duale System Die berufliche Bildung geschieht in der Form des dualen Systems: die praktische Ausbildung am Arbeitsplatz in einem Betrieb wird durch die theoretische Grundbildung in einer Schule des beruflichen Bildungssystems ergänzt. Die Mehrzahl der Auszubildenden besucht an zwei Tagen in der Woche eine Berufsschule (gesetzlich sind acht bis zwölf Stunden in der Woche vorgeschrieben). In den letzten Jahren sind zahlreiche neue Schularten eingerichtet worden. Im dualen System hat aber die betriebliche Ausbildung den Vorrang. – Für die Beurteilung des dualen Systems ist die Tatsache wichtig, daß in der Bundesrepublik und denjenigen Ländern, die ein ähnliches System der Berufsausbildung haben, die Jugendarbeitslosigkeit am geringsten ist.

Lebenslanges Lernen Berechnungen über den Bedarf an Fachkräften in einem bestimmten Wirtschaftsbereich oder für einen bestimmten Beruf sind sehr schwierig. Sie werden durch technische und wirtschaftliche Entwicklungen (z. B. durch den Einsatz der Elektronik) rasch überholt. Deshalb schreiben die seit einigen Jahren neu erlassenen Ausbildungsordnungen für die einzelnen Berufe eine breit angelegte Grundausbildung vor, die Anpassungen an immer neue Bedingungen erleichtern soll. Solch ein Stufen- oder Phasenmodell soll einen längeren Prozeß der Berufsfindung ermöglichen und den Einstieg in mehrere spezialisierte Bereiche öffnen. Der einzelne kann im Laufe seines Berufslebens einige solcher Spezialisierungen „ansammeln". So kann er versuchen, dem technischen Wandel gerechtzuwerden und sich in einem „lebenslangen Lernen" immer wieder neu zu qualifizieren.

Zahlreiche Unternehmen versuchen, eine fortwährende berufliche Weiterbildung ihrer Beschäftigten zu ermöglichen. Sie bieten gezielte Ausbildungsprogramme auch für diejenigen Jugendlichen an, die keinen Hauptschulabschluß oder eine Berufsausbildung vorweisen können. Leistungsschwäche in der Schule bedeutet ja nicht zwangsläufig, daß der oder die Betreffende nicht im Stande wäre, einen Beruf zu erlernen und erfolgreich auszuüben. Die Bereitschaft, sich weiterzubilden, ist recht groß: jährlich nimmt über ein Fünftel aller Beschäftigten an Maßnahmen der beruflichen Weiterbildung teil; 1992 wurden über 36 Mrd. DM dafür aufgewandt. Auch die Veranstaltungen zur allgemeinen und politischen Weiterbildung (z. B. in den Volkshochschulen) fanden großen Anklang: 1991 haben 37 Prozent aller Deutschen im Alter von 19 bis 61 Jahren an Maßnahmen zur Weiterbildung teilgenommen.

4. Vom Wandel der „Arbeitsgesellschaft"

4.1 Arbeit ist das halbe Leben

Lebensarbeitszeit Die Zeit, die ein Mensch während seines Lebens in Erwerbsarbeit verbringt, ist in den Industriegesellschaften bisher ständig gesunken. Heute verbringt ein Deutscher noch ungefähr ein Achtel seiner Lebenszeit in Berufsarbeit. Durch technische Erfindungen und bessere Organisation der Produktion, des Verkehrs und der Ausbildung ist es in den Industriegesellschaften möglich geworden, in kürzerer Zeit und mit geringerem Arbeitseinsatz mehr und bessere Güter und Dienstleistungen zu produzieren. So ist der Anteil der Zeit, der in Erwerbsarbeit verbracht wird, gesunken, die Anteile für Bildung, Freizeit, Ruhestand sind dagegen gewachsen. Der Rückgang der Arbeitszeit gilt jedoch nicht für alle Berufe; viele, die komplizierte und folgenreiche Aufgaben in Wirtschaft, Politik, in der Wissenschaft oder den Medien zu erfüllen haben, arbeiten zunehmend mehr als andere.

Trotz kürzerer Arbeitszeit innerhalb der Lebenszeit bleibt das Leben der Menschen in den Industriegesellschaften von bezahlter Erwerbsarbeit bestimmt. Wo, wie und mit welchem Erfolg die Menschen ihren Beruf ausüben können, ist nicht nur für die Produktivität der Volkswirtschaft, sondern auch für die soziale Stellung und das Bild, das jeder einzelne von sich und der Gesellschaft hat, für seine Zufriedenheit und sein Selbstbewußtsein von großer Bedeutung.

Erwerbsquote In der Bundesrepublik beträgt die Erwerbsquote über 49 Prozent, d. h. nahezu die Hälfte der Bevölkerung geht einer regelmäßigen Arbeit nach oder ist vorübergehend arbeitslos, will aber erwerbstätig sein. Für die verschiedenen Altersgruppen und für Männer und Frauen ergeben sich sehr unterschiedliche Erwerbsquoten. Das liegt u. a. an der Verlängerung von Schulzeit, Studium und Berufsausbildung, am Wehr- und Ersatzdienst, am vorgezogenen Ruhestand sowie an dem hohen Prozentsatz von Frauen in der Gesamtbevölkerung. Über 62 Prozent aller Frauen im arbeitsfähigen Alter (15 bis 65 Jahre) sind erwerbstätig bzw. arbeitslos; bei den verheirateten Frauen beträgt dieser Anteil noch etwas mehr als 60 Prozent.

Die in den Familien unentgeltlich geleistete Arbeit, vor allem der Hausfrauen, ist in diesen statistischen Zahlen nicht berücksichtigt. Die gängigen Statistiken unterscheiden nur zwischen erwerbstätig oder arbeitslos, und Hausarbeit fällt nicht unter die beiden Kategorien. Würde man sie hinzurechnen, müßte das Bruttosozialprodukt noch einmal um schätzungsweise 70 Prozent (für 1993 über 2,1 Billionen DM) erhöht werden.

Übersicht 8

	15–20 J.	20–25 J.	55–60 J.	60–65 J.	15–65 J.
		Erwerbsquoten 1993 (in %)			
West:					
Männer	38,1	77,0	80 5	34,4	81,9
Frauen	33,0	70,7	46 9	11,7	59,8
Ost:					
Männer	39,8	78,6	72 5	30,2	81,3
Frauen	37,4	82,6	26 4	2,7	73,3

Institut der deutschen Wirtschaft „Zahlen zur wirtschaftlichen Entwicklung der Bundesrepublik Deutschland 1995", S. 12

4.2 Auf dem Weg in die „Dienstleistungsgesellschaft"

Beschäftigungssektoren Es ist üblich, die wirtschaftlichen Tätigkeiten nach der Art der jeweils produzierten Güter und Leistungen zu ordnen. So werden häufig drei Wirtschaftsbereiche oder Beschäftigungssektoren unterschieden. Seit Beginn der Industrialisierung hat sich der Anteil der Erwerbstätigen in den verschiedenen Wirtschaftsbereichen und ihr Anteil an der gesamten Wirtschaftsproduktion ständig verändert. Wie viele andere Länder, hat sich auch die Bundesrepublik zu einer „Dienstleistungsgesellschaft" entwickelt.

Dienstleistungen Dazu zählt man alle Tätigkeiten, die mit solchen Worten wie planen, steuern, kontrollieren, verwalten, informieren, beraten, betreuen, pflegen, bilden bezeichnet werden. Dies betrifft die Heil- und Pflegeberufe, Tätigkeiten im Bildungssystem und in der Sozialarbeit, in der öffentlichen und privaten Verwaltung, in Wissenschaft und Forschung, bei Handel, Banken und Versicherungen. Häufig unterscheidet man auch zwischen *produktionsorientierten* (z. B. Personal- oder Vertriebsabteilung eines Unternehmens) und *humanorientierten Dienstleistungen.* Die Zunahme der Dienstleistungen bedeutet für die Ausbildung der jungen Generation, daß nicht mehr so sehr die unmittelbare Bearbeitung von Materialien oder die Herstellung von Waren als Arbeitsprozeß gelernt werden muß, sondern wie man mit Menschen umgeht, wie man schwierige Sachverhalte darstellen kann, wie man komplizierte Prozesse planen und steuern kann. Der Vormarsch des Computers in der Arbeits-

Übersicht 9

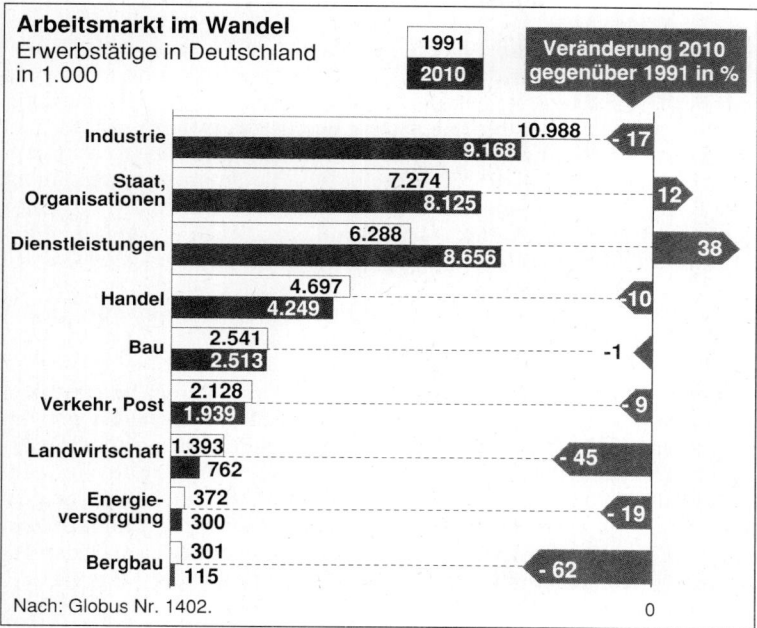

Arbeitsmarkt im Wandel
Erwerbstätige in Deutschland
in 1.000

1991
2010

Veränderung 2010
gegenüber 1991 in %

	1991	2010	Veränderung
Industrie	10.988	9.168	- 17
Staat, Organisationen	7.274	8.125	12
Dienstleistungen	6.288	8.656	38
Handel	4.697	4.249	-10
Bau	2.541	2.513	-1
Verkehr, Post	2.128	1.939	-9
Landwirtschaft	1.393	762	- 45
Energieversorgung	372	300	-19
Bergbau	301	115	- 62

Nach: Globus Nr. 1402.   0

welt ist für die neue Dienstleistungsgesellschaft charakteristisch. Viele
Dienstleistungen werden nicht mehr in großen Betrieben und festen
Gebäuden erbracht, sondern zu Hause und unterwegs, mit Laptop und
Handy. Viele Beschäftigte werden auch nicht mehr fest angestellt, sondern erfüllen ihre Aufgaben als selbständige Klein-Unternehmer mit
ihnen selbst als einziger Arbeitskraft; sie genießen dann auch nicht mehr
die Vorteile, die sie als Mitarbeiter einer großen Firma in der Vergangenheit vielleicht hatten (z. B. Kantinenessen, Betriebsrenten, Sonderprä-
mien, Betriebskindergarten, Jahreswagen usw.).
Untersuchungen zeigen, daß im Laufe ihres Arbeitslebens über 40 Prozent aller Arbeitnehmer mindestens einmal ihren ausgeübten Beruf
wechseln mußten; am häufigsten betroffen sind angelernte Arbeiter
(66 Prozent) und ungelernte Arbeiter (54 Prozent). Fast ein Viertel der
angelernten Arbeiter haben ihre berufliche Tätigkeit sogar zwei- und
dreimal gewechselt. Auch die Häufigkeit, mit der das Arbeitsverhältnis
gewechselt wird, hat zugenommen. Die Dauer einer Beschäftigung liegt

zur Zeit im Durchschnitt bei 3,2 Jahren. Höher Qualifizierte wechseln seltener den Arbeitsplatz.

Beschäftigungsverhältnis Rund 90 Prozent aller Berufstätigen sind unselbständige Arbeitnehmer, d. h. sie haben einen Vertrag mit einem Arbeitgeber geschlossen, dem sie ihre Arbeitskraft gegen Entlohnung zur Verfügung stellen. Bei diesen abhängig Beschäftigten unterscheidet man Arbeiter, Angestellte und Beamte. Die beruflichen Aufgaben dieser Gruppen sind aber keineswegs völlig verschieden. Die Unterscheidung stammt aus Zeiten, als sich „Handarbeit" (= Arbeiter) und „Kopfarbeit" (= Angestellte) deutlich voneinander abgrenzen ließen. Auch die Aufgaben des Staates waren damals begrenzt und konnten durch eine kleine Gruppe von Beamten geleistet werden. Heute hat diese Unterscheidung vor allem noch arbeits- und sozialrechtliche Folgen: für die einzelnen Gruppen gibt es unterschiedliche Versicherungskassen.

Arbeitskosten Arbeitskraft und Arbeitsleistung werden unterschiedlich bewertet. Hier liegt eine wichtige Ursache für die Ungleichheit in der Gesellschaft. Die Kosten der Arbeit, d. h. der vertraglich verkauften Arbeitskraft jedes Beschäftigten, sind im internationalen Vergleich sehr unterschiedlich. So wird nicht nur Lohn oder Gehalt gezahlt, sondern es müssen auch noch viele zusätzliche Leistungen (Urlaubsgeld, Lohnfortzahlung bei Krankheit etc.) aufgebracht werden, die sich teilweise aus den Tarifverträgen ergeben, teilweise durch staatliche Gesetze verlangt werden.

4.3 Interessenverbände: Zwischen Konfrontation und Kooperation

Regelungen und Vereinbarungen Im Gegensatz zu anderen Industrieländern (z. B. den USA) wird in der Bundesrepublik das Verhältnis zwischen Arbeitgebern und Arbeitnehmern durch zahlreiche Vorschriften und Abmachungen geregelt:
(1) Im allgemeinen Arbeitsrecht werden die gesetzlichen Rahmenbedingungen für das Wirtschaftsleben festgelegt, wie etwa Mitbestimmung, Kündigung, Mutterschutz, Arbeitsschutzvorschriften usw.
(2) In Tarifverträgen, die Gewerkschaften und Arbeitgeberverbände ohne staatliche Eingriffe aushandeln, werden Bedingungen für den jeweiligen Industriebereich festgelegt, wie etwa Entgelt- und Lohntarife, Zuschläge, Arbeitszeit, Urlaub usw.
(3) Freiwillige Vereinbarungen ergänzen die Tarifabkommen; sie werden jeweils für ein Unternehmen zwischen der Belegschaftsvertretung und der Betriebsleitung ausgehandelt und beziehen sich z. B. auf

Betriebsrenten, Vorzugsaktien, gleitende Arbeitszeit oder Kantinenessen und Kindergärten.

Tarifautonomie und Kooperation   Es ist ein besonderes Kennzeichen der Sozial- und Wirtschaftsordnung der Bundesrepublik, daß hier die Arbeitgeberverbände auf der einen Seite und die Gewerkschaften als Vertretung der Arbeitnehmer auf der anderen Seite die Auseinandersetzungen über Löhne und Arbeitsbedingungen frei von staatlicher Einmischung führen (vgl. Kap. 2, S. 73 f.). Diese *Tarifautonomie* bedeutet nicht, daß die *Tarifparteien* keinerlei Rücksicht auf die wirtschaftspolitischen Pläne der Regierungen und Parteien nähmen, die ja ihrerseits durch Gesetze den Rahmen für die Wirtschaft bestimmen. Vielmehr beraten die *Interessenverbände* und staatlichen Stellen oft sehr eingehend und gemeinsam. Sozialwissenschaftler haben diese Zusammenarbeit als „Neo-Korporativismus" oder als einen „neuen Ständestaat" bezeichnet: in einem Macht-Dreieck von Staat, Arbeitgebern und Gewerkschaften würden die wirtschaftlichen Konflikte entschärft. Auch deshalb sind große Streiks in der Bundesrepublik verhältnismäßig selten.

Gewerkschaften   Für die deutsche Wirtschaft ist die starke Position der Gewerkschaften charakteristisch: ihre Stellung wird durch die Verfassung und andere Gesetze (Mitbestimmung, Betriebsverfassung usw.) rechtlich gesichert. Sie haben im Verhältnis zu anderen Ländern viele Mitglieder: im Durchschnitt 30 Prozent aller Beschäftigten, ca. 51 Prozent aller Arbeiter und 25 Prozent der Angestellten, in einigen Wirtschaftsbereichen jedoch erheblich mehr; der Prozentsatz der berufstätigen Frauen, die in einer Gewerkschaft sind, liegt bei 30 Prozent. Die Gewerkschaften verfügen über erhebliche Geldmittel und können deshalb auch eine wirksame Organisation aufbauen (gut bezahlte und geschulte Funktionäre, eigene Banken, Versicherungen, Handelsketten und Baufirmen, Forschungsstäbe, Verlage und Zeitschriften usw.). Die wachsende Arbeitslosigkeit sowie die zunehmende Zahl von Angestellten, berufstätigen Frauen und Teilzeitbeschäftigten haben in letzter Zeit zu einem deutlichen Mitgliederschwund geführt; nur etwa 25 Prozent der arbeitenden Jugendlichen waren 1992 gewerkschaftlich organisiert.

4.4   Arbeitsgesellschaft ohne Arbeit

Arbeitslosigkeit   Seit Mitte der sechziger Jahre ist die Arbeitslosigkeit in der Bundesrepublik Deutschland gestiegen. Viele sehen darin eines der größten politischen Probleme der Gegenwart. In anderen Industriegesellschaften sind die Verhältnisse ähnlich. Die Zahl derjenigen, die sehr lange arbeitslos sind oder gar keine Arbeit mehr finden, hat in der Vergangenheit ständig zugenommen (vgl. Kap. 2, S. 109).

„Recht auf Arbeit"? In einer Industriegesellschaft, wie der Bundesrepublik, sichern die meisten Menschen ihren Lebensunterhalt durch bezahlte Erwerbsarbeit. Ihr Einkommen, ihr Beruf, ihre Bildung, ihr Ansehen und Einfluß werden weitgehend durch ihre Stellung in der Arbeitswelt bestimmt. Wegen dieser großen Bedeutung der Arbeit für das menschliche Leben, fordern viele Gruppen immer wieder „das Recht auf Arbeit" als ein Grundrecht. Im Grundgesetz der Bundesrepublik Deutschland ist solch ein Recht nicht verankert, sondern nur das Recht, Beruf und Arbeitsplatz frei zu wählen (Art. 12 GG). Ein „Recht auf Arbeit" wurde nicht in die Verfassung aufgenommen, weil dann der Staat den Arbeitsmarkt und das Wirtschaftsleben so stark kontrollieren müßte, daß dies mit den Regeln einer Marktwirtschaft nicht mehr zu vereinbaren wäre.

5. Soziale Ungleichheit in der Wohlstandsgesellschaft

5.1 Gleichheit der Bürger in der Demokratie

Grundrechte Freiheit und Gleichheit sind Grundwerte und Grundrechte der Demokratie. In der Verfassung der Bundesrepublik Deutschland werden sie deshalb auch am Anfang genannt (vgl. Kap. 3, S. 126). Heute wird in jeder demokratischen Verfassung die *rechtliche und politische Gleichheit* aller Bürgerinnen und Bürger vorgeschrieben. Das bedeutet z. B.: bei politischen Wahlen hat jede abgegebene Stimme das gleiche Gewicht, ob sie nun von armen oder reichen, alten oder jungen, gebildeten oder ungebildeten Wählern stammt; Männer und Frauen haben Anspruch auf gleichen Lohn für gleiche Arbeit; es dürfen z. B. nicht nur Katholiken zu Beamten ernannt oder nur Kinder von verheirateten Eltern zum Studium zugelassen werden; bei einem Arbeiter, einem Farbigen oder einem Mitglied der Regierungspartei dürfen die Gerichte die Gesetze nicht anders auslegen als bei einem Fabrikdirektor, einem Weißen oder einem Mitglied der Oppositionspartei.
Gleichberechtigung bedeutet aber nicht, daß alle Menschen dieselben Eigenschaften, Fähigkeiten und Bedürfnisse haben oder haben sollten. Es wird auch nicht verlangt, daß alle zu den gleichen Leistungen fähig und verpflichtet seien. Gleichberechtigung bedeutet nur, daß der Staat jeder Bürgerin und jedem Bürger in gleicher Weise die Möglichkeit offenhalten muß, ihre Interessen mit dem gleichen Anspruch wie alle anderen zu verfolgen.

Rechtsgleichheit ist ein Gebot der Verfassung, an das die Parlamente, Behörden und Gerichte gebunden sind. Das schließt aber nicht aus, daß diejenigen, die über mehr Zeit, Geld, Informationen und Einfluß verfügen, ihre Interessen vor Gericht, der Verwaltung oder im Parlament häufig wirkungsvoller durchsetzen können. Sie können sich beispielsweise einen besseren Anwalt leisten und einen Prozeß durch alle Gerichtsinstanzen ziehen. Sie können durch Gutachter die Beratungen eines Gesetzes im Parlament beeinflussen, durch Spenden politische Parteien und Organisationen fördern, die ihren Wünschen folgen. Sie können durch die Zusage und Drohung, neue Arbeitsplätze zu schaffen bzw. nicht einzurichten, eine Gemeinde dazu veranlassen, einen Bebauungsplan zu ändern. Rechtsgleichheit bedeutet nicht automatisch Gleichheit an Macht und Ansehen. Der Grundsatz der Gleichberechtigung kann die soziale Ungleichheit unter den Staatsbürgern nicht verhindern oder aufheben.

Formen sozialer Ungleichheit   Überall läßt sich beobachten: Einkommen und Vermögen sind ungleich verteilt; es gibt große Unterschiede in der Qualität der Wohnung und den Konsummöglichkeiten; die Bedingungen, unter denen die Menschen arbeiten müssen, sind sehr verschieden; es erhalten nicht alle die gleiche medizinische Betreuung; die Chancen, eine gute Ausbildung zu erhalten, sind je nach Elternhaus, Wohnort und Geschlecht sehr ungleichmäßig verteilt; auch die Vorsorge für Alter und Krankheit ist sehr unterschiedlich gewährleistet. Alles dies zeigt eine Ungleichheit der sozialen Lebenslagen und Lebenschancen.

Einkommen   In den Zahlen der durchschnittlichen Bruttoeinkommen lassen sich deutliche Unterschiede erkennen. Frauen werden im Durch-

Übersicht 10

Woher stammt der überwiegende Lebensunterhalt (Mikrozensus April 1991)

Merkmal	Ost	West
Bevölkerung (Anzahl in 1000)	15 941	63 889
Davon überwiegender Lebensunterhalt durch (Anteil in %)		
– Erwerbstätigkeit	47,6	43,7
– Arbeitslosenunterstützung	4,9	1,5
– Rente, Vermögen u. ä.	23,1	21,6
– Angehörige	24,4	33,2

Wirtschaft und Statistik 9/1992

Übersicht 11

Einkommensverteilung (April 1991)

Monats-Nettoeinkommen (in DM)	Anzahl/Anteil Ost	West
Erwerbstätige insg. (in 1000)	7 761	29 684
Davon mit einem monatl. Nettoeinkommen von ... bis unter ... DM (Anteil in %):		
unter 600	10,7	7,6
600–1000	28,4	7,8
1000–1400	38,1	8,0
1400–1800	13,7	11,8
1800–2000	5,0	16,5
2000–3000	3,1	25,2
3000–4000	0,7	12,2
4000 und mehr	0,3	11,0

Wirtschaft und Statistik 9/1992

schnitt schlechter bezahlt als Männer; besser Ausgebildete erzielen in der Regel höhere Einkommen; je nach Bedarf werden auch die verschiedenen Berufe und Branchen (z. B. im Handwerk) unterschiedlich bewertet d. h. entlohnt. Außerdem lassen sich auch große regionale Unterschiede feststellen: in Großstädten wie München oder Düsseldorf ist das Leben teurer und werden in der Regel auch höhere Löhne und Gehälter gezahlt.

Haushalte Ausschlaggebend für die soziale Lebenslage des einzelnen sind nicht die statistischen Durchschnittswerte für alle Erwerbstätigen, sondern das Einkommen des Haushaltes, in dem er lebt. Unter Haushalt versteht man dabei jeweils die Personen, die zusammenleben und in dieser Personengemeinschaft auch zusammen wirtschaften.
Die Haushalte der Selbständigen (z. B. Ärzte, Rechtsanwälte, Inhaber von Handwerks- oder Industriebetrieben) verfügen im Durchschnitt über ein dreifach höheres Nettoeinkommen als die anderen Haushalte, d. h. die Haushalte der abhängig Beschäftigten und der Nichterwerbstätigen. Zwar müssen die Selbständigen aus diesen Einkommen ihre Alterssicherung finanzieren, aber auch dann bleibt der Unterschied zu den anderen Gruppen beträchtlich; er ist in der Vergangenheit in Westdeutschland immer größer geworden. Deshalb können die selbständigen Haushalte auch schneller Vermögen bilden: ihre Sparquote liegt stets höher als die der anderen Haushaltsgruppen.

Vermögen Die drei wichtigsten Vermögensarten sind Grundbesitz, Eigentum an Produktionsmitteln und Geldvermögen (in Form von Aktien, Wertpapieren, Spareinlagen, Lebensversicherungen und Bausparverträgen). Rentenansprüche werden in der volkswirtschaftlichen Vermögensstatistik nicht berücksichtigt. Über ein Drittel des gesamten Vermögens in der Bundesrepublik befindet sich in staatlicher Hand (Bund, Länder und Gemeinden).

Das Vermögen der Privathaushalte ist recht ungleich verteilt. So verfügen die obersten 10 Prozent der Vermögensbesitzer über 50 Prozent des gesamten Vermögens in der Bundesrepublik, während die unteren 50 Prozent, d. h. also die Hälfte der Bundesbürger, nur 2,5 Prozent besitzen. Für das Wirtschafts- und Gesellschaftssystem der Bundesrepublik ist auch die hohe Konzentration des Eigentums an Produktionsmitteln (in Form von Betriebsvermögen und Wertpapieren) kennzeichnend. Genaue Zahlenangaben sind schwierig zu ermitteln; verschiedene Untersuchungen lassen den Schluß zu, daß knapp 2 Prozent der privaten Haushalte über die Hälfte des gesamten und sogar 75 Prozent des privaten Produktivvermögens besitzen.

In der sozialistischen Gesellschaft der DDR konnten keine so großen Vermögensunterschiede wie im Westen entstehen. Seit der Vereinigung werden die ehemaligen Staatsbetriebe an private Eigentümer verkauft; der enteignete Privatbesitz wird zurückgegeben oder entschädigt; selbständige Berufe und mittelständische Unternehmen entwickeln sich ebenso wie der Handel mit Wohnungen und Grundstücken. Dies wird dazu führen, daß auch in Ostdeutschland zahlreiche neue Vermögen entstehen und gleichzeitig immer größere Vermögen in den Händen von immer weniger Privateigentümern konzentriert werden.

5.2 Benachteiligung von Frauen in Arbeitswelt, Politik und Familie

Trotz der gesetzlich vorgeschriebenen Gleichberechtigung sind immer noch viele Frauen in der deutschen Gesellschaft benachteiligt. So liegt das Einkommen berufstätiger Frauen im Durchschnitt um ein Viertel niedriger als das ihrer männlichen Kollegen. Ein großer Teil der weiblichen Angestellten und mehr noch der Arbeiterinnen liegt in den unteren Einkommensgruppen. Das Lohngefälle zwischen Arbeitern und Arbeiterinnen ist teilweise damit zu erklären, daß die männlichen Kollegen oft besser ausgebildet sind, häufiger in Branchen mit hohen Löhnen arbeiten, oft Erschwerniszulagen (z. B. für Nachtschichten) erhalten und eine höhere Wochenarbeitszeit erbringen.

Je höher der Rang auf der Stufenleiter der Berufe und Ämter, um so weniger Frauen sind dort anzutreffen: Professorinnen, Ministerinnen, Chef-

Übersicht 12

Anteil der Frauen in der Gesellschaft

	West			Ost	
	1970	1980	1992	1991	1992
	in %[1]				
Bevölkerung	52,3	52,2	51,4	52,2	52,0
darunter:					
Frauen über 65 Jahre	61,4	64,2	65,1[2]	68,2	67,9[2]
Erwerbstätige					
nach Stellung im Beruf:	35,9	37,3	40,8	46,5	44,8
Selbständige	20,4	20,8	25,1	28,2	28,8
Mithelfende Familienangehörige	84,7	86,4	83,2	83,3	81,8
Arbeiterinnen	27,9	27,9	29,6	30,9	27,2
Angestellte	48,5	52,4	54,3	63,4	62,7
Beamtinnen	15,8	17,6	24,0	6,7	11,1
nach Wirtschaftsbereichen:					
Land- und Forstwirtschaft	52,5	49,1	42,3	37,5	37,0
Produzierendes Gewerbe	24,8	24,5	24,7	31,5	25,0
Dienstleistungen und sonst.	46,8	48,2	51,9	60,1	58,9
Vollzeit	30,1	29,9	31,0[3]	41,7[3]	41,1[3]
Teilzeit	72,6	92,2	86,4	91,0	88,9
Arbeitslose	37,6	52,0	45,7	58,1	63,3
Sozialhilfeempfängerinnen	62,6	59,7	54,1[4]	57,7	55,2
Schulabgängerinnen mit					
Hauptschulabschluß	49,3	45,8	44,2	–	37,8
Realschulabschluß	51,6	55,4	52,0	–	50,7
Hochschulreife	39,4	45,4	46,7	–	53,8
Überwiegender Lebensunterhalt					
durch					
Erwerbstätigkeit	34,3	35,1	38,0	46,1	44,3
Arbeitslosengeld/-hilfe	26,1	46,3	40,4	61,5	65,6
Rente und dergleichen	58,9	56,9	56,6	67,8	62,9
Angehörige	66,8	67,3	66,0	46,7	50,3

[1] Männer und Frauen zusammen = 100 %. [2] Jahresende. [3] 36 und mehr Stunden wöchentlich. [4] 1991

Quelle: Statistisches Bundesamt; Bundesminister für Bildung und Wissenschaft, Bundesanstalt für Arbeit.

ärztinnen, Chefredakteurinnen oder Unternehmensleiterinnen sind selten. In den Parteien, in Gewerkschaften und Arbeitgeberverbänden, in Kirchen und Vereinen entspricht die Anzahl der Frauen in den höheren Positionen keineswegs der Zahl der weiblichen Mitglieder. Um allmählich eine tatsächliche Gleichstellung der Frauen zu erreichen, haben einige Parteien beschlossen, eine bestimmte Anzahl wichtiger Positionen nur mit Frauen zu besetzen *(Quotenregelung)*. Auch die ungleiche Arbeitsteilung zwischen Mann und Frau in der Familie benachteiligt meist die Frau. Wenn sie berufstätig ist, hat sie zum größten Teil die Mehrfachbelastung durch Erwerbsarbeit, Hausarbeit und Kindererziehung zu tragen. Nach der Vereinigung verloren viele Frauen in den neuen Bundesländern ihre Stellung und die damit verbundenen Chancen; sie waren die sozialen Verlierer der deutschen Einheit.

5.3 Ausländer

Ausländer sind in der Bundesrepublik Deutschland ebenfalls benachteiligt. Viele politische Rechte – z. B. Wahlrechte, Versammlungsrecht oder das Recht, Parteien zu bilden – sind für sie stark eingeschränkt oder gar nicht gegeben. Ausländische Arbeiterinnen und Arbeiter müssen im Durchschnitt gefährlichere und körperlich stärker belastende Arbeiten verrichten; Arbeitsunfälle sind bei ihnen häufiger und schwerer; ihr Gesundheitsstand ist in der Regel schlechter als der in der deutschen Bevölkerung. Das Risiko, ohne Abschluß die Schule zu verlassen, keinen Arbeitsplatz zu finden und arbeitslos zu werden, ist bei ausländischen Jugendlichen besonders hoch. Viele leben in engen und schlechten Wohnungen. Ausländer verdienen im Durchschnitt weniger. Immer mehr sind auf Sozialhilfe angewiesen.

5.4 Soziale Unterschiede zwischen den Deutschen in Ost und West

Am 3. Oktober 1990 ging aus der Vereinigung von Bundesrepublik und ehemaliger DDR ein neuer Staat hervor. Nun galt (mit einigen Ausnahmen) eine einheitliche Verfassungs- und Rechtsordnung; die Währungs-, Wirtschafts- und Sozialunion war bereits drei Monate früher vollzogen worden (vgl. Kap. 3, S. 122 f.).
Trotz politischer, rechtlicher und wirtschaftlicher Einheit bleiben die sozialen Lebenslagen und die Lebenschancen der Menschen in den beiden Teilen Deutschlands sehr verschieden. In den neuen Bundesländern sind die Einkommen aus Erwerbstätigkeit im Durchschnitt niedriger:

zunächst (1989) betrugen sie nur 35 Prozent der westlichen Löhne und Gehälter, sind dann aber verhältnismäßig rasch bis 1993 schon auf 73 Prozent gestiegen und werden das westliche Niveau bald erreichen. Auch die Renten und die Leistungen der Sozialhilfe lagen im Verhältnis zu denen in Westdeutschland niedriger. Diese Regelungen wurden mit den niedrigeren Lebenshaltungskosten in Ostdeutschland begründet. Außerdem war die Arbeitsproduktivität im Osten weitaus geringer als im Westen und stieg nicht so schnell an wie die Einkommen. Trotzdem wurden die Unterschiede von den Menschen in den neuen Bundesländern – vor allem die niedrigen Renten – heftig kritisiert.

Weiterer Konfliktstoff liegt in der sprunghaft angestiegenen Arbeitslosigkeit, vor allem der Frauen, von denen die meisten erwerbstätig gewesen waren. Bisher waren Ausbildungs- und Arbeitsplatz vom Staat garantiert worden. Unruhe und Unsicherheit entstand bei den Menschen auch durch die Entwertung bzw. Neubewertung ihrer Bildungsabschlüsse, die oft nicht den westdeutschen Maßstäben entsprachen. Gelegentlich liefen die Neuregelungen auf eine krasse Benachteiligung hinaus, wenn beispielsweise in den Krankenpflegediensten die früheren Examen und Dienstjahre nicht anerkannt wurden.

Besonders deutlich war der Unterschied in der Wohnqualität: in Ostdeutschland waren die Wohnungen sehr klein und in schlechtem Zustand. Diese Situation einer weit verbreiteten Unzufriedenheit wird noch dadurch verschärft, daß in über 2,5 Millionen Fällen letztlich von Gerichten entschieden werden muß, wem eigentlich die von den DDR-Behörden seit 1949 enteigneten Grundstücke, Gebäude und Unternehmen gehören bzw. in welcher Form der rechtmäßige Eigentümer zu seinem Recht kommen kann: Rückgabe oder Entschädigung? Entgegen der ursprünglichen Regelung von offenen Vermögensfragen im Einigungsvertrag von 1990, ist inzwischen gesetzlich die Rückgabe vorgesehen, die aber nicht immer leicht vollzogen werden kann. Dies wird voraussichtlich noch lange zu Spannungen und Unsicherheit führen.

Die Bürger der neuen Bundesländer fühlen sich auch politisch benachteiligt: In Parteien und Gewerkschaften sind „Ossis" kaum in Spitzenfunktionen vertreten; aber in vielen ostdeutschen Landesregierungen, Gerichten und Behörden sind die Leitungspositionen mit Westdeutschen besetzt. Erziehung und Erfahrungen der Menschen in einem sozialistischen Staat sowie die Unterschiede in den Lebenslagen und Lebenschancen zwischen alten und neuen Bundesländern sind Gründe, daß die Menschen der ehemaligen DDR in vielen Punkten eine andere Meinung vertreten als ihre westdeutschen Landsleute. Deutliche Anzeichen für die Umbrüche in der ostdeutschen Gesellschaft sind der starke Geburtenrückgang, die sinkende Zahl von Eheschließungen sowie die steigende Zahl von Selbstmorden.

5.5   Randgruppen und Armut in der Wohlstandsgesellschaft

Diejenigen Mitglieder einer Gesellschaft, die wirtschaftlich so schwach sind, daß sie „an den Rand der Gesellschaft gedrängt" werden und vom „normalen" Leben der anderen Menschen in der Gesellschaft ausgeschlossen bleiben, werden als „Randgruppen" oder „Randschichten" bezeichnet. Diese Gruppen verfügen über wenig oder kein regelmäßiges Einkommen und werden von den anderen oft verachtet.

Absolute – relative Armut   In der Bundesrepublik gibt es keine „absolute" Armut: anders als in den vergangenen Jahrhunderten in Europa oder heute in vielen Ländern der Dritten und Vierten Welt, muß niemand hier verhungern. Armut in Deutschland heute ist „relative" Armut: Diejenigen Einzelpersonen oder Familien gelten als arm, „die über so geringe Mittel verfügen, daß sie von der Lebensweise ausgeschlossen sind, die in der Gesellschaft, in der sie leben, als annehmbares Minimum angesehen wird" (so hat die Europäische Gemeinschaft den Zusammenhang von relativer Armut und normalem Lebensstandard formuliert). Was als „annehmbares Minimum" oder als „menschenwürdiges Leben" angesehen wird, verändert sich mit dem Wandel der Lebensverhältnisse in der jeweiligen Gesellschaft.

„Armut" genau zu bestimmen oder zu messen, ist sehr schwierig. In der Bundesrepublik gibt es keine amtliche Armutsstatistik; die Zahlen, die von Verbänden wie der Caritas, dem Deutschen Paritätischen Wohlfahrtsverband oder wissenschaftlichen Studien stammen, werden von der Bundesregierung oft als zu hoch bestritten.

Um zu sehen, wie viele Menschen in der Bundesrepublik relativ arm sind, werden in der sozialwissenschaftlichen Forschung jeweils die Prozentzahlen derjenigen ermittelt, die nur über 40 Prozent, 50 Prozent oder 60 Prozent des Durchschnittseinkommens verfügen. Nach einer Untersuchung des Caritas-Verbandes lebten 1992 etwa 4 Mio. Menschen in Armut, d. h. sie verfügten nur über 50 Prozent des Durchschnittseinkommens. Studien, die andere Meßwerte zugrundelegen, kommen zu noch höheren Zahlen: so beziffert der Armutsbericht, der vom Deutschen Gewerkschaftsbund und dem Deutschen Paritätischen Wohlfahrtsverband in Auftrag gegeben worden ist, den Prozentsatz der Armen in Deutschland auf 9,1 Prozent der Bundesbürger, also etwa 7,5 Mio. Menschen. Auch in der Armut gibt es ein Ost-West-Gefälle: im Osten betrug die Armutsquote 14,8 Prozent, im Westen lag sie bei 7 Prozent.

Sozialhilfe   Rund 4,5 Mio. Bundesbürger erhalten Leistungen aus der Sozialhilfe; es wird geschätzt, daß noch einmal 1,9 Mio. Menschen aus Scham, mangelndem Selbstbewußtsein oder Unwissenheit auf ihnen zustehende Ansprüche verzichten. Die finanzielle Unterstützung richtet sich nach der besonderen Situation eines jeden Haushaltes. Für die Festsetzung der staatlichen Sozialhilfe wird ein „Warenkorb" der Güter und Dienstleistungen zusammengestellt, den die Menschen brauchen, um ihre einfachsten Lebensbedürfnisse (Ernährung, Wohnung, Kleidung, Erholung usw.) zu befriedigen. Die dafür ermittelten Geldbeträge ergeben ungefähr 40 bis 45 Prozent des verfügbaren Einkommens eines Durchschnittshaushaltes. Wichtig ist die Beobachtung, daß nur 13 Prozent der Empfänger von Sozialhilfe länger als vier Jahre von der Hilfe abhängig sind; die Menschen wollen sich aus der Armut befreien.

Armutsrisiko Das Risiko, arm zu sein bzw. arm zu werden, trifft einige Gruppen der Bevölkerung besonders:
(1) Junge kinderreiche Familien, vor allem an- und ungelernter Arbeiter: Mit der Zahl der Kinder steigt das Armutsrisiko. Nach Schätzungen des Deutschen Caritas-Verbandes leben mindestens eine Million Kinder in Armut; jedes elfte Kind unter sieben Jahren wächst zumindest zeitweise in einem Haushalt auf, der Sozialhilfe erhält.
(2) Alleinerziehende Frauen mit ihren Kindern: Diese Gruppe hat sich durch die zunehmenden Scheidungen und unehelichen Geburten in den letzten Jahren stark vergrößert; mit einem Anteil von über einem Fünftel stellen die Alleinerziehenden die größte Gruppe aller Sozialhilfe-Empfänger.
(3) Alte Frauen, die überwiegend von Rente leben.
(4) Langzeitarbeitslose: 42 Prozent aller Arbeitslosen sind länger als ein Jahr und 27 Prozent sind bereits länger als drei Jahre arbeitslos; die zuletzt genannte Gruppe umfaßt 620 000 Haushalte, das sind 1,6 Millionen Menschen.
(5) Wohnungs- und Obdachlose: das sind etwa eine Million Menschen, 800 000 in Westdeutschland und 200 000 in Ostdeutschland; 130 000 davon „leben" auf der Straße; 40 Prozent der Wohnungs- und Obdachlosen in Deutschland sind Kinder. Von Armut bedrohte Haushalte müssen über 40 Prozent ihres ohnehin sehr niedrigen Einkommens für Miete ausgeben.
(6) Ältere Ausländer, die bereits längere Zeit in der Bundesrepublik leben und arbeitslos sind, sowie die Asylbewerber und Flüchtlinge aus den Krisenzonen der Welt.
Die längerfristige Beobachtung der Armut in Deutschland zeigt, daß gegenüber der Vergangenheit in zunehmendem Maße auch Männer und jüngere Erwachsene in Armut geraten. Das Armutsrisiko reicht bis in die sogenannten Mittelschichten hinein. Als wichtigste Ursache der „neuen Armut" wird die langanhaltende Massenarbeitslosigkeit gesehen. Die

Kluft zwischen den armen Gruppen und dem Durchschnitt der Bevölkerung ist fortwährend größer geworden.

5.6 Schichten und soziale Mobilität

Soziale Schichtung Viele Soziologen beschreiben eine Industriegesellschaft, wie z. B. die Bundesrepublik Deutschland, indem sie diese in mehrere Schichten gliedern. Aus der Kombination mehrerer sozialer Merkmale ergibt sich die Zugehörigkeit zu einer sozialen Schicht: in den Industriegesellschaften bestimmen vor allem Bildung, Beruf und Einkommen die soziale Stellung und Entwicklungsmöglichkeiten der einzelnen Person. Dem Beruf, also der Erwerbsarbeit kommt dabei bislang eine Schlüsselrolle zu.

Soziale Mobilität Die Grenzen zwischen den sozialen Schichten sind nicht völlig starr und undurchlässig. Die Menschen können aus einer Schicht in die andere aufsteigen, aber auch absteigen. Man bezeichnet diesen Vorgang als soziale Mobilität (mobil = beweglich). Die Tochter eines Maschinenschlossers z. B., die Geschichte studiert und Lehrerin wird, kann in dreifacher Weise einen höheren sozialen Status als ihr Vater erreichen: einen höheren Bildungsgrad, höhere berufliche Stellung, höheres Einkommen. Außerdem trägt sie zum sozialen Aufstieg der Frauen insgesamt bei.

Mobilitätsraten In den letzten 20 Jahren haben sich die Aufstiegschancen in allen Berufsgruppen verbessert; die Gefahr des sozialen Abstiegs ist geringer geworden. Ursachen dafür sind vor allem die verbesserten Bildungschancen und die Entwicklung zur Dienstleistungsgesellschaft, in der andere berufliche Qualifikationen verlangt werden. Untersuchungen zeigen, daß in der Bundesrepublik ein sozialer Aufstieg zwischen den Generationen zwar sehr häufig stattfindet, aber nicht sehr weit reicht: so schafft z. B. der Sohn eines angelernten Arbeiters den Aufstieg zum Facharbeiter oder die Tochter eines Handwerkers wird Chefsekretärin. Im Durchschnitt schafft jede(r) zehnte den Aufstieg über zwei Stufen der sozialen Rangleiter, aber nur jede(r) 50. durch drei Schichten. 11 Prozent der Kinder von Arbeitern gelingt es, aus ihrer Schicht in die Mittelschicht der Angestellten und Beamten aufzusteigen. Nur wenige Angehörige der gehobenen Mittelschicht müssen befürchten, gesellschaftlich abzusteigen. So ist es nur für 3 bis 4 Prozent der Kinder aus der oberen Mittelschicht wahrscheinlich, daß sie Arbeiter werden, während mehr als zwei Drittel der Kinder aus der gesamten Mittelschicht in dieser Schicht bleiben.

5.7 Was heißt „Chancengleichheit"?

Soziale Ungleichheit, die in der Bundesrepublik wie in jeder anderen Gesellschaft vorhanden ist, kann nicht einfach mit sozialer Ungerechtigkeit gleichgesetzt werden. Ob der Unterschied der sozialen Lebenslagen als ungerecht empfunden wird, hängt von den Wertvorstellungen ab. Der Begriff der „Chancengleichheit" ist in der politischen Diskussion umstritten. Zwei Auffassungen stehen sich gegenüber:

(1) Jedem Mitglied der Gesellschaft sollten die gleichen Möglichkeiten offenstehen, seine persönliche Leistungsfähigkeit nach besten Kräften zu entwickeln. Die unterschiedlichen Voraussetzungen, die die/ der einzelne mitbringe, könnten nicht ausgeglichen werden. Wichtig sei, daß niemand vom gesellschaftlichen Wettbewerb um Ansehen, Einkommen und Einfluß ausgeschlossen bleibe.

(2) Einkommen, Wohnverhältnisse, Kinderzahl und Schulbildung des Elternhauses schaffen ungleiche Startbedignungen. Diese müßten durch gezielte Maßnahmen ausgeglichen werden, z. B. durch besondere Förderung in der Schule oder durch den Bau familien- und kinderfreundlicher Wohnungen. Erst dann sei wirkliche Chancengleichheit vorhanden, wenn alle Personen im gesellschaftlichen Wettbewerb die gleichen Voraussetzungen eingeräumt erhielten.

6. Soziale Sicherheit als politische Aufgabe

Die Unterschiede in den sozialen Lebenslagen und Lebenschancen der Menschen sind keine Naturgesetze, die nicht zu ändern wären. Damit „Menschenwürde", der zentrale Wert des Grundgesetzes, kein leeres Wort bleibt und alle Bürgerinnen und Bürger frei von Not leben und ihre politischen Rechte selbstbewußt wahrnehmen können, muß es einen sozialen Ausgleich geben. Dieser wird in der Bundesrepublik auf zweifache Weise vorgenommen: durch die *Sozialversicherungen* und durch *Leistungen des Staates,* die aus Steuern finanziert werden.

Sozialversicherung Den aktiv Erwerbstätigen werden von ihrem monatlichen Einkommen Beiträge für die Alters- und Invalidenversicherung sowie die Kranken- und Arbeitslosenversicherung – seit 1995 auch für die Pflegeversicherung im Alter – abgezogen. Damit alle diese Versicherungsleistungen langfristig garantiert bleiben, müssen aber zusätzlich noch Steuermittel eingesetzt werden: So belief sich 1992 der Staatszuschuß zur Rentenversicherung auf über 58 Mrd. DM, das sind mehr als 20 Prozent aller gezahlten Renten. Zu den Kosten aller Sozialleistungen,

dem sogenannten „Sozialbudget" steuern Bund, Länder und Gemeinden etwas mehr als 39 Prozent bei.
In der Sozialversicherung (vor allem der Krankenversicherung) wird auf indirektem Wege eine Umverteilung der Einkommen vorgenommen. Jeder Erwerbstätige zahlt einen bestimmten Prozentsatz seines Einkommens für die verschiedenen Arten der Sozialversicherung; gegenwärtig sind das in Westdeutschland 19,3 Prozent des Bruttoverdienstes. Der Arbeitgeber zahlt noch einmal den gleichen Betrag. Wer viel verdient, muß also mehr in die Versicherungskasse einzahlen. Die Leistungen der Krankenversicherung sollen aber jedem in dem Maße zukommen, wie er sie benötigt. So hat der Arbeiter den gleichen Anspruch auf eine teure Operation wie der Betriebsleiter. Bei der Berechnung der Renten werden jedoch auch die unterschiedliche Beitragshöhe und die Zeit der Beitragszahlung berücksichtigt.

Steuern　Die Umverteilung läßt sich bei den Steuern noch deutlicher beobachten. Wer mehr verdient, muß in höherem Maße zur Finanzierung staatlicher Leistungen beitragen. Die Lohn- bzw. Einkommensteuer, die wichtigste Einnahmequelle des Staates, wird nicht nach einem festen Prozentsatz erhoben, sondern mit steigendem Einkommen wächst auch die prozentuale Höhe der Abgaben: man nennt das „progressive Steuer". Vom Bruttosozialprodukt der Bundesrepublik wurden 1993 für Aufgaben des Staates 36,3 Prozent (Staatsquote) und für alle Sozialleistungen 33 Prozent (Sozialquote) aufgewandt.

Transferleistungen　Fast die Hälfte aller staatlichen Ausgaben fließt als Leistungen an die privaten Haushalte und die Wirtschaft zurück: etwa jede fünfte Mark des durchschnittlichen Bruttoeinkommens aller Erwerbstätigen stammt aus solchen Transferleistungen (lateinisch „transferre" = übertragen). Bei den Haushalten, die Renten, Pensionen oder Arbeitslosenunterstützung beziehen, erreichen die Transferleistungen fast 70 Prozent des Einkommens. Aber auch zahlreiche andere aus Steuermitteln finanzierte staatliche Aufwendungen stellen eine Form von Umverteilung dar: Kindergärten, Schulen, Universitäten, Schwimmbäder und Straßen sowie Umweltschutz, Stadtsanierung, Sportförderung oder Finanzierung neuer Arbeitsplätze in strukturschwachen Gebieten – das sind „Sozialgüter", die allen zugute kommen.

Freiwillige Leistungen　Nicht nur der Staat und die Sozialversicherung erbringen Sozialleistungen, sondern auch zahlreiche öffentlich-rechtliche Körperschaften (Kirchen, Wohlfahrtsverbände usw.) und viele Unternehmen. Zahlreiche sozialpolitische Maßnahmen, die heute weit verbreitet oder allgemeingültig sind (z. B. Urlaubsgeld, Gewinnbeteili-

gung, Wohnungsgeld) wurden zuerst von einzelnen Unternehmen eingeführt. 1990 waren in der früheren Bundesrepublik 47 Prozent der Arbeitnehmer in eine zusätzliche betriebliche Altersversorgung einbezogen.
Zwar sind diese Betriebsrenten im Durchschnitt nicht sehr hoch, sie bilden aber für viele eine wichtige zusätzliche Einnahmequelle im Alter.
Zusätzliches Weihnachts- und Urlaubsgeld sowie Kindergärten, Bibliotheken, Kantinen, Erholungsheime oder Werkswohnungen sind Beispiele für andere Formen freiwilliger Sozialleistungen von Unternehmen. – Die statistischen Zahlen zur sozialen Sicherung in der Bundesrepublik wären noch höher, wenn die private Vorsorge einbezogen
würde, z. B. Lebensversicherungen oder Ersparnisse, die als Notgroschen
für Krankheit und Alter angesammelt worden sind; die Statistiker haben
ermittelt, daß ungefähr ein Drittel des gesamten Sozialbudgets der Bundesrepublik von den Privathaushalten aufgebracht wird.

Sozialstaat und Demokratie Das System der sozialen Sicherheit, das
auch ein System des sozialen Ausgleichs ist, bedeutet zwar eine große
wirtschaftliche Belastung, doch liegt hier gleichzeitig auch eine wichtige
Ursache für die innere Stabilität der Bundesrepublik. Viele Bürgerinnen
und Bürger sehen es als Hauptaufgabe des Staates, soziale Sicherheit und
Gerechtigkeit zu gewährleisten. Doch die hohen Kosten des „Sozialstaa-
tes" sind für viele Politiker und Wissenschaftler der Grund, „mehr Eigen-
leistung statt Anspruchsdenken" zu fordern. Zunächst müßte versucht
werden, in den kleineren Gemeinschaften der Familie, der Nachbar-
schaft, der Vereine, Kirchen und Gemeinden sich gegenseitig selbst zu
helfen; nur wenn diese „Subsidiarität" (lateinisch subsidium = Beistand)
nicht mehr weiter helfe, solle der Staat eingreifen. In letzter Zeit wird von
vielen Politikern und Wissenschaftlern wiederholt der Vorschlag
gemacht, das „Recht auf Arbeit" durch ein „Recht auf Mindesteinkom-
men" zu ersetzen. Unabhängig von der Arbeitsleistung soll jede Bürgerin
und jeder Bürger denselben Grundbetrag („Bürgergeld") erhalten, der zu
einem zwar einfachen, aber menschenwürdigen Leben in unserer Gesellschaft notwendig ist. Unabhängig von der Stellung in der Arbeitswelt sollen alle gleichberechtigt am politischen Leben der Gesellschaft teilnehmen können.

7. Normen und Werte im Wandel

Wertwandel Die Gesellschaft der Bundesrepublik wird nicht nur durch
statistische Zahlen oder gesetzliche Bestimmungen gekennzeichnet. Da
Gesellschaft immer aus handelnden Personen besteht, sind deren Vorstellungen von Sinn und Glück, von Gerechtigkeit und Frieden genau so

wichtig für die Charakterisierung einer bestimmten Gruppe, Schicht oder eines Staates. Die Überzeugungen und Werte der Menschen ändern sich: die einzelnen können im Laufe ihres Lebens ihre Auffassung von Familie und Beruf, Religion, Sport, Kunst, Konsum usw. ändern oder auch zu konkreten Problemen wie dem Wehrdienst, dem Freiwilligen Sozialen Jahr, dem Autofahren, vegetarischer Kost oder Spenden für die „Dritte Welt" eine andere Einstellung einnehmen. Wenn viele oder sogar die meisten Menschen in einer Gesellschaft in ähnlicher Weise ihre Einstellungen ändern, kann man dies als „Wertwandel" bezeichnen. Solche Veränderungen können dann auch dazu führen, daß die Gesetze des Staates geändert werden: so wurden z. B. in den siebziger Jahren in der Bundesrepublik das Ehe- und Scheidungsrecht reformiert; auch wurde die Strafbarkeit von Homosexualität unter erwachsenen Männern abgeschafft. Die Diskussion über den Schwangerschaftsabbruch oder die Behandlung von Drogenabhängigen ist ebenso ein Beleg für Wertwandel wie die Tatsache, daß seit einigen Jahren die Schädigung der Umwelt ausdrücklich unter Strafe gestellt ist.

Individualisierung Wie in anderen Industrie- und Dienstleistungsgesellschaften, so wollen auch die Menschen in der Bundesrepublik immer stärker ihren Lebensstil selbst bestimmen. Durch die modernen Produktionsverfahren, Verkehrstechniken, Kommunikationsmittel und Massenmedien haben die Menschen heute die Möglichkeit, zwischen sehr vielen verschiedenen Angeboten wählen zu können: seien es nun Kleidung, Fernsehsendungen, Berufe, Wohnorte, Ferienziele, Parteiprogramme oder Glaubensbekenntnisse. Auch die veränderte Organisation des Arbeitslebens – kürzere Arbeitszeiten, Teilzeitarbeit, Computerarbeit zu Hause usw. – trägt zu einer Individualisierung der Lebensformen bei. Durch Zuwanderung, berufliche Mobilisierung, Ausweitung der Bildungschancen sowie die organisatorischen und technischen Veränderungen der Arbeitswelt sind die sozialen Klassen, Schichten und „Milieus" (aus dem Französischen = Umgebung) der Vergangenheit aufgelöst. Es gibt heute nicht mehr die einheitlichen Siedlungen der Bergleute im Schatten der Fördertürme der Zechen an der Ruhr. Die Dörfer haben durch Straßenbau, Fremdenverkehr und Neubaugebiete ihre Einheit verloren.

Auflösung der Gesellschaft? Einige Sozialphilosophen und Politiker befürchten deshalb auch, daß die sozialen Bindungen zwischen den Menschen immer lockerer werden und sich die Gesellschaft praktisch auflöse. Jeder vertrete nur noch seine eigenen Interessen; Nächstenliebe, Fürsorge und Teilen würden immer mehr zu Fremdwörtern. Deshalb sei es notwendig, wieder Gemeinschaftssinn und Pflichtgefühl zu stärken.

Doch der Vorschlag, den Satz: „Jeder ist zu Mitmenschlichkeit und Gemeinsinn aufgerufen." in das Grundgesetz aufzunehmen, fand nicht die notwendige Mehrheit im Bundestag.

Stellenwert der Arbeit   Auch am Arbeitsplatz wollen Menschen Selbstverwirklichung und Lebensqualität erreichen. Weil im Sozialstaat eine materielle Grundsicherung gewährleistet ist, wird die Erwerbsarbeit von vielen nicht mehr nur als ein notwendiges Mittel zum Überleben gesehen, sondern als Chance zum sinnvollen Leben gewertet. Deshalb wünschen sich die meisten Menschen in der Bundesrepublik Tätigkeiten, die sinnvoll und abwechslungsreich sind und Spaß machen; die Arbeit soll ihnen noch Kraft und Zeit für andere Interessen lassen. Vor allem für junge Menschen ist Arbeit längst nicht mehr das ganze Leben, sondern sie messen der Freizeit einen immer größeren Wert zu. Der veränderte Stellenwert der Arbeit besagt aber nicht, daß sie völlig bedeutungslos für die Menschen geworden ist. Dies zeigt sich besonders bei der Arbeitslosigkeit, die, trotz der materiellen Grundsicherung im modernen Wohlfahrtsstaat, nahezu von allen – den Arbeitslosen wie denjenigen, die eine Beschäftigung haben – als Mangel oder gar als persönliches Versagen und Schuld empfunden wird.

Emanzipation der Frau   Immer mehr Frauen sind berufstätig. Der Anteil der Mädchen und Frauen, die weiterführende Schulen und Universitäten besuchen, ist ständig gewachsen. Mit steigenden Qualifikationen werden auch die höheren Positionen in der Berufswelt beansprucht und teilweise auch erlangt, ohne daß jedoch eine tatsächliche Gleichstellung mit den Männern in der Entlohnung und den Aufstiegsmöglichkeiten erreicht ist. Sie traten in die Parteien ein und forderten dort eine stärkere Berücksichtigung ihrer Interessen, bis hin zur Quotenregelung bei der Vergabe wichtiger Aufgaben und Ämter. Viele jüngere gebildete Frauen aus höheren Berufs- und Einkommensschichten arbeiten in den zahlreichen Aktivitäten der Frauenbewegung mit: in Selbsthilfegruppen alleinerziehender Mütter, in Frauencafes und Frauenhäusern, in denen mißhandelte Frauen mit ihren Kindern Zuflucht finden können. Von der Frauenbewegung werden heute eigene Verlage und Zeitschriften, Reiseunternehmen und Versicherungsgesellschaften getragen. Alle politischen Parteien umwerben die Frauen als wichtige „Kundschaft"; in allen Bundesländern sind durch Gesetz besondere Einrichtungen und Maßnahmen zur Frauenförderung und zur Gleichstellung von Frauen geschaffen worden. An den Universitäten wurden Professuren und Institute für Frauenforschung eingerichtet. Dieser Prozeß des zunehmenden Selbstbewußtseins der Frauen, die „Frauenemanzipation" (Emanzipation = aus dem Lateinischen: Freilassung der Sklaven) ist die wichtigste „stille Revolution" der Zeitgeschichte.

Politisierung   Unmittelbar nach Gründung der Bundesrepublik im Jahre 1949 wollten die meisten Westdeutschen ihre Ruhe haben; sie erwarteten von den Politikern und der Regierung eine stabile und verläßliche Rechtsordnung sowie wirtschaftlichen Wohlstand. Die Autorität der Regierung unter dem über 70jährigen Bundeskanzler Konrad Adenauer wurde von einer großen Mehrheit ohne Kritik hingenommen; demokratische Verfahren und Einstellungen wie Parteienstreit und Wahlkämpfe, soziale Konflikte und Streiks, öffentliche Kritik und Demonstrationen wurden mißtrauisch betrachtet oder rundweg abgelehnt. In der zweiten Hälfte der sechziger Jahre – Höhepunkt war das Jahr 1968 – meldete sich dann aber die Generation der Jüngeren zu Wort, die nur die Erfahrungen der Bonner Demokratie kannten. In großen, gelegentlich auch gewalttätigen Demonstrationen forderten vor allem die Studentinnen und Studenten nun eine konsequente „Demokratisierung" nicht nur des Staates, sondern der ganzen Gesellschaft: vom Kindergarten über das Krankenhaus bis zur Universität und den Kirchen. Diese studentische Protestbewegung der „68er" (wie sie später genannt wurden) hat die politische Kultur der Bundesrepublik nachhaltig verändert: Im Vergleich zur Gründungs- und Aufbauphase der Republik waren nun deren Bürgerinnen und Bürger nicht mehr so autoritätsgläubig und harmoniesüchtig; sie akzeptierten gesellschaftliche Konflikte als produktive Unruhe; sie zeigten größere Toleranz gegenüber abweichenden Meinungen. Das Interesse an Politik wuchs: die Parteien gewannen neue Mitglieder; Millionen von Menschen versuchten, durch „Bürgerinitiativen" Einfluß auf politische Entscheidungen zu nehmen. Vom Bau einer Umgehungsstraße, über die Einführung von Gesamtschulen bis zum Bau von Flughäfen und Atomkraftwerken reichten die Konfliktstoffe. Es entstanden die Programme und Organisationen der „Neuen Sozialen Bewegungen" – die Friedens-, die Frauen- und die Umweltbewegung.

Sein statt Haben   Sozialwissenschaftler stellten in den achtziger Jahren einen tiefgreifenden Wertwandel in den westlichen Industriegesellschaften fest – in der Bundesrepublik sei er am ausgeprägtesten. Die jüngere Generation, die im materiellen Überfluß aufgewachsen sei, folge nicht mehr dem Wertmuster ihrer Eltern, das mit Begriffen wie „Leistung", „Arbeit", „Disziplin", „Ordnung" und „Besitz" charakterisiert werden könne. Statt dieser Werte des „Habens" würden die Jüngeren mehr die des „Seins" bevorzugen; sie strebten nach „Solidarität", „Echtheit", „Nähe", „Empfindsamkeit", „Betroffenheit", „Verstehen". Selbsterfahrung sei wichtiger als Ein- und Unterordnung. Die Eltern blieben von diesem Wertwandel nicht unberührt: sie versuchten, ihren Erziehungsstil zu ändern; statt starr Autorität und Kontrolle zu praktizieren, wollten sie ihren Kindern mehr vertrauen und mit ihnen offen und gleichberechtigt diskutieren. Selbständigkeit und Selbstbewußtsein ihrer Kinder wurden von vielen Eltern als bestimmende Erziehungsziele angegeben.

Bereitschaft und Distanz zur Politik Die Individualisierung der Lebensstile hat in den neunziger Jahren zu einer gegensätzlichen Einstellung zur Politik geführt: auf der einen Seite eine hohe Politisierung, d. h. die gesteigerte Bereitschaft, an politischen Diskussionen und Aktivitäten (punktuell) teilzunehmen, und auf der anderen Seite eine zunehmend kritische Haltung gegenüber Politikern und Parteien – Parteiverdrossenheit nicht Politikverdrossenheit. Ganz allgemein ist die Skepsis gegenüber großen Organisationen gewachsen, was Gewerkschaften und Arbeitgeberverbände ebenso zu spüren bekommen wie die Parteien oder die Kirchen.

Umwelt-Bewußtsein Ein besonderes Kennzeichen der Wert- und Einstellungsmuster der Deutschen ist das ausgeprägte Bewußtsein von den Gefahren der Umweltzerstörung. Bei Meinungsumfragen wird neben der eigenen Gesundheit dem Umweltschutz die größte Bedeutung beigemessen. Auf die Frage „Wer vertritt Ihre Interessen?" werden Umweltschutzorganisationen weit vor Gewerkschaften, Parteien und Kirchen genannt. Gesetze zum Umweltschutz werden in hohem Maße befolgt, Mehrkosten werden akzeptiert. Die Unternehmen, die sich auf Umwelttechnik spezialisiert haben, stellen viele neue Arbeitsplätze zur Verfügung und sind wirtschaftlich sehr erfolgreich. Auf dem Weltmarkt ist die deutsche Industrie in diesem Bereich führend.

Orientierungsschwierigkeiten Die Menschen und ihre Vorstellungen von Sinn und Glück ändern sich. So hat sich auch die Gesellschaft der Bundesrepublik ständig verändert. Der soziale Wandel geht in allen Bereichen weiter: im Verhältnis der Generationen und Altersgruppen zueinander, in der Familie und den Haushaltsformen, in Bildungssystem und Berufsleben, in Einkommensverhältnissen und sozialen Unterschieden. Sozialer Wandel bringt Konflikte und Unsicherheit mit sich. Es ist schwierig sich zurechtzufinden, wenn das einmal erworbene Wissen rasch überholt wird und der Beruf aus „lebenslangem Lernen" besteht; wenn ein Examen keine Garantie auf einen Arbeitsplatz bedeutet; wenn der Arbeitsplatz von heute auf morgen verlorengeht, ohne daß die Betroffenen die Ursachen und Gründe genau zu erkennen vermögen; wenn die eigenen Kinder eine höhere Bildung erlangen, sozial aufsteigen und sich dem Elternhaus entfremden; wenn sich die überkommenen Rollenbilder beispielsweise von Frauen, Lehrern, Pfarrern, Vorgesetzten usw. ändern. Auch die Vielfalt der angebotenen Konsummöglichkeiten und der „Botschaften" in den Massenmedien erhöht diese Schwierigkeit der Entscheidung. Die gesteigerte Ratlosigkeit ist gleichsam die Kehrseite von Freiheit und Selbtsverwirklichung.

Gewalt Menschen reagieren auf diese Situation unterschiedlich: Die meisten fühlen ihre Energie und Intelligenz herausgefordert, um tagtäglich die Probleme einer sich ständig ändernden Welt zu meistern. Einige zerbrechen an diesen Schwierigkeiten und werden krank oder nehmen sich das Leben. Und einige – vor allem junge Männer – reagieren mit Gewalt. Sie zerstören Telefonzellen, Disko-Mobiliar und Grabsteine. Sie beleidigen, bedrohen, verletzen und ermorden wehrlose und unschuldige „Ausländer" bzw. solche, die sie dafür halten. Sie richten ihren Haß gegen Asylbewerber, Flüchtlinge ... alle, die ihnen fremd sind. Die Ursachen für diese Gewalt liegen nicht bei den Opfern, sondern den Tätern.

Rechtsextremismus Die meisten dieser Täter äußern rechtsextremistische Meinungen und sind oft auch Mitglieder rechtsextremistischer Organisationen. Unter „Rechtsextremismus" kann man ein Einstellungsmuster verstehen, das durch folgende fünf Merkmale gekennzeichnet ist: (1) Der Grundsatz, daß alle Menschen gleichwertig sind, wird abgelehnt. (2) Das eigene „Volk", das als eine einheitliche „Rasse" beschrieben wird, in der es keine „Fremdkörper" geben dürfe, wird als der höchste Wert angesehen, vor dem die Grundrechte der Individuen zurückzustehen hätten. (3) Die Gewalt wird als Mittel der Politik verherrlicht und Politik als Bekämpfung und Vernichtung von „Feinden" verstanden. (4) Andere Meinungen werden intolerant abgelehnt wie auch der Gedanke, daß in einer Gesellschaft viele Meinungen gleichberechtigt nebeneinander bestehen bleiben sollten. (5) Das „Führerprinzip" und eine straffe Ordnung der Befehlswege von oben nach unten werden als Organisationsmuster praktiziert.

2 Wirtschaftsprozesse, Wirtschaftsordnungen und Wirtschaftspolitik

1. Menschliche Bedürfnisse und wirtschaftliche Produktion

1.1 Von menschlichen Bedürfnissen zu wirtschaftlichem Bedarf

Grundbedürfnisse und erweiterte Bedürfnisse Menschen können nur
dann überleben, wenn ihre Grundbedürfnisse befriedigt werden. Sie
brauchen Nahrungsmittel, um nicht zu verhungern oder zu verdursten.
Vor Kälte müssen sie sich durch Kleidung und Behausung schützen.
Neben diesen eher körperlichen Grundbedürfnissen gibt es solche nach
gesellschaftlichem Kontakt, kultureller Betätigung, nach Selbstentfal-
tungs-, Teilnahme- und Mitbestimmungsmöglichkeiten.
Bedarf Konkrete Gestalt nehmen Bedürfnisse an, wenn sie sich als
Bedarf an Gütern äußern. Der Bedarf eines Steinzeitmenschen an Behausung mußte durch natürliche Höhlen oder mit Hilfe der von der Natur
bereitgestellten Rohstoffe (Holz, Blätter, Steine und Felle) gedeckt werden. Die Konstruktion von Hochhäusern hätte jenseits seiner Fähigkeiten gelegen. Allerdings können noch nicht erfüllbare Wünsche die Entwicklung neuer technischer Möglichkeiten anstoßen. Der Traum vom
Fliegen inspirierte Menschen seit Jahrtausenden und wurde schließlich
im 20. Jahrhundert in einer Weise verwirklicht, daß Flugzeuge normale
Produkte und Flugreisen normale Dienstleistungen geworden sind.

Wirtschaftlicher Bedarf, wirtschaftliche Produktion und Tausch Was als
wirtschaftlicher Bedarf formuliert werden kann, läßt sich herstellen oder
kaufen. Waren es früher meist die Familien selbst, die das produzierten,
was sie zur Lebenshaltung benötigten, so sind wir heute darauf angewiesen, daß andere produzieren und anbieten, was wir brauchen. Dies ist
typisch für moderne Gesellschaften, in denen sich die Menschen in ihrer
Arbeit spezialisiert haben. In solchen *arbeitsteiligen Gesellschaften* müssen die Menschen ihren Bedarf dadurch decken, daß sie untereinander
tauschen, heute in der Regel durch den Tausch von Geld gegen Güter
(Kauf) – im Gegensatz zum *Naturaltausch* (Güter gegen Güter). Allerdings lassen sich nicht alle Bedürfnisse in wirtschaftlichen Bedarf über-
setzen. Zuneigung und Freundschaft zum Beispiel, für die meisten Menschen ebenfalls lebenswichtige Bedürfnisse, können nicht hergestellt und
verkauft werden wie Waschpulver.

Quellen von Bedürfnissen und Bedarf Was jeder einzelne als seine
Bedürfnisse empfindet und als seinen wirtschaftlichen Bedarf äußert,
wird auf vielfältige Weise beeinflußt. Die Lebenswelt, in die ein Mensch

geboren wird und in der er seine Erfahrungen in Familie, Schule und Freundeskreis macht, bestimmt in hohem Maße, welche konkreten Bedürfnisse dieser Mensch entwickelt und welchen Bedarf er geltend macht. Ganz gezielt versuchen Produzenten und Verkäufer von Gütern, Kaufwünsche durch Werbung zu wecken und den potentiellen Konsumenten das Gefühl zu geben, ein bestimmtes Produkt oder eine bestimmte Dienstleistung zu benötigen. Deutliche Grenzen für die Erfüllung von Wünschen sind nicht nur allgemein durch technische Möglichkeiten gesetzt. Auch die persönliche finanzielle Situation bestimmt, welcher Bedarf gedeckt werden, welche Güter man sich leisten kann. (Zur Werbung vgl. S. 220, zur Einkommensverteilung S. 37 f.)

1.2 Womit produziert wird: Produktionsfaktoren

Produktionsfaktoren Um Sachgüter und Dienstleistungen (vgl. Übersicht 1) zu produzieren, sind sogenannte Produktionsfaktoren notwendig. Man unterscheidet drei Arten: *Boden, Arbeit und Kapital.*

Übersicht 1

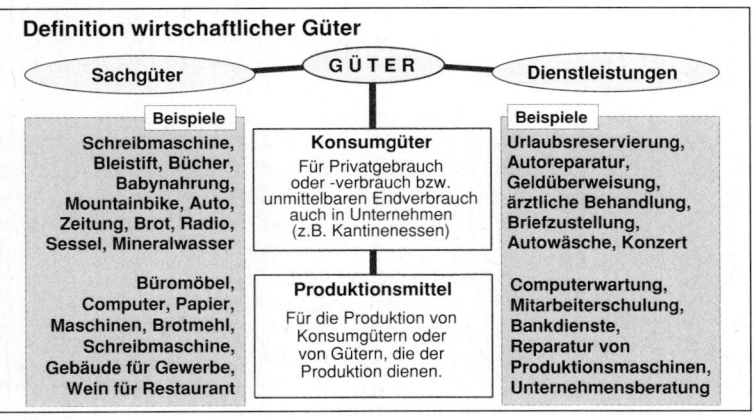

Boden ist nicht nur die Grundfläche, auf der zum Beispiel Wohnhäuser, Fabriken, Büro- oder Geschäftshäuser und Verkehrswege gebaut, Nutzpflanzen angebaut oder Nutztiere geweidet werden. Er dient auch als Quelle für Bodenschätze, die wiederum Rohstoffe für die Energiegewinnung, für die Herstellung von Metallen, chemischen Produkten, Baumaterialien usw. darstellen. Heute wird der Begriff Boden häufig durch den umfassenderen der *Natur* ersetzt. Auch Wasser und Luft spielen in der Produktion eine wichtige Rolle – sei es, daß sie für den Produktionsprozeß selbst gebraucht werden, sei es, daß Abfallstoffe der Produktion in die Luft oder in Gewässer emittiert (= eingeleitet) werden. (Vgl. Kap. 6, S. 229 f.)

Ohne den Einsatz von *Arbeit* entstehen weder Sachgüter noch Dienstleistungen. Selbst wenn eine Fabrikation weitgehend automatisiert abläuft, müssen die Automaten von Menschen erfunden, entwickelt und gebaut, im Arbeitsprozeß kontrolliert und gewartet werden. Bisweilen wird zwischen *geistiger und körperlicher Arbeit* unterschieden und bei ersterer das organisatorische und technische Herstellungswissen betont. Je komplizierter die Produktionsprozesse werden, um so mehr Wissen und Information müssen in den Produktionsprozeß eingebracht werden.

Kapital ist für die wirtschaftliche Produktion ebenfalls unerläßlich. Eine Ölquelle im Innern der Erde und Arbeitskräfte wie Geologen, Bohrmeister, Rohrleger, Kraftfahrer und Kaufleute reichen nicht aus, um den Rohstoff Erdöl zu gewinnen und aus ihm weitere Güter zu erzeugen. Finanzielle Mittel *(Geldkapital)* werden benötigt, um die Arbeitskräfte von Anfang an zu entlohnen, noch bevor die Produktion Gewinne abwirft. Produktionsmittel wie Bohrtürme, Rohre, Maschinen, Werkzeuge, Gebäude, Transportmittel usw. werden gebraucht. Diese werden als *Sachkapital* bezeichnet, das durch Geldkapital beschafft werden muß.

Betriebswirtschaftliche Produktionsfaktoren Sehr viel genauer werden die für die Produktion notwendigen Faktoren auf der *Ebene des Betriebes* unterschieden. Im Falle des Produktionsfaktors Arbeit wird hier das Personal nach bestimmten Aufgaben und Tätigkeitsbereichen untergliedert. Ganz allgemein lassen sich *leitende und planerische Aufgaben* von *ausführenden Arbeiten* unterscheiden. Im einen Fall steht die Unternehmensführung sowie die Leitung des Betriebes durch Planung und Kontrolle im Vordergrund, im anderen Fall geht es um Tätigkeiten, die diese Vorgaben in die Tat umsetzen. Ein Sachbearbeiter in der Verwaltung führt die Vorgaben aus, die ihm vom Leiter des Rechnungswesens gegeben worden sind. In der Produktion setzt der Facharbeiter an der Drehmaschine die Pläne um, die von der Entwicklungsabteilung entworfen und von der Produktionsleitung in auszuführende Einzeltätigkeiten übersetzt worden sind.

Zwischen Boden und Kapital wird bei der betriebswirtschaftlichen Betrachtungsweise nicht so eindeutig unterschieden. Man zählt hier detailliert die Dinge auf, die für die Produktionsprozesse im Betrieb wichtig sind – so zum Beispiel *Werkstoffe,* die be- und verarbeitet werden (Öl, Kohle, Eisen, Holz, Sand usw.) und *Betriebsmittel,* die zur Umwandlung dieser Rohstoffe verwendet werden (Gebäude, Maschinen, Werkzeuge, Computer usw.).

1.3   Wie produziert wird: Arbeitsorganisation

Produktionsprozesse müssen organisiert werden. Je mehr Personen an der Herstellung eines Produkts – z. B. eines Kraftfahrzeugs – beteiligt sind, je mehr einzelne Arbeitsschritte aufeinander abgestimmt werden müssen, um so schwieriger gestaltet sich die *Organisation des Arbeits- oder Produktionsprozesses.*

Arbeitsteilung als Organisationsprinzip   Schon in den sogenannten primitiven Gesellschaften war Arbeitsteilung anzutreffen: Die einen waren z. B. für die Jagd zuständig, andere für das Sammeln von Kräutern, die Bestellung des Haushalts, Beaufsichtigung des Nachwuchses usw. Religiöse Zeremonien und auch medizinische Handlungen lagen in der Hand ganz bestimmter Männer oder Frauen. Wir können hier von *gesellschaftlicher Arbeitsteilung* sprechen.

Moderneren Ursprungs ist dagegen die *Arbeitsteilung innerhalb der betrieblichen Produktion.* Während vor noch nicht allzu langer Zeit in Handwerksbetrieben z. B. ein Schreiner einen Schrank alleine herstellte, wurden später die Produktionsprozesse in Möbelfabriken in einzelne Arbeitsschritte zerlegt und auf unterschiedliche Arbeitskräfte aufgeteilt. Diese spezialisierten sich auf begrenzte Arbeitsschritte (z. B. das Zuschneiden von Brettern, das Anbringen von Beschlägen usw.). Hierdurch können mehr Produkte bei gleichem Arbeitseinsatz, also rationeller, hergestellt werden (vgl. Rationalisierung S. 60).

Formale Organisationsstruktur und informelle Beziehungen   Will man eine Organisation – z. B. ein Industrieunternehmen oder auch eine Schule – kennenlernen, dann kann man die folgenden Fragen stellen:
(1) Wer hat welche Aufgabe(n) in der Organisation?
(2) Wer kann wem Anweisungen geben?
(3) Wer kann mit wem wie gut zusammenarbeiten?
Im ersten Fall geht es um die Gliederung einer Organisation nach Aufgabenbereichen, danach, welche Funktionen wer auszuüben hat. In der Schule etwa gibt es einen Lehrkörper mit Lehrkräften, die für unterschiedliche Fächer zuständig sind. Es gibt eine Direktion, die die Schule als Ganze leiten soll, eine Verwaltung, eine Bibliothek, den Aufgabenbereich der Hausmeistertätigkeit usw. Schülerinnen und Schüler, die Lernenden, sind zum einen „Kunden" der Schule, für die die Dienstleistung Unterricht „produziert" wird. Gleichzeitig sind sie Teil der Organisation

Schule mit bestimmten Aufgaben und Mitspracherechten. Eine solche Organisationsgliederung wird als *funktionale Organisationsstruktur* bezeichnet. Bei ihr stehen nicht die konkreten Menschen im Vordergrund, sondern die Funktionen, Aufgaben, die zu erfüllen sind, damit das Organisationsziel erreicht werden kann. Dieses Organisationsziel kann die Produktion von Fahrrädern sein oder auch – etwa im staatlichen Bereich –, die Gewährleistung der Sicherheit auf den Straßen.

Die Beantwortung der *zweiten Frage* soll über die in der Organisation vorherrschende *Entscheidungsstruktur* aufklären. In ihr läßt sich erkennen, wer wem in den verschiedenen Aufgabenbereichen Anordnungen geben darf oder wer an Entscheidungen zu beteiligen ist.

Übersicht 2

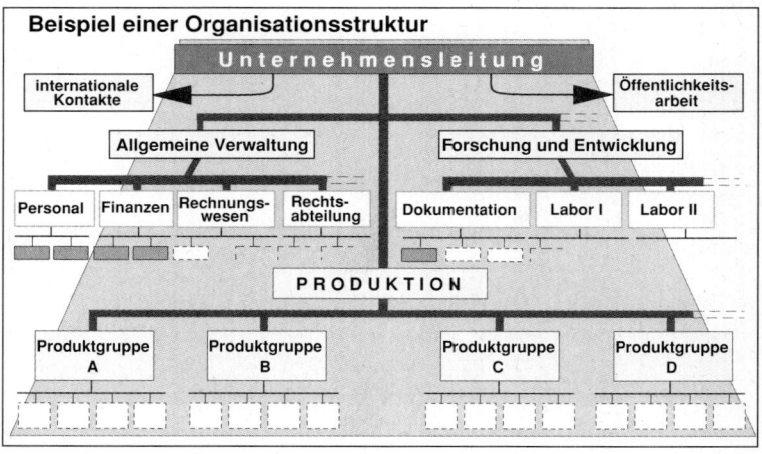

Beispiel einer Organisationsstruktur

Die funktionale Organisationsstruktur und die Entscheidungsstruktur lassen sich aus dem für eine Organisation verbindlichen Organisationsplan ablesen. Er ist das offiziell gültige Gerüst einer Organisation, stellt die formale Organisationsstruktur dar (als Beispiel siehe Übersicht 2). Hinter der *dritten Frage* steht die Erfahrung, daß der Erfolg einer Organisation auch davon abhängt, wie gut sich die Mitarbeiterinnen und Mitarbeiter verstehen, wie sie zusammenarbeiten. Lehrerinnen und Lehrer, die sich gegenseitig respektieren und gut miteinander auskommen, werden eher in der Lage sein, fächerübergreifende Projekte zu entwickeln und die Schülerinnen und Schüler dafür zu begeistern. Arbeitnehmer, die gut zusammenarbeiten, werden sich gegenseitig aushelfen, auf Fehler aufmerksam machen und so die Arbeit in einer Organisation nicht nur angenehmer, sondern auch erfolgreicher gestalten. Diese *informellen Beziehungen in einer Organisation* sind nicht aus einem Organisationsplan ablesbar, sondern bezeichnen die nicht vorschreibbaren Beziehungen zwischen den Organisationsmitgliedern. Eng verknüpft mit solchen informellen Organisationsbeziehungen sind Begriffe wie *Betriebsklima, Unternehmenskultur oder Unternehmensstil.*

1.4 Wie produziert wird: Technikeinsatz

Übersicht 3

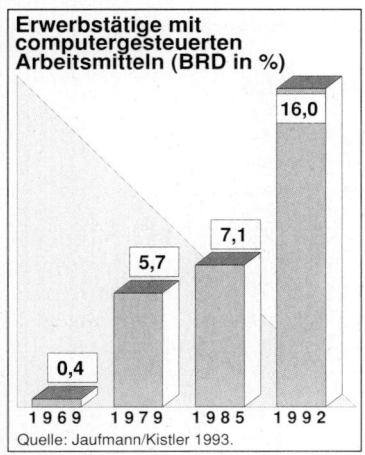

Erwerbstätige mit computergesteuerten Arbeitsmitteln (BRD in %)

16,0

7,1

5,7

0,4

1969 1979 1985 1992

Quelle: Jaufmann/Kistler 1993.

Übersicht 4

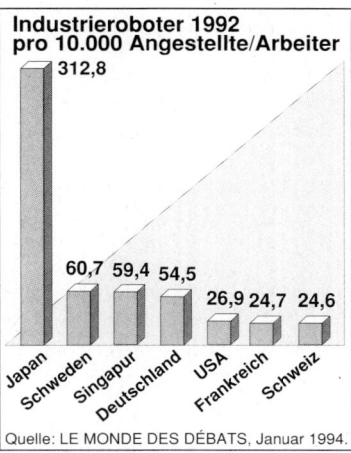

Industrieroboter 1992 pro 10.000 Angestellte/Arbeiter

312,8

60,7 59,4 54,5

26,9 24,7 24,6

Japan Schweden Singapur Deutschland USA Frankreich Schweiz

Quelle: LE MONDE DES DÉBATS, Januar 1994.

Wirtschaftlicher Wandel beruht in hohem Maße auf technischen Innovationen (Neuerungen). Dabei können zwei Bereiche technischer Neuerungen unterschieden werden.

Zum einen werden Produkte als solche durch neue technische Komponenten verändert. Aus dem Handbohrer wird durch einen Elektromotor eine elektrische Bohrmaschine. Durch den Computerchip in der Waschmaschine läßt sich diese elektronisch programmieren und steuern. Das Ergebnis solcher technischer Veränderungen sind *Produktinnovationen.* Technischer Wandel führt andererseits zur Veränderung von Arbeits- bzw. Produktionsprozessen *(Prozeßinnovationen).* Die Erfindung, Entwicklung und Verfeinerung verschiedenster Werkzeuge und Maschinen und auch ganzer Produktionsanlagen (Fließbänder, Walzstraßen, automatisierte Schweißstraßen) hat die Produktionsmöglichkeiten erweitert und Produktionsprozesse revolutioniert. Kennzeichen heutiger Innovationen ist der zunehmende Einsatz der Mikroelektronik (Computerprozessoren), sei es in der Industrieproduktion (z. B. Industrieroboter in der Automobilherstellung), sei es im *Bürobereich* (z. B. Bürocomputer für Schreib- und Archivierungsaufgaben, für Konstruktionszeichnungen usw. – zur Verbreitung solcher Produktionsmittel vgl. die Übersichten 3 und 4).

Darüber hinaus hat die Erfindung und Entwicklung immer ausgefeilterer und schnellerer Transportmittel sowie Telekommunikationstechniken die *Verteilung* von Gütern und die geschäftliche *Kommunikation* über weite Entfernungen ermöglicht bzw. erleichtert und beschleunigt.

1.5 Rationalisierung und Humanisierung der Arbeit

Drei Ziele werden durch die organisatorische und die technische Veränderung von Arbeitsprozessen angestrebt:
– höhere Produktivität durch Rationalisierung;
– bessere Produkte und
– „Erleichterung" (Humanisierung) der Arbeit.

Eine besonders günstige Organisation des arbeitsteiligen Produktionsprozesses und der Einsatz immer ausgefeilterer technischer Hilfsmittel soll die Produktion rationalisieren, d. h. die *Produktivität* des Arbeitsprozesses erhöhen – anders ausgedrückt: die Kosten der Produktion vermindern (vgl. die Definitionen in Übersicht 5). Dies entspricht dem allgemeinen *Wirtschaftlichkeitsprinzip,* die Produktionskosten möglichst niedrig

Übersicht 5

Produktivität — allgemein	Arbeitsproduktivität
Darunter versteht man das Verhältnis zwischen der produzierten Menge — bzw. deren Geldwert — und der zur Erzeugung notwendigen Produktionsmittel (inklusive der Arbeitskräfte) — bzw. deren Geldwert. Ziel der Produktivitätssteigerung ist es, mit möglichst wenig Mitteleinsatz (Kosten) möglichst viel zu produzieren (Ausstoß/Nutzen).	Mit ihr wird das Verhältnis zwischer Produktionsmenge (bzw. deren Wert) und der eingesetzten Arbeitsmenge (z.B. in Mann-Arbeitsstunden) ermittelt. Wenn eine Autofabrik in der Lage ist, ein Kfz in 12 Arbeitsstunden zu produzieren, dann ist die Arbeitsproduktivität hier ein Drittel höher als in einer Fabrik, wo man 18 Stunden für die Herstellung des gleichen Kfz braucht.

zu halten oder, umgekehrt, bei einem gegebenen Umfang der Produktionskosten ein möglichst hohes Produktionsergebnis zu erzielen. Rationalisierung soll dem Unternehmenszweck dienen, die vom Unternehmen produzierten Güter preisgünstiger anzubieten und die Wettbewerbsfähigkeit am Markt zu erhöhen.

Folgen von Technikeinsatz und Arbeitsteilung Die mit Technikeinsatz oder Arbeitsteilung verbundenen Folgen können als *Vor- oder Nachteile* beurteilt werden, je nachdem, aus welcher Perspektive man sie betrachtet. Hierzu einige Beispiele:
Wenn die Nutzung neuer Maschinen und eine rationellere Arbeitsteilung die *Produktivität* erhöhen, dann ist das aus der Sicht des betreffenden Unternehmens positiv, erlaubt es doch konkurrenzfähigere Preise für die hergestellten Produkte bzw. höhere Gewinne. Auch die Arbeitnehmer, die weiterhin in dem betreffenden Unternehmen einen *Arbeitsplatz* haben, werden sich in aller Regel freuen, weil ein erfolgreiches Unternehmen sichere Arbeitsplätze und gute Verdienstmöglichkeiten verspricht. Die Arbeitnehmer jedoch, die aus Rationalisierungsgründen ihren Arbeitsplatz verlieren, werden die innovative Entwicklung negativ beurteilen. Der Übergang in Zeitungs- und Buchverlagen vom Bleisatz zum Computersatz z. B. vermindert die Herstellungskosten und verkürzt die Produktionszeiten, gibt den Zeitungsredakteuren mehr Spielraum für Veränderungen in letzter Minute, hat aber gleichzeitig den Beruf des traditionellen Schriftsetzers überflüssig gemacht.
Wenn Maschinen Arbeitsschritte übernehmen, die mit *Gesundheitsgefährdungen* verbunden sind, wird dies begrüßt werden. Hier ist an das Heben und Transportieren schwerer Lasten zu denken, das von Kränen und anderen Transportmitteln übernommen wird; an Lackierarbeiten z. B. im Fahrzeugbau, bei denen gefährliche Sprühdämpfe entstehen und die inzwischen weitgehend von Robotern ausgeführt werden.

Extreme Arbeitsteilung – etwa am traditionellen Fließband –, die jeder Arbeitskraft nur noch kurze und relativ einfache Tätigkeiten abverlangt, kann zu Unterforderung und allmählicher Abstumpfung *(Monotonie der Arbeit)* führen. Der eigene Beitrag zum Endprodukt wird außerdem so klein, daß es schwerfällt, sich mit diesem zu identifizieren, den eigenen Beitrag als notwendig und wichtig einzuschätzen und Freude an guter Arbeit zu empfinden. Die *Arbeitsmotivation* sinkt. Negativ empfundene Auswirkungen oder die Furcht vor solchen führen nicht selten zur Ablehnung technischer oder organisatorischer Neuerungen durch die Beschäftigten. Die Folge: Häufig werden vorhandene technische Geräte unvollkommen genutzt, im Extremfall sogar sabotiert. Bei den Arbeitnehmerinnen und Arbeitnehmern zeigt sich *Unzufriedenheit,* die Fehltage wegen

Übersicht 6

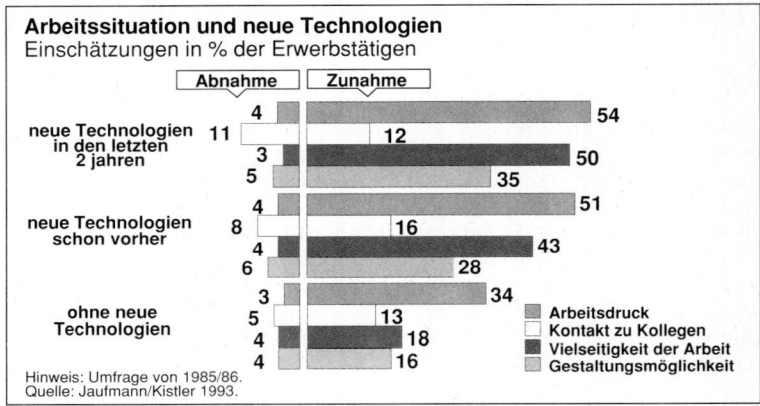

Arbeitssituation und neue Technologien
Einschätzungen in % der Erwerbstätigen

Hinweis: Umfrage von 1985/86.
Quelle: Jaufmann/Kistler 1993.

Krankheit steigen und die Arbeitsstelle wird häufiger gewechselt, wenn die Arbeitsmarktlage (offene Stellen) dies zuläßt. Übersicht 6 zeigt, wie Arbeitnehmer ihre Arbeitssituation einschätzen – je nachdem, ob und wie lange schon sie mit neuen Technologien arbeiten.

Abhilfen gegen negative Auswirkungen und unnötige Belastungen der Beschäftigten am Arbeitsplatz werden als Maßnahmen zur *Humanisierung der Arbeitswelt* bezeichnet. Hierzu sind in den vergangenen Jahren Experimente in vielen Industrieländern durchgeführt worden. So ist man in manchen Unternehmen dazu übergegangen, extreme Arbeitsteilung dadurch aufzuheben oder zu mildern, daß man die Arbeitnehmer die Tätigkeiten untereinander wechseln läßt *(job-rotation)*. Tätigkeitsfelder werden größer zugeschnitten und zum Teil mit qualitativ anderen Tätigkeiten angereichert *(job-enrichment)*. Zunehmend werden Arbeitsgruppen gebildet, die selbständig über die Organisation größerer Arbeitsschritte entscheiden und die Qualität ihrer Arbeitsergebnisse direkt selbst kontrollieren *(Arbeitsgruppen)*.

Immer wieder werden neue Modelle der Arbeitsorganisation empfohlen und eingeführt. Zu Beginn dieses Jahrhunderts war es das vom Auto-Produzenten Ford perfektionierte Fließband, das sich in der Massenproduktion als besondere Rationalisierungsmöglichkeit durchsetzte *(Fordismus)*, gleichzeitig jedoch die Arbeit eintönig machte. Seit Ende der achtziger Jahre ist die Vorstellung der „schlanken Produktion" *(lean production)* in aller Munde. Auch hierdurch sollen Kosten gesenkt werden. Dem Modell liegt allerdings ein umfassendes Verständnis von Kosten zugrunde. Es geht nicht nur um Einsparungen, sondern unter anderem auch darum,

– Hierarchie zu reduzieren: d. h. weniger Entscheidungsstellen, kürzere Entscheidungswege, schnellere Entscheidungen, leichtere Kooperation;
– die benötigten Rohstoffe mit möglichst wenig Abfall zu nutzen;
– nur das im eigenen Unternehmen herzustellen, was andere nicht billiger liefern können;
– die Lagerkosten zu reduzieren, indem man nur das anliefern läßt, was gerade für die Produktion gebraucht wird *(just-in-time)* und nur soviel produziert, wie kurzfristig auch verkauft werden kann;
– die Zusammenarbeit der Arbeitnehmer zu fördern und deren Innovationsvorstellungen nutzbar zu machen;
– den Arbeitnehmern mehr Verantwortung zu geben, damit die Qualität der Arbeit steigt und weniger Ausschuß produziert wird.

Bei der *Einführung neuer Arbeitstechniken* werden zunehmend arbeitswissenschaftliche Erkenntnisse berücksichtigt, um gesundheitliche Schäden – etwa Haltungsschäden wegen ungesunder Sitzmöbel, Augenerkrankungen wegen schlechter Lichtverhältnisse – zu vermeiden *(ergonomische Maßnahmen)*. Grundsätzlich sollten die Arbeitnehmer frühzeitig über vorgesehene Veränderungen *informiert* werden, *Mitwirkungsrechte* bei der Arbeitsplatzgestaltung erhalten und ausreichend *geschult* werden, damit die Umstellungen nicht nur möglichst reibungslos verlaufen, sondern die Arbeitsprozeßveränderungen durch Technikeinsatz oder Arbeitsteilung als Arbeitserleichterung oder sogar -bereicherung empfunden werden.

2. Volkswirtschaftliche Produktionsergebnisse und Wohlstand

2.1 Die Produktionsergebnisse und ihre Verteilung

Das Sozialprodukt Wenn in den Medien von der Leistungsfähigkeit der Volkswirtschaft gesprochen wird oder von der Entwicklung der wirtschaftlichen Produktion insgesamt, dann tauchen Begriffe wie *Sozialprodukt, Bruttosozialprodukt* oder *Bruttoinlandsprodukt* auf. Dahinter stehen Berechnungen des Statistischen Bundesamtes, um in der *Volkswirtschaftlichen Gesamtrechnung* das Ergebnis des Wirtschaftens in der Volkswirtschaft insgesamt in einer Geldsumme auszudrücken. Es soll gemessen werden, welchen Wert die Güter (vgl. S. 55) darstellen, die innerhalb eines Jahres produziert worden sind. Es gibt unterschiedliche Betrachtungs- und Berechnungsweisen. Wir wollen uns hier auf das *Bruttoinlandsprodukt* konzentrieren. Bei ihm geht es um den Wert aller

Übersicht 7

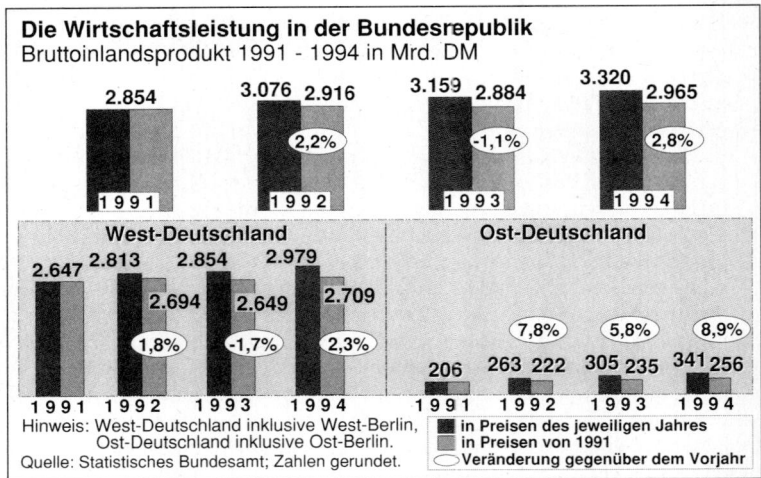

Die Wirtschaftsleistung in der Bundesrepublik
Bruttoinlandsprodukt 1991 - 1994 in Mrd. DM

2.854   3.076   2.916   3.159   2.884   3.320   2.965

(2,2%)   (-1,1%)   (2,8%)

1991   1992   1993   1994

West-Deutschland   **Ost-Deutschland**

2.647   2.813   2.854   2.979

2.694   2.649   2.709

(1,8%)   (-1,7%)   (2,3%)

(7,8%)   (5,8%)   (8,9%)

206   263   222   305   235   341   256

1991   1992   1993   1994   1991   1992   1993   1994

Hinweis: West-Deutschland inklusive West-Berlin, Ost-Deutschland inklusive Ost-Berlin.
Quelle: Statistisches Bundesamt; Zahlen gerundet.

■ in Preisen des jeweiligen Jahres
■ in Preisen von 1991
◯ Veränderung gegenüber dem Vorjahr

Güter, die innerhalb eines Jahres in der Volkswirtschaft der Bundesrepublik produziert wurden.

Die Entwicklung des Bruttoinlandsprodukts der Bundesrepublik über Jahre hinweg ist in Übersicht 7 dargestellt. Dabei wird zwischen dem *nominalen* und dem *realen Bruttoinlandsprodukt* unterschieden. Der Grund ist einfach. Die Marktpreise für Güter verändern sich von Jahr zu Jahr. Steigen die Preise um fünf Prozent, dann erweckt die nach den jeweiligen Marktpreisen errechnete Summe des Bruttoinlandsprodukts den Eindruck, als sei der Wert der Wirtschaftsleistung um fünf Prozent gestiegen, auch wenn sie gegenüber dem Vorjahr tatsächlich gleichgeblieben ist. Die Güter sind lediglich teurer geworden. Beim Vergleich mit den Vorjahren müssen deshalb die jährlichen Preissteigerungen abgezogen werden. Erst dann ist es möglich festzustellen, ob im Vergleich zum Vorjahr real mehr Produktionswert geschaffen worden ist.

Volkseinkommen Die Güter konnten nur entstehen, weil Produktionsfaktoren (vgl. S. 55) für die Produktion zur Verfügung gestellt worden sind. Und diejenigen, die sie zur Verfügung gestellt hatten, mußten dafür bezahlt werden. Arbeiter und Angestellte, aber auch in ihrem Unternehmen arbeitende Eigentümer und Familienangehörige bekamen für ihre Arbeitskraft Lohn oder Gehalt. Wer Kapital gegeben hatte, erhielt als Eigentümer Unternehmensgewinne, andere Zinsen für geliehenes Kapital. Wer Grundstücke und Gebäude zur Verfügung gestellt hatte, dem wurde Miete und Pacht gezahlt. Dem Wert des Sozialprodukts stehen also gleichzeitig die Einnahmen derer gegenüber, die mit Produktionsfaktoren zum Produktionsprozeß beigetragen haben. Zusammengefaßt heißen diese Einnahmen *Volkseinkommen.*

Verteilung des Volkseinkommens In der Volkswirtschaftlichen Gesamtrechnung wird unter anderem auch danach gefragt, wer welchen Anteil der innerhalb eines Jahres produzierten wirtschaftlichen Werte erhalten hat. Die Einteilung ist sehr grob und unterscheidet zwei Einkommensarten. Die eine faßt alle Einkünfte aus unselbständiger Arbeit, also Löhne und Gehälter, zusammen und wird als *Lohnquote* bezeichnet. Der andere Anteil enthält Gewinne aus Unternehmertätigkeit sowie Einkommen aus Vermögen unterschiedlichster Art (z. B. Zinsen aus Kapitalvermögen oder Mieteinnahmen aus Grundvermögen). Hier wird von der *Gewinnquote* gesprochen. Beide Prozentanteile ergeben 100 Prozent, also das gesamte *Volkseinkommen.* Anhand der Lohn- bzw. der Gewinnquote läßt sich über die Jahre hinweg feststellen, ob Umverteilungen zugunsten der Löhne und Gehälter, d. h. der Beschäftigteneinkommen, stattgefunden haben oder solche zugunsten der Gewinne, also der Selbständigen und Vermögenseigentümer.

Übersicht 8 zeigt die Entwicklung der Lohnquote. In ihr werden zwei

Übersicht 8

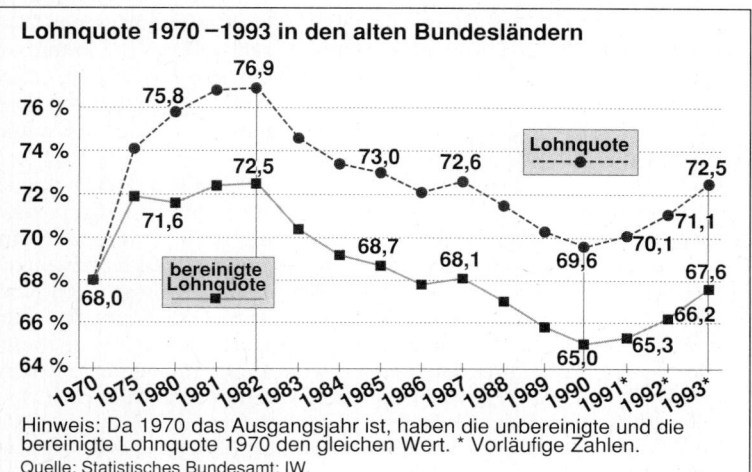

Lohnquote 1970 – 1993 in den alten Bundesländern

Hinweis: Da 1970 das Ausgangsjahr ist, haben die unbereinigte und die bereinigte Lohnquote 1970 den gleichen Wert. * Vorläufige Zahlen.
Quelle: Statistisches Bundesamt; IW.

Kurven unterschieden, die der *unbereinigten* und die der *bereinigten Lohnquote.* Wird nur die unbereinigte Lohnquote betrachtet, so ergibt sich ein falsches Bild; denn in dieser Zahl ist nicht berücksichtigt, daß der Anteil der abhängig Beschäftigten an der Gesamtzahl der Erwerbstätigen (abhängig Beschäftigte und Selbständige) im Laufe der Jahre gestiegen ist. D. h.: Die Löhne und Gehälter als Teil des Volkseinkommens wurden auf immer mehr abhängig Beschäftigte aufgeteilt. Bei der bereinigten Lohnquote sind solche Veränderungen eingerechnet. Im Schaubild wird deutlich, daß die Kurve der bereinigten Lohnquote wegen des größer gewordenen Anteils der abhängig Beschäftigten an der Erwerbsbevölkerung erheblich ungünstiger verlaufen ist als die unbereinigte.

Aussagekräftigere Zahlen zur Verteilung der Einkommen ergeben Untersuchungen z. B. über die monatlichen Einkommensverhältnisse der Haushalte (zur Einkommens- und Vermögensverteilung vgl. Kap. 1).

2.2 Das Sozialprodukt als Wohlstandsmaßstab?

Das Sozialprodukt und dessen Wachstum wird meist nicht nur als Ausdruck der Wirtschaftskraft betrachtet, sondern oft auch als Maßstab für gesellschaftlichen Wohlstand genommen. Vorsicht ist angebracht.

Zuwenig Im Sozialprodukt sind nicht alle Güter enthalten, die in einer Volkswirtschaft produziert werden. Wird ein Auto an einer Tankstelle gewaschen, dann geht diese bezahlte Dienstleistung in das Sozialprodukt ein, nicht jedoch die Wagenwäsche, die der Autobesitzer in seiner Freizeit durchführt. Vom zu Hause gekochten Essen sind nur die gekauften Zutaten, Arbeitsmittel und die verbrauchte Energie im Sozialprodukt enthalten – nicht aber der Geldwert der Arbeit wie im Restaurant. Das Essen dort wird in der Höhe seines Marktpreises im Sozialprodukt berücksichtigt.

Alle Güter, die – etwa bei der Hausarbeit, in der Freizeit oder in unentgeltlicher Nachbarschaftshilfe – produziert, aber nicht offiziell am Markt verkauft werden, gehen nicht in die Berechnung des Sozialprodukts ein. Man spricht hier vom *informellen Wirtschaftssektor,* weil die Produktionsergebnisse nicht formell mitgerechnet werden. Dazu gehören auch ungesetzliche Aktivitäten wie Verkäufe auf dem „Schwarzmarkt" oder auch die „Schwarzarbeit". Hierfür wird zwar Geld eingenommen, dieses Einkommen jedoch unter der Hand am Finanzamt und den Sozialversicherungen vorbeigeschleust. Würden die Produktionsbeiträge des informellen Wirtschaftssektors berücksichtigt, dann wäre der Wert der in der Volkswirtschaft produzierten Güter wesentlich höher anzusetzen – mehr als 10 Prozent werden geschätzt – als aus den offiziellen Zahlen ablesbar.

Zuviel Andererseits geben die Zahlen des Sozialprodukts zuviel an, weil bestimmte Kosten oder negative Folgen der Produktion nicht als Kosten berücksichtigt und abgezogen werden. Ein Beispiel: Umweltverschmutzung gefährdet und beeinträchtigt die natürliche Umwelt und die Gesundheit des Menschen negativ. Diese negativen Folgen wirtschaftlichen Handelns stellen „Kosten" dar, die nicht von den Verursachern getragen werden und in der Regel nicht in die Preise für die Güter eingehen. Weil diese negativen Folgen auf die Allgemeinheit abgewälzt werden, heißen sie *soziale Kosten* oder *externalisierte Kosten.*
Kurioserweise erhöht die Behebung negativer Folgen das Sozialprodukt und damit scheinbar den gesellschaftlichen Wohlstand, obwohl bestenfalls ein vorhergehender Zustand wieder hergestellt worden ist. Wenn jemand wegen langjähriger Lärmbelästigung am Arbeitsplatz gesundheitliche Schäden davonträgt und deshalb in ärztliche Behandlung muß, dann schlagen die Behandlungskosten der ärztlichen Dienstleistung im Sozialprodukt positiv zu Buche. Müssen nach einer Massenkarambolage auf der Autobahn 40 Fahrzeuge für 1,3 Mio. DM repariert werden, dann wird dieser Betrag als Zuwachs des Sozialprodukts verbucht, obwohl in Wirklichkeit kein zusätzlicher Wert entstanden ist.
Seit langem wird gefordert, nicht nur auf die mit Hilfe des Sozialprodukts gemessene *quantitative Wirtschaftsentwicklung* zu blicken, sondern eine *qualitative Vorstellung von Wachstum* zu entwickeln. Bei dessen Berechnung sollen Gesundheits- und Umweltschäden sowie der Verbrauch natürlicher Ressourcen (z. B. Bodenschätze) bei der wirtschaftlichen Produktion berücksichtigt werden. Das Statistische Bundesamt arbeitet seit einigen Jahren daran, der bisherigen volkswirtschaftlichen Gesamtrechnung eine *umweltökonomische Gesamtrechnung* zur Seite zu stellen. (Vgl. Kap. 6 zur Umweltproblematik.)

3. Wirtschaftsordnungen und die Soziale Marktwirtschaft der BRD

3.1 Unterschiedliche Wirtschaftsordnungen

Grundsätzliche Fragen einer Wirtschaftsordnung Eine *Volkswirtschaft* setzt sich aus der Gesamtheit aller wirtschaftlich Handelnden in einer Gesellschaft zusammen. In diesem großen, alle *Haushalte* und *Unternehmen* sowie *staatlichen Organisationen* umfassenden Gebilde müssen Regeln gelten, nach denen sich die wirtschaftlich Handelnden zu richten haben. Diese Regeln zusammengenommen werden als *Wirtschaftsordnung* bezeichnet. Die Wirtschaftsordnungen verschiedener

Volkswirtschaften können sich erheblich voneinander unterscheiden. In allen müssen die folgenden Fragen beantwortet werden:
(1) Wer entscheidet über die Produktion und Verteilung von Gütern?
(2) Wie werden die Entscheidungen der einzelnen wirtschaftlich Handelnden aufeinander abgestimmt?
Zwei prinzipiell entgegengesetzte Wirtschaftsordnungen werden voneinander unterschieden: die *Zentralverwaltungs-* und die *Marktwirtschaft*. Da beide nirgends in reiner Form vorkommen, spricht man auch von Modellvorstellungen, von denen die Wirklichkeit konkreter Volkswirtschaften mehr oder weniger abweicht.

Zentralverwaltungswirtschaft In einer zentral verwalteten Wirtschaftsordnung werden die Unternehmen und Haushalte einer Volkswirtschaft nicht in erster Linie als individuelle Akteure, sondern als kollektive Einheit betrachtet. Sie sollen deshalb nicht in erster Linie für den eigenen Gewinn oder Nutzen wirtschaften, sondern sich *gesamtgesellschaftlichen Zielvorstellungen* unterordnen. Die meisten Produktionsmittel unterstehen deshalb auch nicht privater Verfügungsgewalt, sondern sind *gesamtgesellschaftliches* oder auch *staatliches Eigentum*.
Die Produktionsziele, die die einzelnen Unternehmen zu erfüllen haben, werden in der Regel von der *politischen Führung* des Staates zentral vorgegeben und in einem meist auf mehrere Jahre angelegten *Wirtschaftsplan* festgehalten. Der endgültige Plan mit seinen Einzelplänen gibt den Betrieben Anweisungen, was sie in welcher Menge produzieren sollen und welche Produktionsmittel sie dafür einsetzen dürfen. Wirtschaftspläne bestimmen darüber, wann wo wieviel investiert werden soll, wieviel Rohstoffe einem Betrieb zustehen, wieviel Arbeitskräfte er beanspruchen darf usw. Diese Aufteilung der Produktionsfaktoren soll sich nach den Zielen des Plans und den technischen Notwendigkeiten der Produktion richten.
Darüber hinaus kann die Wirtschaftsplanung auch festlegen, wie die produzierten Güter an die einzelnen Haushalte zu verteilen sind. Das kann durch direkte Zuweisungen (Rationierungen) geschehen, indem z. B. jeder Person bestimmten Alters bestimmte Arten und Mengen an Nahrungsmitteln, Kleidungsstücken, Urlaubsreisen etc. zugebilligt werden. Häufiger wird jedoch die Verteilung der Güter dadurch beeinflußt, daß nicht nur die Löhne, sondern auch die Preise der Güter zentral festgelegt werden.
Mit der Auflösung der kommunistischen Regime des sogenannten Ostblocks seit Mitte der achtziger Jahre und auch der Annäherung Chinas an eine marktwirtschaftliche Ordnung ist die Zahl der Volkswirtschaften unter Zentralverwaltung erheblich zurückgegangen. Nord-Korea und Kuba gehören noch zu ihnen. Das Modell einer streng zentral verwalte-

ten Volkswirtschaft findet kaum noch Anhänger. Es gilt als wenig lei-
stungsfähig und anfällig für Machtmißbrauch.

Marktwirtschaftsordnung   Nach diesem Modell sollen die *einzelnen*
Individuen (Unternehmer, Haushalte bzw. deren Mitglieder) nach ihren
jeweiligen wirtschaftlichen Interessen handeln. So legen die *Unterneh-*
men fest, welche Güter sie in welchen Mengen herstellen und zu welchen
Preisen sie diese verkaufen wollen. Sie entscheiden, wen sie einstellen
und woher sie Produktionsfaktoren (vgl. S. 55 f.) beziehen wollen. Die
Haushalte und deren Mitglieder entscheiden, wofür sie ihr Einkommen
verwenden wollen. Die einzelnen sollen auch entscheiden, wie und zu
welchem Preis sie ihre Arbeitskraft anzubieten bereit sind.
Diese vielen Einzelentscheidungen müssen aufeinander abgestimmt werden. Dies soll in der Marktwirtschaft durch das Zusammentreffen von
Angebot und Nachfrage der vielen Wirtschaftsteilnehmer *am Markt*
geschehen. Von besonderer Bedeutung ist dabei der Preis, der sich für
alles Kauf- und Verkaufbare am Markt frei bilden können soll. Der *Preis-*
mechanismus ist in Übersicht 9 dargestellt. Hierzu ein Beispiel: Durch die
Ölkrise 1973 waren die Preise für Benzin so sehr gestiegen, daß viele
Konsumenten sich die laufenden Kosten für große Autos nicht mehr leisten konnten oder wollten. Folge: Bei den Händlern wurden immer
weniger große Autos nachgefragt, dagegen konnte man die Nachfrage

Übersicht 9

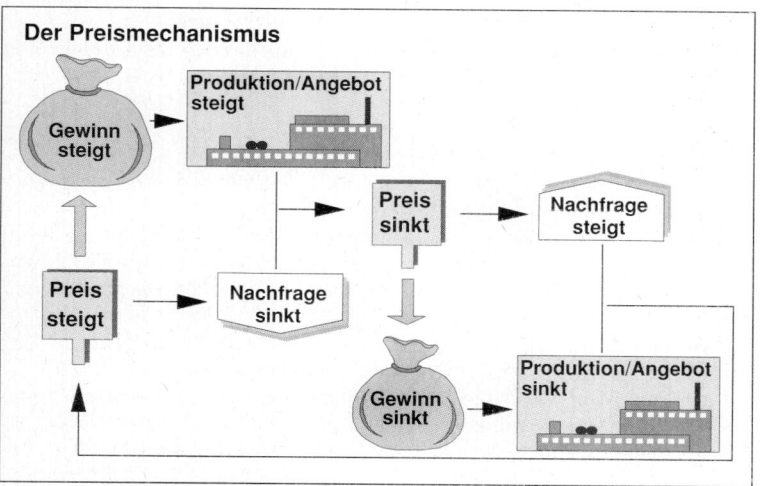

69

nach Kleinwagen kaum befriedigen. Die Preise für Kleinwagen stiegen, die für große Wagen fielen. Mit steigenden Preisen für die kleinen Autos nahm die Zahl der Käufer ab. Gleichzeitig produzierten die Autohersteller mehr Kleinwagen, um von den gestiegenen Preisen für diese zu profitieren. Der Preis für diese sank wieder, damit dieses größere Angebot auch genügend Käufer finden konnte usw.

Bedingungen der Marktwirtschaftsordnung Die Marktwirtschaft kann nur unter der Bedingung des *Wettbewerbs* funktionieren. Weder auf der Seite der Produzenten und Verkäufer noch auf der der Käufer darf es Wettbewerb verhindernde Machtzusammenballungen *(Konzentration)* geben (zur Ordnungspolitik vgl. S. 99); sonst können besonders mächtige Verkäufer bzw. Käufer Preise, Güterqualität und Lieferbedingungen einseitig bestimmen. Außerdem ist es zur Sicherung des Wettbewerbs wichtig, daß die Käufer einen guten Überblick über die angebotenen Güter und deren Preise haben, damit sie bei dem für sie preisgünstigsten Anbieter kaufen können *(Markttransparenz)*. Diesem Ziel können z. B. Vorschriften über die Preisauszeichnung von Waren, über Mindestanforderungen an die Qualität von Produkten oder Informationen durch Verbraucherberatungsstellen dienen.

Vorteile des Modells der marktwirtschaftlichen Ordnung

- Sie entspricht dem Wunsch nach *wirtschaftlicher Freiheit* am ehesten;
- jeder wirtschaftet zu seinem eigenen Nutzen und ist in der Regel bereit, neue Chancen auszunutzen und sich an veränderte Bedingungen anzupassen *(Anpassungsbereitschaft des einzelnen);*
- dieses eigeninteressierte Handeln der einzelnen fördert gleichzeitig die *Leistungsfähigkeit und Anpassungsfähigkeit* der gesamten Wirtschaft.

Nachteile des Modells der Marktwirtschaft

- Jeder verhält sich egoistisch, *soziale Rücksichtslosigkeit* gegenüber Schwächeren kann die Folge sein;
- *öffentliche Probleme und Aufgaben werden vernachlässigt,* von deren Lösung die Allgemeinheit profitieren würde (z. B. Umweltschutz, Versorgung mit öffentlichen Verkehrsmitteln und Parks, innere und äußere Sicherheit);
- Wettbewerb kann zu *wirtschaftlicher Konzentration* führen, weil Unternehmen Konkurrenz auszuschalten versuchen;
- *wirtschaftliche Macht,* die sich allmählich bei großen Unternehmen und Wirtschaftsverbänden anhäuft, kann *politisch* mißbraucht werden;
- überredende, statt informierende Werbung oder die Fülle der Angebote erschwert dem Käufer den Marktüberblick *(Markttransparenz).*

Die heute existierenden Marktwirtschaftssysteme werden als *gemischte Wirtschaftssysteme* bezeichnet. Sie basieren grundsätzlich auf marktwirtschaftlichem Wettbewerb, aber der Markt regelt bei weitem nicht alles. Vielmehr greift der Staat mehr oder weniger stark ein, um unerwünschte Folgen marktwirtschaftlichen Verhaltens zu verhindern oder zu korrigieren. (Vgl. hierzu S. 69 und S. 101.)

3.2 Die soziale Marktwirtschaft in der Bundesrepublik

Das Grundgesetz der Bundesrepublik Deutschland läßt die konkrete Ausgestaltung der Wirtschaftsordnung offen. Faktisch wurde nach dem Zweiten Weltkrieg in Westdeutschland die soziale Marktwirtschaft eingeführt – im Gegensatz zur Zentralverwaltungswirtschaft in der ostdeutschen Sowjetischen Besatzungszone und späteren Deutschen Demokratischen Republik. Aus zwei geschichtlichen Erfahrungen versuchte man in Westdeutschland zu lernen:

Im neunzehnten Jahrhundert hatte sich eine verhältnismäßig *ungezügelte Marktwirtschaft* zunächst in England, dann auf dem Kontinent durchgesetzt. Einige Folgen:

– Große Unternehmen verdrängten kleinere, wurden marktbeherrschend und diktierten weitgehend das Marktgeschehen;
– die wirtschaftliche Entwicklung führte immer wieder zu Krisen mit sich häufenden Unternehmenszusammenbrüchen und hoher Arbeitslosigkeit;
– abhängig Beschäftigte waren vielfach gezwungen, unter unmenschlichen Arbeitsbedingungen bei kaum zum Leben reichendem Lohn zu arbeiten, Not war weit verbreitet, Schwerstarbeit auch von Frauen und Kindern die Regel.

Andererseits hatten Wirtschaftsordnungen, in denen eine rigorose *zentralstaatliche Planung* eingeführt worden war – so in der Sowjetunion nach der Oktoberrevolution von 1917 – nicht den erhofften wirtschaftlichen Wohlstand gebracht. Vielmehr waren eine *mangelhafte Abstimmung der Wirtschaftsprozesse* und die *Unterversorgung der Bevölkerung* eine praktische Konsequenz der zentralstaatlichen Wirtschaftsplanung. Beide Extreme wollte man in der sozialen Marktwirtschaft vermeiden. Einerseits sollten die *Prinzipien des marktwirtschaftlichen Wettbewerbs* gelten und damit größtmögliche wirtschaftliche Freiheit des einzelnen und in der Folge größtmögliche wirtschaftliche Leistungsfähigkeit der Volkswirtschaft erreicht werden. Andererseits sollte der *Staat aktiv* in die Wirtschaft *eingreifen,* zum einen, um die Wettbewerbsordnung zu garantieren (z. B. durch die Verhinderung wirtschaftlicher Machtkonzentration), außerdem, um die für schädlich und unsozial gehaltenen Versäum-

Übersicht 10

Wichtige Artikel aus dem Grundgesetz (GG) zur Wirtschaftsordnung

Artikel 9 GG [Vereinigungsfreiheit]
(3) Das Recht, zur Wahrung und Förderung der Arbeitsbedingungen Vereinigungen zu bilden, ist für jedermann und für alle Berufe gewährleistet. Abreden, die dieses Recht einschränken oder zu behindern suchen, sind nichtig, hierauf gerichtete Maßnahmen sind rechtswidrig. Maßnahmen... dürfen sich nicht gegen Arbeitskämpfe richten ...

Artikel 12 GG
[Berufs- und Arbeitsfreiheit]
(1) Alle Deutschen haben das Recht, Beruf, Arbeitsplatz und Ausbildungsstätte frei zu wählen...
(2) Niemand darf zu einer bestimmten Arbeit gezwungen werden, außer im Rahmen einer... allgemeinen, für alle gleichen öffentlichen Dienstleistungspflicht.

Artikel 14 GG [Privateigentum]
(1) Das Eigentum und das Erbrecht werden gewährleistet...
(2) Eigentum verpflichtet. Sein Gebrauch soll zugleich dem Wohle der Allgemeinheit dienen.
(3) Eine Enteignung ist nur zum Wohle der Allgemeinheit zulässig. Sie darf nur durch Gesetz... erfolgen, das Art und Ausmaß der Entschädigung regelt...

Artikel 15 GG [Gemeineigentum]
Grund und Boden, Naturschätze und Produktionsmittel können zum Zwecke der Vergesellschaftung durch ein Gesetz, das Art und Ausmaß der Entschädigung regelt, in Gemeineigentum oder in andere Formen der Gemeinwirtschaft überführt werden...

Artikel 20 GG [Sozialstaat]
(1) Die Bundesrepublik Deutschland ist ein demokratischer und sozialer Bundesstaat.

---

nisse und Folgen rein marktwirtschaftlichen Handelns zu verhindern oder im nachhinein zu beheben.

Diese Zielsetzungen der sozialen Marktwirtschaft lassen sich beispielhaft aus Artikeln des Grundgesetzes ablesen (siehe Übersicht 10).

So garantiert das Grundgesetz das *Privateigentum* und dessen freien Gebrauch durch den Eigentümer. Dies entspricht dem auf Einzelinteressen beruhenden Prinzip des marktwirtschaftlichen Wettbewerbs. Gleichzeitig soll der Gebrauch des Eigentums durch den einzelnen dem Wohle der Allgemeinheit dienen. Die Freiheit der Eigentumsnutzung kann durch Gesetze eingeschränkt werden, wenn dies dem *Wohl der Gesamtgesellschaft* dient. Was als Gemeinwohlinteresse und als notwendige Einschränkung der individuellen wirtschaftlichen Freiheit betrachtet wird, ist Gegenstand der politischen Auseinandersetzung.

Art. 20 GG bezeichnet die Bundesrepublik Deutschland als *Sozialstaat*. Dieser soll dafür sorgen, daß sozial schädliche Konsequenzen der Marktwirtschaft verhindert oder ausgeglichen werden. Eine Folge dieses Verfassungsgebots ist die Sozialgesetzgebung, die die Bürger der Bundesrepublik davor bewahren soll, in Situationen alleingelassen zu werden, in denen sie nicht aus eigener Kraft für den eigenen Lebensunterhalt sorgen können. (Zur sozialen Sicherung siehe Kap. 1, S. 46.)

Neben den genannten grundgesetzlichen Vorgaben existieren weitere Verfassungsregeln und Gesetze, die dem wirtschaftlichen Handeln des einzelnen Grenzen setzen. Die Wirtschaftsordnung direkt betreffend, sind vor allem drei Bereiche wichtig:

(1) Im Grundgesetz selbst ist das Recht enthalten, Wirtschaftsvereinigungen zu bilden (z. B. Gewerkschaften, Berufsverbände, Arbeitgebervereinigungen usw.), um die Arbeitsbedingungen zu beeinflussen. Auch das Recht der Arbeitnehmer zum Streik ist in diesem Zusammenhang als Grundrecht anerkannt (Art. 9 GG).

(2) Das Recht der Arbeitnehmer und ihrer Vertretungen, bei Betriebs- und Unternehmensentscheidungen informiert zu werden, mitzuwirken oder mitzubestimmen, gehört ebenfalls zu den wesentlichen Bestandteilen unserer Wirtschaftsordnung. (Zum Mitbestimmungs- und Tarifrecht siehe S. 73 f.)

(3) Das Wettbewerbsrecht – heute stark beeinflußt durch die Rechtssetzung innerhalb der Europäischen Union (früher: EG) –, soll den marktwirtschaftlichen Wettbewerb schützen und wirtschaftliche Konzentration verhindern (siehe S. 101).

Darüber hinaus gibt es viele Gesetze, Verordnungen und Verwaltungsrichtlinien, die den Entscheidungsspielraum des einzelnen in wirtschaftlichen Fragen einschränken – sei es, daß ein bestimmtes Verhalten verlangt oder gefördert, sei es, daß es verboten oder von ihm abgeraten wird. Beispielhaft seien das *Umweltrecht* erwähnt (vgl. Kap. 6, S. 237), *Vorschriften zur Produktsicherheit* (z. B. TÜV-Abnahme von Kraftfahrzeugen, Zulassungsvorschriften für Arzneimittel) oder auch die *Verpflichtung*, einen Teil seines Einkommens in Form von *Steuern* abzugeben, als abhängig Beschäftigter unterhalb bestimmter Einkommensgrenzen einer *gesetzlichen Kranken- und Rentenversicherung* anzugehören usw.

3.3   Mitbestimmung und Tarifpartnerschaft

Die Entscheidung für Mitbestimmung und Mitwirkung   In der reinen Marktwirtschaft entscheiden die Eigentümer von Unternehmen, was produziert und verkauft werden soll und wie die Produktion zu organisieren ist; denn sie sind es, die ihr Kapital als wirtschaftliche Unternehmer zur Verfügung stellen. Mitbestimmung durch die Arbeitnehmer, sei es am Arbeitsplatz, sei es auf der Ebene des Gesamtunternehmens, ist in einem solchen Modell nicht enthalten. Arbeitskräfte bieten ihre Arbeitskraft an und werden entlohnt, wenn ein Unternehmen von dieser Gebrauch macht. Die Nachfrage nach Arbeit und die Höhe des Lohnes regelt sich nach Angebot und Nachfrage am Markt – genauso wie bei Gütern auch.

In der sozialen Marktwirtschaft der Bundesrepublik wird bewußt von diesem Modell abgewichen. Die Arbeitnehmer bzw. ihre gewählten gewerkschaftlichen und betrieblichen Vertreter sollen an den Entscheidungen im Unternehmen beteiligt werden. Ein Grund: Auch wirtschaftliche Macht bedürfe der Kontrolle, damit diese nicht im Interesse einer Seite – in diesem Fall der Eigentümer – mißbraucht werden könne. Außerdem seien nicht zuletzt die Arbeitnehmer von den Auswirkungen der Unternehmensentscheidungen betroffen. Fehlentscheidungen auf Unternehmensebene können zum Arbeitsplatzverlust führen. Und Regelungen im Betrieb (z. B. Pausen- und Arbeitszeitregelung, Gestaltung des Arbeitsplatzes) berühren elementar den Tagesablauf der Arbeitnehmer. Bereits in den ersten Jahren der Bundesrepublik wurden deshalb Mitbestimmungsgesetze eingeführt: Das Montanmitbestimmungsgesetz von 1951, das für die Unternehmen im Stahlbereich und Bergbau gilt, sowie das Betriebsverfassungsgesetz von 1952, welches die Mitwirkungsrechte im Betrieb regelt. Beide Gesetze wurden im Laufe der Jahre verändert und durch andere ergänzt, so daß heute *Mitbestimmungs-, Mitwirkungs- und Informationsrechte der Arbeitnehmer* in unterschiedlicher Form für alle Wirtschaftsbereiche und auch für die öffentliche Verwaltung gelten.

Bereiche der Mitbestimmung   Das *Betriebsverfassungsgesetz von 1972* (erste Fassung von 1952) bezieht sich vorwiegend auf die *Mitbestimmung und Mitwirkung im Betrieb,* also dort, wo produziert und verwaltet wird. Das Personalvertretungsgesetz von 1972 ist praktisch das Betriebsverfassungsgesetz für den öffentlichen Dienst. Mitwirkung und Mitbestimmung finden in privaten Betrieben durch *Betriebsräte,* im öffentlichen Bereich durch *Personalräte* statt, die von den Arbeitnehmerinnen und Arbeitnehmern gewählt werden. Die Größe des Betriebs- bzw. Personalrats richtet sich nach der Anzahl der Beschäftigten. Je nach Anzahl jugendlicher Arbeitnehmerinnen und Arbeitnehmer unter 18 Jahren sind *Jugendvertretungen* vorgesehen. Bei den innerbetrieblichen Informations-, Mitwirkungs- und Mitentscheidungsrechten geht es insbesondere um solche Entscheidungen, die die Arbeitssituation und den Arbeitsablauf unmittelbar beeinflussen.
Bei der *Mitbestimmung auf Unternehmensebene* geht es um Entscheidungen, die die Entwicklung des gesamten Unternehmens betreffen – z. B. die Einrichtung neuer Produktionsstätten und Produkte, die Finanzierung neuer Anlagen, die Schließung von Werken usw. Mitbestimmungsrechte auf der Ebene des Gesamtunternehmens sind in folgenden Gesetzen formuliert:
– *Montanmitbestimmungsgesetz von 1951,* das nur für den Bergbau und die Stahlindustrie gilt;

Übersicht 11

Kapitalgesellschaft
Unternehmensform, bei der die Eigentümer, Gesellschafter, nur mit einem bestimmten Kapitalanteil am Unternehmen beteiligt sind. Ihr Risiko ist auf diesen Anteil beschränkt – im Unterschied zu *Perso-nengesellschaften,* bei denen die Eigentümer als Personen verantwortlich sind.

Aktiengesellschaft (AG)
Wichtigste Kapitalgesellschaftsform, weil fast alle Großunternehmen Aktiengesellschaften sind. Das Kapital der AG ist in gleich große Anteile (Aktien) aufgeteilt, die in der Regel jeder über die Börse kaufen und verkaufen kann. Die Anteilseigner (Aktionäre) sind die Gesellschafter der AG.

Hauptversammlung
Versammlung der Aktionäre. Sie wählt die Vertreter der Aktionäre in den Aufsichtsrat des Unternehmens und entscheidet, wie der Gewinn der AG verwendet werden soll.

Aufsichtsrat
Besteht aus den gewählten Vertreterinnen und Vertretern der Aktionäre und der Arbeitnehmer. Er bestellt den Vorstand (Geschäftsführung der AG), überwacht dessen Arbeit und entscheidet über wichtige Geschäfte (Schließungen, größere Investitionen usw.).

Leitende Angestellte
Angestellte des Unternehmens, die mit Führungs- und Leitungsaufgaben betraut sind.

– *Mitbestimmungsgesetz von 1976* für alle Kapitalgesellschaften (siehe die Definition in Übersicht 11) mit mehr als 2000 Beschäftigten;
– für alle Kapitalgesellschaften von 500 bis zu 2000 Beschäftigten das *Betriebsverfassungsgesetz von 1972.*

Mitbestimmung auf Unternehmensebene findet durch gewählte *Arbeit-nehmervertreter in den Aufsichtsräten* statt, welche die Geschäftsführung des Unternehmens kontrollieren sollen.

In der *Montanindustrie* gilt die sogenannte *paritätische Mitbestimmung.* Eigentümer (Anteilseigner) und Arbeitnehmer entsenden jeweils gleich viele Vertreterinnen und Vertreter in den Aufsichtsrat. Damit beide Seiten die für das Unternehmen zu treffenden Entscheidungen nicht durch Stimmengleichheit blockieren können, müssen sie sich auf ein weiteres „neutrales" Aufsichtsratsmitglied einigen, das in einem solchen Fall den Ausschlag gibt.

Das *Mitbestimmungsgesetz von 1976* sieht keine Parität vor. Bei Stimmengleichheit entscheidet nämlich der Aufsichtsratsvorsitzende, der nicht gegen den Willen der Anteilseignerseite (Eigentümer) gewählt werden darf. Nach diesem Gesetz hat also die Anteilseignerseite ein Übergewicht. Dieses wird noch dadurch verstärkt, daß mindestens ein Arbeitnehmervertreter von den „leitenden Angestellten" gewählt werden muß. Diese sind in der Regel einer Meinung mit den Anteilseignern.

Noch klarer ist das Übergewicht der Anteilseigner bei den kleineren und mittleren Kapitalgesellschaften, die dem *Betriebsverfassungsgesetz* unterliegen. Bei ihnen stellen die Anteilseigner zwei Drittel, die Arbeitnehmer ein Drittel der Mitglieder im Aufsichtsrat.

Der Streit um Lohn, Gehalt und Arbeitsbedingungen Die *Tarifpartner* in der Bundesrepublik Deutschland – *Gewerkschaften* als Vertreter der Arbeitnehmer; *Verbände der Arbeitgeber* sowie zum Teil einzelne, besonders große Arbeitgeber als Einzelunternehmen –, handeln Löhne, Gehälter und andere Arbeitsbedingungen wie Arbeitszeit- und Urlaubsregelungen untereinander aus. Der Staat darf sich nicht einmischen, sofern er nicht selbst als Arbeitgeber an Verhandlungen beteiligt ist. Diese *Tarifautonomie* (Autonomie = Selbständigkeit) ist durch das Grundgesetz geschützt (Art. 9 Abs. 3 GG).

Das Ergebnis der Tarifauseinandersetzungen in den einzelnen Branchen (Wirtschaftszweige) und im öffentlichen Dienst wird in *Tarifverträgen* festgelegt. Die Arbeitsverträge, die bei einer Einstellung mit jedem Arbeitnehmer einzeln abgeschlossen werden, dürfen die in den Tarifverträgen ausgehandelten Bedingungen nicht verschlechtern. Im Zweifelsfall gelten die günstigeren Bedingungen für die Arbeitnehmer.

Zwei Arten von Tarifverträgen werden unterschieden:

– *Gehalts- und Lohntarifverträge:* Sie legen die Mindesthöhe in einer Branche für verschiedene Eingruppierungen fest und werden den veränderten Wirtschaftsbedingungen (gesamtwirtschaftliche Entwicklung, Preisentwicklung, Zunahme der Arbeitsproduktivität) in regelmäßigen Abständen angeglichen. Sie haben traditionell eine relativ kurze Laufzeit, häufig zwischen 12 und 18 Monaten. Seit 1987 kommt es vor, daß mehrjährige Laufzeiten mit Lohn- und Gehaltserhöhungen in Stufen vereinbart werden – seit 1990 auch mehrjährige Vereinbarungen, mit denen z. B. das Lohn- und Gehaltsniveau in Ostdeutschland an das in Westdeutschland angeglichen werden soll.

– *Mantel- oder Rahmentarifverträge:* Sie können z. B. Bestimmungen über Arbeitszeit, Pausen, Schulungsmaßnahmen bei technischen Umstellungen, Urlaubsdauer, vermögenswirksame Leistungen, Zuschläge für Nacht- und Sonntagsarbeit, Sonderurlaubsmöglichkeiten, Kündigungsfristen usw. enthalten. In den Manteltarifverträgen stehen Vereinbarungen, die in der Regel für längere Zeiträume oder sogar unbefristet gelten sollen.

Übersicht 12

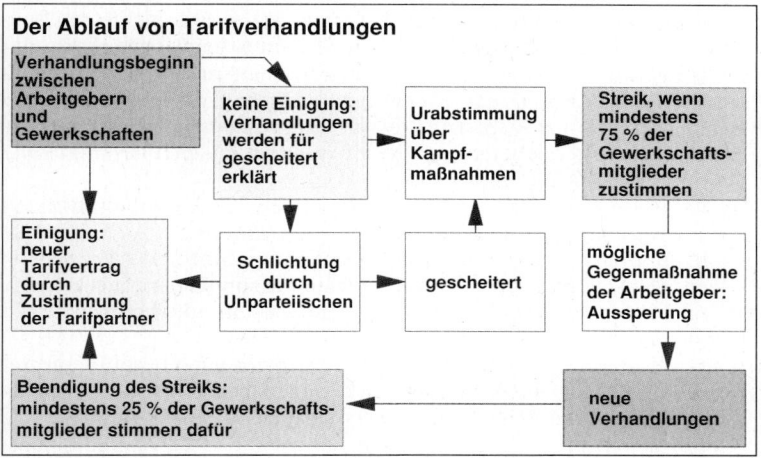

Der Ablauf von Tarifverhandlungen

Tarifverträge können von beiden Seiten zum Ende der vereinbarten Laufzeit gekündigt werden. Die jeweils zuständigen Gewerkschaften und Arbeitgeberverbände eines Tarifbezirks treffen sich dann zu neuen *Tarifverhandlungen,* in denen dann geänderte Vertragsbedingungen ausgehandelt werden sollen. Diese Verhandlungen führen wegen der gegensätzlichen Interessen häufig nicht zu einer schnellen Einigung oder scheitern sogar.

Nach einer Urabstimmung unter den Arbeitnehmern kann es schließlich zum *Arbeitskampf* kommen. Die Gewerkschaften greifen zum *Streik,* die Arbeitgeber zur *Aussperrung.* Mit diesen Maßnahmen soll die Gegenseite zum Einlenken in neuen Verhandlungen gezwungen werden. Bevor es zum Arbeitskampf kommt, können beide Seite zunächst ein *Schlichtungsverfahren* veranlassen. In einem solchen versucht ein von beiden Seiten akzeptierter Schlichter, die Kontrahenten zu einem Kompromiß zu bewegen. Übersicht 12 gibt einen Überblick über die möglichen Abläufe von Tarifverhandlungen.

Die gewerkschaftliche Strategie und die der Arbeitgeber bei den Tarifverhandlungen hat sich seit etwa 1990, dem Jahr der deutschen Einheit, radikal geändert. Die Arbeitgeber haben zunehmend versucht, den Rückgang des Wirtschaftswachstums, den Anstieg der Arbeitslosigkeit und die besonders großen Wirtschaftsprobleme in Ostdeutschland zu nutzen, um vor allem auf zwei Gebieten die Arbeitnehmer und Gewerkschaften zu

Eingeständnissen zu zwingen: auf dem der Lohn- und Gehaltsanpassungen – inklusive Sonderzahlungen wie Urlaubs- und Weihnachtsgeld – und dem der Arbeitszeiten. Zum erstenmal in der Geschichte der Bundesrepublik ist es außerdem geschehen, daß ein Arbeitgeberverband, der der Metallindustrie, einen Tarifvertrag gekündigt hat. Die Gewerkschaften mußten diesem Druck nachgeben, weil die Arbeitgeber mit dem Abbau weiterer Arbeitsplätze drohten. Sie bestanden darauf, daß die Produktionskosten gesenkt werden müßten, um die weltwirtschaftliche Wettbewerbsfähigkeit zu stärken.

Im Ergebnis ist es in den ersten Jahren nach 1990 zu Tarifabschlüssen in fast allen Wirtschaftsbereichen gekommen, bei denen
- die Lohn- und Gehaltssteigerungen unter dem Anstieg der Preise blieben, die Arbeitnehmer also einen realen Einkommensverlust erlitten;
- Sonderleistungen der Unternehmen wie Urlaubs- und Weihnachtsgeld reduziert wurden;
- Arbeitszeiten zur besseren Maschinenauslastung und Bewältigung unterschiedlicher Auftragssituationen flexibler gestaltet werden können;
- Arbeitszeitverkürzungen zur Sicherung bestehender Arbeitsplätze vereinbart wurden, die gleichzeitig zu entsprechenden Einkommenseinbußen führen, damit die Produktionskosten sich nicht erhöhen (z. B. Viertagewoche bei VW).

4. Von der Zentralverwaltungswirtschaft zur Marktwirtschaft – das Beispiel der ehemaligen DDR

4.1 Zentralverwaltungswirtschaft, Öffnung und wirtschaftliche Folgen

Zentralverwaltungswirtschaft in Ostdeutschland Im Gegensatz zur Entwicklung in Westdeutschland setzte die sowjetische Besatzungsmacht in der sowjetischen Besatzungszone und das ihr folgende kommunistische Regime der SED in der späteren DDR die *Zentralverwaltungswirtschaft* als Wirtschaftsordnung durch. (Zur Zentralverwaltungswirtschaft siehe S. 68.)

Die *zentralstaatliche Wirtschaftsplanung* entsprach der Vorstellung der kommunistischen Partei (SED), nur eine unter staatlicher Regie geführte Wirtschaft könne eine kontrollierte Entwicklung nehmen. Unter einem positiven Blickwinkel war damit die Hoffnung verbunden, allen Mitgliedern der Gesellschaft einen möglichst hohen Wohlstand und gute Arbeitsbedingungen zu sichern. Negativ ausgelegt, war zentralstaatliche

Wirtschaftsplanung eine wichtige Voraussetzung für die Machtausübung durch den Partei- und Staatsapparat; denn die freie wirtschaftliche Entscheidung der Individuen war hier genauso eingeschränkt wie die freie politische Betätigung im System des von der kommunistischen Einheitspartei und deren Führung gesteuerten demokratischen Zentralismus. Die wichtigen wirtschaftlichen Entscheidungen lagen letztlich bei der politischen Zentrale.

Die weitgehende *Abschaffung des Privateigentums* an den wirtschaftlichen Produktionsmitteln war eine Konsequenz des zentralstaatlich gesteuerten Wirtschaftssystems. Wo es dem einzelnen Unternehmen an Entscheidungsfreiheit für Investitions-, Produktions- und Verkaufsentscheidungen fehlt, ergibt auch das Privateigentum an den Produktionsmitteln keinen Sinn. Darüber hinaus wollten die osteuropäischen Systeme des sogenannten „real existierenden Sozialismus" gerade das westliche marktwirtschaftlich ausgerichtete System überwinden, dessen Basis das Privateigentum an Produktionsmitteln und die private Verfügungsgewalt über Produktionsmittel ist. 1989, kurz vor der Wende, arbeiteten von den rund 9 Mio. Beschäftigten weniger als eine halbe Mio. in Privatbetrieben (Statistisches Bundesamt 1990).

Diese beiden wirtschaftlichen Ausgangsbedingungen der Zentralverwaltungswirtschaft in der ehemaligen DDR waren und sind für die Umwandlung des dortigen Wirtschaftssystems in einen Teil der sozialen Marktwirtschaft der Bundesrepublik von besonders großer Bedeutung. Durch diese Voraussetzungen wurde nicht nur der organisatorische Aufbau der Wirtschaft in der DDR geprägt, sondern auch das Denken und Handeln der Menschen. Diese hatten sich in den vierzig Jahren der DDR mit jenem System vertraut gemacht, sich in ihrem Handeln darauf eingestellt. Nun sollten sie sich im Gefolge der deutschen Einheit von einem Tag auf den anderen in einem völlig neuen System zurechtfinden.

Die Öffnung Der Sprung „ins eiskalte Wasser" der Marktwirtschaft schien notwendig geworden zu sein, weil die Menschen in der DDR neben der politischen auch eine neue wirtschaftliche Perspektive verlangten. Nach der Öffnung der Grenzen am 9. November 1989 waren Hunderttausende in die Bundesrepublik übergesiedelt, wo sie sich nicht nur Freiheit, sondern auch Wohlstand versprachen. Das Motto hieß: Wenn die D-Mark nicht zu uns kommt, dann kommen wir zu ihr!

Anfang Juli 1990 kam es zur Währungs-, Wirtschafts- und Sozialunion zwischen der BRD und der DDR und damit zur wirtschaftlichen Öffnung der DDR-Wirtschaft und deren Anbindung an die soziale Marktwirtschaft der alten Bundesrepublik. Im Oktober 1990 wurde diese wirtschaftliche durch die politische Vereinigung vollendet (vgl. hierzu Kap. 3, Der Zerfall der DDR, S. 121).

Übersicht 13

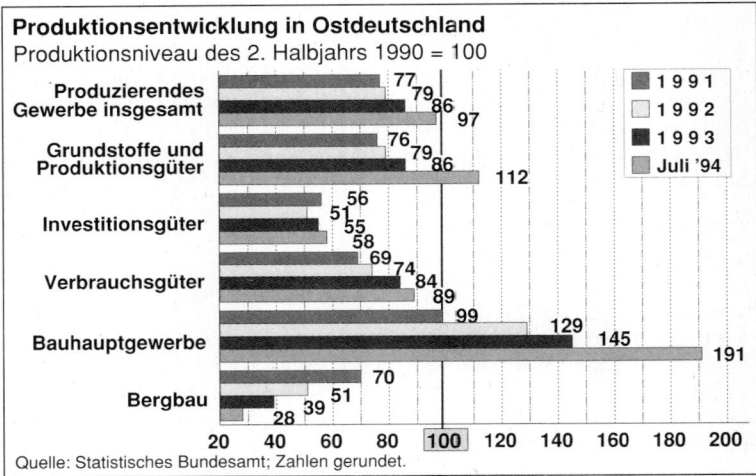

Produktionsentwicklung in Ostdeutschland
Produktionsniveau des 2. Halbjahrs 1990 = 100

Quelle: Statistisches Bundesamt; Zahlen gerundet.

Zunächst einmal führte die Öffnung der ostdeutschen Wirtschaft und die Einführung der D-Mark als gemeinsame Währung zu Konsequenzen, die einem wirtschaftlichen Schock gleichkamen:

– Die ostdeutschen Unternehmen wurden unvorbereitet dem Wettbewerb mit westdeutschen und ausländischen Unternehmen ausgesetzt. Diesem *Konkurrenzdruck* waren die meisten wegen veralteter Produktionsanlagen, unrationeller Produktionsmethoden, veralteter Produkte und mangelnder Erfahrung in Vertrieb und Werbung nicht gewachsen.

– Durch die Einführung der D-Mark wurden die DDR-Produkte für die Länder Osteuropas – früher die Haupthandelspartner der DDR-Wirtschaft – unerschwinglich. Den osteuropäischen Ländern fehlten Devisen (international akzeptierte Währungen wie Dollar oder D-Mark). Hierdurch verloren die Unternehmen Ostdeutschlands den überwiegenden Teil ihrer *Exportmärkte* der Vergangenheit.

– Während die Wirtschaftsleistung in den alten westlichen Bundesländern zunächst weiterhin wuchs, und die Unternehmen sogar erheblich von den Käufen aus der DDR bzw. den neuen östlichen Bundesländern profitierten, sackte die *Produktion in Ostdeutschland* in den meisten Bereichen dramatisch ab und begann erst allmählich wieder sich zu erholen (vgl. Übersicht 13).

– *Arbeitsplätze* gingen verloren, die *Beschäftigtenzahlen* nahmen dra-

Übersicht 14

Der Arbeitsmarkt in den neuen Bundesländern					
Jahresdurchschnitte bzw. Monatsendzahlen in 1000	1990	1991	Okt. 1992	Okt. 1993	Okt. 1994
Arbeitslose	240	913	1.097	**1.166**	1.001
offene Stellen	26	32	31	37	**67**
Arbeitsbeschaffungsmaßnahmen	12	199	**370**	214	321
Kurzarbeit	1.515	**1.616**	240	135	67
Fortbildung, Umschulung oder Einarbeitung		311	**500**	311	277
Vorruhestands- oder Altersübergangsgeld		511	**838**	815	594

Hinweis: 1990 = 2 Jahreshälfte.
Quelle: BfA.

matisch ab – insgesamt um mehr als ein Drittel, in einzelnen Wirtschaftsbereichen wie dem Bergbau um fast zwei Drittel. Entsprechend stiegen die Zahlen der Arbeitslosen und Kurzarbeiter. Nicht alle, die ihren Arbeitsplatz verloren hatten, tauchten in der Arbeitslosen- und Kurzarbeiterstatistik auf. Viele Arbeitnehmer wurden durch Fortbildungs-, Umschulungs- oder Arbeitsbeschaffungsmaßnahmen der Bundesanstalt für Arbeit zunächst vor Arbeitslosigkeit bewahrt. Spezielle Regelungen für ältere Arbeitnehmer erlaubten diesen, früher in den Ruhestand zu gehen. Andere arbeiten als Pendler in Westdeutschland. Gäbe es all diese Entlastungen des ostdeutschen Arbeitsmarktes nicht, dann wären dort mehr als die Hälfte der Arbeitnehmer arbeitslos (zur Arbeitsmarktentwicklung siehe Übersicht 14).

– Die Einführung der D-Mark und der Marktwirtschaft veränderte das *Preis- und Lohngefüge.* Die zuvor staatlich reglementierten Preise wurden freigegeben – bis auf die zum großen Teil zunächst noch staatlich subventionierten (verbilligten) Miet-, öffentlichen Verkehrs- und Energiepreise –, und paßten sich weitgehend dem Westniveau an. Weil die Preissubventionen jedoch zunehmend vermindert wurden, stiegen die durchschnittlichen Kosten der Lebenshaltung für die Bürger Ostdeutschlands von 1991 bis 1994 stärker als für die Westdeutschen. Gleichzeitig lagen die Löhne und Gehälter in Ostdeutschland in den meisten Branchen 1994 noch erheblich unter Westniveau. (Vgl. zur Inflations- und zur Einkommensentwicklung, S. 114)

4.2   Warum gab es kein Wirtschaftswunder?

Optimisten gingen 1990 davon aus, daß die neuen Bundesländer in spätestens fünf Jahren die gröbsten wirtschaftlichen Schwierigkeiten überwunden haben würden. Andere konnten sich vorstellen, daß auf lange Zeit eine neue Grenze zwischen Ost- und Westdeutschland entstehen würde – eine Wohlstandsgrenze. Im Westen werde die Wirtschaft florieren, im Osten das Armenhaus Deutschlands entstehen, mit geringer Wirtschaftskraft, dem Absterben von Industrien (De-Industrialisierung), der Abwanderung qualifizierter Arbeitskräfte und gleichzeitig hoher Arbeitslosigkeit. Wirtschaftswissenschaftliche Institute rechnen inzwischen damit, daß es 15–20 Jahre dauern wird, bevor das ostdeutsche Wirtschaftsniveau dem westdeutschen angepaßt sein wird.

Von vielen wurde in Ostdeutschland ein ähnliches „Wirtschaftswunder" erwartet wie nach dem Zweiten Weltkrieg in Westdeutschland. Trotz hoher staatlicher Hilfen von über 150 Mrd. DM, die von West- nach Ostdeutschland in den Jahren 1991 bis 1994 im Jahresdurchschnitt flossen oder als Fördermittel der EG/EU in die neuen Bundesländer vergeben wurden, blieb das Wirtschaftswunder aus. Dies ist auch nicht verwunderlich, wenn man die unterschiedlichen Ausgangslagen 1945 und 1990 bedenkt:

– In den westlichen Besatzungszonen Deutschlands nach dem Zweiten Weltkrieg bzw. in der Bundesrepublik nach 1949 konnte ohne große Übergangsprobleme nach der Kriegswirtschaft wieder eine Marktwirtschaft eingerichtet werden, weil die privatwirtschaftliche Struktur auch in den Jahren des Dritten Reiches im großen und ganzen weiterexistiert hatte. In der Sowjetischen Besatzungszone Ostdeutschlands bzw. in der DDR war dagegen das Privateigentum an Produktionsmitteln nach und nach fast vollständig aufgelöst worden.

– Für die Wirtschaft der Bundesrepublik gab es nach 1945 keine erdrückende internationale Konkurrenz. Die europäischen Nachbarstaaten waren nach dem Krieg wirtschaftlich genauso geschwächt. Nur die USA hatten eine intakte Wirtschaft. Gleichzeitig waren die bundesdeutschen Unternehmen durch hohe Einfuhrzölle gegen ausländische Konkurrenzprodukte geschützt. Während sich die westdeutsche Industrie allmählich für den Weltmarkt stärken konnte, wurde die vergleichsweise schwache ostdeutsche Wirtschaft von einem Tag auf den anderen einer erdrückenden Konkurrenz ausgeliefert.

– Die westdeutsche Wirtschaft konnte nach 1949 in eine weltweite wirtschaftliche Wachstumsperiode „hineinstarten". Die neue Marktwirtschaft in Ostdeutschland mußte in einer Phase weltweiter Wirtschaftsschwäche aufgebaut werden.

– Psychologisch befanden sich die Westdeutschen nach 1945 in einer

Aufbruchstimmung, die durch allmähliche wirtschaftliche Erfolge bestätigt und verstärkt wurde. In Ostdeutschland war die Euphorie nach 1989 schnell verflogen; denn wirtschaftlich ging es nicht auf-, sondern zunächst beständig abwärts.

4.3   Der Privatisierungsauftrag der Treuhandanstalt

Die *Treuhandanstalt* hatte die historisch einmalige Aufgabe, die weitgehend verstaatlichte Wirtschaft Ostdeutschlands so schnell und so weitgehend wie möglich der sozialen Marktwirtschaft anzupassen, d. h. zu privatisieren. Die Treuhandanstalt war als staatliche Behörde mit weitgehenden Handlungsvollmachten noch von der DDR-Volkskammer am 17. Juni 1990 per Gesetz („Gesetz zur Privatisierung und Reorganisation des volkseigenen Vermögens") eingerichtet worden. Die staatlichen bzw. genossenschaftlichen Unternehmen wurden in Kapitalgesellschaften umgewandelt und der Treuhandanstalt unterstellt. Diese wurde nach der Vereinigung dem Bundesfinanzministerium zugeordnet. Bald wurden Außenstellen in jedem der neuen Bundesländer eingerichtet, die jedoch der Zentrale in Berlin unterstanden.

Die Treuhandanstalt hatte folgende Aufgaben: Sie sollte in erster Linie für die ihr unterstellten Unternehmen und Grundstücke (Liegenschaften) Käufer finden *(Privatisierung)*. War dies nicht möglich, so sollte sie versuchen, das betreffende Unternehmen zuerst rentabel (gewinnbringend) zu machen *(Sanierung)* und dann zu verkaufen. In solchen Fällen, in denen eine Sanierung nicht erfolgversprechend erschien, sollten die Unternehmen geschlossen werden *(Schließung)*.

Die Eigentumsproblematik   Ein großes Hindernis für die Privatisierung von Unternehmen und auch Grundstücken und Gebäuden (Immobilien) stellten *Eigentumsfragen* dar. Der Staatsvertrag gab früheren Eigentümern, die nach 1949 von der DDR-Regierung enteignet worden waren, das Recht, Ansprüche auf *Rückübereignung* anzumelden. Bis Eigentumsverhältnisse geklärt waren, verging und vergeht viel Zeit. Dies verzögerte Investionen erheblich.

Die Bilanz der Treuhandanstalt   Je nachdem, aus welcher Perspektive die Bilanz der Treuhandanstalt betrachtet und von wem sie beurteilt wird, fällt die Einschätzung positiv oder negativ aus. Aus der Sicht der Treuhandanstalt und der ihr vorgesetzten Behörde, dem Bundesministerium der Finanzen, liest sich die Geschichte als Erfolgsbilanz: In relativ kurzer Zeit konnte der größte Teil der Unternehmen einer vorherigen Zentralverwaltungswirtschaft in privatwirtschaftlich funktionierende

Übersicht 15

Die Treuhandanstalt (THA) — Bilanz und Nachfolgeorganisationen

Die Bilanz

1. Privatisierte/reprivatisierte/kommunalisierte Unternehmen (z.T. noch Verhandlungen)
.... 8.500
zugesicherte Arbeitsplätze
▸ 1,5 Millionen
zugesicherte Investitionen
▸ 207 Mrd. DM

2. **Unternehmensschließungen und Auslaufgesellschaften**
.... 3.750

Zu 1 und 2 Verloren gegangene Arbeitsplätze .... 2 Millionen

3. Noch zu verkaufen 65

Schulden der THA (vom Bund ab 1995 zu übernehmen) ...... 270 Mrd. DM

Die Nachfolgeorganisationen
(ab 01.01.1995)

■ Bundesanstalt für vereinigungsbedingte Sonderaufgaben (BVS)
• Überwachung der Verträge; Reprivatisierung; land- und forstwirtschaftliche Vermögen usw.

■ Beteiligungs-Management-Gesellschaft (BMG)
• Management-Gesellschaften; Beteiligungen

■ Liegenschaftsgesellschaft der THA (TLG)
• Grundstückseigentum an nicht land- und forstwirtschaftlichen Flächen

■ Bundesamt zur Regelung offener Vermögensfragen (BARoV; ab 01. 01. 1997)

Quelle: THA 30.12.94; BMF 04.01.95; eigene Berechnungen; Zahlen gerundet.

Unternehmen überführt werden. (Zahlen zur Bilanz in Übersicht 15.) Die Kritiker sehen in erster Linie die großen Arbeitsplatzverluste, die im Laufe der Privatisierungen und Stillegungen vielen Regionen und Menschen das genommen haben, was sie in über 40 Jahren aufgebaut hatten. Betont werden auch die Schulden, die von der Treuhandanstalt angehäuft worden sind und nun von der Bundesregierung übernommen und von den Steuerzahlern beglichen werden müssen. Diese Schulden stammen zum einen aus dem Aufwand für die Anstalt selbst (Personalkosten, Sachkosten etc.), aus Kosten für Sanierungsmaßnahmen (z. B. Übernahme von Altschulden verkaufter Unternehmen; Darlehen für Unternehmen, die saniert werden sollen), aus der Übernahme von Altlasten (z. B. für die Beseitigung von Umweltschäden, die die neuen Käufer nicht übernehmen wollten), aus Kosten bei der Stillegung von Unternehmen, für Gutachter usw.

Kritik wird auch daran geübt, daß die Treuhandanstalt – zumindest in den ersten Jahren – die Privatisierung der Unternehmen einseitig in den Vordergrund gestellt hatte und zu schnell bereit gewesen war, nicht kurzfristig privatisierbare Unternehmen stillzulegen. Diese Politik stand im Einklang mit den' Vorgaben der Bundesregierung aus CDU/CSU und F.D.P. sowie der westdeutschen Unternehmen und Unternehmensverbände. Gewerkschaften, SPD, Bündnis 90/Grüne sowie die PDS hatten verlangt, die ostdeutschen Unternehmen in der schwierigen Übergangsphase stärker zu unterstützen und mehr Energie auf die Sanierung der

Unternehmen zu verwenden. Erst als sichtbar wurde, daß die anfängliche Vorgehensweise der Treuhandanstalt zur Vernichtung ganzer Industrieregionen in Ostdeutschland führen würde, setzte die Bundesregierung mehr Mittel für den Erhalt von Unternehmen und Arbeitsplätzen ein. Diese Kurskorrektur kam für einen großen Teil der Unternehmen und Arbeitplätze zu spät.

Die Zeit nach der Treuhandanstalt Ende 1994 wurde die Treuhandanstalt in drei neue Gesellschaften umgewandelt (s. Übersicht 15), die wie die Treuhandanstalt zuvor dem Bundesministerium der Finanzen unterstellt sind. Diesen verbleiben vor allem die folgenden Aufgaben:

– Überwachung der etwa 75 000 Verträge, die seit 1990 insbesondere im Zusammenhang mit der Privatisierung von Unternehmen oder Unternehmensteilen abgeschlossen worden sind. Hier geht es darum sicherzustellen, daß die Käufer ihren meist vertraglich festgelegten Investitions- und Arbeitsplatzzusagen nachkommen. Nachverhandlungen können nötig werden, wenn Käufer in wirtschaftliche Schwierigkeiten geraten.
– Die Verwaltung und Verwertung (z. B. Rückübereignung, Verkauf, Verpachtung) des land- und forstwirtschaftlichen Vermögens der ehemaligen DDR.
– Die Privatisierung von Grundstücken und Gebäuden (Immobilien) außerhalb der land- oder forstwirtschaftlichen Nutzung. Ende 1994 gab es noch über 66 000 solcher bislang nicht vermarkteter Immobilien, die zum Beispiel für Produktions-, Handelsstätten oder für den Wohnbedarf verwendet werden können.
– Die Betreuung der knapp 150 Betriebe mit etwa 56 000 Beschäftigten, die noch nicht privatisiert und die noch ganz oder teilweise im Eigentum der Treuhand sind.

Wie lange diese Nachfolgegesellschaften benötigt werden, weil der Privatisierungsauftrag noch nicht vollständig abgeschlossen und noch nicht alle Verträge erfüllt sind, ist nicht abzusehen.

5. Wirtschaftskreisläufe und weltwirtschaftliche Verflechtung

5.1 Wirtschaftskreisläufe

Akteure in der Volkswirtschaft In einer Volkswirtschaft spielen viele Beteiligte eine Rolle. Die wirtschaftlich Handelnden können Individuen sein oder auch ganze Organisationen, z. B. Unternehmen. Die Akteure

Übersicht 16

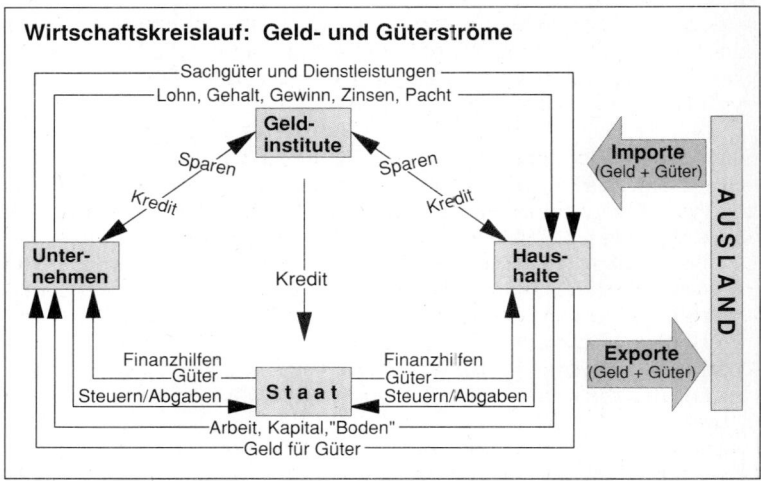

Wirtschaftskreislauf: Geld- und Güterströme

Sachgüter und Dienstleistungen
Lohn, Gehalt, Gewinn, Zinsen, Pacht

Geldinstitute

Sparen — Sparen
Kredit — Kredit

Importe (Geld + Güter)

Unternehmen

Kredit

Haushalte

Finanzhilfen — Güter — Steuern/Abgaben
Staat
Finanzhilfen — Güter — Steuern/Abgaben

Exporte (Geld + Güter)

Arbeit, Kapital,"Boden"
Geld für Güter

AUSLAND

tauschen z. B. Geld gegen Güter, Arbeitskraft gegen Lohn, sie geben Kredite und erhalten Zinsen. Diesen Tausch untereinander kann man in Form von *Wirtschaftskreisläufen* darstellen. Dabei werden die wirtschaftlichen Akteure zu Gruppen zusammengefaßt – alle privaten Konsumenten z. B. unter der Rubrik *Haushalte,* alle Betriebe, Geschäfte etc. als *Unternehmen,* Banken, Sparkassen usw. werden als *Geldinstitute* aufgeführt, und eine eigenständige Rolle nimmt der *Staat* mit seinen Behörden ein.

In Übersicht 16 sind die wirtschaftlichen Akteure durch Pfeile miteinander verbunden, auf denen sich in groben Zügen ablesen läßt, was untereinander getauscht wird. Werden Güter gegen Geld getauscht, dann spricht man von *Güter- und Geldströmen.* Werden dagegen Produktionsfaktoren gegen Zahlung von Geld getauscht, wird dies als *Faktor- und Einkommensströme* bezeichnet, weil die Haushalte, die Produktionsfaktoren zur Verfügung stellen, dafür Einkommen erhalten.

Ein Haushalt als Beispiel An dem einfachen Beispiel einer Familie (Haushalt) kann deutlich gemacht werden, wie solche wirtschaftlichen Verflechtungen und Tauschprozesse aussehen können. Eine ausländische Arbeitnehmerfamilie lebt und arbeitet in der Bundesrepublik. Zwei Familienmitglieder arbeiten als Erwerbstätige, d. h. sie stellen Untern ehmen ihre Arbeitkraft zur Verfügung. Dafür erhalten sie Lohn. Mit diesem Geld macht der Haushalt verschiedene Dinge. Ein Teil fließt an Unternehmen, die dafür Güter für den Lebensunterhalt zur Verfügung stellen. Von einem anderen Haushalt wurde eine Wohnung gemietet. Hier fließt Geld in Form von Miete an einen anderen Haushalt, der dafür das Gut „Wohnung" überläßt. Ein Teil des Einkommens wird gespart, bei einer Bank oder Sparkasse angelegt. Für das überlassene Geldkapital erhält der Haushalt Zinsen. Die können gezahlt werden, weil andere Haushalte oder Unternehmen von den Banken Kredite für Konsumgüter oder Investitionen erhalten. Für diese Kredite werden den Geldinstituten Kreditzinsen gezahlt. Und natürlich müssen Steuern und Abgaben an den Staat überwiesen werden, außerdem Beiträge zur Arbeitslosen-, Renten- und Krankenversicherung usw. Unsere Beispielfamilie erhält auch Geld vom Staat – einmal Kindergeld und außerdem, weil das Familieneinkommen relativ niedrig ist, Wohngeld als Zuschuß zur Miete (Transferzahlungen vom Staat an den Haushalt).

Bis hierhin wird so getan, als existierte nur die Volkswirtschaft der Bundesrepublik. In Wirklichkeit gibt es vielfältigen wirtschaftlichen Austausch mit ausländischen Volkswirtschaften. Auch bei unserer Beispielfamilie: Einen Teil des monatlichen Einkommens überweist die Familie in ihr Heimatland, um dort Familienmitglieder zu unterstützen. Außerdem ißt sie gerne Nahrungsmittel aus der alten Heimat, die auch bei uns in Geschäften angeboten werden. Diese Güter werden eingeführt (importiert).

Staat und Geldinstitute Der *Staat* nimmt im Kreislaufmodell eine besondere Position ein. Soweit er selbst Unternehmen betreibt, sind diese wie andere Unternehmen zu betrachten. Aber der Staat greift noch auf andere Weise in die Wirtschaftskreisläufe ein, indem er z. B.

– Steuern und Abgaben von Haushalten und Unternehmen verlangt, um damit öffentliche Aufgaben zu erfüllen (z. B. Straßenbau, Bau und Betrieb von Bildungseinrichtungen, Sicherheitsaufgaben);

– Geld und andere Hilfen an Haushalte und Unternehmen verteilt, um Einzelpersonen oder Familien die Lebenshaltung zu erleichtern bzw. die Investitionstätigkeit von Unternehmen zu fördern.

Geldinstitute werden gesondert herausgestellt, weil sie für den in heutigen Volkswirtschaften so wichtigen Geldverkehr zentral sind. Sie geben den Unternehmen Investitionskapital und den Haushalten Konsumentenkredite. Natürlich erhalten sie auch Geld in Form von Kreditrückzahlungen und Spareinlagen, die sie für Kredite einsetzen können. Über Geldinstitute wird praktisch der gesamte Kapitalverkehr, ein anderes Wort für Geldverkehr, in einer Volkswirtschaft und zwischen Volkswirtschaften abgewickelt.

5.2 Verflechtung mit der Weltwirtschaft

Die einzelnen Volkswirtschaften sind auf vielfältige Weise mit anderen Volkswirtschaften verflochten. Im Vordergrund steht hier der
– *Außenhandel,* d. h. der Tausch von Gütern und Dienstleistungen zwischen Volkswirtschaften und
– die Zusammenarbeit innerhalb grenzüberschreitender *(transnationaler) Unternehmen.*

Außenhandel   Unsere Beispielfamilie kauft für ihren Lebensbedarf Produkte, die aus dem Ausland stammen. Diese Güter mußten von Firmen in Deutschland eingeführt, *importiert,* werden. Umgekehrt werden deutsche Produkte ins Ausland ausgeführt, *exportiert.* Diesen Güterströmen stehen auf der anderen Seite Geldströme gegenüber, schließlich müssen die Güter bezahlt werden. Übersicht 17 gibt einen Eindruck von dem Umfang der Exporte und Importe Deutschlands in unterschiedliche Länder und Regionen der Erde.
Die *Volkswirtschaft der Bundesrepublik* ist in besonders hohem Maße auf weltwirtschaftlichen Austausch angewiesen. Fast alle Rohstoffe, außer der Kohle, müssen eingeführt werden. Aber auch viele andere Waren kommen aus dem Ausland, Lebensmittel, Automobile, Computer, Arz-

Überrsicht 17

Außenhandel Deutschlands 1992 und 1993 in Mrd. DM

	Gesamtdeutschland				davon Ostdeutschland			
	Ausfuhr		Einfuhr		Ausfuhr		Einfuhr	
	1992	1993	1992	1993	1992	1993	1992	1993
■ **weltweit insgesamt**	671,2	628,4	637,5	566,5	13,8	11,9	9,6	8,7
■ **westliche Industrie-** **länder**	549,5	496,5	519,0	446,6	4,7	3,8	4,5	4,4
davon								
‣ EG/EU	364,7	313,2	331,7	272,9	3,2	1,9	2,5	2,6
‣ andere europäische Länder	114,5	107,9	96,8	90,4	1,2	1,5	1,5	1,6
‣ USA/Kanada	46,9	50,7	46,6	44,3	0,2	0,3	0,4	0,2
‣ übrige Länder *	23,4	24,7	43,9	39,0	0,07	0,1	0,15	0,08
■ **Mittel- und** **Osteuropa**	37,3	42,7	35,0	36,1	7,2	6,3	4,6	3,9
■ **Entwicklungsländer**	77,5	77,7	71,1	69,2	1,8	1,6	0,4	0,3
davon								
‣ OPEC-Länder	22,8	18,2	14,9	13,7	0,3	0,4	0,1	0,1

Hinweis: * übrige Länder insbes. Japan und Australien; OPEC = Erdölproduzierende Länder.
Quelle: Statistisches Bundesamt, Dezember 1994; Zahlen gerundet.

Übersicht 18

Transnationale Unternehmen (TNU) umspannen die Welt

„Bis Anfang der neunziger Jahre gab es bereits 37 000 grenzüber-
greifende Unternehmen, die 170 000 Tochtergesellschaften betrieben, nach nur 7 000 TNU vor 20 Jahren. Diese Firmen kontrollieren
ausländische Direktinvestitionen (Investitionen in Fabriken usw. im
Ausland – J. F.) im Wert von 5,9 Billionen Dollar ... An der Spitze steht
die niederländisch-britische Royal Dutch Shell, deren Investitionen
im Ausland 69 Milliarden Dollar betragen. Es folgen Ford Motor Company (55 Milliarden Dollar), General Motors Corporation (52), IBM
(46) ... Die ersten deutschen Unternehmen liegen auf den Plät-
zen 14 (Siemens) und 16 (Volkswagen) ...
Die UNCTAD-Forscher* kommen zu dem Schluß, daß die weltweite
wirtschaftliche Integration ... beschleunigt wird.
Als Beispiel wird die Ford Motor Company angeführt. Amerikas
zweitgrößter Autohersteller habe im Laufe der letzten Jahre seine
verschiedenen europäischen Aktivitäten soweit integriert, daß sie
auf einen einzigen Wirtschaftsraum abgestellt sind, in dem Forschung und Entwicklung, Einkauf, Produktion und Marketing und
weitere Aktivitäten koordiniert werden."

* UNCTAD = UNO-Konferenz für Handel und Entwicklung.
Süddeutsche Zeitung, 21.7.1993

---

neimittel usw. Damit diese Einfuhren bezahlt werden können, müssen
andere Güter ausgeführt werden. Die *Abhängigkeit der Bundesrepublik
vom Export* (= Ausfuhr in Prozent der gesamten volkswirtschaftlichen
Leistung) ist von 11 Prozent im Jahre 1950 auf ca. 21,6 Prozent im Jahre
1986 gestiegen und betrug 1991 sogar 34,1 Prozent. Der Ausfuhranteil
der USA lag 1991 bei nur 10,5 Prozent, der Belgiens allerdings sogar über
72,5 Prozent (OECD-Zahlen). Je höher die Exportabhängigkeit einer
Volkswirtschaft ist, um so mehr Arbeitsplätze hängen von exportierenden Unternehmen ab und um so stärker wirken sich Schwankungen in
der Weltwirtschaft auf die Wirtschaftsentwicklung im exportierenden
Land aus.

Internationale Verflechtung auf Unternehmensebene Sogenannte
multinationale bzw. transnationale Unternehmen (TNU) haben sich in
den letzten Jahrzehnten zu weltweit tätigen und die Weltwirtschaft
umspannenden Wirtschaftseinheiten herausgebildet (vgl. Übersicht 18).
Auch wenn sie ihren Hauptsitz in einem Land haben, operieren sie
gleichzeitig in sehr vielen Ländern, um dort zu produzieren und Handel

zu treiben. Für diese Auslandsaktivitäten gibt es vor allem folgende Gründe:

– Transnationale Unternehmen produzieren dort, wo es am kostengünstigsten (niedrige Arbeitslöhne, Steuern und Sozialabgaben, wenige gesetzliche Auflagen, geringe Transportkosten usw.) und gleichzeitig mit möglichst wenigen Risiken verbunden ist (soziale und politische Stabilität).

– Sie verlegen ihre Produktion in Länder oder Regionen mit großen Absatzmärkten, wenn es dort Zollschranken und Mengenbegrenzungen für Importe gibt. Diese lassen sich dadurch umgehen. So haben japanische Unternehmen innerhalb der Europäischen Union und in den USA viele Tochterunternehmen z. B. im Kraftfahrzeugbereich und in der Unterhaltungselektronikindustrie gegründet, um solchen Handelsbarrieren ausweichen zu können.

Transnationale Unternehmen haben die internationale Wirtschaft in das eigene Unternehmen geholt. Sie denken und handeln global(weltweit). Nationale Volkswirtschaftsgrenzen sind für sie von immer geringerer Bedeutung. Sie organisieren Produktionsprozesse in internationaler Arbeitsteilung über Ländergrenzen hinweg. Beispielhaft für die internationale Arbeitsteilung in Westeuropa stehen die Automobilproduktion bei Volkswagen sowie sehr viele Unternehmen der Textilindustrie. Bei dieser Form der Arbeitsteilung werden allerdings lange Transportwege mit hohem Energieverbrauch und hoher Umweltbelastung in Kauf genommen.

Multinationale Konzerne und nationale Politik   Die weltumspannenden Aktivitäten multinationaler Unternehmen sind einerseits von immer größerer Bedeutung für die wirtschaftliche Entwicklung, gleichzeitig schränken sie die *Handlungsfähigkeit nationaler Politik* ein. Behagen einem multinationalen Unternehmen z. B. die Lohnpolitik, die Steuergesetze, die Sozialpolitik, die umweltpolitischen Vorschriften usw. in einem Land nicht, dann wird es möglicherweise Produktionsstandorte schließen und in andere Länder verlegen.

Sind einem multinationalen Konzern die Steuern in einem Land zu hoch, dann wird er durch unternehmensinterne Verrechnungen die Gewinne in einem zum Konzern gehörenden Unternehmen anfallen lassen, das in einem Land mit niedrigen Unternehmenssteuern seinen Standort hat. Kurzum: Multinationale Unternehmen können nationaler Gesetzgebung ausweichen bzw. die nationale Politik zwingen, die Gesetzgebung so unternehmensfreundlich zu gestalten, daß keine Abwanderungs- oder Verlagerungsanreize entstehen. Hierdurch wird die *nationale Politik zum Teil entmachtet.*

5.3 Internationale Wirtschaftsregionen und Wirtschaftsblöcke

Einerseits werden die nationalen Grenzen durch internationalen wirtschaftlichen Austausch und transnationale Unternehmen überschritten. Anderseits existieren regionale Wirtschaftsblöcke und Wirtschaftsgemeinschaften. Diese versuchen zwar, intern Handelshemmnisse zu beseitigen, gleichzeitig neigen sie dazu, sich voneinander abzuschotten und behindern damit den internationalen Wirtschaftsaustausch.

Auf der Weltkarte mit den ergänzenden Informationen in Übersicht 19 werden die wichtigsten Wirtschaftsblöcke bzw. -gemeinschaften vorgestellt und kurz charakterisiert. Was sie im wesentlichen voneinander unterscheidet, ist die Stärke des wirtschaftlichen Zusammenschlusses und die Größe des von ihnen repräsentierten Marktes (Summe der Einwohnerzahlen und der Sozialprodukte der zugehörigen Länder).

Europäische Union   Unter all diesen Wirtschaftszusammenschlüssen ragt die *Europäische Gemeinschaft* (EG) – heutige *Europäische Union* (EU) – heraus. Nicht nur der ökonomische Zusammenschluß ist seit der Gründung der Europäischen Wirtschaftsgemeinschaft so weit vorangetrieben worden, daß heute von einem existierenden *Binnenmarkt* weitgehend ohne Handelshemmnisse gesprochen werden kann. (Zur politischen Integration in der Europäischen Union vgl. Kap. 7, S. 271 f.)

Als besonders ehrgeiziges wirtschafts- und finanzpolitisches Ziel im 1992 abgeschlossenen *Maastrichter Vertrag über die Europäische Union* kann die Schaffung einer *Europäischen Wirtschafts- und Währungsunion* (WWU) gelten. Diese soll in drei Stufen bis 1999 erreicht werden. Mit der zweiten Stufe, die 1994 begonnen hat, wurde der erste Schritt in Richtung einer *Europäischen Zentralbank* geschaffen, die ihren Sitz in Frankfurt a. Main haben wird. In der dritten Phase soll die Geldpolitik innerhalb der Europäischen Wirtschafts- und Währungsunion im wesentlichen von dieser Europäischen Zentralbank bestimmt und außerdem eine *einheitliche europäische Währung,* der ECU, als Zahlungsmittel geschaffen werden. Ob es tatsächlich 1999 zur Vollendung der Wirtschafts- und Währungsunion und einer einheitlichen Währung kommen kann, ist allerdings keineswegs sicher. Zum einen haben sich Großbritannien und Dänemark ausbedungen, zu einem späteren Zeitpunkt selbst zu entscheiden, ob sie sich der WWU anschließen wollen. Andererseits ist ungewiß, ob eine größere Anzahl der anderen Mitgliedsländer bis dahin die strengen wirtschaftspolitischen Kriterien erfüllen können, an die der Eintritt in die WWU geknüpft ist. Alle diese Unwägbarkeiten können dazu führen, daß sich die Regierungschefs spätestens 1997 dazu entschließen werden, den Beginn der WWU hinauszuschieben.

Übersicht 19

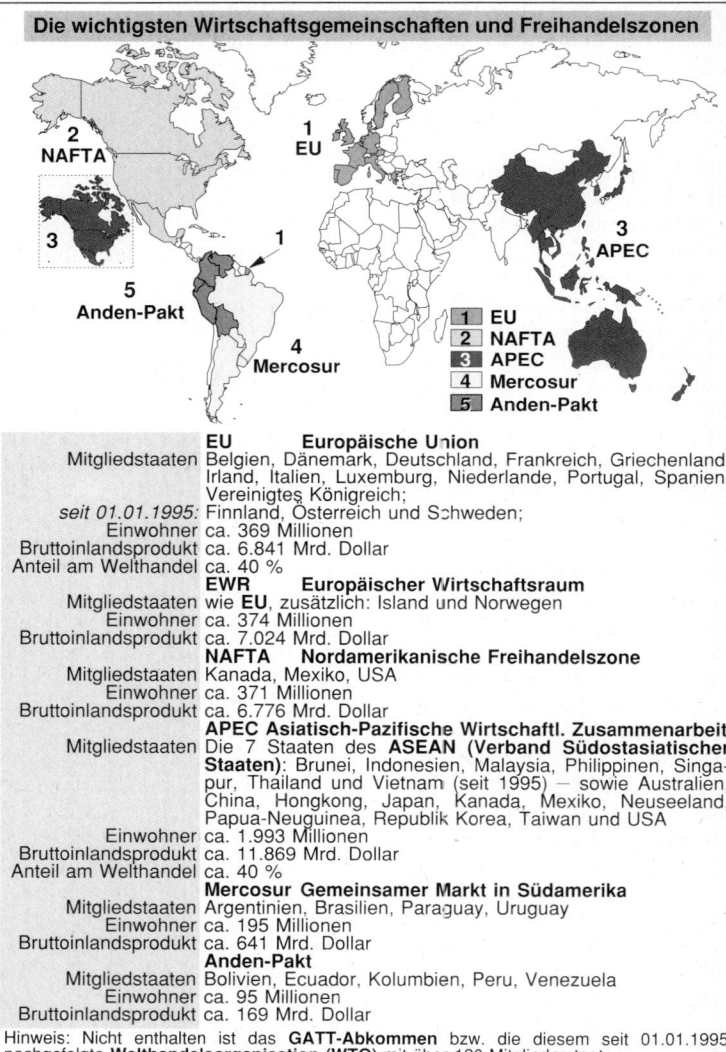

Die wichtigsten Wirtschaftsgemeinschaften und Freihandelszonen

1	EU
2	NAFTA
3	APEC
4	Mercosur
5	Anden-Pakt

EU   Europäische Union
Mitgliedstaaten Belgien, Dänemark, Deutschland, Frankreich, Griechenland, Irland, Italien, Luxemburg, Niederlande, Portugal, Spanien, Vereinigtes Königreich;
seit 01.01.1995: Finnland, Österreich und Schweden;
Einwohner ca. 369 Millionen
Bruttoinlandsprodukt ca. 6.841 Mrd. Dollar
Anteil am Welthandel ca. 40 %

EWR   Europäischer Wirtschaftsraum
Mitgliedstaaten wie **EU**, zusätzlich: Island und Norwegen
Einwohner ca. 374 Millionen
Bruttoinlandsprodukt ca. 7.024 Mrd. Dollar

NAFTA   Nordamerikanische Freihandelszone
Mitgliedstaaten Kanada, Mexiko, USA
Einwohner ca. 371 Millionen
Bruttoinlandsprodukt ca. 6.776 Mrd. Dollar

APEC Asiatisch-Pazifische Wirtschaftl. Zusammenarbeit
Mitgliedstaaten Die 7 Staaten des **ASEAN (Verband Südostasiatischer Staaten)**: Brunei, Indonesien, Malaysia, Philippinen, Singapur, Thailand und Vietnam (seit 1995) — sowie Australien, China, Hongkong, Japan, Kanada, Mexiko, Neuseeland, Papua-Neuguinea, Republik Korea, Taiwan und USA
Einwohner ca. 1.993 Millionen
Bruttoinlandsprodukt ca. 11.869 Mrd. Dollar
Anteil am Welthandel ca. 40 %

Mercosur Gemeinsamer Markt in Südamerika
Mitgliedstaaten Argentinien, Brasilien, Paraguay, Uruguay
Einwohner ca. 195 Millionen
Bruttoinlandsprodukt ca. 641 Mrd. Dollar

Anden-Pakt
Mitgliedstaaten Bolivien, Ecuador, Kolumbien, Peru, Venezuela
Einwohner ca. 95 Millionen
Bruttoinlandsprodukt ca. 169 Mrd. Dollar

Hinweis: Nicht enthalten ist das **GATT-Abkommen** bzw. die diesem seit 01.01.1995 nachgefolgte **Welthandelsorganisation (WTO)** mit über 120 Mitgliederstaaten.
Quelle: FAZ 24.11.1993; BMWi 1994.

Europäischer Wirtschaftsraum   Die EU und die Europäische Freihandelszone (EFTA) haben sich 1993 zum *Europäischen Wirtschaftsraum* (EWR) vertraglich zusammengeschlossen, um den Warenverkehr innerhalb Europas auch über die EU hinaus zu erleichtern. Der EWR beinhaltet jedoch bei weitem nicht die Intensität der wirtschaftlichen Integration wie in der EU alleine. Deshalb sind einige Staaten der EFTA inzwischen Vollmitglieder in der EU (Finnland, Österreich und Schweden).

APEC   Sehr viel jüngeren Datums sind die Bestrebungen um regionale wirtschaftliche Zusammenarbeit im asiatisch-pazifischen Raum durch die *APEC* (Asia-Pacific Economic Cooperation). Diese stellt bislang lediglich einen sehr lockeren Verbund dar, dem Länder mit außerordentlich unterschiedlichen, zum Teil gegensätzlichen Wirtschaftsinteressen angehören. So gibt es einen ständigen Konflikt zwischen den Handelsinteressen von Wirtschaftsnationen wie den USA, Kanada und Australien einerseits und den etablierten oder aufstrebenden asiatischen Volkswirtschaften wie Japan, Malaysia, Philippinen, Süd-Korea, Thailand oder China andererseits. Der Abbau von Handelsschranken innerhalb der APEC ist deshalb bislang kaum fortgeschritten. Bis 2020 sollen alle Zollschranken fallen. Die in der Zukunft möglicherweise bedeutende Rolle der APEC liegt in der überdurchschnittlichen Wirtschaftsdynamik begründet – insbesondere im asiatischen Raum.
Beide, *EWR* und *APEC,* bestreiten jeweils etwa 40 Prozent, zusammen also 80 Prozent, des gesamten Welthandels. Dies weist auf die weltwirtschaftliche Bedeutung dieser beiden Regionen hin.

5.4   Protektionismus und freier Welthandel

Pro und Kontra Protektionismus   Protektionismus bezeichnet Maßnahmen, mit denen einzelne Länder oder auch Ländergruppen die Unternehmen ihrer eigenen Volkswirtschaften gegen ausländische Konkurrenz zu schützen versuchen. So werden zum Beispiel durch die Europäische Union die Preise für Agrarprodukte innerhalb der Mitgliedsländer künstlich hochgehalten, um die Existenz der landwirtschaftlichen Betriebe in der EU nicht zu gefährden. Das ist möglich, indem Agrarerzeugnisse von außerhalb der EU durch *Einfuhrzölle* verteuert werden. Gleichzeitig erhalten die EU-Bauern *Subventionen* (finanzielle Unterstützungen) für ihre Produktion, damit die Preise für Agrarprodukte in der EU nicht allzu hoch über den Weltmarktpreisen liegen. Die Vereinigten Staaten von Amerika erheben Einfuhrzölle zum Beispiel für Stahl und lassen außerdem pro Jahr nur eine ganz bestimmte Menge ins Land *(Einfuhrquoten)*. Damit soll die amerikanische Stahlindustrie ge-

Übersicht 20

Argumente gegen Protektionismus

Protektionismus schadet nicht nur der ausländischen Konkurrenz, sondern langfristig auch der eigenen Volkswirtschaft. Denn Länder, die ihre Industrie gegen ausländische Konkurrenz schützen, verhindern gleichzeitig, daß die Unternehmen im eigenen Land ihre Produkte verbessern, ihre Produktionsprozesse effizienter gestalten oder auch nach völlig neuen wirtschaftlichen Produktionsfeldern Ausschau halten. Ihre Position im internationalen Wettbewerb wird dadurch immer schwächer und verlangt nach immer mehr Protektionismus.

Der Protektionismus eines Landes führt immer zu protektionistischen Maßnahmen anderer Länder. Der internationale Handel, ein Motor wirtschaftlichen Wachstums, nimmt dadurch ab. Den Preis für Protektionismus zahlen letztlich die Verbraucher und die Arbeitskräfte. Die Konsumenten müssen höhere Preise für die Güter zahlen, die bei internationaler Konkurrenz billiger wären. Oder sie müssen mit ihren Steuerzahlungen für die Subventionen aufkommen, mit denen die Preise trotz hoher Produktionskosten künstlich niedrig gehalten werden. Dadurch, daß gegenseitige Handelsbarrieren das Wirtschaftswachstum bremsen, gibt es außerdem weniger Arbeitsplätze und mehr Arbeitslosigkeit.

---

gen die europäische und japanische Konkurrenz geschützt werden. Die protektionistischen Handelshemmnisse werden in zwei Gruppen unterteilt. Da sind einmal die *tarifären Einfuhrhürden.* Sie umfassen Zölle und Mengenbegrenzungen für Importe. Davon werden die *nichttarifären Handelshemmnisse* unterschieden. Zu diesen gehören z. B. Subventionen für die eigenen Produzenten, damit diese billiger anbieten können, Qualitäts- und Verpackungsvorschriften für bestimmte Güter, besonders aufwendige und schwer zu durchschauende Einfuhrformalitäten usw. Argumente gegen protektionistische Maßnahmen sind in der Übersicht 20 zusammengestellt.

Warum also Protektionismus? Politiker, von Schutz suchenden Wirtschaftszweigen dazu gedrängt, führen immer wieder protektionistische Maßnahmen u. a. aus den folgenden Gründen ein:
– Bestimmte Wirtschaftszweige – z. B. die Landwirtschaft in Europa und Japan, die Stahl- und Autoindustrie in den USA – könnten der billiger produzierenden Weltmarktkonkurrenz nicht standhalten und wären

gefährdet. Arbeitsplatzverluste in diesen Wirtschaftszweigen würden die politische und soziale Stabilität erschüttern.

– Unternehmen im eigenen Land verlangen Subventionen (finanzielle Hilfen) mit dem Argument, ihre Konkurrenten in anderen Ländern würden ebenfalls – verdeckt oder offen – subventioniert. Diese Argumentation spielt z. B. in der Stahlindustrie auch zwischen den Ländern der EU eine Rolle.

Auseinandersetzungen gibt es auch zwischen den hochentwickelten Industrieländern einerseits und den Entwicklungs- und anderen Niedriglohnländern (etwa Osteuropas) andererseits um die Berechtigung protektionistischer Maßnahmen. *Entwicklungsländer* erwarten von den Industrieländern freien Zugang zu deren Volkswirtschaften z. B. für ihre Agrar-, Textil- und Industrieprodukte, um durch Exporteinnahmen wirtschaftlich unabhängiger zu werden. Gleichzeitig erwarten sie, daß die Industrieländer Verständnis dafür haben, wenn sie die eigene Landwirtschaft und vor allem ihre jungen Industrien durch Importzölle vor ausländischer Konkurrenz schützen. Nur dann hätten sie eine Chance, sich industriell zu entwickeln. Die *Industrieländer* andererseits rechtfertigen Importzölle gegen sogenannte Niedriglohnländer damit, daß sie ihre eigenen gesellschaftlichen Errungenschaften schützen müßten. Wenn etwa ein Land höhere Produktionskosten hat, weil die Löhne und Gehälter einem bestimmten Wohlstandsniveau entsprechen, weil das System der sozialen Sicherung einem fortgeschrittenen Sozialstaat entspricht, weil Arbeitnehmer und ihre Vertretungen bestimmte Rechte am Arbeitsplatz und im Unternehmen beanspruchen, weil die Produktion Umweltschutzregeln gehorchen muß – soll diese Qualität einer Gesellschaft zerstört werden, um genau so billig produzieren zu können wie Länder, die einen „rückständigen" Sozialstaat haben, den Umweltschutz nicht ernst nehmen und wo Arbeitnehmer wenig verdienen und weitgehend ohne Rechte sind?

GATT Das *Allgemeine Zoll- und Handelsabkommen* (General Agreement on Tariffs and Trade), 1947 von 23 Staaten unterzeichnet und 1948 in Kraft getreten, soll den Wirtschaftsprotektionismus weltweit reduzieren und zunehmend dem freiem Welthandel die Tore öffnen. Inzwischen gehören dem GATT 122 Staaten (China und Algerien als nicht Vollmitglieder) an. Zwar ist es gelungen, insbesondere im Warenhandel die Zölle zwischen den Ländern der Erde nach und nach zu reduzieren und Mengenbegrenzungen für Einfuhren abzubauen. Von einem vollkommen unbeschränkten Welthandel ist man jedoch noch weit entfernt. Wie schwer Fortschritte zu erreichen sind, zeigte die lange Verhandlungsdauer zum letzten Abkommen. 1986 begann die sogenannte *Uruguay-Runde*. Sie war immer wieder vom Abbruch bedroht und konnte erst am

15. April 1994 mit einem neuen Vertragsabschluß beendet werden, der zu einer durchschnittlichen Verringerung der Zölle um ca. 40 Prozent geführt hat. Das GATT, das nur ein Vertragswerk ist, wurde am 1.1.1995 durch die *WTO (World Trade Organization* = Welthandelsorganisation) abgelöst. Hinter den GATT-Verträgen steht dann eine dauerhafte Institution mit größeren Vollmachten.

Die Uruguay-Runde mit ihren Vereinbarungen z. B. über niedrigere Zölle und einen freieren Welthandel kennt Gewinner und Verlierer (vgl. Übersicht 21 und 22).

Übersicht 21

Gewinner des GATT-Abkommens

(1) Zu den Gewinnern wird – ganz abstrakt – der Welthandel gezählt. Ohne das neue Abkommen waren neue „Handelskriege" zwischen verschiedenen Volkswirtschaften und eine Ausweitung protektionistischer Maßnahmen befürchtet worden. Das neue GATT-Abkommen hat zu einer durchschnittlichen Senkung der Zölle von ca. 30 Prozent geführt. Davon erwartet man eine Ausdehnung des Welthandels um viele Milliarden US-$ und einen Anstieg der wirtschaftlichen Produktion in weiten Teilen der Welt. Wohlstand und Arbeitsplätze sollen dadurch vermehrt werden.

(2) Kritiker des Abkommens verweisen darauf, daß vor allem die Volkswirtschaften von der Ausdehnung des Welthandels profitieren werden, die ihn schon jetzt beherrschen: die großen Industriestaaten und zunehmend auch einige aufholende Schwellenländer insbesondere in Ost- und Südostasien sowie in Lateinamerika.

Übersicht 22

Verlierer des GATT-Abkommens

(1) Insbesondere die Länder der Dritten Welt sehen sich in ihrer Hoffnung enttäuscht, mit ihren Produkten (z. B. Textilien, Agrarprodukte, einfache Industriewaren) einen leichteren Zugang zu den Märkten der Industrieländer zu erhalten. Hierzu wurden deren Einfuhrschranken (Zölle usw.) nicht weit genug gesenkt.

Andererseits sind die Welthandelspreise für industrielle und landwirtschaftliche Rohstoffe (z. B. Zucker, Kaffee, Kakao, Metallerze) in den letzten Jahren stark gefallen. Dadurch sinken die Exporteinnahmen vieler Entwicklungsländer. Gleichzeitig haben sich die USA und die EU-Länder verpflichtet, ihre Subventionen (= finanzielle staatliche Hilfen) für die Landwirtschaft zu senken. Dadurch steigen die Agrarpreise für bestimmte Produkte am Weltmarkt. Hierdurch werden wiederum die armen Länder besonders belastet, die auf Nahrungsmitteleinfuhren angewiesen sind.

(2) Die europäischen Gewerkschaften vermissen „Sozialklauseln" im GATT-Abkommen, die ein Minimum an sozialen Rechten und Schutzbedingungen für Arbeitnehmerinnen und Arbeitnehmer, Mindestlöhne usw. in allen Unterzeichnerstaaten bindend gemacht hätten. Dies hätte ein Mittel sein können, um international etwa gegen Sklavenarbeit durch Kinder (z. B. in Indien) oder gegen die Rechtlosigkeit der Arbeitnehmerinnen und Arbeitnehmer in vielen Ländern angehen zu können.

(3) Als Hauptverlierer wird von manchen die Umwelt betrachtet. Umwelt oder Ökologie kommen in dem 400seitigen Vertragswerk nicht vor. Auch der Schutz der natürlichen Umwelt hätte als bindende Verpflichtung in den Vertrag geschrieben werden können. Eine Ausweitung des Welthandels und der Produktion ohne Rücksicht auf die Natur, die natürlichen Ressourcen oder die menschliche Gesundheit sei letztlich zerstörerisch. Mehr Handel und auch zunehmende internationale Arbeitsteilung in der Produktion – z. B. innerhalb transnationaler Unternehmen –, bedeuten längere Transportwege, mehr Energieverbrauch und mehr Umweltbelastung.

6. Wirtschafts- und Finanzpolitik in der Bundesrepublik Deutschland

6.1 Grundlegende Aufgaben des Staates gegenüber der Wirtschaft

Unterschiedliche Erwartungen Bürger und Unternehmen, Arbeitgeberverbände, Gewerkschaften und Parteien, sie alle erwarten einen positiven Einfluß des Staates auf die Wirtschaft. Allerdings haben sie unterschiedliche, z.T. gegensätzliche Vorstellungen, wie der Staat – Parlament, Regierung, Verwaltung – sich konkret verhalten soll. Kreiden ihm die einen an, nicht genug zu tun, werfen ihm die anderen vor, sich viel zu sehr einzumischen.

Forderung nach dem Minimalstaat Es sind in erster Linie die sogenannten *Wirtschaftsliberalen,* die sich einen wirtschaftlich zurückhaltenden Staat wünschen. Er solle dafür sorgen, daß die Regeln des marktwirtschaftlichen Wettbewerbs beachtet werden, sich aber ansonsten der Einmischung in die Wirtschaft weitgehend enthalten. Wirtschaftliche Entscheidungen seien in einer Marktwirtschaft Sache der Unternehmen und Konsumenten.

Für den Staat heiße dies: Möglichst wenig Steuern und Abgaben verlangen, die eigenen Ausgaben drosseln und die Unternehmen so wenig wie möglich durch gesetzliche Regelungen und Auflagen – z.B. Umweltgesetze, arbeitsrechtlicher Schutz der Arbeitnehmer, Mitbestimmungsgesetze, Verbraucherschutzgesetze, Genehmigungsverfahren usw. – in ihrer Entscheidungsfreiheit einschränken. Obwohl dies eine grobe Vereinfachung darstellt, kann man sagen, daß Wirtschaftsgruppen wie Unternehmer und deren Interessenverbände sowie in der Politik die F.D.P. und große Teile der CDU/CSU (Wirtschaftsflügel) eine solche Position tendenziell befürworten.

Forderung nach dem aktiven Staat   Auf der Gegenseite wird der wirtschaftlich aktive Staat gefordert. Er soll das wirtschaftliche Wachstum aktiv fördern, wenn die Wirtschaftsdynamik nachläßt; für ausreichend Arbeitsplätze und Lehrstellen sorgen, wenn der Markt allein dazu nicht fähig ist; mithelfen, die wirtschaftliche Entwicklung in wirtschaftsschwachen Regionen voranzutreiben; Wirtschaftszweige in der Krise stützen und dafür sorgen, daß zukunftsträchtige Wirtschaftsbereiche eine besondere Aufmerksamkeit erfahren. In dieser Vorstellungswelt, die ebenfalls

Übersicht 23

Wirtschafts- und finanzpolitische Aufgaben des Staates		
Ordnungspolitik	**Strukturpolitik**	**Prozeßpolitik**
▸ marktwirtschaftlichen Wettbewerb sichern, Wirtschaftskonzentration begrenzen ▸ wirtschaftliche Mitbestimmung regeln ▸ soziale und ökologische Marktwirtschaft gestalten: - gerechte Verteilung der Einkommen erreichen - wirtschaftlichen Wohlstand mit dem Schutz von Natur und Umwelt in Einklang bringen	▸ regionale Wirtschaftsentwicklung fördern ▸ bestimmte Wirtschaftszweige unterstützen	▸ Wirtschaftswachstum anstreben ▸ für möglichst hohe Beschäftigung sorgen ▸ Preisentwicklung niedrig halten ▸ wirtschaftlichen Austausch mit dem Ausland im Gleichgewicht halten

grob vereinfacht wurde, ist der Staat der Hüter des Gemeinwohls. Der *aktiv intervenierende Staat* soll die am Markt wirksamen egoistischen Interessen zügeln und sie so lenken, daß sie zum Wohl aller wirken. Es sind die Gewerkschaften, Umweltschutz- und Verbraucherverbände, bei den Parteien die SPD, der Arbeitnehmerflügel von CDU/CSU, Bündnis 90/Grüne und die PDS, die in der Tendenz eine solche Position vertreten.

Wirtschafts- und finanzpolitische Aufgabenbereiche Unbeschadet dieser politischen Positionen haben sich grundlegende wirtschafts- und finanzpolitische Aufgabenbereiche des Staates herausgebildet. Sie sind in Übersicht 23 aufgelistet und werden im folgenden kurz beschrieben.

Ordnungspolitik Staatliche Organe sollen darüber wachen, daß die Wirtschaftsordnung der sozialen Marktwirtschaft (siehe S. 71) gewahrt und weiterentwickelt wird. Dem Staat fällt die Rolle zu, den *marktwirtschaftlichen Wettbewerb* dort zu sichern, wo er – etwa durch Wirtschaftskonzentration (vgl. S. 101) – gefährdet ist.
Mitbestimmungsgesetze (vgl. S. 73 f.), Regelungen des *Arbeitsrechts* (z. B. Kündigungsschutz) oder die Garantie der *Tarifautonomie* (vgl. S. 76), die den Tarifpartnern die Festsetzung von Löhnen, Gehältern und vielen Arbeitsbedingungen überläßt, gehören ebenfalls zur wirtschaftlichen Ordnungspolitik.
Von manchen werden auch sozialstaatliche Ziele, wie das einer *gerechten Verteilung* des volkswirtschaftlich Erwirtschafteten (Bruttosozialprodukt), zum ordnungspolitischen Aufgabenkatalog des Staates in der sozialen Marktwirtschaft gerechnet. Außerdem wird gefordert, wirtschaftliches Handeln müsse seine Grenzen dort finden, wo Natur und Umwelt zerstört würden. *Umweltschutzziele* können damit zu ordnungspolitischen Rahmenbedingungen wirtschaftlichen Handelns werden.

Strukturpolitik zielt auf sogenannte strukturelle Probleme der Wirtschaft. Dazu gehören zum Beispiel Unterschiede in der Wirtschaftskraft verschiedener Regionen. Staatliche Versuche, den wirtschaftlich schwächeren Regionen zu helfen, werden als *regionale Strukturpolitik* bezeichnet – z. B. die Förderung der Küstenregionen der nördlichen oder das gesamte Gebiet der östlichen Bundesländer. Es können aber auch wirtschaftliche Probleme innerhalb einzelner Wirtschaftszweige im Vordergrund stehen. Die Krise in der Bergbau- und Stahlindustrie oder im Schiffsbau während der siebziger und achtziger Jahre, die Krise des Maschinen- und Automobilbaus Anfang der neunziger Jahre sowie die Probleme in fast allen Industriebereichen in den neuen Bundesländern stellen solche Wirtschaftsprobleme dar. Staatliche Hilfen, die sich auf bestimmte Industriezweige konzentrieren, gehören zur sogenannten *sektoralen Strukturpolitik*. Notleidende Industrien sollen wieder konkurrenzfähig gemacht oder besonders zukunftsträchtige – z. B. Mikroelektronik, Informations- und Kommunikationstechnologie, Biotechnologie – in der Anlaufphase unterstützt werden.

Prozeßpolitik versucht, den Verlauf der allgemeinen wirtschaftlichen Entwicklung zu beeinflussen. Dabei interessiert in erster Linie, wie sich die volkswirtschaftliche Leistung, das Sozialprodukt (vgl. S. 66), entwickelt, ebenso die Arbeitslosenzahlen, die Preise und der Austausch mit ausländischen Volkswirtschaften.

Durch das 1967 verabschiedete *„Gesetz zur Förderung der Stabilität und des Wachstums der Wirtschaft"* – kurz Stabilitätsgesetz genannt – ist der Staat verpflichtet, bestimmte wirtschaftspolitische Ziele anzustreben: stetiges und angemessenes Wirtschaftswachstum, Preisstabilität, hohen Beschäftigungsstand und einen ausgeglichenen Wirtschaftsaustausch mit dem Ausland. Das Gesetz schreibt Regierung und Parlament keine konkreten Maßnahmen in bestimmten wirtschaftlichen Situationen vor.

Der Streit zwischen den Parteien und den an der Wirtschaftspolitik besonders interessierten Wirtschaftsverbänden (Arbeitnehmer- und Arbeitgeberorganisationen) geht deshalb vor allem darum, welche konkreten Maßnahmen getroffen werden sollen, um die genannten Ziele zu erreichen.

Damit der Staat überhaupt aktiv werden kann, muß er Geld einnehmen. Hier geht es um den großen Bereich der *Haushalts- und Finanzpolitik*. In Gesetzen ist festzulegen, welche Steuern und Abgaben der Staat einziehen darf. In den *jährlichen Haushalten* des Bundes, der Länder und Gemeinden wird bestimmt, wie die *Einnahmen* auf verschiedene Ministerien und Verwaltungen zu verteilen sind, ob zusätzlich Schulden gemacht werden müssen, um sämtliche *Ausgaben* zu finanzieren usw. Denn Geld kosten nicht nur die Behörden mit ihren Beschäftigten, Gebäuden und Arbeitsmitteln. Es werden auch Aufträge vergeben, z. B. für den Bau von Schulen oder Straßen. An Unternehmen werden Finanzhilfen verteilt oder Geld an einzelne Personen und Familien mit niedrigem Einkommen.

Die *Finanzpolitik* beeinflußt auch als solche die Wirtschaft. Hohe Steuern wirken sich in der Regel eher hemmend auf den Konsum der Privathaushalte und die Investitionstätigkeit der Unternehmen aus. Finanziert der Staat seine Ausgaben durch Schulden, dann konkurriert er mit den Haushalten und Unternehmen um Kredite bei den Geldinstituten. Die Kreditzinsen steigen, wenn die Nachfrage nach Krediten hoch ist. Schulden des Staates von heute belasten außerdem zukünftige Generationen, die später für diese Schulden aufkommen müssen. Solche Schulden des

Staates werden häufig damit gerechtfertigt, daß die mit dem Geld getätigten Investitionen (z. B. Straßenbau, Förderung des öffentlichen Nahverkehrs, der Bau von Schulen und Hochschulen, die Unterstützung der Forschung und Entwicklung neuer Technologien, Hilfen für Industriezweige und Wirtschaftsregionen) auch und vor allem den zukünftigen Generationen zugute kommen werden.

Auf den folgenden Seiten werden nur einige wirtschafts- und finanzpolitische Aufgabenstellungen beispielhaft herausgegriffen:
– Das Problem der Wirtschaftskonzentration;
– die Frage einer wachstumsfördernden Wirtschafts- und Finanzpolitik;
– die Problematik steigender Preise und
– die Belastungen durch Massenarbeitslosigkeit.

6.2 Gefährdet Konzentration die Marktwirtschaft?

Wo wirtschaftlicher Wettbewerb von Unternehmen fehlt, besteht die Gefahr, daß Anbieter den Kunden schlechtere Waren liefern oder ungünstigere Bedingungen einräumen als in dem Fall, wo mehrere Unternehmen um die Kunden konkurrieren müssen. Andererseits können zu starke Kunden (z. B. Großabnehmer) gegenüber vielen Anbietern (Produzenten/Lieferanten) die Preise und Lieferbedingungen in einem Maße diktieren, daß diese nicht mehr ausreichend Gewinne erwirtschaften können. Zwischen vergleichsweise kleinen Lieferanten und Großabnehmern – z. B. Bäckereien und andere Nahrungsmittelhersteller gegenüber großen Handelsketten, Autozubehörproduzenten gegenüber den Automobilkonzernen –, besteht häufig ein solches wirtschaftliches Machtungleichgewicht.

Unterschiedliche Wege können zu wirtschaftlicher Konzentration führen:
– *Konzentration durch Markterfolg:* Ein Unternehmen ist mit seinen Produkten so erfolgreich, daß es seinen Marktanteil ständig erhöhen, als Unternehmen wachsen und Konkurrenten aus dem Markt verdrängen kann.
– *Konzentration durch Fusion:* Unternehmen schließen sich zusammen, sie erwerben Anteile anderer Unternehmen oder kaufen sie ganz auf.
– *Konzentration durch personelle Verflechtung:* Manager eines Unternehmens sitzen in den Aufsichtsräten anderer Unternehmen und nehmen damit nicht nur auf das eigene Unternehmen Einfluß.
– *Konzentration durch Absprache in Kartellen:* Unternehmen sprechen – verbotenerweise – untereinander Preise, Verkaufsgebiete oder Produktionsmengen ab, um die gegenseitige Konkurrenz aufzuheben.
Eine extreme Form wirtschaftlicher Konzentration ist das *Monopol,* bei

Übersicht 24

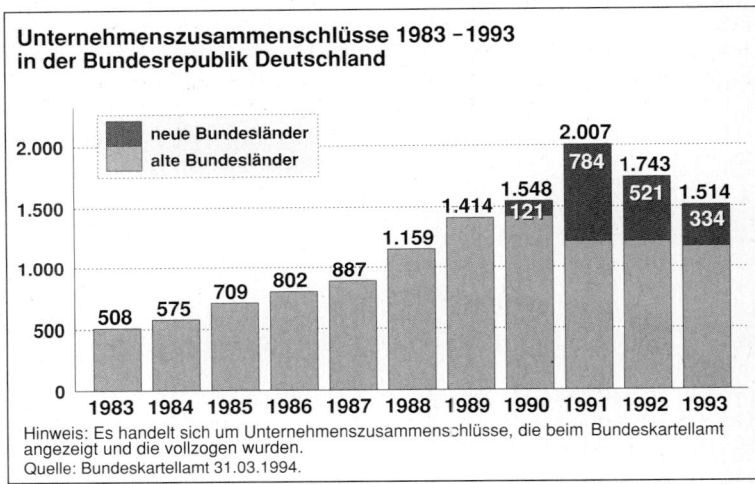

Unternehmenszusammenschlüsse 1983 – 1993 in der Bundesrepublik Deutschland

neue Bundesländer
alte Bundesländer

2.000

1.500

1.000

500

0

| 1983 | 1984 | 1985 | 1986 | 1987 | 1988 | 1989 | 1990 | 1991 | 1992 | 1993 |

508 575 709 802 887 1.159 1.414 1.548 (121) 2.007 (784) 1.743 (521) 1.514 (334)

Hinweis: Es handelt sich um Unternehmenszusammenschlüsse, die beim Bundeskartellamt angezeigt und die vollzogen wurden.
Quelle: Bundeskartellamt 31.03.1994.

dem es nur einen Anbieter oder nur einen Nachfrager gibt. Die städtischen Wasserwerke haben ein *Angebotsmonopol* für Trinkwasser gegenüber den Haushalten und Unternehmen einer Gemeinde. Die Bundesbahn hat in der Bundesrepublik ein *Nachfragemonopol* für Lokomotiven. Häufiger kommt es vor, daß es wenige Anbieter oder Nachfrager gibt. In diesen Fällen liegen *Angebots- bzw. Nachfrageoligopole* vor. So gibt es weltweit nur wenige Luftfahrtunternehmen, die Düsenflugzeuge kaufen und Mineralölfirmen, die Kraftstoffe oder Konzerne, die Zigaretten herstellen.

Anbietermonopole sind für die Kunden dann von Vorteil, wenn der Monopolist prinzipiell kostengünstiger produzieren und anbieten kann und diese Vorteile in Form niedriger Preise auch an die Kunden weitergibt. Es wäre zum Beispiel unwirtschaftlich, in einer Stadt mehrere Wasserwerke um die Kunden konkurrieren zu lassen. Die Leitungsnetze müßten dann mehrfach verlegt werden. Bei einem Wasserwerk verteilen sich die Kosten eines Leitungsnetzes auf alle Haushalte. In einer solchen Situation spricht man von *natürlichen Monopolen*. Natürliche Monopole müssen jedoch von außen kontrolliert werden, damit sie die kostengünstigere Produktion auch in Form reduzierter Preise an die Kunden weitergeben und als konkurrenzloser Monopolist nicht überhöhte Preise verlangen.

Staatliche Wettbewerbspolitik In der Bundesrepublik soll eine den Wettbewerb gefährdende Konzentration wirtschaftlicher Macht verhindert werden. Zu diesem Zweck gibt es das Gesetz gegen Wettbewerbsbeschränkungen (GWB) – kurz *Kartellgesetz* genannt – und als Aufsichtsbehörde das *Bundeskartellamt* in Berlin. Es hat die Aufgabe, gegen Gesetzesverstöße (zum Beispiel unerlaubte Preisabsprachen) vorzugehen.

Übersicht 25

Gesetz gegen Wettbewerbsbeschränkungen (GWB) § 22 Abs. 3

Es wird vermutet, daß
1. ein Unternehmen marktbeherrschend ... ist, wenn es für eine bestimmte Art von Waren oder gewerbliche Leistungen einen Marktanteil von mindestens einem Drittel hat; die Vermutung gilt nicht, wenn das Unternehmen im letzten abgeschlossenen Geschäftsjahr Umsatzerlöse von weniger als 250 Millionen Deutscher Mark hatte;
2. ..., wenn ...
a) drei oder weniger Unternehmen zusammen einen Marktanteil von 50 vom Hundert oder mehr haben oder
b) fünf oder weniger Unternehmen zusammen einen Marktanteil von zwei Dritteln oder mehr haben;
die Vermutung gilt nicht, soweit es sich um Unternehmen handelt, die im letzten abgeschlossenen Geschäftsjahr Umsatzerlöse von weniger als 100 Millionen Deutscher Mark hatten.

Außerdem muß es entscheiden, ob genehmigungspflichtige Unternehmenszusammenschlüsse (Fusionen) erlaubt werden sollen. Dabei ist zu prüfen, ob ein geplanter Zusammenschluß oder eine geplante Beteiligung an einem anderen Unternehmen den Wettbewerb wesentlich beeinträchtigt und zu Marktbeherrschung führt (zu einigen Entscheidungskriterien vgl. Übersicht 25). Betroffene Unternehmen können sich – häufig mit Erfolg – gegen ablehnende Entscheidungen durch eine Klage vor dem Bundesverwaltungsgericht wehren. Auch ist es möglich, daß der *Bundesminister für Wirtschaft* gegen die Entscheidung des Bundeskartellamts eine Ausnahmegenehmigung erteilt, wenn er eine Fusion volkswirtschaftlich für sinnvoll hält – zum Beispiel im Falle starker Konkurrenz durch ausländische Großunternehmen (§ 24 [3] des GWB). Eine solche Genehmigung hat der Bundeswirtschaftsminister z.B. 1989 beim umstrittenen Zusammenschluß der beiden Großkonzerne Daimler Benz und Messerschmidt-Bölkow-Blohm erteilt.

Das Bundeskartellamt darf allerdings nicht eingreifen, wenn Unternehmen gegenüber der Konkurrenz wachsen, weil sie am Markt mit ihren Produkten besonders erfolgreich sind.

Auf europäischer Ebene existiert seit 1990 eine *EG-Fusionskontrolle* durch die Kommission der Europäischen Gemeinschaft bzw. Union. Sie wird dann tätig, wenn in einem Staat der Europäischen Union Unternehmenszusammenschlüsse vorgesehen sind, die in ihren Auswirkungen mehrere EU-Länder berühren. Angesichts der wachsenden Zahl transnationaler Unternehmen (vgl. S. 89) ist dies immer häufiger der Fall. Damit verlieren die nationalen Wettbewerbsgesetze gegenüber dem Recht der Europäischen Union an Bedeutung.

Wirtschaftliche Konzentration kann volkswirtschaftlich vorteilhaft sein – etwa wenn es darum geht, sich gegen sonst zu starke internationale Konkurrenz auf dem Weltmarkt zu behaupten. Sie kann sogar notwendig sein, wenn die Herstellung von Gütern mit so hohen Entwicklungs- und Produktionskosten verbunden ist, daß nur wenige große Unternehmen hierzu in der Lage sind. Sie kann betriebswirtschaftlich sinnvoll sein, wenn sie die Produktions- und Verteilungskosten erheblich reduziert (zu natürlichen Monopolen vgl. S. 102).

6.3 Läßt sich Wirtschaftswachstum steuern?

Konjunktur Die wirtschaftliche Entwicklung – gemessen an der jährlichen prozentualen Veränderung des Sozialprodukts (vgl. S. 63) – kann man mit Wellenbewegungen vergleichen, bei denen es Auf- und Abschwünge gibt, Wellenberge und Wellentäler. Das Auf und Ab der wirtschaftlichen Entwicklung nennt man *Konjunktur,* die einzelnen Wellen der wirtschaftlichen Entwicklung *Konjunkturzyklen*. Ein Zyklus wird in *vier Phasen* aufgeteilt und reicht vom wirtschaftlichen *Aufschwung* über die *Hochkonjunktur,* den wirtschaftlichen *Abschwung* bis zum wirtschaftlichen *Tiefstand*. Danach beginnt ein neuer Zyklus. Für die Bundesrepublik sind die unterschiedlichen Konjunkturzyklen und die sich daraus ergebende Wellenbewegung in Übersicht 26 deutlich zu sehen. Jahre starken Wirtschaftswachstums werden von solchen abgelöst, in denen das Bruttosozialprodukt nur noch geringfügig oder überhaupt nicht mehr gewachsen und sogar zurückgegangen ist – wie in den Jahren 1967, 1975, 1982 und 1993. Noch etwas läßt sich erkennen: Die Wellen sind im Laufe der Jahre kleiner geworden. Dies könnte einerseits darauf hindeuten, daß es der Wirtschafts- und Finanzpolitik zunehmend gelungen ist, besonders große Konjunkturschwankungen zu vermeiden. Es könnte auch sein, daß auf einem hohen Niveau des wirtschaftlichen Wohlstands der Spielraum für Wachstumssprünge kleiner geworden ist.

Übersicht 26

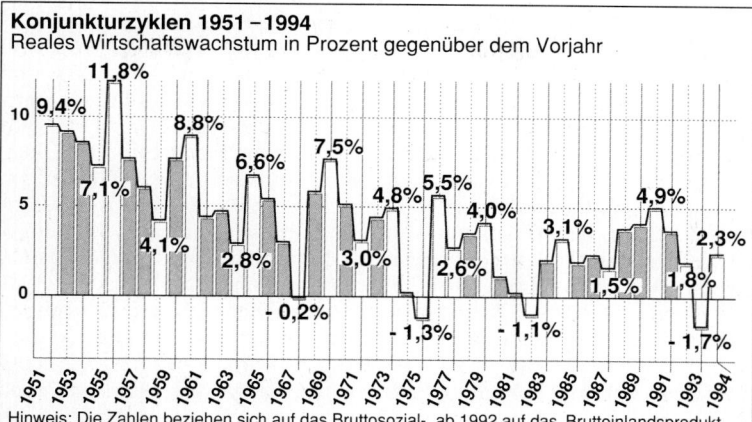

Konjunkturzyklen 1951–1994
Reales Wirtschaftswachstum in Prozent gegenüber dem Vorjahr

Hinweis: Die Zahlen beziehen sich auf das Bruttosozial-, ab 1992 auf das Bruttoinlandsprodukt der alten Bundesländer.
Quelle: Statistisches Bundesamt.

Lesebeispiel
1984 befand sich die Entwicklung in einer Hochkonjunktur, d.h. bei **3,1%** realem Wirtschaftswachstum. Der Konjunkturzyklus bis zur nächsten Hochkonjunktur dauerte sechs Jahre — **bis 1990 (4,9%)**.

1987 war mit **1,5%** Wirtschaftswachstum ein Tiefstand erreicht.
Seit **1991** befand sich die Konjunktur wieder auf Talfahrt und bescherte **1993** ein "Negativwachstum" **(-1,7%)**.

Neben den erfahrungsgemäß etwa vier bis sieben Jahre währenden Konjunkturzyklen gibt es kurzfristigere Konjunkturschwankungen, die auch als *saisonale Konjunkturschwankungen* bezeichnet werden. Sie sind insbesondere in Wirtschaftsbereichen von Bedeutung, in denen die wirtschaftlichen Aktivitäten in starkem Maße von den jahreszeitlichen Wetterbedingungen abhängen – z.B. in der Bauwirtschaft oder der Tourismusbranche.

Konjunktureinflüsse Die wirtschaftliche Entwicklung in der Bundesrepublik ist von vielen Einflüssen abhängig. Man kann solche unterscheiden, die vom Inland ausgehen und solche, die sich vom Ausland aus auf die Volkswirtschaft der Bundesrepublik auswirken. Existiert im Inland eine rege Nachfrage nach Konsum- und Investitionsgütern *(Binnennachfrage),* dann herrscht ein gutes konjunkturelles Binnenklima. Die wirtschaftliche Konjunktur bei uns ist jedoch in hohem Maße auch von der Wirtschaftsentwicklung in anderen Ländern abhängig. Ist die Konjunkur bei unseren wichtigsten Handelspartnern schwach und kommen von

105

dort weniger Aufträge in die deutsche Wirtschaft *(Außennachfrage),* dann schwächt das die Konjunktur in der Bundesrepublik.

Staatliche Konjunkturpolitik   Nach dem Stabilitätsgesetz (vgl. S. 100) soll der Staat (Bund, Länder und Gemeinden) durch wirtschafts- und finanzpolitische Maßnahmen ein möglichst gleichmäßiges Wirtschaftswachstum ohne große Schwankungen fördern. Im einen Fall geht es darum, eine schwache Konjunktur in Richtung Wachstum zu stärken; denn Arbeitsplätze und wirtschaftlicher Wohlstand sind gefährdet. Im Fall einer zu starken konjunkturellen Entwicklung besteht die Gefahr überschäumenden Wachstums mit hohen Preissteigerungen und einem nachfolgenden Zusammmenbrechen der Konjunktur. In einer solchen Situation muß die Konjunktur gebremst werden.

Die unterschiedlichen Parteien und wirtschaftlichen Interessengruppen stritten und streiten um die konkret notwendigen Konjunkturmaßnahmen – etwa darum, wie dem Anfang der 90er Jahre einsetzenden Konjunkturabschwung begegnet werden sollte. Ganz grob lassen sich auch hier zwei Lager unterscheiden:

Die eine Gruppe betont eine *aktive Konjunkturpolitik des Staates.* Wenn private Nachfrage als Stütze der Konjunktur ausbleibe, dann solle der Staat unter anderem durch öffentliche Aufträge und besondere Ausgabenprogramme die Lücke schließen. Zu diesem Zweck müsse er auch bereit sein, Schulden zu machen. Außerdem soll in wirtschaftlich schwachen Zeiten die gesamtwirtschaftliche Nachfrage dadurch erhalten oder gestärkt werden, daß die Nachfrage der Haushalte nach Konsumgütern und der Unternehmen nach Investitionsgütern zum Beispiel durch Steuererleichterungen und finanzielle Zuschüsse des Staates (z. B. bei Investitionen der Unternehmen) angeregt wird. Stark vergröbert nennt man diese Wirtschaftspolitik eine *nachfrageorientierte Konjunkturpolitik.* Befürworter einer solchen Politik findet man eher in den Parteien und Interessengruppen, die aktive Eingriffe des Staates in die Wirtschaft befürworten (siehe S. 98).

Die andere Gruppe spricht sich für *staatliche Zurückhaltung* aus und setzt sich dafür ein, die wirtschaftlichen Rahmenbedingungen insbesondere für die Unternehmen zu verbessern. Ihr geht es in erster Linie darum, steuerliche Belastungen für die Unternehmen und mögliche Produktionshindernisse (z. B. langwierige Genehmigungsverfahren für Bauten und Industrieanlagen, strenge Umweltschutzbestimmungen, weitgehende Mitbestimmungsrechte der Arbeitnehmer sowie deren Schutz am Arbeitsplatz und vor Kündigung usw.) zu vermindern. Die Unternehmen sollen dadurch mehr Handlungsspielraum und Aussicht auf höhere Gewinne erhalten. Dann würden sie eher in neue Produktionen investieren und neue Produkte anbieten.

Übersicht 27

Wirtschafts- und finanzpolitische Maßnahmen

Maßnahmen	erwünschte / unerwünschte Auswirkungen
Ausgaben- und Aufgabenprogramme: ‣ Baumaßnahmen ‣ Beschaffungen (Schulmöbel...) ‣ Dienstleistungen (soziale Dienste, Schule, Ausbildung, Polizei ...)	*erwünscht:* ‣ Nachfrage nach Gütern bzw. Arbeitskräften • Gewinne und Einkommen steigen • Investitions- und Konsumzunahme • Wirtschaftswachstum • mehr Arbeitsplätze; *unerwünscht:* ‣ zu starke Nachfrage • Inflationsgefahr; ‣ höhere Staatsschulden • Steuererhöhungen oder Kreditaufnahme • höhere Zinsen • Kredite werden teurer • langfristig geringeres Wirtschaftswachstum;
Sparprogramme: weniger → staatliche Aufträge → Beschaffungen → staatliche Dienstleistungen	*erwünscht:* ‣ geringere öffentl. Kreditaufnahme bzw. weniger Steuern/Abgaben • niedrigere Zinsen, geringere Inflationsrate • Geld für private Investitionen und Konsum • Anstieg der Güternachfrage • Wirtschaftswachstum • mehr Arbeitsplätze; *unerwünscht:* ‣ Ausfall staatlicher Nachfrage • weniger Aufträge an Unternehmen • nachlassendes Wirtschaftswachstum • weniger Arbeitsplätze; ‣ Zukunftsinvestitionen (Verkehrssystem, Bildungsbereich, Forschung usw.) gehen zurück; ‣ weniger Hilfen für sozial Schwache;
Verringerung von Steuern und Abgaben — weniger finanzielle Hilfen und Subventionen	*erwünscht:* ‣ mehr Geld für privaten Konsum und Investitionen • Wirtschaftswachstum; *unerwünscht:* ‣ staatliche Leistungen und Zukunftsinvestionen nehmen ab • Hilfen für sozial Schwache, Arbeitslose usw. gehen zurück;
Senkung der Zinsen durch die Bundesbank	*erwünscht:* ‣ billigere Kredite • vermehrt Geld in Umlauf • Konsum/Investitionen steigen • Wirtschaftswachstum • mehr Arbeitsplätze; *unerwünscht:* ‣ mehr Geld in Umlauf • Inflation;
Zinserhöhung durch die Bundesbank	*erwünscht:* Kredite teurer • Geldmenge wächst langsamer • Wirtschaftswachstum wird gebremst • Inflation geht zurück; *unerwünscht:* Arbeitsplätze gefährdet;
weniger staatliche Eingriffe z.B. ‣ im Umweltschutz; ‣ Arbeitsschutz; ‣ schnellere Genehmigungsverfahren für Bauten, Produktionsanlagen, Produkte	*erwünscht:* ‣ schnellere Investitionen durch Unternehmen und staatliche Organe möglich • Wirtschaftswachstum • mehr Arbeitsplätze; *unerwünscht:* ‣ negative Investitionsfolgen werden eventuell vernachlässigt, z.B. Umweltrisiken, Sicherheit am Arbeitsplatz, von Produktionsprozessen und Produkten • evtl. mehr Krankheiten, Verletzungen, Umweltbelastungen.

Hier spricht man von einer *angebotsorientierten Politik,* weil mit ihr versucht wird, die Angebotsneigung der Unternehmen zu stärken. Eine solche Politik wird von den sogenannten Wirtschaftsliberalen (vgl. S. 97) verfochten. Sie betonen außerdem, daß die Leistungsbereitschaft des einzelnen belohnt werden müsse. Folglich treten sie gleichzeitig dafür ein, daß Arbeitseinkommen mit möglichst wenig Steuern und Abgaben belastet werden. In der Konsequenz sind sie dafür, Arbeitslosengeld, Arbeitslosenhilfe und andere soziale Hilfen für die sozial Schwächeren niedrig zu halten. Unter dem Schlagwort der Eigenverantwortung soll es in Staat und Gesellschaft weniger solidarisch zugehen (z. B. in der Kranken-, Pflege- und Rentenversicherung), statt dessen das individuelle Leistungsprinzip an erster Stelle stehen.

Pragmatische Politik   In fast allen Parteien und Interessenverbänden finden sich – trotz der genannten grundlegenden Unterschiede – Politiker, die ohne „ideologische Scheuklappen" nach Mitteln und Wegen suchen, wie wirtschaftliches Wachstum auch in Zukunft gesichert werden kann, ohne die soziale Stabilität zu gefährden. In Übersicht 27 sind einige wirtschafts- und finanzpolitische Maßnahmen mit ihren möglichen positiven und negativen Folgen aufgelistet.

Die meisten Politiker sind sich im Grunde einig, daß ein hochentwickeltes Land wie die Bundesrepublik wirtschaftlich nur mit technologischen Spitzenleistungen wettbewerbsfähig bleiben kann. Die Förderung von Forschung und deren Umsetzung in technische Innovationen, *Forschungs- und Technologiepolitik,* gehört deshalb ebenfalls zu einer Politik, die Wirtschaftswachstum und Arbeitsplätze sichern soll. Gleichermaßen herrscht weitgehende Übereinstimmung, daß nur qualifizierte und flexible Arbeitskräfte den Anforderungen sich beständig wechselnder Arbeitstechniken gewachsen sein werden. Ausbildung und stetige Fort- und Weiterbildung nehmen deshalb einen besonderen Stellenwert ein *(Bildungs- und Ausbildungspolitik).*

Die meisten würden auch zustimmen, wenn eine zunehmende Ausrichtung der Wirtschafts- und Finanzpolitik an ökologischen Notwendigkeiten gefordert wird. *Ökologische Wirtschafts- und Finanzpolitik* wird von manchen sogar als der Motor für neue technische Entwicklungen gesehen, weil sie die Produkte und technischen Verfahren auf die ökologischen Bedürfnisse der Zukunft und damit auf zukünftige Wachstumsbereiche ausrichtet. Uneinigkeit besteht darüber, wie schnell eine solche Umstellung der Wirtschaftspolitik und des wirtschaftlichen Handelns auf ökologische Ziele vonstatten gehen kann.

Übersicht 28

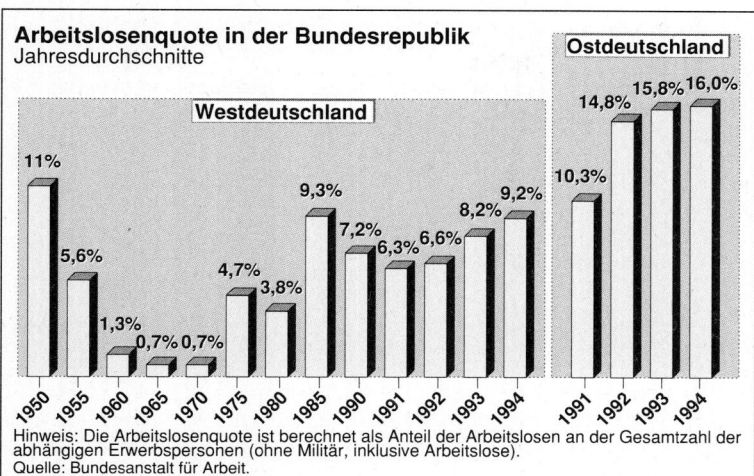

Arbeitslosenquote in der Bundesrepublik
Jahresdurchschnitte

Ostdeutschland

Westdeutschland

Hinweis: Die Arbeitslosenquote ist berechnet als Anteil der Arbeitslosen an der Gesamtzahl der abhängigen Erwerbspersonen (ohne Militär, inklusive Arbeitslose).
Quelle: Bundesanstalt für Arbeit.

6.4 Arbeit für alle oder Massenarbeitslosigkeit als Schicksal?

Arbeitslosigkeit ist zu einer Geißel der Menschheit geworden und zu einem der drängendsten politischen Probleme in den meisten Ländern der Erde. Erwerbslosigkeit kann das Leben einzelner und ganzer Familien zerstören. Sie spaltet Gesellschaften in Gruppen, die Arbeit und damit ihr sicheres Einkommen haben, und solche, die ohne Erwerbsarbeit in ihrer materiellen Existenz an den Rand der Gesellschaft oder gar in tiefe Armut gedrängt werden und oft jegliche Lebensperspektive verlieren. Häufig führt sie zu seelischen und körperlichen Erkrankungen.

Arbeitslosenquote Das Ausmaß der Arbeitslosigkeit wird durch die Zahl der *Arbeitslosenquote* ausgedrückt. Damit ist hier der prozentuale Anteil der Arbeitslosen an der Gesamtzahl aller abhängig Beschäftigten (inkl. Arbeitslose) gemeint. Etwa 2,45 Mio. Arbeitslose in den alten Bundesländern im Oktober 1994 entsprachen einer Arbeitslosenquote von ungefähr 8,8 Prozent, ca. 1 Mio. Arbeitslose in den neuen Bundesländern von etwa 14,1 Prozent. Diese Durchschnittszahlen, die in Übersicht 28 über mehrere Jahre wiedergegeben sind, sagen jedoch nichts darüber aus, wie die Arbeitslosigkeit in einem Land verteilt ist.
Regionale und lokale Unterschiede: Große Unterschiede existieren zwischen den östlichen und westlichen Bundesländern. Während in West-

Übersicht 29

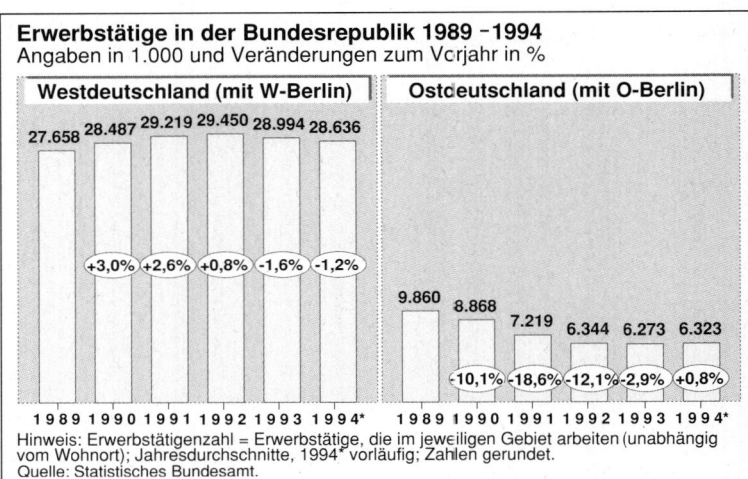

Erwerbstätige in der Bundesrepublik 1989 – 1994
Angaben in 1.000 und Veränderungen zum Vorjahr in %

Westdeutschland (mit W-Berlin)

27.658 28.487 29.219 29.450 28.994 28.636

+3,0% +2,6% +0,8% -1,6% -1,2%

Ostdeutschland (mit O-Berlin)

9.860 8.868 7.219 6.344 6.273 6.323

-10,1% -18,6% -12,1% -2,9% +0,8%

1989 1990 1991 1992 1993 1994*   1989 1990 1991 1992 1993 1994*

Hinweis: Erwerbstätigenzahl = Erwerbstätige, die im jeweiligen Gebiet arbeiten (unabhängig vom Wohnort); Jahresdurchschnitte, 1994* vorläufig; Zahlen gerundet.
Quelle: Statistisches Bundesamt.

deutschland die Zahl der Arbeitsplätze nach der Vereinigung zunächst zugenommen hatte, gingen in Ostdeutschland seit der Vereinigung Arbeitsplätze in einem dramatischen Ausmaß verloren (vgl. Übersicht 29). Entsprechend höher ist die Arbeitslosenquote in Ostdeutschland, nicht eingerechnet die vielen tausend Menschen, die notgedrungen aus dem Arbeitsleben ausgeschieden sind (Vorruhestand), kurzarbeiten, in staatlich geförderten Arbeitsbeschaffungsmaßnahmen (ABM) arbeiten oder an Umschulungs- oder Fortbildungsmaßnahmen teilnehmen (vgl. S. 112). Große Unterschiede gibt es zwischen den einzelnen Bundesländern und Stadtstaaten (vgl. Übersicht 30), aber auch innerhalb der einzelnen Bundesländer.

Gründe für Arbeitslosigkeit In einer Marktwirtschaft entsteht Arbeitslosigkeit prinzipiell dann, wenn mehr Arbeitskräfte Arbeit suchen als Arbeitsplätze in einer Volkswirtschaft angeboten werden.
Die vielfältigen Gründe für Arbeitslosigkeit können einerseits bei den Arbeitslosen selbst liegen (z. B. mangelnde oder nicht nachgefragte Ausbildung und Qualifikation, Alter, gesundheitliche Probleme, fehlende Bereitschaft umzuziehen).
Sie hängen andererseits mit den Bedingungen am Arbeitsmarkt und der dort vorhandenen Nachfrage nach Arbeitskräften zusammen. Diese kann sich abschwächen wegen

Übersicht 30

Arbeitslose und Arbeitslosenquote (Dezember 1994)

9,2%
104.249
Schleswig-Holstein

10,1%
73.942

15,4%
130.280
Mecklenburg-Vorpommern

Hamburg

13,4%
39.116

Bremen

10,6%
339.673
Niedersachsen

13,8%
134.700
Westberlin

11,6%
71.454
Ostberlin

15,2%
Berlin

10,5%
771.592
Nordrhein-Westfalen

13,8%
195.213
Sachsen-Anhalt

161.222
Brandenburg

8,1%

14,7%
169.321
Thüringen

14,0%
287.130
Sachsen

8,4%
132.936
Rheinland-Pfalz

206.978
Hessen

11,7%
49.858
Saarland

7,4%
329.888
Baden-Württemberg

7,1%
362.180
Bayern

Westdeutschland
2.545.112 = 9,2%

Ostdeutschland
1.014.620 = 14,2%

Hinweis: Arbeitslosenquote = Anteil der Arbeitslosen an der Gesamtzahl der abhängig Beschäftigten (ohne Militär, inklusive Arbeitslose).
Quelle: Bundesanstalt für Arbeit.

– generell nachlassendem Wirtschaftswachstum *(konjunkturelle Arbeitslosigkeit);*
– geringer wirtschaftlicher Aktivität in bestimmten Regionen *(regionale Arbeitslosigkeit);*
– schlechter Auftragslage in bestimmten Industrien oder Wirtschaftsbranchen *(sektorale Arbeitslosigkeit);*
– rationellerer Arbeitstechniken *(Arbeitslosigkeit durch Rationalisierung,* vgl. S. 61).

Arbeitslosigkeit hängt auch von der *Bevölkerungsentwicklung* ab, die nur schwer und dann allenfalls langfristig zu beeinflussen ist. In den sechziger Jahren wurden relativ viele Kinder geboren. Diese drängten seit Anfang der achtziger Jahre auf den Arbeitsmarkt. Andererseits haben ihn sehr viel weniger ältere Menschen währenddessen verlassen. Von 1984

111

bis 1988 war die Zahl des Berufsnachwuchses zusammengerechnet um fast 750 000 höher als die der Berufsabgänger. Erst seit 1990 hat sich diese Entwicklung wieder umgekehrt. Der Geburtenrückgang in den späten sechziger und in den siebziger Jahren hat dazu geführt, daß die Jugendarbeitslosigkeit seit 1984 allmählich zurückgegangen ist und 1991 wieder ein Mangel an Auszubildenden – jedenfalls in den alten Bundesländern und bestimmten Bereichen wie der Bauwirtschaft – registriert wird. In den neuen Bundesländern hat der wirtschaftliche Zusammenbruch vieler Unternehmen nach 1990 nicht nur zum Abbau von Arbeits-, sondern auch zu einem Mangel an Ausbildungsplätzen geführt. Durch staatlich geförderte, überbetriebliche Ausbildungsmaßnahmen wird versucht, diesen Ausbildungsplatzmangel auszugleichen.

Die *Zuwanderung von Arbeitskräften* führt ebenfalls zu einer Erhöhung des Arbeitskräfteangebots. Dies gilt zum Beispiel für Arbeitskräfte aus anderen EU-Staaten, für die freie Arbeitsplatzwahl innerhalb der EU besteht (z. B. für Italiener, Spanier, Griechen und Portugiesen). Es gilt auch für viele ausländische Arbeitnehmer und ihre Familienmitglieder von außerhalb der EU, die Anfang der sechziger Jahre nach Deutschland geholt worden sind, weil damals in der Bundesrepublik Arbeitskräfte fehlten. Die Zuwanderung von deutschstämmigen Aussiedlern aus osteuropäischen Staaten hat ebenfalls die Anzahl der Arbeitsuchenden erhöht. Auch die Menschen, die in der Bundesrepublik Asyl erhalten, weil sie in ihrem Heimatland politisch verfolgt wurden, erhöhen dauerhaft die Nachfrage nach Arbeitsplätzen.

Politik gegen die Arbeitslosigkeit   Am sichtbarsten ist Politik gegen die Arbeitslosigkeit für die Bürger dort, wo dem einzelnen Menschen direkt geholfen werden soll, seine Chancen am Arbeitsmarkt zu verbessern. Zu den Aufgaben der staatlichen *Bundesanstalt für Arbeit* in Nürnberg sowie ihrer Arbeitsämter in den Ländern und Gemeinden gehört es, durch *Berufsberatung, Arbeitslosenvermittlung, Fortbildungs- und Umschulungshilfen sowie Arbeitsbeschaffungsmaßnahmen (ABM)* Unterstützung zu geben. Bei Arbeitsbeschaffungsmaßnahmen (ABM) zahlt das Arbeitsamt für eine bestimmte Zeit Lohn oder Gehalt, wenn ein Unternehmen oder eine öffentliche Verwaltung Arbeitslose einstellt. Man hofft, daß die Arbeitnehmer danach leichter eine feste Arbeitsstelle erhalten. Außerdem können Firmen bei schlechter Auftragslage *Kurzarbeit* bei den Arbeitsämtern für eine festgelegte Zeitspanne beantragen. Dann zahlt das Arbeitsamt einen Teil des Lohnes oder Gehalts, das Unternehmen nur den für die tatsächlich geleistete, verkürzte Arbeitszeit.

Die Tarifparteien: Wenn weniger Arbeit vorhanden ist, sollte sie dann gerechter unter den Arbeitsuchenden verteilt werden? Alle, die einer *Arbeitszeitverkürzung* das Wort reden, beantworten diese Frage positiv.

Die Forderung der Gewerkschaften nach der 35-Stunden-Woche ist so zu verstehen. Die Arbeitgeber kritisieren solche Vorschläge mit dem Hinweis, daß hierdurch die Arbeitskosten steigen würden und die internationale Wettbewerbsfähigkeit beeinträchtigt werden könnte. Inzwischen haben sich die Tarifparteien verschiedener Wirtschaftszweige in Tarifverhandlungen auf die 38,5-Stunden-Woche und ein stufenweises Reduzieren bis zur 37-Stunden-Woche geeinigt, einige wenige sogar bereits auf das Ziel der 35-Stunden-Woche. Die Tarifauseinandersetzungen der Jahre 1993 und 1994 haben zu Tarifabschlüssen geführt, z. B. bei VW, die kürzere Arbeitszeiten und gleichzeitig entsprechende Einkommenskürzungen vorsehen, wenn dadurch Entlassungen vermieden werden können. Durch solche Tarifabschlüsse sollen Arbeitsplätze gesichert, die Produktionskosten der Unternehmen aber nicht erhöht werden.

Wirtschafts- und Finanzpolitik: Hier geht es vor allem darum, ob und wie der Staat durch seine Wirtschafts- und Finanzpolitik die Arbeitslosigkeit vermindern kann. Das Argument: Alle Maßnahmen, die dem *Wirtschaftswachstum* dienen, die die Produktionstätigkeit und die *Investitionen der Unternehmen* ankurbeln, weiten in der Regel auch das Arbeitsplatzangebot aus (zur Wachstumspolitik siehe Übersicht 27, S. 107). Hinsichtlich konkreter Maßnahmen lassen sich auch hier zwei große politische Lager unterscheiden.

CDU, CSU, F.D.P. und Unternehmenverbände lehnen in ihrer Mehrheit direkte staatliche Ausgabenprogramme zur Arbeitsplatzbeschaffung ab, ebenso gesetzlich vorgeschriebene Arbeitszeitverkürzungen. Sie wollen in erster Linie steuerliche und andere Belastungen für die Unternehmen verringern, damit diese mehr Spielraum für gewinnträchtige private Investitionen erhalten. Gleichzeitig soll die Kaufkraft der privaten Haushalte durch steuerliche Erleichterungen erhöht werden. Beides soll zu mehr Wirtschaftswachstum und Arbeitsplätzen führen. Diese wirtschaftspolitische Haltung deckt sich weitgehend mit der der Arbeitgeberverbände. Der wirtschaftliche Zusammenbruch in Ostdeutschland in den Jahren nach 1990 und die dort dramatisch zunehmende Arbeitslosigkeit hat jedoch zu einem gewissen Umdenken geführt. Zumindest für den wirtschaftlichen Aufschwung in den neuen Bundesländern werden auch staatliche Finanzhilfen und Ausgabenprogramme befürwortet, um Arbeitsplätze zu sichern.

SPD und Gewerkschaften, im wesentlichen auch Bündnis 90/Grüne, sind überzeugt, daß eine Wirtschaftspolitik, die sich fast ausschließlich auf Wachstum durch private Initiative verläßt, die Arbeitslosigkeit nicht wirksam bekämpfen kann. Neben einer Arbeitszeitverkürzung werden öffentliche Ausgabenprogramme gefordert, mit denen einerseits der Umweltschutz verbessert und die Industrie- sowie Infrastrukturentwicklung insbesondere in Ostdeutschland vorangetrieben, andererseits

Arbeitsplätze erhalten oder geschaffen werden sollen. Solche Beschäftigungsprogramme seien auch finanzierbar, weil sie zu einem Teil aus eingesparten Ausgaben für Arbeitslose (Arbeitslosengeld, Arbeitslosenhilfe) bezahlt werden könnten.

Wachstum bei hoher Arbeitslosigkeit? Inzwischen bestehen Zweifel, ob eine Steigerung des Wirtschaftswachstums erheblich zum Abbau der Arbeitslosigkeit führen kann. Wirtschaftswissenschaftler gehen vielmehr davon aus, daß sich auch bei konjunktureller Erholung kaum etwas an den hohen Arbeitslosenzahlen ändern wird. Der Grund: Die zunehmende Rationalisierung der Produktion, durch die immer mehr Arbeitskräfte bei gleicher oder sogar höherer Produktionsmenge eingespart werden (vgl. hierzu Abschnitt 1.5). Hinter den Rationalisierungsbemühungen der Unternehmen steht das Ziel, die Produktionskosten zu senken, um am Weltmarkt konkurrenzfähig zu bleiben. Wenn aber auf absehbare Zeit Wirtschaftswachstum nicht genügend Arbeitsplätze schaffen kann, sollte dann die vorhandene Arbeit soweit wie möglich auf mehr Schultern verteilt werden – mit oder ohne vollen Lohnausgleich? Jedenfalls gefährdet anhaltende hohe Arbeitslosigkeit mit ihren hohen finanziellen Kosten und sozialen Folgeproblemen langfristig die soziale und politische Stabilität und damit auch die Grundlage der Volkswirtschaft.

6.5 Geldentwertung – welche Ursachen, welche Politik?

Die Menschen sind daran gewöhnt, daß Brot, Fleisch, Automobile und alle anderen Güter in der Regel von Jahr zu Jahr mehr kosten. Diese Erscheinung nennt man *Inflation* (= Anstieg der Preise). Bei Inflation nimmt der Wert des Geldes ab. Für den gleichen Geldbetrag erhält man immer weniger Güter. Wenn die Preise fallen, spricht man von *Deflation* (= Sinken der Preise). Der Geldwert nimmt dann zu, im Gegensatz zur Inflation eine äußerst seltene Erscheinung.

Inflationsrate Die jährliche prozentuale Preissteigerung für einen Warenkorb ausgewählter Güter der Lebenshaltung nennt man *Inflationsrate* der Lebenshaltungskosten. Wie Übersicht 31 zeigt, sind die Inflationsraten in den achtziger Jahren deutlich gesunken. 1986 kam die Geldentwertung sogar zu einem Stillstand.

Gründe für Preisentwicklung Dieser Stillstand der Inflation kam insbesondere daher, daß einige aus dem Ausland eingeführte Güter billiger wurden. Zum Beispiel sank der Preis für Rohöl in diesen Jahren. Gleichzeitig wurde die Deutsche Mark gegenüber dem US-amerikanischen Dol-

Übersicht 31

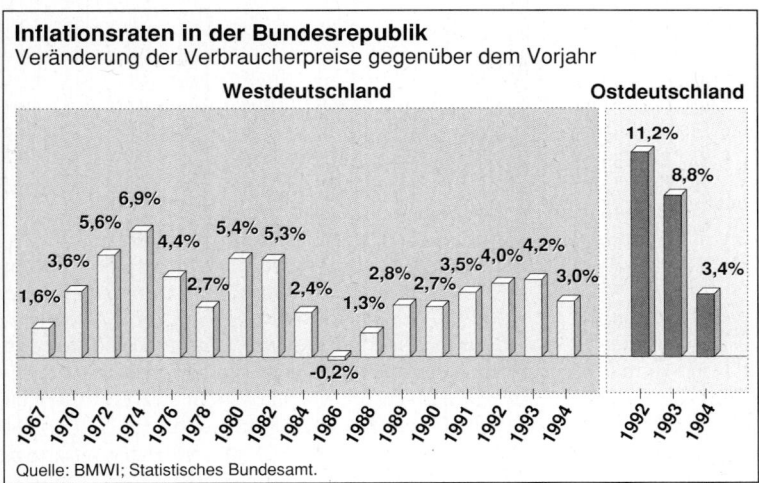

Inflationsraten in der Bundesrepublik
Veränderung der Verbraucherpreise gegenüber dem Vorjahr

Westdeutschland   **Ostdeutschland**

1967: 1,6%
1970: 3,6%
1972: 5,6%
1974: 6,9%
1976: 4,4%
1978: 2,7%
1980: 5,4%
1982: 5,3%
1984: 2,4%
1986: -0,2%
1988: 1,3%
1989: 2,8%
1990: 2,7%
1991: 3,5%
1992: 4,0%
1993: 4,2%
1994: 3,0%

Ostdeutschland:
1992: 11,2%
1993: 8,8%
1994: 3,4%

Quelle: BMWI; Statistisches Bundesamt.

lar teurer, d. h. für hundert Deutsche Mark bekam man mehr Dollar als vorher. Im Ausland mit Dollar bezahlte Güter – u. a. Rohöl – wurden dadurch für die Volkswirtschaft der Bundesrepublik billiger. In der Übersicht 31 wird außerdem deutlich, wie sehr sich die Inflationsraten in West- und Ostdeutschland unterscheiden. In Ostdeutschland sind die Lebenskosten insbesondere deshalb stärker gestiegen, weil die staatlichen Vorschriften und Subventionen, mit denen Mieten, Heizungskosten und die Preise für den öffentlichen Nahverkehr niedrig gehalten wurden, allmählich verringert worden sind. Die Preise für diese subventionierten Güter steigen deshalb überdurchschnittlich. Seit 1994 ist jedoch absehbar, daß sich die Inflationsraten in Deutschland angleichen werden.

Für die *Preisentwicklung* – hier am Beispiel des Preisanstiegs – sind in der Marktwirtschaft zwei Faktoren von besonderer Bedeutung:

– Wenn die Nachfrage nach Gütern gegenüber dem bestehenden Angebot zu groß ist, dann gibt das Produzenten und Verkäufern Gelegenheit, höhere Preise für die Güter zu verlangen. Die starke Nachfrage zieht die Preise nach oben – Inflation durch *Nachfragesog* (zum Preismechanismus siehe Übersicht 9, S. 69.).

– Andererseits können die Produktionskosten der Unternehmen steigen, zum Beispiel dadurch, daß sich die Preise für Rohstoffe, die Löhne und Gehälter für Arbeitskräfte, die Transportkosten usw. erhöhen.

Diese Kostenerhöhungen werden auf die Preise abgewälzt. In einem solchen Fall liegt Inflation durch *Kostendruck* vor.

Administrierte Preise   Auch politische Entscheidungen spielen eine wichtige Rolle für die Preisbildung. In den östlichen Bundesländern werden die Mieten sowie die Preise für öffentliche Transportmittel und Energie noch in großem Umfang vom Staat bzw. den Kommunen *subventioniert,* d. h. sie liegen unter dem Niveau in Westdeutschland. Früher wurden in der Zentralverwaltungswirtschaft der DDR praktisch sämtliche Preise von staatlichen Planungsbehörden festgelegt.

Es gibt viele sogenannte *administrierte,* d. h. politisch festgelegte *Preise.* Der Wasser- oder Strompreis der städtischen Werke wird von politischen Gremien bestimmt. Die Preise für Bus und Bahn, für Telefongespräche, Postversand, Parkgebühren usw. werden nicht in erster Linie nach Marktgesetzen (Angebot und Nachfrage), sondern nach politischen Gesichtspunkten festgelegt. Gleiches gilt für Ausleihgebühren in öffentlichen Bibliotheken, für Eintrittskarten in öffentlich subventionierten Schwimmbädern, Theatern, Opernhäusern und Museen.

Innerhalb der Europäischen Union werden z. B. die *Preise für Agrarprodukte* durch Einfuhrzölle künstlich hoch gehalten – über den Weltmarktpreisen –, um die europäischen Landwirte vor außereuropäischer Konkurrenz zu schützen.

Die staatlich festgesetzten *Verbrauchssteuern* machen Güter teurer. Das gilt z. B. für die Mehrwertsteuer, die in der Bundesrepublik alle Preise um 15 Prozent bzw. 7 Prozent erhöht. Es gilt außerdem für gezielte Produktsteuern wie die Mineralöl-, Tabak- oder Branntweinsteuer. Erhöht der Staat diese Steuern, dann erhöht das die Lebenshaltungskosten und damit die Inflationsrate.

Politik gegen Inflation   Mit ihrer *Wirtschafts- und Finanzpolitik* kann die Regierung auch die Preisentwicklung beeinflussen. Die möglichen konjunkturpolitischen Maßnahmen, wie sie in Übersicht 27 auf S. 107 aufgelistet sind, wirken sich auch auf die Preise aus. Maßnahmen, die das Wirtschaftswachstum durch Nachfragesteigerung fördern, begünstigen eine inflationäre Entwicklung. Maßnahmen, die die konjunkturelle Entwicklung zu bremsen versuchen, verringern im allgemeinen die Nachfrage und damit auch inflationäre Tendenzen.

Für die Entwicklung der Preise ist die *Geldpolitik* der *Deutschen Bundesbank* besonders wichtig. Als „Hüter des Geldwertes" ist sie nach dem Bundesbankgesetz in ihren Entscheidungen gegenüber der Bundesregierung unabhängig, soll deren Wirtschaftspolitik jedoch grundsätzlich unterstützen. Die Maßnahmen der Bundesbank zielen in erster Linie darauf ab, die in der Volkswirtschaft vorhandene *Geldmenge* zu *steuern.* Ist

Übersicht 32

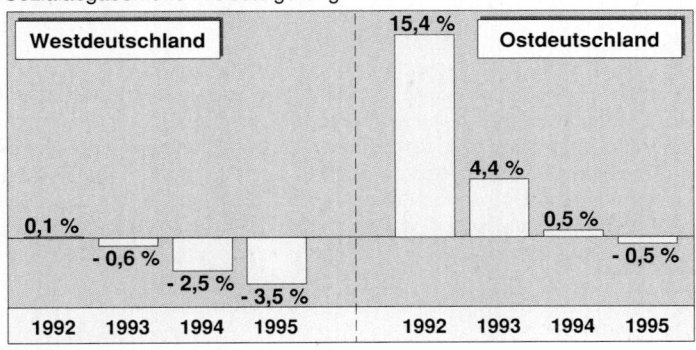

Entwicklung der realen Arbeitseinkommen 1992 –1995
Löhne und Gehälter im Vergleich zum Vorjahr nach Abzug von Steuern, Sozialabgaben und Preissteigerung

Westdeutschland				15,4 %	Ostdeutschland			
0,1 %							0,5 %	
	- 0,6 %							- 0,5 %
		- 2,5 %	- 3,5 %		4,4 %			
1992	1993	1994	1995		1992	1993	1994	1995

Hinweis: Zahlen für 1994 und 1995 geschätzt.
Quelle: ifo, München.

zuviel Geld vorhanden, dann können Nachfrage und Preise steigen. Ist zu wenig Geld vorhanden, dann wird dadurch nicht nur möglicherweise ein Preisverfall herbeigeführt, sondern auch die konjunkturelle Entwicklung abgebremst. Mit ihrer *Geldpolitik* versucht die Bundesbank, die Geldmenge in der Volkswirtschaft so zu beeinflussen, daß einerseits Inflation vermieden wird und zugleich ausreichend viel Geld – und damit Nachfrage – für ein gleichmäßiges Wirtschaftswachstum vorhanden ist.

Die Geldmenge beeinflußt die Bundesbank mit Hilfe verschiedener *Instrumente,* z. B. der Festlegung des Diskont- und Lombardsatzes sowie sogenannter Wertpapierpensionsgeschäfte. Diese Maßnahmen laufen im Grunde darauf hinaus, *Kredit-Zinssätze* festzulegen, zu denen die Geschäftsbanken und Sparkassen bei der Bundesbank Geld leihen können. Hierdurch wird der Zins beeinflußt, zu dem Haushalte und Unternehmen bei den Geldinstituten Kredite aufnehmen können. Bei hohen Zinssätzen werden weniger Kredite nachgefragt, und es kommt weniger Geld in Umlauf. Dadurch werden Inflationsgefahren reduziert, gleichzeitig die Wirtschaftsentwicklung gebremst. Senkt die Bundesbank die Zinssätze, wirkt sich das tendentiell wachstumsfördernd und preistreibend aus, weil die Geldmenge zunimmt.

Soziale Folgen der Inflation   Unter Inflation leiden vor allem diejenigen, deren Einkommensentwicklung nicht mit der der Inflationsrate

117

Schritt hält. Steigen z. B. Löhne, Gehälter oder Renten weniger als die Preise, dann kommt es zu *realen Einkommensverlusten.* Diese können noch dadurch verstärkt werden, daß der Staat gleichzeitig Steuern und Sozialabgaben erhöht, wie das nach der deutschen Vereinigung geschehen ist (vgl. Übersicht 32). Inflation zehrt auch am ersparten Kapital, wenn die Sparzinsen die Kaufkraftverluste des Geldes nicht ausgleichen können.

In der Regel profitieren diejenigen von der Geldentwertung, die Schulden gemacht haben; denn der reale Wert der geschuldeten Summe nimmt durch Geldentwertung ab. Allerdings sollte dies niemanden dazu verführen, nun unter solchen Gesichtspunkten Schulden zu machen. Selbstverständlich ist zu bedenken, daß das Einkommen des Schuldners hoch und sicher genug sein muß, um auf lange Jahre hinaus die Kreditzinsen und die Kreditsumme als solche in Raten abzahlen zu können.

3 Das politische System der Bundesrepublik Deutschland

In der Gesellschaft der Bundesrepublik Deutschland gibt es zahlreiche, sehr unterschiedliche Aufgaben, Fragen und Probleme. Wie können wir z. B. die steigende Arbeitslosigkeit oder Umweltverschmutzung aufhalten und wie das Ziel verwirklichen, gleiche Lebens- und Arbeitsbedingungen in den alten und neuen Bundesländern zu schaffen. Mit diesen Problemen setzen sich verschiedene Gruppen wie z. B. Parteien und Interessenverbände auseinander und versuchen durch bestimmte Entscheidungen, die vom Parlament und von der Regierung gefällt werden, zu deren Lösung beizutragen.

Bedeutung der Verfassung Für diese Auseinandersetzungen schreibt die Verfassung Regeln vor und legt unter anderem fest, welche Rechte die einzelnen Bürger oder welche Aufgaben die Staatsorgane wie z. B. das Parlament haben. Die Verfassung kann hierbei nur einen allgemeinen politischen Rahmen abstecken. In der politischen Wirklichkeit gibt es vielfältige Wege und Versuche, die politischen Entscheidungen zu beeinflussen. Die Bürgerinnen und Bürger können dieses Geflecht von Personen, Gruppen und staatlichen Organen in vielen Fällen kaum durchschauen. In diesem Kapitel wird erklärt, wie die politischen Entscheidungsträger zusammenwirken, und was ein politisches System leisten kann.

Zum Begriff des politischen Systems Man bezeichnet die Gesamtheit der Beziehungen und Zusammenhänge, in denen verbindliche Entscheidungen (z. B. in Form von Gesetzen) für alle Bürgerinnen und Bürger getroffen werden, als *politisches System*. Dabei sind die verschiedenen Elemente des Systems gegenseitig voneinander abhängig, d. h. wenn sich ein Element verändert, kann dies Auswirkungen auf die anderen Elemente oder das Gesamtsystem haben. Wenn z. B. die Bürgerinnen und Bürger bei Bundestags- oder Landtagswahlen anderen Parteien als den in der laufenden Legislaturperiode gewählten die Mehrheit im Parlament geben, wirkt sich dies nicht nur auf die Parteien, sondern auch auf die Besetzung der Staatsorgane sowie die Regierung aus. Ein politischer Skandal z. B. wegen unrechtmäßig beanspruchten Geldern durch einen Minister führt zu kritischen Berichten in den Massenmedien, Diskussionen in Parteien, im Parlament und oft zu personellen Veränderungen in Regierung und Verwaltung.

Um zu verstehen, wie ein politisches System funktionieren kann bzw. wie es zu politischen Entscheidungen kommt, wollen wir es nach folgenden Gesichtspunkten untersuchen:

– Wie heißen die wichtigsten Grundsätze (Prinzipien) der Verfassung?

- Wie können die einzelnen Bürger und die verschiedenen Gruppen (z. B. Parteien, Verbände) die politischen Entscheidungen beeinflussen?
- Wie werden die verbindlichen Entscheidungen in Staatsorganen wie z. B. dem Parlament, der Regierung getroffen und wie werden die entsprechenden Machtträger kontrolliert?
- Welche Einstellungen haben die Bürgerinnen und Bürger zum politischen System und wie bewerten sie dessen Leistungen?

1. Die Entstehung des heutigen politischen Systems der Bundesrepublik

1.1 Zwei unterschiedliche politische Systeme in Deutschland von 1949–1990

Die Voraussetzungen des heutigen demokratischen politischen Systems der Bundesrepublik Deutschland sind in den geschichtlichen Entwicklungen der letzten 200 Jahre begründet. Wir beschränken uns hier auf die Entstehung der Bundesrepublik.

Den wichtigsten Einschnitt in unserer jüngsten Geschichte bildet das Ende des Zweiten Weltkrieges und der damit verbundene Zusammenbruch der nationalsozialistischen Gewaltherrschaft. Nach 1945 wurde Deutschland von den Siegermächten in vier Besatzungszonen eingeteilt. Die USA, Großbritannien, Frankreich besetzten Süd-, West- und Norddeutschland, die Sowjetunion das Gebiet zwischen Elbe und Oder. In den westlichen Besatzungszonen bildete sich eine politische Ordnung nach den Vorbildern der liberalen Demokratien der USA, Großbritanniens und Frankreichs. In der sowjetischen Besatzungszone wurde unter dem Einfluß der Sowjetunion damit begonnen, eine kommunistische Gesellschafts- und Staatsordnung aufzubauen. Mit der Gründung der Bundesrepublik Deutschland und der Deutschen Demokratischen Republik im Jahre 1949 war Deutschland nicht nur in zwei Staaten, sondern in zwei unterschiedliche politische Systeme geteilt.

Die Bundesrepublik Deutschland bezeichnete sich nach Art. 20 des Grundgesetzes, ihrer Verfassung, als *„demokratischer und sozialer Bundesstaat"*, in dem *„alle Gewalt vom Volke"* ausgeht. Nach Art. 1 ihrer Verfassung war die *„Deutsche Demokratische Republik ... ein sozialistischer Staat der Arbeiter und Bauern ... unter der Führung der Arbeiterklasse und ihrer marxistisch-leninistischen Partei ..."*

Die Deutschen lebten über vierzig Jahre in Ost und West getrennt. In dieser Zeit haben sich nicht nur die politischen Systeme, sondern auch die gesellschaftlichen, wirtschaftlichen und rechtlichen Verhältnisse und damit auch die Menschen unterschiedlich entwickelt.

1.2 Der Zerfall der DDR und die Vereinigung Deutschlands

Die Spaltung Deutschlands war durch den „Kalten Krieg" unter den ehemaligen Siegermächten und den sich ausweitenden Ost-Westkonflikt verursacht worden. Ende der achtziger Jahre hatte sich die Bevölkerung der beiden deutschen Staaten anscheinend mit der Teilung abgefunden. Durch die Entspannungsbemühungen auf internationaler Ebene, die Veränderung der internationalen Politik, vor allem durch das Ende des Ost-Westkonflikts, konnte in relativ kurzer Zeit die politische Vereinigung erreicht werden.

Folgende Gründe waren dafür maßgebend:
– Die von Gorbatschow angeregte Reform bzw. Revolution von oben in der Sowjetunion stellte nicht nur die These von der Überlegenheit der kommunistischen Gesellschaftsordnung in Frage, sondern widerlegte auch den Herrschaftsanspruch der Sowjetunion über die Staaten Osteuropas. Dadurch wurde die allmähliche Auflösung der kommunistischen Systeme in Polen und Ungarn möglich.
– Die von den westlichen Staaten betriebene Entspannungspolitik, unter anderem die Konferenzen für Sicherheit und Zusammenarbeit in Europa (KSZE), hatten zum Abbau internationaler Konflikte durch vertrauensbildende Maßnahmen und zur vertraglichen Anerkennung der Menschenrechte in den Ostblockstaaten geführt.
– Die vielfältigen Informations- und Kommunikationsmöglichkeiten der modernen Massenmedien verstärkten zunehmend die Freiheits- und Konsumwünsche der Bewohner der kommunistisch regierten Staaten, vor allem der DDR.

Die unter den Menschen in der DDR schon vorhandene Protestbereitschaft verstärkte sich Ende der 80er Jahre. Vor allem unter dem Dach der evangelischen Kirche hatten sich Bürgerrechtler, Anhänger der Friedens- und Umweltschutzbewegung gesammelt. Im Gegensatz zu anderen Ostblockstaaten, wie z. B. Ungarn, lehnte die politische Führung der DDR jegliche Reformen ab, obwohl sich die wirtschaftliche Lage zunehmend verschlechterte. Massenflucht von DDR-Bürgern vor allem in die Tschechoslowakei und nach Ungarn und Massendemonstrationen in Leipzig und anderen Städten leiteten den Zusammenbruch des Systems ein. Dem Herrschaftsanspruch der SED stellten die Demonstranten in Leipzig im November 1989 die Parole *„Wir sind das Volk"* entgegen. Mit dieser friedlichen Revolution, die schließlich zur Öffnung der Mauer führte, wurde zunächst nicht die Einheit Deutschlands, sondern die demokratische

Das politische System

Übersicht 1

Etappen der Veränderung

Mai 1989: Proteste oppositioneller Gruppen gegen Fälschung der DDR-Kommunalwahlen

August/September 1989: Massenflucht aus der DDR über Ungarn, Polen und die Tschechoslowakei

Oktober 1989: Massendemonstrationen in Leipzig und anderen Städten

9. November 1989: Öffnung der Mauer in Berlin und der Grenzen nach dem Westen durch die DDR

18. März 1990: Erste freie Wahlen zur Volkskammer der DDR

1. Juli 1990: Währungs-, Wirtschafts- und Sozialunion; Einführung der DM in der DDR

31. August 1990: Einigungsvertrag zwischen BRD und DDR

12. September 1990: Die Siegermächte des Zweiten Weltkrieges, vor allem die Sowjetunion, akzeptieren die deutsche Vereinigung

3. Oktober 1990: Beitritt der DDR zur Bundesrepublik – Tag der deutschen Einheit

14. November 1990: Deutsch-Polnischer Grenzvertrag: Unveränderbarkeit der Grenzen wurde vereinbart

2. Dezember 1990: Wahl zum ersten gesamtdeutschen Bundestag: Helmut Kohl wird Bundeskanzler einer CDU/CSU/FDP-Koalitionsregierung

---

Umgestaltung von Staat und Gesellschaft der DDR gefordert. Allmählich wurden die Demonstrationen mehr und mehr geprägt durch die Losungen: *„Wir sind ein Volk"* oder *„Deutschland, Einig Vaterland".* Auch in der parteipolitischen Diskussion sowohl in der DDR als auch in der Bundesrepublik wurde der Plan eines Zusammenschlusses beider deutscher Staaten, die zunächst noch selbständig bleiben sollten, durch die Forderung nach einer möglichst schnellen Vereinigung verdrängt.

Vereinigung durch Beitritt   Für die Vereinigung der beiden deutschen Staaten sah das Grundgesetz (in der Fassung von 1949) zwei Möglichkeiten vor. Nach Art. 23 sollte das Grundgesetz zunächst in den westdeutschen Bundesländern gelten, mit folgender Ergänzung: *„In anderen Teilen ist es nach deren Beitritt in Kraft zu setzen".* In Art. 146 GG hieß es dagegen: *„Dieses Grundgesetz verliert seine Gültigkeit an dem Tage, an dem eine Verfassung in Kraft tritt, die vom deutschen Volke in freier Entscheidung beschlossen worden ist."*

Die Regierungen der beiden deutschen Staaten entschieden sich für den schnelleren Weg der Vereinigung nach Art. 23 GG. Damit wurde allerdings die Chance einer neuen Verfassung, wie sie unter anderem die Bürgerbewegungen in der DDR gefordert hatten, nicht genutzt. In dem deutsch-deutschen Staatsvertrag wurde die Präambel des Grundgesetzes ausdrücklich so geändert, daß in eindeutiger Weise festgestellt wird, daß die Deutschen *„in freier Selbstbestimmung die Einheit und Freiheit Deutschlands vollendet"* haben. So gilt seit der Vereinigung am 3. Oktober 1990 für ganz Deutschland das Grundgesetz als Verfassung.

Außenpolitische Absicherung der Vereinigung Bundeskanzler Helmut Kohl bemühte sich vor allem um eine außenpolitische Absicherung der Vereinigung Deutschlands. In den sogenannten 2 Plus 4-Verhandlungen einigten sich die vier Siegermächte des Zweiten Weltkrieges und die beiden deutschen Staaten, einem vereinigten Deutschland die volle Souveränität wiederzugeben. Eine wichtige Voraussetzung für diesen Vertrag war die endgültige Anerkennung der polnischen Westgrenze durch Deutschland.

Übersicht 2

Der **2+4** Vertrag

Die wichtigsten Vertragsinhalte

Das vereinte Deutschland umfaßt die Bundesrepublik, die DDR und ganz Berlin

Die bestehenden Grenzen sind endgültig. Keine Gebietsansprüche Deutschlands gegen andere Staaten. Bestätigung der Oder-Neiße-Grenze durch deutsch-polnischen Vertrag

Deutschland bekräftigt sein Bekenntnis zum Frieden und seinen Verzicht auf ABC-Waffen

Beschränkung der deutschen Streitkräfte auf 370 000 Mann

Abzug der sowjetischen Truppen aus der DDR und Ost-Berlin bis Ende 1994

Danach dürfen NATO-angehörige deutsche Truppen, aber keine ausländischen Streitkräfte, keine Atomwaffen und keine Atomwaffenträger auf ostdeutschem Gebiet stationiert werden

Beendigung der Viermächte-Rechte und -Verantwortlichkeiten in bezug auf Berlin und Deutschland als Ganzes

Volle Souveränität des vereinten Deutschland

«Vertrag über die abschließende Regelung in bezug auf Deutschland» vom 12.9.1990

ZAHLENBILDER

© Erich Schmidt Verlag

58 310

2. Die wichtigsten Verfassungsgrundsätze

Die Verfassung der alten Bundesrepublik war am 23. Mai 1949 in Kraft getreten. Sie wurde bewußt *Grundgesetz* genannt, um deren Vorläufigkeit zu betonen. Die Bezeichnung Verfassung sollte erst dann verwendet werden, wenn beide deutsche Staaten wiedervereinigt wären. Eine Verfassung regelt das Leben im Staat grundsätzlich, aber nicht in allen Einzelheiten und für immer. Das hat zur Folge, daß sie zum Teil verschieden ausgelegt, aber auch verändert werden kann. So wurde das Grundgesetz schon mehrere Male geändert. Allerdings ist für diese Änderungen eine Zweidrittelmehrheit des Bundestages und zum Teil auch des Bundesrates notwendig. Auf einige Änderungen der jüngsten Zeit werden wir beispielhaft eingehen.

Vom Grundgesetz zur gesamtdeutschen Verfassung Die Vereinigung der DDR und der schon bestehenden Bundesrepublik wurde in der Form des Beitrittes der fünf neu gebildeten Bundesländer zur Bundesrepublik vollzogen. Dabei hatten sich die Vertragspartner auch zur Übernahme des Grundgesetzes bereiterklärt, das sich in vierzig Jahren bewährt hatte. Diese Bezeichnung wurde auch für die Verfassung des vereinigten Deutschlands bewußt beibehalten. Allerdings hatten die Volkskammer der DDR und der Bundestag im Einigungsvertrag vom 18. 9. 1990 empfohlen, im Grundgesetz das Verhältnis zwischen Bund und Ländern, die Frage der Staatsziele und die Möglichkeit von Volksabstimmungen zu überprüfen. Damit kamen sie den Wünschen nach einer Reform des Grundgesetzes, die unter anderem von den Bürgerbewegungen in der

Übersicht 3

Artikel 20, Grundgesetz

(1) Die Bundesrepublik Deutschland ist ein demokratischer und sozialer Bundesstaat.
(2) Alle Staatsgewalt geht vom Volke aus. Sie wird vom Volke in Wahlen und Abstimmungen und durch besondere Organe der Gesetzgebung, der vollziehenden Gewalt und der Rechtsprechung ausgeübt.
(3) Die Gesetzgebung ist eine verfassungsmäßige Ordnung, die vollziehende Gewalt und die Rechtsprechung sind an Gesetz und Recht gebunden.
(4) Gegen jeden, der es unternimmt, diese Ordnung zu beseitigen, haben alle Deutschen das Recht zum Widerstand, wenn andere Abhilfe nicht möglich ist.

DDR, aber auch durch verschiedene Initiativen in der Bundesrepublik vorgebracht worden waren, entgegen. Die Aufgabe einer Reform des Grundgesetzes wurde nach den ersten gesamtdeutschen Wahlen einer Gemeinsamen Verfassungskommission übertragen. Sie bestand aus je 32 Vertretern von Bundestag und Bundesrat. Auf die verschiedenen Vorschläge und Diskussionsbeiträge zur Verfassungsreform werden wir bei der Behandlung der einzelnen Artikel des Grundgesetzes eingehen. In Art. 20 des Grundgesetzes sind die wichtigsten Grundsätze der Verfassung enthalten, die nicht verändert werden dürfen.

Umweltschutz als neues Staatsziel? In den Beratungen der Verfassungskommission wurde auch die Aufnahme des Umweltschutzgedankens als zusätzlicher wichtiger Verfassungsgrundsatz in Art. 20 des Grundgesetzes diskutiert. Dies hatten alle Parteien – wenn auch mit unterschiedlicher Dringlichkeit – gefordert. Die Gemeinsame Verfassungskommission empfahl folgenden Art. 20 a hinzuzufügen: *„Der Staat schützt auch in Verantwortung für die künftigen Generationen die natürlichen Lebensgrundlagen im Rahmen der verfassungsmäßigen Ordnung durch die Gesetzgebung und nach Maßgabe von Gesetz und Recht durch die vollziehende Gewalt und die Rechtsprechung."* Bundestag und Bundesrat haben diese Frage dahingehend entschieden.

2.1 Repräsentative Demokratie: Wer herrscht über wen?

Mit dem Satz: *„Alle Staatsgewalt geht vom Volke aus"* legt das Grundgesetz die Demokratie als Staatsform für die Bundesrepublik fest. Das Wort Demokratie kommt aus dem Griechischen und bedeutet *Herrschaft des Volkes.* Nicht ein einzelner Mensch, z. B. ein König oder eine Gruppe besonders mächtiger Bürger, wie z. B. die Adeligen, sollen die politischen Entscheidungen fällen (Monarchie oder Aristokratie), sondern das Volk, d. h. alle wahlberechtigten Bürgerinnen und Bürger. Allerdings ist die Form der direkten Demokratie, in der alle Wahlberechtigten über alle Gesetze oder die Besetzung von Ämtern entscheiden, in einem so großen und bevölkerungsreichen Staat wie der Bundesrepublik organisatorisch nur schwer durchzuführen. Das Grundgesetz hat einen anderen Weg der Beteiligung an den politischen Entscheidungen festgelegt. Das Volk kann durch Wahlen, für die die Parteien jeweils ihre Kandidaten aufstellen, Vertreter (Repräsentanten) in die Parlamente entsenden. Diese treffen in seinem Auftrag die politischen Entscheidungen.

Volksabstimmungen auch auf Bundesebene? In der Bundesrepublik sind nach dem Grundgesetz Volksabstimmungen auf Bundesebene nicht

möglich. Dagegen konnte nach der Verfassung der Weimarer Republik
das Volk durchaus über Gesetzesvorlagen, aber auch außenpolitische
Fragen mitentscheiden. Auch der Reichspräsident wurde direkt vom
Volke gewählt. Diese Möglichkeiten hat man im Grundgesetz nicht vorgesehen, weil dessen Verfasser befürchteten, die Volksabstimmungen
würden zu sehr durch Propaganda beeinflußt und könnten unter den
„Druck der Straße" geraten. Allerdings sind in der Bundesrepublik Volksabstimmungen in einigen Bundesländern und Gemeinden möglich und
auch schon durchgeführt worden. Für die gewünschten Abstimmungen
auf Bundesebene wurde u. a. angeführt, das Volk habe sich in der alten
Bundesrepublik als mündig erwiesen und nicht zuletzt sei es gerade das
Volk gewesen, das durch Demonstrationen unter dem Motto „Wir sind
das Volk" zur Auflösung der DDR beigetragen habe. Allerdings ist bisher
die Mehrheit der Mitglieder der Verfassungskommission und des Bundestages gegen eine Änderung des Grundgesetzes in dieser Frage.

2.2   Rechtsstaat: Gleiches Recht für alle?

Der Begriff Rechtsstaat meint, daß alle staatlichen Entscheidungen und
Handlungen an das Recht gebunden sein sollen, also den Bestimmungen
der Verfassung und der Gesetze entsprechen müssen. Willkürhandlun-
gen von Staatsorganen sind nicht zulässig. Wer sich in seinen Rechten
verletzt fühlt, hat die Möglichkeit, die Gerichte anzurufen, die dann eine
Entscheidung herbeiführen.

Grundrechte   Die im Grundgesetz verankerten Grundrechte sollen die
„Würde des Menschen" (Art. 1) und die *„freie Entfaltung seiner Persönlichkeit"* (Art. 2) sichern. Innerhalb der Grundrechte kann man zwischen
Abwehrrechten und demokratischen Mitwirkungsrechten unterscheiden:
Die *Abwehrrechte* sollen den Bürger vor allem vor den Eingriffen des
Staates in seine Rechte, aber auch vor willkürlichen Übergriffen einzelner Personen und Gruppen schützen. So kann der Staat dem Bürger z. B.
nicht vorschreiben, daß er sich zu einer bestimmten Religion bekennt,
wie es früher die Fürsten ihren Untertanen befahlen. Um das private
Leben des einzelnen Menschen zu schützen, dürfen Briefe nicht geöffnet
oder Wohnungen nur mit Erlaubnis des Wohnungsinhabers (z. B. des
Mieters einer Wohnung) betreten werden.
Die demokratischen Mitwirkungsrechte ermöglichen es den Bürgerinnen
und Bürgern, ihre politischen Rechte auch in die Tat umsetzen zu können, indem sie ihre Meinung frei äußern, Versammlungen abhalten und
sich zu Gruppen zusammenschließen können.

Übersicht 4

Die Grundrechte

Schutz der Menschenwürde (Art. 1)
Freiheit der Person (Art. 2)
Gleichheit vor dem Gesetz (Art. 3)
Glaubens- und Gewissensfreiheit (Art. 4)
Freie Meinungsäußerung (Art. 5)
Schutz der Ehe und Familie (Art. 6)
Staatliches Schulwesen (Art. 7)
Versammlungsfreiheit (Art. 8)
Vereinigungsfreiheit (Art. 9)
Brief- und Postgeheimnis (Art. 10)
Recht der Freizügigkeit (Art. 11)
Freie Berufswahl (Art. 12)
Unverletzlichkeit der Wohnung (Art. 13)
Gewährleistung des Eigentums (Art. 14)
Staatsangehörigkeit, Asylrecht für politisch Verfolgte (Art. 16)
Petitionsrecht, d. h. Bitten und Beschwerden an staatliche Institutionen zu richten (Art. 17)
Gleicher Zugang zu öffentlichen Ämtern (Art. 33)
Wahlrecht (Art. 38)
Anspruch auf den gesetzlichen Richter (Art. 101)
Anspruch auf rechtliches Gehör vor Gericht (Art. 103)
Schutz vor willkürlicher Verhaftung (Art. 104)

Asylrecht für politisch Verfolgte eingeschränkt   Art. 16 Abs. 2 des Grundgesetzes garantiert jedem politisch verfolgten Ausländer das Recht auf Asyl. Mit diesem Grundrecht reagierten die Verfassungsgeber auf leidvolle Erfahrungen vieler Menschen, die vor der Diktatur des Nationalsozialismus im Ausland zum Teil vergeblich Schutz gesucht hatten. Die Zahl der Asylbewerber in der Bundesrepublik nahm jedoch in den neunziger Jahren so stark zu, daß der Bundestag und der Bundesrat 1993 eine Einschränkung des Asylrechtes beschlossen. In einem neu geschaffenen Grundgesetzartikel 16 a heißt es zwar in Absatz 1 wie bisher: *„Politisch Verfolgte genießen Asylrecht"*. In Absatz 2 wurden unter anderem folgende Einschränkungen hinzugefügt: *„Auf Absatz 1 kann sich nicht berufen, wer aus einem Mitgliedstaat der Europäischen Gemeinschaft oder aus einem anderen Drittstaat einreist, in dem die Anwendung des Abkommens über die Rechtsstellung der Flüchtlinge und der Konvention zum Schutze der Menschenrechte sichergestellt ist ..."*

127

Durchsetzung der Gleichberechtigung von Mann und Frau? *„Männer und Frauen sind gleichberechtigt"* hieß es bereits in Art. 3 des Grundgesetzes. Die Gemeinsame Verfassungskommission schlug vor, folgenden Satz hinzuzufügen: *„Der Staat fördert die tatsächliche Durchsetzung der Gleichberechtigung von Frauen und Männern und wirkt auf die Beseitigung bestehender Nachteile hin."*
Mit dieser Änderung sollte der mangelnden tatsächlichen Gleichberechtigung begegnet und die noch bestehende Benachteiligung der Frau in der Gesellschaft beseitigt werden. Diese Änderung des Grundgesetzes wurde inzwischen auch beschlossen.

Gewaltenteilung als wichtiges Rechtsstaatsprinzip   Damit die staatlichen Organe gegenüber dem einzelnen Bürger nicht zu mächtig werden und nicht unter die Verfügungsgewalt eines einzelnen oder einer Gruppe geraten können, geht das Grundgesetz vom Grundsatz der Gewaltenteilung aus: Die gesetzgebende und vollziehende Gewalt sowie die Rechtsprechung sind auf verschiedene Organe verteilt. Diese sollen sich gegenseitig kontrollieren und beschränken. Allerdings gibt es in der Verfassungswirklichkeit auch Verbindungen und Verschränkungen zwischen Parlament und Regierung (siehe S. 150).

Übersicht 5

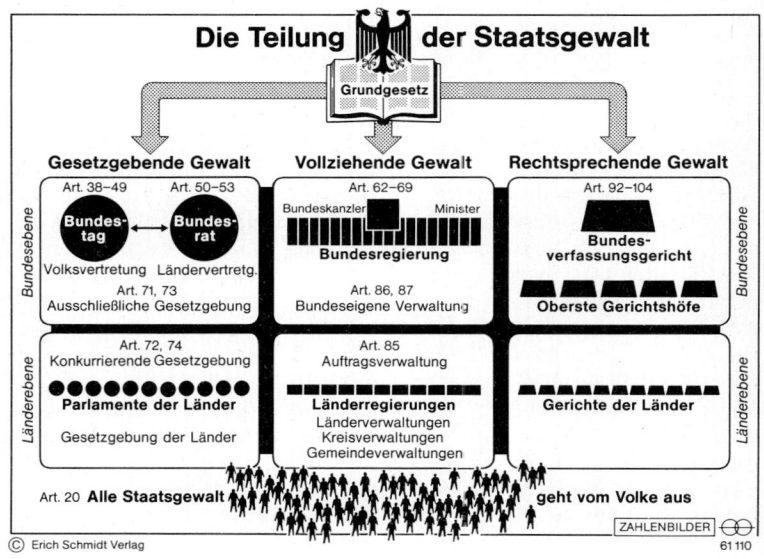

Die Teilung der Staatsgewalt

Grundgesetz

Gesetzgebende Gewalt	Vollziehende Gewalt	Rechtsprechende Gewalt
Art. 38–49 / Art. 50–53	Art. 62–69	Art. 92–104
Bundestag ↔ **Bundesrat**	Bundeskanzler — Minister **Bundesregierung**	**Bundesverfassungsgericht**
Volksvertretung / Ländervertretg.		
Art. 71, 73 Ausschließliche Gesetzgebung	Art. 86, 87 Bundeseigene Verwaltung	**Oberste Gerichtshöfe**

Bundesebene

Art. 72, 74 Konkurrierende Gesetzgebung	Art. 85 Auftragsverwaltung	
Parlamente der Länder Gesetzgebung der Länder	**Länderregierungen** Länderverwaltungen Kreisverwaltungen Gemeindeverwaltungen	**Gerichte der Länder**

Länderebene

Art. 20 **Alle Staatsgewalt** geht vom Volke aus

ZAHLENBILDER

61 110

2.3 Sozialstaat, gleiche Chancen für alle?

Art. 20 des GG bezeichnet die Bundesrepublik als einen sozialen Staat. Wie und in welchem Umfang die darin enthaltene Forderung in die politische Wirklichkeit umgesetzt werden soll, ist umstritten.

Aufgabe des Staates Durch das sogenannte Sozialstaatsgebot ist der Staat verpflichtet, für ein Höchstmaß an sozialer Sicherheit und sozialer Gerechtigkeit zu sorgen. Es sollen Lebensbedingungen geschaffen werden, unter denen alle Bürger ihre Grundrechte verwirklichen können. Die Freiheit der Berufswahl nützt z. B. nichts, wenn der einzelne kein Geld für eine Ausbildung hat oder arbeitslos geworden ist. Die Unverletzlichkeit der Wohnung ist nur für die von Bedeutung, die eine Wohnung haben. Als politische Maßnahmen in diese Richtung gelten das Kindergeld, die Ausbildungsbeihilfen für sozial Schwache, Wohngeld. So hat jede Person, die sich aus eigenen Mitteln nicht mehr helfen kann, Anspruch auf Sozialhilfe. Die Fülle der sozialen Maßnahmen und Einrichtungen zum Schutze der Bürger werden als „soziales Netz" bezeichnet, das den einzelnen in Notlagen auffangen soll.

Übersicht 6

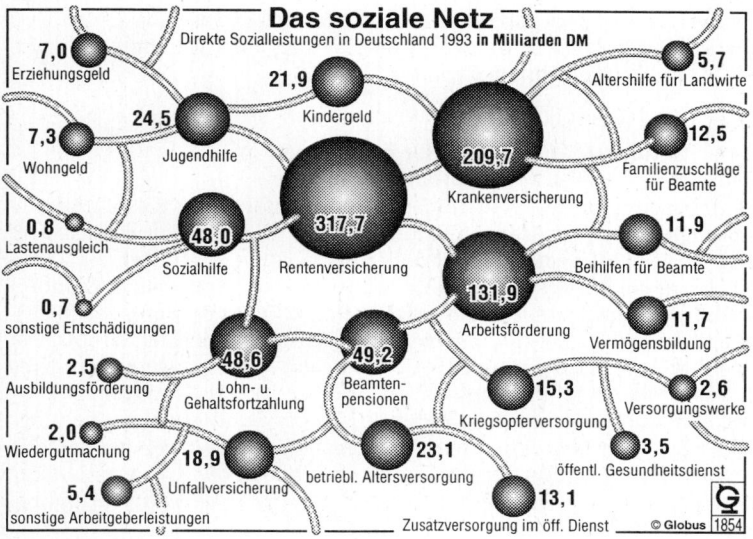

Das soziale Netz
Direkte Sozialleistungen in Deutschland 1993 **in Milliarden DM**

- 7,0 Erziehungsgeld
- 21,9 Kindergeld
- 5,7 Altershilfe für Landwirte
- 24,5 Jugendhilfe
- 7,3 Wohngeld
- 209,7 Krankenversicherung
- 12,5 Familienzuschläge für Beamte
- 0,8 Lastenausgleich
- 48,0 Sozialhilfe
- 317,7 Rentenversicherung
- 11,9 Beihilfen für Beamte
- 0,7 sonstige Entschädigungen
- 131,9 Arbeitsförderung
- 11,7 Vermögensbildung
- 2,5 Ausbildungsförderung
- 48,6 Lohn- u. Gehaltsfortzahlung
- 49,2 Beamtenpensionen
- 15,3 Kriegsopferversorgung
- 2,6 Versorgungswerke
- 2,0 Wiedergutmachung
- 18,9 Unfallversicherung
- 23,1 betriebl. Altersversorgung
- 3,5 öffentl. Gesundheitsdienst
- 5,4 sonstige Arbeitgeberleistungen
- 13,1 Zusatzversorgung im öff. Dienst

© Globus 1854

129

Aufgabe des einzelnen   Sozialstaat bedeutet aber nicht nur eine Verpflichtung des Staates. Auch die einzelnen Bürgerinnen und Bürger können von staatlicher Seite gezwungen werden, sich vor Lebensrisiken wie z. B. Krankheit, Pflegebedürftigkeit im Alter oder Arbeitslosigkeit zu schützen bzw. zu versichern.

Nach Art. 14 GG werden zwar das Eigentum und das Erbrecht gewährleistet; im Grundgesetz heißt es aber weiter: *„Eigentum verpflichtet. Sein Gebrauch soll zugleich zum Wohle der Allgemeinheit dienen.“* Eine Enteignung zum Wohle der Allgemeinheit ist also möglich, allerdings nur gegen eine entsprechende Entschädigung.

Sollen weitere soziale Grundrechte in der Verfassung verankert werden?   In der Verfassung der DDR waren unter anderem das Recht auf Arbeit, Wohnraum, auf Schutz der Gesundheit und Bildung gesichert. Diese Grundrechte konnten jedoch nicht in einem gerichtlichen Verfahren durchgesetzt werden. Im Rahmen der Diskussionen über die möglichen Änderungen in der Verfassung, die in den politischen Gremien und in der Öffentlichkeit nach der Wiedervereinigung stattfanden, wurde gefordert, die genannten oder ähnliche soziale Grundrechte in die Verfassung aufzunehmen und damit das in Art. 20 enthaltene Sozialstaatsgebot zu verdeutlichen.

Dagegen wurde unter anderem eingewandt, die Leistungsfähigkeit unseres Staates sei zu begrenzt, um alle sozialen Ansprüche garantieren zu können. In den politischen Gremien dürfte sich in absehbarer Zeit weiterhin keine Mehrheit für die Aufnahme der oben genannten Grundrechte im Grundgesetz finden.

2.4 Bundesstaat: Die Länder bestimmen mit

Der Name Bundesrepublik drückt schon aus, daß es sich dabei um einen Zusammenschluß mehrerer Länder handelt. Er wurde auch nach dem Beitritt der fünf neuen Bundesländer beibehalten. Nach Art. 79 Abs. 3 GG kann die bundesstaatliche Ordnung unseres Landes nicht geändert werden. Kennzeichen eines Bundesstaates ist die Aufteilung der Staatsgewalt zwischen dem Gesamtstaat und mehreren Gliedstaaten. Auch in den Bundesländern gilt das Prinzip der repräsentativen Demokratie. Sie haben Parlamente und Regierungen und eigene Verwaltungen.

Auf Bundesebene sind die Länder durch den Bundesrat vertreten, der zusammen mit dem Bundestag die Aufgabe der Gesetzgebung hat. Die unterste Ebene politischer Entscheidungen bilden die Kreise, die Städte und die Gemeinden. Auch hier können die Bürger über Wahlen mitbestimmen.

Europäische Union und Bundesländer   Neue Fragestellungen und Probleme ergeben sich für die Bundesländer durch die Europäische Union. Die Länder befürchten, daß sie durch die Verlagerung von Entscheidungsbefugnissen auf europäische Institutionen an Einfluß verlieren könnten. Um den Veränderungen, die sich durch die Europäische Union für die Bundesländer und das politische System der Bundesrepublik ergaben, gerecht zu werden, wurde unter anderem eine Neufassung des Art. 23 des Grundgesetzes beschlossen. Dabei ging es vor allem auch darum, die Rechte der Bundesländer zu sichern.

So heißt es jetzt z. B. in Art. 23 Abs. 2: *„In Angelegenheiten der Europäischen Union wirken der Bundestag und durch den Bundesrat die Länder mit…"* und *Abs.* 5 *„Soweit in einem Bereich ausschließlicher Zuständigkeiten des Bundes Interessen der Länder berührt sind…, berücksichtigt die Bundesregierung die Stellungnahme des Bundesrates…"*

Übersicht 7

Deutschlands Länder
Einwohnerzahlen in Millionen

SCHLESWIG-HOLSTEIN 2,6 Kiel
DÄNEMARK
MECKLENBURG-VORPOMMERN
Hamburg 1,6 Schwerin 1,9
7,4 0,7 Bremen
NIEDERSACHSEN 2,9 BRANDEN-
Hannover Magdeburg Berlin 3,4
Potsdam BURG
NORDRHEIN-WESTFALEN SACHSEN-ANHALT 2,6
NIEDERLANDE
Düsseldorf 17,3 5,7 Erfurt SACHSEN
Dresden 4,8
BELGIEN HESSEN THÜRINGEN
3,8 Wiesbaden 2,6
RHEINLAND-PFALZ
Mainz
LUXEMBURG Saarbrücken
TSCHECHISCHE REPUBLIK
SAARLAND 1,1 Stuttgart BAYERN 11,4
BADEN-WÜRTTEMBERG 9,8 München
FRANKREICH ÖSTERREICH
SCHWEIZ
POLEN
© Globus 8506

131

3. Was können die Bürger tun? – Politische Beteiligung und Mitbestimmung

In einer Demokratie soll alle Staatsgewalt vom Volke ausgehen, das jedoch nicht direkt herrscht. Welche Wege, welche Verfahren, Mittel und Organisationen stehen der einzelnen Bürgerin, dem einzelnen Bürger zur Verfügung, um seine Meinungen und Interessen durchzusetzen? Die folgende Übersicht zeigt die verschiedenen Möglichkeiten, von denen wir einige wichtige genauer untersuchen.

Übersicht 8

Möglichkeiten politischer Beteiligung		
Einzelne Person	**in Gruppen**	**Stellvertreter**
Information durch Massenmedien und Bücher über Politik	Private Gespräche mit Bekannten über Politik	Durch Wahlen beauftragt:
Leserbriefe an Zeitungen	Öffentliche politische Diskussionen und Versammlungen	Gemeinderat/Kreistag
Briefe und Gespräche mit Politikern und Vertretern der Verwaltung	Teilnahme an politischen Demonstrationen	Bürgermeister/Landrat
Petitionen an Landtag und Bundestag	Mitarbeit in Bürgerinitiativen	Landtage
Klage beim Verwaltungsgericht gegen Bescheide und Maßnahmen der Verwaltung	Einflußnahme auf Verbände	Landesregierungen
Sich als Kandidat/in für Ämter zur Verfügung stellen	Mitgliedschaft in Parteien	Bundestag/Bundesrat
		Bundesregierung

3.1 Wahlen: Welche Wahl hat der Wähler?

Der Kampf um das Wahlrecht   Das Wahlrecht als Grundlage jeder Demokratie ist in einem langen geschichtlichen Prozeß errungen worden. Lange Zeit besaßen in Deutschland nur Männer das Wahlrecht, und damit die Möglichkeit, Vertreter ihrer politischen Interessen in die Parlamente zu wählen. Voraussetzungen dafür waren Adel, Besitz oder Ämter. Erst mit der Weimarer Verfassung im Jahre 1918 wurden diese Wahlrechtsbeschränkungen beseitigt und auch das Frauenwahlrecht eingeführt.

Wahlverfahren Es gibt verschiedene Verfahren, nach denen gewählt werden kann. Es überwiegen die *Mehrheitswahl* und die *Verhältniswahl*. *Bei einfacher Mehrheitswahl* wird der Kandidat gewählt, der in einem Wahlkreis die meisten Stimmen erhält. Die Stimmen, welche die Wähler für die übrigen Kandidaten des Wahlkreises abgegeben haben, bleiben somit ohne Einfluß auf die Zusammensetzung des Parlaments. Nach diesem Verfahren wird in Großbritannien gewählt.

Die *Verhältniswahl* ist in der Regel eine Listenwahl und geht von dem Grundsatz aus, daß jede Partei entsprechend ihrem Anteil an Wählerstimmen – also im Verhältnis von den für sie abgegebenen Stimmen – Abgeordnete entsenden kann. Nach diesem Verfahren wurde in der Weimarer Republik gewählt.

Für die Wahl des Deutschen Bundestages haben wir ein System, das die Vorteile beider Verfahren verbindet. Es handelt sich um eine personalisierte Verhältniswahl.

Übersicht 9

Das Wahlrecht der Bundesrepublik Deutschland

656 Sitze im Bundestag

Erststimme ✗
für einen
Wahlkreiskandidaten
Relative Mehrheitswahl
Namentliche Wahl
von 328 Kandidaten
in 328 Einer-Wahlkreisen
mit einfacher Mehrheit

328 + 328
Abgeordnete

Jeder Wähler hat 2 Stimmen

✗ **Zweitstimme**
für die
Landesliste einer Partei
Reine Verhältniswahl
Entscheidet über die
Gesamtzahl der Mandate
jeder Partei. Nach Abzug der
Wahlkreismandate werden
die noch offenen Mandate
an die Landeslisten-
Kandidaten vergeben

Die Wahlberechtigten wählen in allgemeiner, unmittelbarer,
freier, gleicher und geheimer Wahl

ZAHLENBILDER
86 010

Lohnt es sich zu wählen? In den letzten Jahren hat die Zahl der Bürgerinnen und Bürger, die nicht zur Wahl gehen, stark zugenommen. Dieses Verhalten wird u. a. damit erklärt, daß das Ansehen der politischen Parteien in der Bevölkerung gesunken ist. Man traut ihnen die Lösung der verschiedenen gesellschaftlichen Probleme nicht zu. Daneben wird kritisiert, daß die Wählerinnen und Wähler auf die Auswahl der Kandidatinnen und Kandidaten, die von den Parteien aufgestellt werden, keinen Einfluß haben. Auch sind für sie die Unterschiede zwischen den Programmen der verschiedenen Parteien nicht immer leicht zu erkennen. Trotz Ähnlichkeiten gibt es jedoch Richtungsunterschiede zwischen den Parteien z. B. in der Wirtschafts-, Sozial- und Umweltpolitik, über deren Verwirklichung der Wähler mitentscheidet.

Übersicht 10

Wahlgrundsätze

Nach Art. 38 des Grundgesetzes gelten für die Bundesrepublik Deutschland folgende Wahlgrundsätze. Danach sind die Wahlen
- *allgemein:* Alle Bürger ab dem vollendeten 18. Lebensjahr sind wahlberechtigt,
- *unmittelbar:* Die Wahl geschieht ohne die Zwischenschaltung von Wahlmännern,
- *frei:* Sie muß ohne Zwang und Kontrolle durchgeführt werden können,
- *gleich:* Jede Stimme zählt gleich,
- *geheim:* Die Abgabe der Stimmen erfolgt verdeckt; niemand darf nachprüfen, wie die einzelnen Personen gewählt haben.

Muß Wahlkampf sein? Mit dem Wahlkampf wollen die Parteien alle Bürgerinnen und Bürger über ihre Ziele informieren und dadurch für sich gewinnen. Man kann grob zwei Arten von Wählern unterscheiden:
- *Stammwähler* sind Bürgerinnen und Bürger, die über mehrere Wahlen hinweg immer die gleiche Partei wählen;
- *Wechselwähler* entscheiden sich neu von Wahl zu Wahl und sind keiner Partei fest zuzuordnen.
Deshalb wird die Propaganda der Parteien in den Wochen vor einer Wahl vor allem auf die Wechselwähler ausgerichtet. Deren Entscheidung soll mit allen Mitteln der politischen Werbung beeinflußt werden. Daneben bemühen sich die Parteien, auch diejenigen für die Wahl zu gewinnen, die ursprünglich gar nicht wählen wollten. Nicht zuletzt wollen sie mit dem Wahlkampf alle ihre Stammwähler mobilisieren und zur Mitarbeit anregen.

3.2 Parteien als wichtige politische Entscheidungsträger

Wer sich einer Partei anschließt, hat über die Wahlen hinaus die Möglichkeit, auf die politischen Auseinandersetzungen Einfluß zu nehmen. Allerdings machen zur Zeit nur 3,2 % der Bevölkerung davon Gebrauch. Die
Bedeutung der Parteien wird im Grundgesetz in Art. 21 Abs. 1 wie folgt
formuliert: *„Die Parteien wirken bei der politischen Willensbildung des
Volkes mit. Ihre Gründung ist frei. Ihre innere Ordnung muß demokratischen Grundsätzen entsprechen ..."*

Aufgaben Parteien sind Organisationen, mit denen Bürger an der
Gestaltung des politischen Lebens teilnehmen können. Sie sollen Probleme, die in der Gesellschaft politisch gelöst werden müssen, wie z. B.
der Einsatz der Bundeswehr im Rahmen der Nato (siehe Kap. 8, S. 288)
oder wie Umweltschutz und industrielle Produktion verträglich gestaltet
werden können (siehe Kap. 6, S. 248 f.), aufgreifen und Lösungen dafür
vorschlagen. Dabei treten sie mit anderen Parteien in Wettbewerb.
Über ihre Mitglieder hinaus werben sie für ihre Programme, besonders
vor Wahlen, in denen sie die Grundzüge ihrer Politik darstellen.
Parteien schlagen Kandidaten für die Wahl der verschiedenen Parlamente vor. Damit sind sie entscheidend bei der Auswahl der Politiker, der
sogenannten politischen Führungselite, beteiligt.

Parteienverbot Allerdings muß das Programm und die Aktivität einer
politischen Partei den Prinzipien des Grundgesetzes entsprechen. Eine
verfassungsfeindliche Partei kann nur durch das Bundesverfassungsgericht verboten werden. Bei der Sozialistischen Reichspartei (SRP), die
neonazistisches Gedankengut vertrat, wurde 1952 und bei der Kommunistischen Partei Deutschlands (KPD) 1956 so entschieden.

Entstehung In Deutschland entstanden die ersten Parteien während
der Revolution von 1848. In den Jahren danach bildeten sich vier politische Hauptrichtungen heraus: Die konservativen Parteien, die bürgerlichen bzw. liberalen Parteien, das Zentrum und die Sozialdemokratie,
von der sich im Laufe des Ersten Weltkrieges und endgültig 1919 die Kommunistische Partei abspaltete.
Eine zentrale Bedeutung erreichten die Parteien erst mit der Einführung
des parlamentarischen Regierungssystems und des allgemeinen und
gleichen Wahlrechts im Jahre 1918. In der Weimarer Republik gab es eine
Vielzahl von Parteien. Dies lag nicht zuletzt an dem damals eingeführ-
ten Verhältniswahlsystem. Dadurch gelang es auch kleinen Parteien,
bereits mit geringen Wählerstimmen Abgeordnete ins Parlament zu
schicken. Nach der Machtübernahme durch die Nationalsozialistische

Übersicht 11

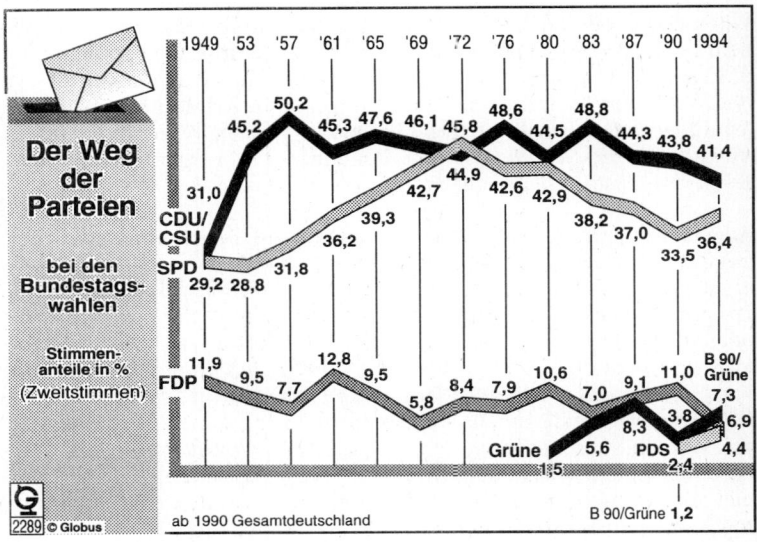

| | 1949 | '53 | '57 | '61 | '65 | '69 | '72 | '76 | '80 | '83 | '87 | '90 | 1994 |

Der Weg der Parteien bei den Bundestagswahlen

Stimmenanteile in % (Zweitstimmen)

CDU/CSU: 31,0 — 45,2 — 50,2 — 45,3 — 47,6 — 46,1 — 45,8 — 48,6 — 44,5 — 48,8 — 44,3 — 43,8 — 41,4

SPD: 29,2 — 28,8 — 31,8 — 36,2 — 39,3 — 42,7 — 44,9 — 42,6 — 42,9 — 38,2 — 37,0 — 33,5 — 36,4

FDP: 11,9 — 9,5 — 7,7 — 12,8 — 9,5 — 5,8 — 8,4 — 7,9 — 10,6 — 7,0 — 9,1 — 11,0 — 6,9

Grüne: 1,5 — 5,6 — 8,3 — 3,8 — 7,3

PDS: 2,4 — 4,4

B 90/Grüne 1,2

ab 1990 Gesamtdeutschland

© Globus 2289

Deutsche Arbeiterpartei (NSDAP) 1933 wurden die anderen Parteien verboten.

Wiedergründung der Parteien nach dem Zweiten Weltkrieg   Nach dem Zusammenbruch des Dritten Reichs 1945 bildeten sich – zugelassen durch die Siegermächte – wieder verschiedene Parteien.
In den Westzonen konnten die Sozialdemokraten mit der Gründung der *Sozialdemokratischen Partei (SPD)* am ehesten an Traditionen aus der Weimarer Republik anknüpfen, wobei Kurt Schumacher dabei zunächst die führende Rolle spielte. Die meisten Sozialdemokraten in den westlichen Zonen lehnten einen Zwangszusammenschluß mit der SED in der Sowjetischen Besatzungszone (SBZ) ab. Vor allem Kurt Schumacher (1895–1952) unternahm alles, um eine solche Vereinigung zu verhindern. Dies gelang ihm nur in den westlichen Zonen.
Neu im Parteienspektrum war die *Christlich-Demokratische Union (CDU)*. In ihr sammelten sich ehemalige Mitglieder des Zentrums, der konservativen und liberalen Parteien. Dabei spielte der Gedanke der Union, Christen beider Konfessionen zusammenzufassen, eine tragende

Rolle. In dieser Partei setzte sich Konrad Adenauer (1876–1967), der spätere Bundeskanzler, als Parteiführer durch. In Bayern entstand die *Christliche Soziale Union (CSU),* die bis heute nur in diesem Bundesland zur Wahl antritt und mit der CDU im Bundestag bislang eine gemeinsame Fraktion gebildet hat.

Liberale Politiker sammelten sich in der *Freien Demokratischen Partei (FDP).* Auch in ihr waren zu Beginn Politiker tätig, die schon vor 1933 in den liberalen Parteien aktiv waren, so z. B. Theodor Heuss (1884–1963). Er wurde 1949 zum ersten Bundespräsidenten gewählt.

Parteien in der ehemaligen DDR   In der sowjetisch besetzten Zone schlossen sich im April 1946 – unter dem Druck der sowjetischen Besatzungsmacht – die Kommunistische Partei und die Sozialdemokratische Partei zur *Sozialistischen Einheitspartei (SED)* zusammen. Die Sozialdemokraten in den westlichen Zonen hatten diesen Zwangszusammenschluß abgelehnt. Es gab in der ehemaligen DDR auch andere Parteien wie die *CDU, die Demokratische Bauernpartei (DBP), die Nationaldemokratische Partei Deutschlands (NDPD) und die Liberaldemokratische Partei Deutschlands (LDPD).* Sie waren mit der SED in der Nationalen Front zusammengeschlossen und hatten die Aufgabe, die unterschiedlichen Gruppen in der Gesellschaft der DDR, z. B. die Handwerker und Händler, die Mitglieder der Kirchen und andere an den sozialistischen Staat heranzuführen. Die politische Führung lag jedoch bei der SED.

Parteienkonzentration in der BRD   Nach Gründung der Bundesrepublik und den ersten Bundestagswahlen waren hier zwölf Parteien vertreten. In den 50er Jahren verringerte sich ihre Zahl auf vier Parteien: CDU, die mit der CSU eine Fraktion bildet, SPD und FDP. Zur Konzentration der Parteien trugen die Fünf-Prozent-Klausel und die Möglichkeit des Parteienverbots bei. Vor allem durch die Tatsache, daß im Gegensatz zur Weimarer Republik die Wirtschafts-, Sozial- und Staatsordnung der Bundesrepublik sich als relativ stabil erwies, boten sich kaum Ansatzpunkte für die Bildung neuer Parteien. In den 70er Jahren ist es den *Grünen* gelungen, in die meisten Landtage und 1983 in den Bundestag einzuziehen. Diese neue Partei hatte sich u. a. aus Vertretern für Umweltschutz und Mitgliedern der Friedensbewegung gebildet.

Parteien im vereinigten Deutschland   Die Vereinigung im Jahre 1990 führte zu weiteren Veränderungen im Parteiensystem. Die CDU und FDP nahmen Teile der ehemaligen Blockparteien der DDR, Ost-CDU und der Liberal-Demokratischen Partei Deutschlands (LDPD) auf. Aus der ehemaligen Staatspartei SED ging die „Partei des demokratischen Sozialismus" (PDS) hervor, die sich mit linken Gruppen in der Bundesrepublik zusammenschloß. Sie entsendet seit 1990 Vertreter in den Bundestag, da sie bei der ersten gemeinsamen Wahl in dem Gebiet der ehemaligen DDR auf über 5 Prozent kam. Während die westdeutschen Grünen 1990 die 5-Prozent-Klausel nicht überspringen konnten, gelang es der aus den Bürgerrechtsbewegungen der DDR entstandenen Partei Bündnis 90/Grüne, in den Bundestag zu kommen. Die Grünen in Westdeutschland schlossen sich 1992 mit Bündnis 90 und den Grünen Ostdeutschlands zu einer Partei mit dem Namen *Bündnis 90/Grüne* zusammen und sitzen seit 1994 wieder im Bundestag. *Rechtsextreme Parteien* blieben bei Wahlen bisher auf Bundesebene erfolglos. Sie können vor allem in wirtschaftlichen Krisenzeiten Wähler ansprechen. So gelang es der Nationaldemokratischen Partei Deutschlands (NPD), während der wirtschaftlichen Rezession in den 60er Jahren in mehrere Landtage einzuziehen. Ähnlichen Zulauf bekommen rechte Protestparteien seit Beginn der 90er Jahre.

Mitgliederstruktur/Anteil der Frauen   Die großen Parteien versuchen, alle Schichten der Bevölkerung anzusprechen und für ihre Programme zu gewinnen. Sie bezeichnen sich als Volksparteien. Untersucht man die soziale Herkunft der Mitglieder, so kann man feststellen, daß Frauen, Arbeiter und Rentner in allen Parteien wenig vertreten, Beamte und Angestellte überrepräsentiert sind. Vor allem die Frauen bemühen sich, ihre Zahl nicht nur unter den Mitgliedern, sondern auch in den Führungspositionen zu erhöhen. Nach wie vor umstritten ist, ob man den Frauen durch Parteibeschlüsse von vornherein bestimmte Anteile, sogenannte Quoten, für Parteigremien bzw. Kandidatenlisten zuweisen sollte, wie es die SPD mit 40 Prozent und die Grünen mit 50 Prozent getan haben.

Übersicht 12

Mitgliederentwicklung der Parteien					
Jahr	SPD	CDU	CSU	FDP	Grüne[1]
1989	921430	662598	185853	66274	37879
1990	949550	777767	186198	168217	40316
1991	919871	751163	184513	140031	38054
1992	885958	713846	181758	103505	38481
1993	861480	685343	177289	94197	39335

PDS 1993: 131406; [1] ab 1993 Bündnis 90/Grüne; Quelle: Rechenschaftsberichte der Parteien
Aktuell 96, Dortmund 1995, S. 316

Mitbestimmungsmöglichkeiten der Mitglieder   Das Grundgesetz und das Gesetz über die politischen Parteien schreiben diesen vor, ihre innere Ordnung müsse demokratischen Grundsätzen entsprechen. Danach sollten alle Mitglieder die gleiche Chance haben, den politischen Kurs ihrer

Partei mitzubestimmen. Organisatorisch haben die Parteien einen ähnlichen Aufbau in eine Orts-, Kreis-, Bezirks- bzw. eine Landes- und Bundesebene. Allerdings beteiligen sich in der Regel nur etwa 25 Prozent der Mitglieder z. B. durch die Teilnahme an Versammlungen aktiv am Parteileben. So besteht die Tendenz, daß der Kurs der Partei von einigen wenigen, vor allem von der Parteiführung und den hauptberuflichen Funktionären, aber auch von den jeweiligen Abgeordneten bestimmt wird.

Finanzierung   Zur Finanzierung ihrer Organisation und der teuren Wahlkämpfe benötigen die Parteien viel Geld. Da die Mitgliedsbeiträge nicht ausreichen, erhalten sie Zuschüsse vom Staat und Spenden von Einzelpersonen und Verbänden. Die finanzielle Unterstützung der Parteien durch den Staat, also mit Hilfe der Steuern, die die Bürger und die Unternehmen aufbringen müssen, wurde eingeführt, damit die Parteien unabhängiger von Spenden der großen Verbände und Wirtschaftsunternehmen werden sollten. Trotzdem spielen Spenden noch immer eine große Rolle bei der Parteienfinanzierung, wobei die Parteien unterschiedlich bedacht werden (siehe Übersicht 13). Damit bleibt auch das

Übersicht 13

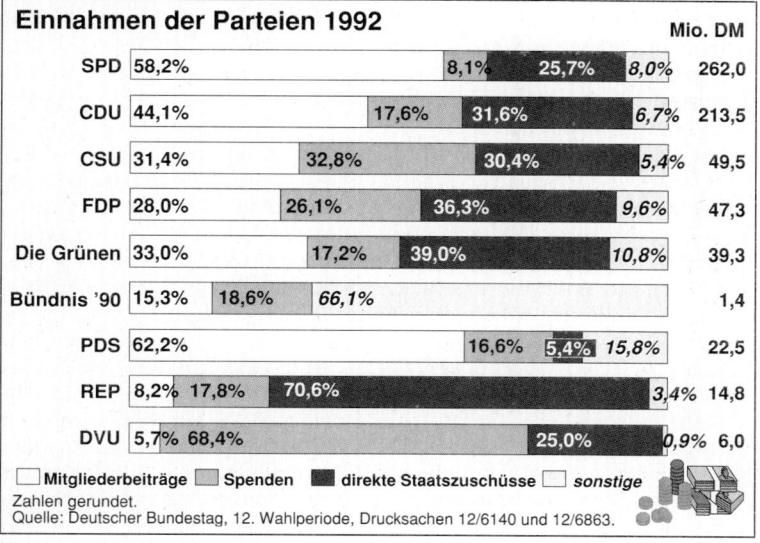

Einnahmen der Parteien 1992   Mio. DM

Partei	Mitgliederbeiträge	Spenden	direkte Staatszuschüsse	sonstige	Mio. DM
SPD	58,2%	8,1%	25,7%	8,0%	262,0
CDU	44,1%	17,6%	31,6%	6,7%	213,5
CSU	31,4%	32,8%	30,4%	5,4%	49,5
FDP	28,0%	26,1%	36,3%	9,6%	47,3
Die Grünen	33,0%	17,2%	39,0%	10,8%	39,3
Bündnis '90	15,3%	18,6%	66,1%		1,4
PDS	62,2%	16,6%	5,4%	15,8%	22,5
REP	8,2%	17,8%	70,6%	3,4%	14,8
DVU	5,7%	68,4%	25,0%	0,9%	6,0

☐ Mitgliederbeiträge ☐ Spenden ■ direkte Staatszuschüsse ☐ *sonstige*
Zahlen gerundet.
Quelle: Deutscher Bundestag, 12. Wahlperiode, Drucksachen 12/6140 und 12/6863.

Problem bestehen, daß Geld als Druckmittel benutzt werden kann, um die Politik der Parteien von außen zu beeinflussen. Die Parteien müssen laut Art. 21 GG über ihre Einnahmen und Ausgaben öffentlich Rechenschaft geben.

Kritik an den Parteien Die Zahl der Wähler und der Mitglieder in den Parteien nimmt ab. Daraus kann geschlossen werden, daß diese in der Bevölkerung an Vertrauen verloren haben. Man spricht sogar von *Parteienverdrossenheit*. Verschiedene Umfragen zeigen, daß ihnen immer weniger Bürger zutrauen, bestimmte Probleme wie z. B. die Umweltverschmutzung oder die Arbeitslosigkeit zu lösen. Der frühere Bundespräsident Richard von Weizsäcker äußerte 1993 unter anderem hierzu, der Einfluß der Parteien gehe weit über das hinaus, was im Grundgesetz vorgesehen sei: „Er reicht direkt oder indirekt in die Medien und bei der Richterwahl in die Justiz, aber auch in die Kultur, den Sport, in kirchliche Gremien und Universitäten ... Und das bekommt auf die Dauer der Demokratie nicht, gerade weil wir die Parteien brauchen."

3.3 Verbände: organisierte Interessen

Das Grundgesetz gibt den Bürgern das Recht, sich in Verbänden zusammenzuschließen, um die eigenen Interessen gemeinsam mit anderen zu vertreten (Art. 9 GG). In der Bundesrepublik gibt es heute mehr als 4000 Interessengruppen mit ganz verschiedenen Zielen.

Unterschiedliche Arten von Interessengruppen Besonders große Bedeutung und Macht haben die Verbände der Arbeitnehmer und Arbeitgeber. Die Arbeitnehmer sind im *Deutschen Gewerkschaftsbund (DGB)* und seinen Industriegewerkschaften wie z. B. der IG Metall oder in der Gewerkschaft Erziehung und Wissenschaft organisiert. Die Interessen der Unternehmer und Arbeitgeber werden durch den *Bundesverband der Deutschen Industrie (BDI)* und die *Bundesvereinigung Deutscher Arbeitgeberverbände (BDA)* vertreten. Die folgenden Schaubilder zeigen die Organisationen der Arbeitnehmer und Arbeitgeber.
Neben den Verbänden, die wirtschaftliche Interessen durchsetzen wollen, gibt es Interessengruppen, die sich für die Umwelt bzw. den Naturschutz einsetzen (z. B. BUND, Green Peace), mit vorwiegend sozialer Zielsetzung, wie der Verband der Kriegsopfer, Hinterbliebenen und Wehrdienstopfer, Behinderten, Sozialopfer Deutschlands (VDK) oder Vereinigungen im Freizeitbereich wie den Deutschen Sportbund. Auch die Kirchen können im weiteren Sinne als Interessengruppen, die ihre Ziele politisch verwirklichen wollen, betrachtet werden.

Übersicht 14

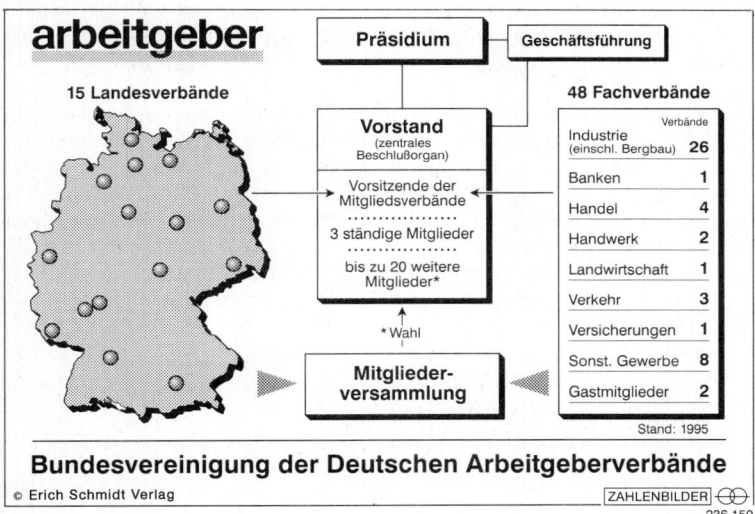

Bundesvereinigung der Deutschen Arbeitgeberverbände

© Erich Schmidt Verlag

ZAHLENBILDER
236 150

Übersicht 15

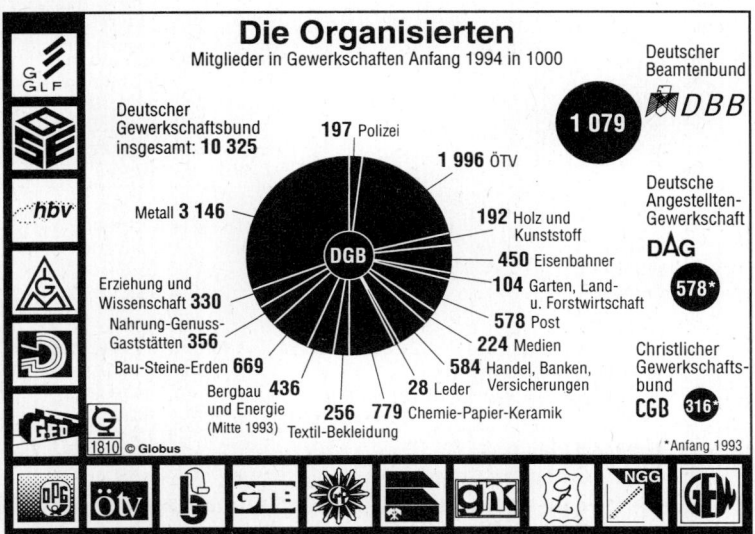

Einflußbereiche Die Verbände wenden sich mit ihren Forderungen an die Parteien, Parlamente, Regierungen und die Behörden. Sie suchen auch die Unterstützung von Presse, Rundfunk und Fernsehen. Es ist ihnen auch zum Teil gelungen, über die Mitgliedschaft in einer Partei ihre Vertreter in den Parlamenten und in den Regierungen unterzubringen. So sind die Industrieverbände im Wirtschaftsausschuß und die Gewerkschaften im Sozialausschuß stark vertreten. Sie versuchen auf die personelle Besetzung der verschiedenen Ministerien Einfluß zu nehmen, wie z. B. der Deutsche Bauernverband beim Landwirtschaftsministerium. Da inzwischen wesentliche politische Entscheidungsbefugnisse, vor allem auf wirtschaftlichem Gebiet, auf die Europäische Gemeinschaft übergegangen sind, werden deren Institutionen immer wichtiger für die Verbandswünsche. Die Übersicht 16 zeigt die verschiedenen Adressaten:

Übersicht 16

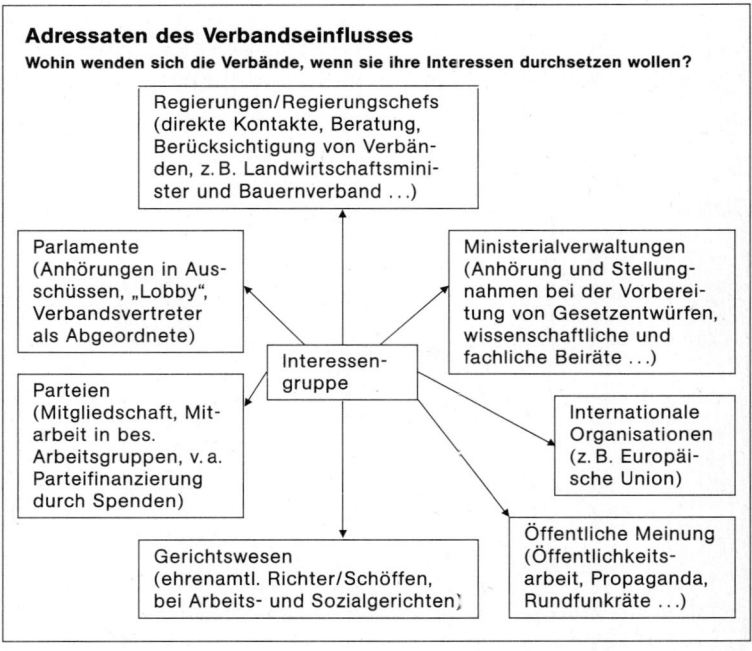

Adressaten des Verbandseinflusses

Wohin wenden sich die Verbände, wenn sie ihre Interessen durchsetzen wollen?

Regierungen/Regierungschefs (direkte Kontakte, Beratung, Berücksichtigung von Verbänden, z. B. Landwirtschaftsminister und Bauernverband ...)

Parlamente (Anhörungen in Ausschüssen, „Lobby", Verbandsvertreter als Abgeordnete)

Ministerialverwaltungen (Anhörung und Stellungnahmen bei der Vorbereitung von Gesetzentwürfen, wissenschaftliche und fachliche Beiräte ...)

Interessengruppe

Parteien (Mitgliedschaft, Mitarbeit in bes. Arbeitsgruppen, v. a. Parteifinanzierung durch Spenden)

Internationale Organisationen (z. B. Europäische Union)

Gerichtswesen (ehrenamtl. Richter/Schöffen, bei Arbeits- und Sozialgerichten)

Öffentliche Meinung (Öffentlichkeitsarbeit, Propaganda, Rundfunkräte ...)

Um ihre Interessen durchzusetzen, haben die Interessengruppen verschiedene Druckmittel. So gelten die Unternehmerverbände durch ihre großen finanziellen Mittel und die Gewerkschaften wegen ihrer zahlreichen Mitglieder und damit möglichen Wähler als mächtig, weil sie mit deren Hilfe Druck auf die politischen Parteien ausüben können.

Pluralismus Eine politische Ordnung, in der unterschiedliche Parteien und Verbände eine wichtige Rolle spielen, nennt man ein pluralistisches politisches System: Eine Vielzahl von Interessen soll sich bei den Auseinandersetzungen über gesellschaftliche, politische und wirtschaftliche Fragen mit Hilfe von Verbänden und Parteien Gehör verschaffen. Die wichtigsten Kennzeichen einer pluralistischen Gesellschaftsverfassung sind die Koalitionsfreiheit, die Meinungsfreiheit und die Versammlungsfreiheit.

Kritik am Pluralismus: Randgrupen ohne Vertretung In unserer Gesellschaft gibt es allerdings auch Gruppen, deren Interessen durch die Politik nicht immer angemessen berücksichtigt werden. Dies kann mehrere Gründe haben. So haben es viele Menschen nicht gelernt, ihre Interessen selbst oder gemeinsam mit anderen, die in gleicher oder ähnlicher Lage sind, zu durchdenken und auszusprechen. Anderen fehlen die Möglichkeiten hierzu, weil ihre Umgebung, in der sie leben, es gar nicht von ihnen erwartet oder es sogar nicht erlaubt, daß sie sich ihrer eigenen Interessen annehmen. Und schließlich gibt es viele, denen einfach die Mittel fehlen, mit deren Hilfe sie ihre Vorstellungen und Interessen gegenüber anderen mit Nachdruck vertreten könnten. Solche Menschen treffen wir in verschiedenen Gruppen unter uns: Alte, Kinder und Alleinstehende, Behinderte, Obdachlose, Minderheiten und Randgruppen, aber auch viele der ausländischen Arbeiter, die in der Bundesrepublik arbeiten. Sie sind darauf angewiesen, daß vor allem die Parteien, aber auch einzelne Verbände sich ihrer annehmen und ihre Probleme erkennen. Dies versuchen vor allem einige kirchliche Verbände, aber auch die Arbeiterwohlfahrt.

3.4 Bürgerinitiativen – Bürgerbewegungen: Wenn sich Bürger für ihre Anliegen selbst einsetzen

Seit Anfang der 70er Jahre sind neben den Parteien und Interessengruppen *Bürgerinitiativen* entstanden. Wir verstehen darunter spontane, zum Teil zeitlich begrenzte lockere Zusammenschlüsse von Bürgern, die sich u. a. für Umweltschutz (z. B. gegen Atomkraftwerke), für Kindergärten und Spielplätze oder für die menschenfreundliche Lösung von Verkehrsproblemen einsetzen.

Fast zwei Millionen Bürgerinnen und Bürger wirken in Bürgerinitiativen mit, während die politischen Parteien etwa 2,3 Millionen Mitglieder haben.

Motive für die Mitarbeit Ungefähr die Hälfte ist von dem Problem, um das sich die Initiative kümmert, selber unmittelbar betroffen. Dies ist z. B. der Fall, wenn sich die Bürger für einen Kindergarten oder für Verkehrsberuhigung in ihrem Stadtteil einsetzen. Etwa ein Viertel nennt einen anderen Grund: Sie sind zwar selbst nicht unmittelbar betroffen, trotzdem interessiert sie ein bestimmtes Problem grundsätzlich. So kann jemand – ohne selbst dort zu wohnen – gegen den Abbruch alter Wohnhäuser in den Innenstädten sein, weil er der Meinung ist, daß alte Gebäude gepflegt und erhalten werden müssen.
Andere nehmen sich in Bürgerinitiativen solcher Menschen an, die allein nicht in der Lage sind, ihre Interessen selbst zu vertreten. Sie kümmern sich um alte Menschen, um Probleme der Nichtseßhaften in unserer Gesellschaft, aber auch um den Hunger in der Dritten Welt oder die Verletzung der Menschenrechte in vielen Staaten der Erde. Zu dieser Gruppe gehören etwa ein Viertel der Mitglieder in Bürgerinitiativen.

Bürgerbewegungen in der ehemaligen DDR Bürgerinitiativen besonderer Art waren die Bürgerbewegungen wie z. B. die *„Initiative für Frieden und Menschenrechte"* (seit 1985), das *„Neue Forum", „Demokratie Jetzt"* und *„Demokratischer Aufbruch".* In der Auflösungsphase der DDR veranstalteten ihre Mitglieder die großen Proteste und Demonstrationen. Sie wandten sich bewußt von dem durch die SED beherrschten Parteiensystem ab und trugen durch ihren Einsatz auch zum Ende des SED-Regimes bei. In diesen Gruppen, in denen auch viele Frauen vertreten waren, spielten Pfarrer der evangelischen Kirche, Schriftsteller, Künstler und Wissenschaftler eine führende Rolle. Große Teile dieser Gruppen schlossen sich nach der Wende und der Vereinigung Deutschlands zum Bündnis 90 zusammen, das sich 1993 mit den Grünen zu einer Partei verband.

3.5 Rechtsextremistische Gruppen, eine Gefahr für die Demokratie

Zunahme der Gewalttaten Seit Beginn der neunziger Jahre nahm im vereinigten Deutschland die Zahl der Gewalttaten gegenüber Ausländern – u. a. Körperverletzungen, Brandanschläge, Sachbeschädigungen – in furchtbarer Weise zu. Haß gegenüber Fremden und Schwächeren, Gewalt gegen sie, wird vor allem von rechtsextremistischen Gruppierungen und Parteien propagiert. Sie üben auf Jugendliche eine besondere Anziehungskraft aus. Ausländer, Asylbewerber, aber auch behinderte

Übersicht 17

Rechtsradikale Vorstellungen und Orientierungen	
Ungleichheit zwischen den Menschen	Bereitschaft, Gewalt anzuwenden
Abwertung von Fremden und „anderen": Die anderen sind von Natur aus minderwertig, taugen weniger, sind schwächer ... Wir sind etwas Besonderes als Volk, als Rasse, als Gruppe.	**Gewalt und Kampf** gehören zur Natur des Menschen („Kampf ums Dasein").
Ungleiche Behandlung: Die anderen haben weniger Rechte als wir, es gibt keine allgemeingültigen Menschenrechte.	**Der Stärkere** hat ein Recht, sich andere unterzuordnen. Die **eigene Stärke** muß vorgezeigt werden – mit besonderen Symbolen, in der Kleidung.
Ausgrenzung: Wer nicht zu uns gehört oder uns nicht unterstützt, ist unser Feind.	**Konflikte,** die aus gesellschaftlichen und politischen Problemen entstehen, werden auf **Personen** zurückgeführt (personalisiert): Die anderen sind schuld.
Führerprinzip: Die Gesellschaft wie auch der Staat müssen nach dem Grundsatz „Befehl und Gehorsam" geführt werden.	**Konflikte** werden nicht auf demokratischem Wege, durch Kompromisse oder durch Abstimmungen gelöst, sondern durch die **Macht des Stärkeren.**

Zusammengestellt nach: *Wilhelm Heitmeyer* u. a.: Die Bielefelder Rechtsextremismusstudie. München 1992, vor allem S. 13–35.

Menschen und Andersdenkende werden als „Sündenböcke" für Mißstände in der Gesellschaft und persönliche Probleme verantwortlich gemacht.

Was verstehen wir unter Rechtsextremismus oder Rechtsradikalismus?
Rechtsextremistisches Denken ist vor allem durch eine Überbetonung des Nationalstolzes gekennzeichnet, der verbunden ist mit der Abwertung aller anderen Gruppen. Demokratische Parteien versuchen, ihre Konflikte in Diskussionen auszutragen. Im Gegensatz dazu sind rechtsradikale Gruppen bereit, zur Durchsetzung ihrer Ziele auch Gewalt einzusetzen. In der Übersicht 17 werden die verschiedenen Elemente dieser Weltanschauung gezeigt.

Rechtsextremistische Parteien   In der Bundesrepublik haben rechtsextremistische Parteien vor allem in wirtschaftlichen und politischen Krisenzeiten ein stärkeres Echo gefunden. So gelang es der Nationaldemokratischen Partei (NPD) in den Jahren 1966 bis 1968, einer Zeit wirtschaftlicher Rezession, in verschiedene Landtage gewählt zu werden.
Auch in den achtziger Jahren gab es in Westdeutschland Terroranschläge rechtsextremistischer Gruppen. Aus der ehemaligen DDR sind zwar keine gewaltsamen Angriffe dieses Ausmaßes bekannt geworden. Allerdings haben wir Kenntnis darüber, daß dort unter einer Minderheit von Jugendlichen rechtsradikales Denken und Ausländerhaß auch schon verbreitet waren. Die Bildung rechtsradikaler Gruppen wurde durch Polizei und Staatssicherheitsdienst jedoch verhindert.
Von den rechtsextremen Parteien der alten Bundesrepublik ist es den Republikanern und der Deutschen Volksunion (DVU) seit 1989 gelungen, in verschiedene Landtage zu kommen.

Ursachen des Rechtsextremismus in Deutschland und Europa   Allerdings steht nicht nur Deutschland vor dem Problem des Rechtextremismus. Auch in Italien, Frankreich und Belgien hat die Zahl rechtsextremer Parteien zugenommen. Als Ursachen für diese Entwicklung werden unter anderem genannt:

– Umstrukturierung der Wirtschaft durch verstärkte Automatisierung und Technisierung, Verlust des Arbeitsplatzes oder Angst davor.
– Verdrossenheit gegenüber den sogenannten etablierten Parteien, denen man die Lösung der wirtschaftlichen und sozialen Probleme nicht mehr zutraut (siehe S. 135 f., Parteien).
– Die steigende Zahl von Zuwanderern und Asylbewerbern, die bei Teilen der Bevölkerung Ängste hervorrufen.

Für die in der Tat bestehenden schwierigen gesellschaftlichen und politischen Probleme und Zukunftsängste bieten rechtsextreme Gruppen scheinbar einfache Lösungsvorschläge und plakative Parolen, wie z. B. „Ausländer raus“, an. Nach dem Grundgesetz besteht zwar die Möglichkeit, verfassungsfeindliche Parteien zu verbieten. Diese können jedoch viel wirkungsvoller dadurch bekämpft werden, daß sich die Bürgerinnen und Bürger und die demokratischen Parteien mit ihnen auseinandersetzen und Lösungsvorschläge für die angesprochenen schwerwiegenden Probleme anbieten.

3.6   Die politische Bedeutung der Massenmedien

Durch die Presse, den Rundfunk und das Fernsehen werden die Bürgerinnen und Bürger über die gesellschaftlichen und politischen Auseinandersetzungen bzw. entsprechenden Entscheidungsprozesse informiert. Die Parteien, Interessengruppen und Politiker in Parlament und Regierung sind darauf angewiesen, daß die Massenmedien über ihre Aktivitäten berichten. Sie beschränken sich jedoch nicht nur auf die Berichterstattung, sondern greifen von sich aus politische Probleme wie z. B. Eingriffe in Natur und Umwelt oder politische Skandale auf, kritisieren sie und machen Lösungsvorschläge. Die Massenmedien werden daher auch als „Vierte Gewalt" im Staate bezeichnet.

Wegen der besonderen politischen Bedeutung der Massenmedien für unsere Gesellschaft haben wir diesem Thema ein eigenes Kapitel gewidmet (vgl. Kapitel 5).

4. Politische Institutionen

In einer repräsentativen Demokratie nach Art. 20 (2) Grundgesetz wird die Staatsgewalt *„durch besondere Organe der Gesetzgebung, der vollziehenden Gewalt und der Rechtsprechung ausgeübt"* (Art. 20 [2] GG). Politische Organe sind Einrichtungen, d. h. *Institutionen,* die besondere Aufgaben in einem Staat erfüllen.

4.1 Der Bundestag: Politische Mitwirkung durch Stellvertreter

Als einziges vom Volk direkt gewähltes Organ des Bundes nimmt das Parlament, der Bundestag, eine zentrale Stellung in der politischen Willensbildung ein. Die Abgeordneten haben die Aufgabe, die Bedürfnisse und Interessen der Bürgerinnen und Bürger aufzugreifen und in ihrem Auftrag und für sie politische Entscheidungen zu treffen.

Gesetzgebung Was Menschen in ihren Lebensbereichen (z. B. Wirtschaft, Bildungswesen, Kultur) geregelt haben wollen, müssen die Volksvertreter in den Parlamenten beraten und beschließen. Hier treffen meist unterschiedliche gesellschaftliche Interessen, die durch Verbände vertreten werden, aufeinander. Z. B. möchten die Hauseigentümer das Recht haben, Mietern nach Belieben zu kündigen. Die Mieter dagegen haben ein Interesse an möglichst sicherem Mieterschutz, denn die Wohnung ist Grundlage für das Familienleben. Zu den wichtigsten Aufgaben des Bundestages gehört es, Gesetze zu beraten und zu beschließen.

Ablauf des Gesetzgebungsverfahrens Aus Übersicht 18 geht hervor, daß sowohl Abgeordnete oder Fraktionen aus dem Bundestag als auch

Übersicht 18

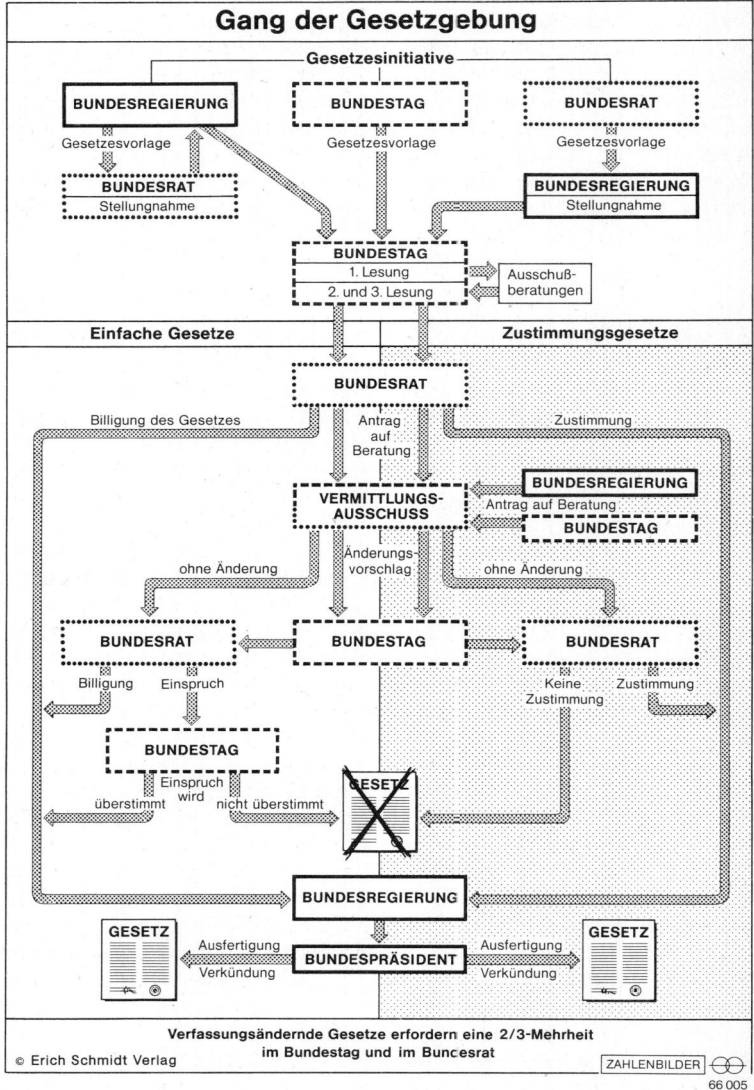

Gang der Gesetzgebung

──────── Gesetzesinitiative ────────

BUNDESREGIERUNG | **BUNDESTAG** | **BUNDESRAT**

Gesetzesvorlage — Gesetzesvorlage — Gesetzesvorlage

BUNDESRAT Stellungnahme | **BUNDESREGIERUNG** Stellungnahme

BUNDESTAG
1. Lesung
2. und 3. Lesung → Ausschußberatungen

Einfache Gesetze | **Zustimmungsgesetze**

BUNDESRAT

Billigung des Gesetzes — Antrag auf Beratung — Zustimmung

VERMITTLUNGSAUSSCHUSS
BUNDESREGIERUNG Antrag auf Beratung
BUNDESTAG

ohne Änderung — Änderungsvorschlag — ohne Änderung

BUNDESRAT | **BUNDESTAG** | **BUNDESRAT**

Billigung Einspruch | Keine Zustimmung / Zustimmung

BUNDESTAG
Einspruch wird
überstimmt / nicht überstimmt

GESETZ

BUNDESREGIERUNG

GESETZ — Ausfertigung — **BUNDESPRÄSIDENT** — Ausfertigung — GESETZ
Verkündung — Verkündung

Verfassungsändernde Gesetze erfordern eine 2/3-Mehrheit im Bundestag und im Buncesrat

ZAHLENBILDER

66 005

die Bundesregierung und der Bundesrat (als Vertretung der Länderregierungen) das Recht haben, Gesetzentwürfe (Gesetzesvorlagen) zur Beratung einzubringen. Da zur Ausarbeitung eines Gesetzentwurfes in der Regel viele Informationen notwendig sind, werden heute die meisten Entwürfe von der Bundesregierung vorgelegt. Sie verfügt mit den einzelnen Bundesministerien über die notwendigen Fachleute. Diese Gesetzesvorlagen werden dann im *Bundestag* und besonders in den von diesem gebildeten Fachgruppen, den *Ausschüssen,* intensiv besprochen, diskutiert und oftmals abgeändert.

Hat in der Schlußabstimmung die jeweils erforderliche Mehrheit der Abgeordneten (i. d. R. die Mehrheit der abgegebenen Stimmen, bei GG-Änderungen siehe unten) der Gesetzesvorlage zugestimmt, dann wird das Gesetz nochmals im *Bundesrat* beraten. Hierbei muß zwischen sogenannten „einfachen" Gesetzen, bei denen keine Länderinteressen berührt werden, und „zustimmungsbedürftigen" Gesetzen unterschieden werden. Die zustimmungsbedürftigen Gesetze kommen nicht zustande, wenn der Bundesrat die Zustimmung verweigert. Bei den einfachen Gesetzen dagegen kann der Bundestag durch einen mit der Mehrheit seiner Mitglieder gefaßten Beschluß den Einspruch des Bundesrats zurückweisen. Verfassungsänderungen müssen von Bundestag und Bundesrat mit einer Zweidrittel-Mehrheit beschlossen werden.

Eine besondere Rolle spielt der *Vermittlungsausschuß.* Er wird immer dann eingeschaltet, wenn die Gefahr besteht, daß ein vom Bundestag beschlossenes Gesetz im Bundesrat abgelehnt wird. Im Vermittlungsausschuß sitzen 16 Vertreter des Bundestags und 16 Vertreter des Bundesrats; diese sind hier nicht an die Weisungen ihrer Landesregierungen gebunden. Der Vermittlungsausschuß versucht, das Gesetz so abzuändern, daß es der vom Bundestag beschlossenen Absicht noch entspricht und zugleich die Bedenken aus dem Bundesrat berücksichtigt; er kann aber auch Aufrechterhaltung des vorgelegten Gesetzes oder dessen Aufhebung empfehlen. Bei Änderungen oder einem Aufhebungsvorschlag muß dann der Bundestag erneut über den Vorschlag beschließen, bevor dann im Bundesrat endgültig über das Zustandekommen des Gesetzes entschieden wird.

Stimmt der Bundesrat zu oder wird dessen Einspruch gegen ein einfaches Gesetz vom Bundestag zurückgewiesen, dann wird das Gesetz wirksam. Es wird von den jeweils zuständigen Fachministern und vom Bundeskanzler unterzeichnet, vom Bundespräsidenten ausgefertigt und im Bundesgesetzblatt verkündet.

Wahl des Bundeskanzlers Der Bundestag wählt mit der Mehrheit seiner Mitglieder (absolute Mehrheit) den Bundeskanzler. Die Regierung kann auch während ihrer Amtsperiode gestürzt werden, wenn sich im

Bundestag eine Mehrheit für einen anderen Kanzler findet (Art. 67 GG: *Konstruktives Mißtrauensvotum)*. Der Bundeskanzler ist oft Vorsitzender seiner Partei und wie die meisten seiner Minister auch Abgeordneter. Sie sind also Mitglieder zweier Gewalten, der Regierung und der Gesetzgebung. Während der Parlamentsdebatten sitzen sie meistens auf der Regierungsbank. Bei Abstimmungen geben sie aber ihre Stimme gleichzeitig als Abgeordneter ab. Wir haben also in der tatsächlichen Verteilung der Aufgaben zwischen den politischen Parteien in der Verfassungswirklichkeit *keine strenge Gewaltenteilung* von Regierung und Parlament, sondern eher eine *Verschränkung* von Regierung und Regierungsfraktionen.

Kontrolle der Regierung   Den eigentlichen Gegenspieler zur Regierung bildet nicht das ganze Parlament, sondern die Opposition. Zur parlamentarischen Opposition gehören alle Abgeordneten der Parteien bzw. Fraktionen, die die Regierung nicht unterstützen. Sie kontrollieren Regierung und Verwaltung. Daraus ergibt sich eine neue Form der Gewaltenverschränkung und Kontrolle.

Die Rolle der Opposition   Die *Kontrolle der Regierung* durch die Opposition geschieht vor allem in den Debatten des Bundestages, so z. B. bei der Verabschiedung des Bundeshaushaltes. Im Haushaltsplan muß die Regierung den jährlichen Rechenschaftsbericht über Einnahmen und Ausgaben des Bundes geben. In den Debatten über Gesetzentwürfe hat die Opposition ferner die Möglichkeit, die Regierung zu kritisieren und Gegenvorschläge vorzutragen. Und schließlich kann die Opposition durch sogenannte „große" und „kleine" Anfragen oder in der aktuellen Fragestunde des Bundestages die Regierung zwingen, Rechenschaft über ihre Arbeit zu geben. Dabei erhält die Opposition Gelegenheit, ihren eigenen Standpunkt darzulegen.
Die Aufgabe der Opposition wird dadurch erschwert, daß sie nicht wie die Regierung über einen großen Verwaltungsapparat mit seinen Mitarbeitern verfügt. Außerdem wird ihre Tätigkeit von der Bevölkerung noch nicht entsprechend anerkannt. So wird von manchem Bürger nicht verstanden, daß Kritik an der Regierung durch die Opposition unbedingt nötig ist, und daß es in der Demokratie einen Streit um die beste Lösung politischer Probleme geben muß.

Wie organisiert der Bundestag seine Arbeit?   Die Legislaturperiode des Bundestages dauert vier Jahre. Der Bundestag wählt sich einen Präsidenten und seine Stellvertreter. Die parlamentarische Arbeit regelt die *Geschäftsordnung*. Diese enthält u. a. Bestimmungen über die Rechte und Pflichten der Abgeordneten, über die Fraktionen, über die Einberufung von Sitzungen des Bundestages, über die Tagesordnung.

Der größte Teil der Arbeit im Parlament wird in den Ausschüssen geleistet. Sie sind entsprechend der Stärke der Fraktionen zusammengesetzt und sind jeweils mit bestimmten Spezialgebieten, wie Wirtschaft, Außenpolitik, Rechtsfragen und Sozialproblemen befaßt. Daher ist es auch den einzelnen Abgeordneten oft nicht möglich, selbst an allen Sitzungen des Bundestages, den *Plenardebatten,* teilzunehmen.

Da die Gesetzgebungsarbeit immer vielfältiger und komplizierter wird, unterstützen zahlreiche wissenschaftliche Dienste die Arbeit der Abgeordneten.

Fraktionsdisziplin Nach Art. 38 des Grundgesetzes sind die Abgeordneten an *„Aufträge und Weisungen nicht gebunden und nur ihrem Gewissen unterworfen" (Verbot des Fraktionszwangs).* Sie sind aber auch Mitglied einer Fraktion bzw. einer Partei, die daran interessiert ist, bei Abstimmungen im Bundestag geschlossen aufzutreten *(Fraktionsdisziplin).* Die meisten politischen Fragen werden daher zuvor in den Fraktionssitzungen erörtert, diskutiert und vorentschieden, bevor sie dann in den Bundestag zur Debatte kommen.

Übersicht 19

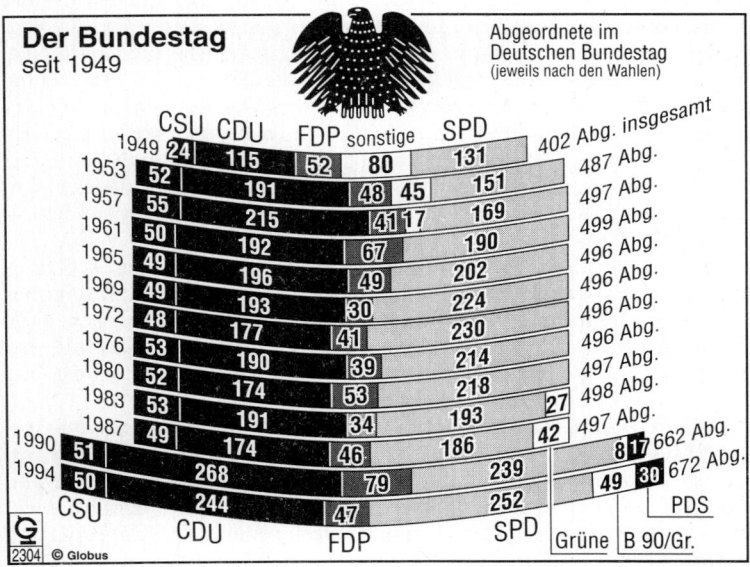

	CSU	CDU	FDP	sonstige	SPD		Abg. insgesamt
1949	24	115	52	80	131	402	402 Abg.
1953	52	191	48	45	151		487 Abg.
1957	55	191	41	17	169		497 Abg.
1961	50	215	67		190		499 Abg.
1965	49	192	49		202		496 Abg.
1969	49	196	30		224		496 Abg.
1972	48	193	41		230		496 Abg.
1976	53	177	39		214		496 Abg.
1980	52	190	53		218	27	497 Abg.
1983	53	174	34		193	42	498 Abg.
1987	49	191	46		186	8 17	497 Abg.
1990	51	174	79		239	49 30	662 Abg.
1994	50	268	47		252		672 Abg.
	CSU	244	FDP		SPD	Grüne B 90/Gr.	PDS

Der Bundestag seit 1949

Abgeordnete im Deutschen Bundestag (jeweils nach den Wahlen)

2304 © Globus

4.2 Die Bundesregierung als Führungsorgan

Die Bundesregierung besteht aus dem Bundeskanzler und aus den Bundesministern. Innerhalb der Bundesregierung nimmt der Bundeskanzler eine Vorrangstellung ein. Im Grundgesetz heißt es dazu:

Übersicht 20

Art. 65 Grundgesetz (Zuständigkeitsverteilung)

Der Bundeskanzler bestimmt die Richtlnien der Politik und trägt dafür die Verantwortung. Innerhalb dieser Richtlinien leitet jeder Bundesminister seinen Geschäftsbereich selbständig und unter eigener Verantwortung. Über Meinungsverschiedenheiten zwischen den Bundesministern entscheidet die Bundesregierung. Der Bundeskanzler leitet ihre Geschäfte nach einer von der Bundesregierung beschlossenen und vom Bundespräsidenten genehmigten Geschäftsordnung.

Kanzlerdemokratie Die Tatsache, daß das parlamentarische System der Bundesrepublik auch als Kanzlerdemokratie bezeichnet wird, zeigt, daß er zum bestimmenden Faktor des politischen Systems geworden ist. Aus seiner *Richtlinienkompetenz* ergibt sich, daß die Minister keine Beschlüsse gegen seinen Willen fällen können. Der Kanzler ist vielmehr berechtigt. Entscheidungen zur „Richtlinien-Sache" zu machen, d. h. sie an sich zu ziehen. Das Kanzlerprinzip drückt sich zum anderen in der Regierungsbildung aus: Ist der Bundeskanzler gewählt, schlägt er dem Bundespräsidenten die Minister zur Ernennung vor. Entsprechendes gilt auch für deren Entlassung.
Allerdings sind der Macht des Bundeskanzlers auch Grenzen gesetzt. In der Geschichte der Bundesrepublik waren die Bundeskanzler fast immer Bündnisse *(Koalitionen)* zur Bildung der Regierung eingegangen. Dies war auch notwendig, weil bei den Wahlen, mit einer Ausnahme, nie eine Partei mehr als die Hälfte der Stimmen und Abgeordnetensitze (absolute Mehrheit) erhalten hatte.
In grundlegenden Koalitionsverhandlungen muß der Kanzler sein Regierungsprogramm und teilweise auch die Wahl seiner Minister mit den Vertretern der anderen Partei, dem sogenannten Koalitionspartner, absprechen. Auch bei seiner Regierungstätigkeit muß sich der Kanzler bei wichtigen Entscheidungen immer wieder mit seinem Koalitionspartner absprechen.

Übersicht 21

Bundeskanzler und Regierungskoalitionen seit 1949

Konrad Adenauer (CDU)	1949–1957 (Koalition CDU/CSU, FDP u. a.)
	1957–1961 (Koalition CDU/CSU, DP)
Ludwig Erhard (CDU)	1963–1966 (Koalition CDU/CSU, FDP)
Kurt Georg Kiesinger (CDU)	1966–1969 (Große Koalition CDU/CSU, SPD)
Willy Brandt (SPD)	1969–1976 (Koalition SPD, FDP)
Helmut Schmidt (SPD)	1976–1982 (Koalition SPD, FDP)
Helmut Kohl (CDU)	seit 1982 (Koalition CDU/CSU, FDP)

Minister Innerhalb ihres Geschäftsbereichs sind die Minister selbständig und nicht dem Bundestag direkt verantwortlich. Die Bundesminister müssen auch nicht Bundestagsabgeordnete sein. In der Regel unterstehen einem Minister zahlreiche Behörden und Ämter. Zu den wichtigsten Ministerien gehören die sogenannten klassischen Ministerien Äußeres, Inneres, Verteidigung, Finanzen und Justiz. Der Verteidigungsminister ist in Friedenszeiten Oberbefehlshaber der Streitkräfte, in Kriegszeiten übernimmt diese Aufgabe der Bundeskanzler. Der Finanzminister hat in Fragen von finanzieller Bedeutung ein aufschiebbares Einspruchsrecht, das allerdings bei einer erneuten Abstimmung mit der Stimme des Kanzlers aufgehoben werden kann. Um die Minister in der Öffentlichkeit zu entlasten und sie im Parlament zu vertreten, sind ihnen seit 1967 parlamentarische Staatssekretäre zugeordnet.

Die Minister sind nicht nur Mitglieder des Kabinetts, das in der Regel wöchentlich tagt und die anstehenden politischen Entscheidungen trifft, sondern leiten auch als Behördenchefs die Verwaltung ihrer Ministerien (siehe Abschnitt Verwaltung, S. 157 f.).

4.3 Der Bundesrat als Vertreter der Länder

Durch den Bundesrat wirken nach Art. 50 GG die Länder an der Gesetzgebung des Bundestages mit. Dadurch haben die Länderregierungen die Möglichkeit, die Entscheidungen des Bundestages und der Bundesregierung zu kritisieren und zu kontrollieren. Anders als im Bundestag, sitzen im Bundesrat nicht unmittelbar gewählte Abgeordnete, sondern *Vertreter der Landesregierungen.* Je nach der Bevölkerungszahl der einzelnen Bundesländer verfügen sie über drei bis sechs Stimmen. Sie sind bei Abstimmungen an die Weisungen ihrer jeweiligen Landesregierungen gebunden. Durch die Vereinigung Deutschlands, die in der Form des Beitrittes der fünf neuen Bundesländer stattfand, war es notwendig, die Stimmenverteilung im Bundesrat zu ändern. Die Stimmen der vier größten und bevölkerungsreichsten Bundesländer Nordrhein-Westfalen, Baden-Württemberg, Bayern und Niedersachsen wurden von fünf auf sechs aufgestockt. Die meisten Bundesländer verfügen über je vier Stimmen, die vier kleinsten Bundesländer (das Saarland und die drei Stadtstaaten Berlin, Bremen, Hamburg) über je drei.

Zuständigkeit von Bund und Ländern   Nach Art. 70 GG sind die Zuständigkeiten bei der Gesetzgebung wie folgt vorgesehen: Gesetze, die die Verfassung ändern und die Finanzen betreffen (siehe Art. 79 Abs. 2 GG sowie Art. 105 Abs. 3 GG), bedürfen der Zustimmung des Bundesrates. Gegen alle anderen Gesetze kann der Bundesrat Einspruch erheben. Sie kommen aber dennoch zustande, wenn der Bundestag den Einspruch mit Mehrheit zurückweist (nach Art. 77 Abs. 3 und 4 GG).
Durch diese Aufgabenteilung sollen die besonderen Bedürfnisse der verschiedenen Bundesländer stärker berücksichtigt werden. So können diese mit ihren Landtagen und Landesregierungen, die ähnlich organisiert sind wie Bund, Bundestag und Bundesregierung, z. B. die Kulturpolitik, also das gesamte Schulwesen selbständig regeln. Außerdem sollen die Länder verhindern, daß sich allzuviel Macht (z. B. über die Verteilung der Steuergelder, die Befehlsgewalt über die einheitliche Polizei) bei der Zentralgewalt des Bundes ansammelt.

Übersicht 22

Zuständigkeiten von Bund und Ländern

Ausschließliche Gesetzgebung des Bundes nach Art. 73: Auswärtige Angelegenheiten, Verteidigung, Währungs- und Geldwesen, Soziale Sicherung, Zölle und Außenhandel, Bundesbahn, Post, Luftverkehr
Ausschließliche Landesgesetzgebung: Kultur, Bildungswesen, Polizei, Kommunalverfassungen
Konkurrierende Gesetzgebung nach Art. 74: (d. h. Bund und Länder sind zuständig und müssen beide zustimmen.) Bürgerliches Recht und Strafrecht, Justizwesen, Wirtschaft, Verkehr, Umwelt u. a.
Rahmengesetzgebung nach Art. 75: (d. h. Der Bund kann bestimmte Rahmenbedingungen beschließen, die dann von den Bundesländern ausgefüllt werden können.) Hochschulwesen, Naturschutz und Landschaftspflege, Raumordnung, Presse und Film

---

Zusammenarbeit zwischen Bund und Ländern   Der Bund und die Länder sowie die Länder untereinander arbeiten in vielen Bereichen zusammen, so daß man vom „kooperativen Föderalismus" spricht. Die Länder haben selbst Gremien wie z. B. die Kultusministerkonferenz gebildet, in denen sie ihre Arbeit koordinieren. Die Tatsache, daß 1969 die Forderung nach *„Einheitlichkeit der Lebensverhältnisse"* im Bundesgebiet in das Grundgesetz aufgenommen worden war, führte zu verstärkten Initiativen des Bundes in den Zuständigkeitsbereichen der Länder.

Finanzausgleich   In der wirtschaftlichen Leistungskraft der Länder gibt es erhebliche Unterschiede, die durch die Vereinigung Deutschlands noch verstärkt wurden.
Um die Unterschiede zwischen den „armen" und den „reichen" Bundesländern zumindest teilweise auszugleichen, sind die finanzstarken Länder zu Zahlungen an die finanzschwächeren verpflichtet. Die letzteren werden auch durch den Bund durch sogenannte Ergänzungszuweisungen unterstützt. Allerdings wurden die noch immer sehr finanzschwachen neuen Bundesländer bis 1995 noch nicht in diesen Finanzausgleich miteinbezogen. Bis dahin wurden sie vor allem durch den „Fonds Deutsche Einheit", der in erster Linie vom Bund getragen wurde, finanziert (siehe S. 164). Diese finanzielle Abhängigkeit vom Bund führte nicht gerade zu einer Stärkung des Föderalismus, die man sich ursprünglich von der Aufnahme der fünf neuen Bundesländer erhofft hatte.

4.4   Der Bundespräsident als Staatsoberhaupt

Repräsentation   Die Aufgabe des Bundespräsidenten besteht in erster Linie darin, den Staat im Innern und nach außen zu vertreten *(repräsentieren)*. Dabei soll er unparteiisch über den Parteien und gesellschaftlichen Gruppen stehen. Seine Repräsentationsaufgabe wird bei Staatsbesuchen oder beim Empfang ausländischer Botschafter deutlich.

Kontrollfunktion   Die politische Macht des Bundespräsidenten ist nicht so groß wie die des Bundeskanzlers. Er hat jedoch wichtige politische Kompetenzen (Zuständigkeiten), wie z. B. das Recht, dem Bundestag einen Kandidaten für das Amt des Bundeskanzlers vorzuschlagen. Außerdem ernennt und entläßt er auf Vorschlag des Kanzlers die Bundesminister. Bundesgesetze und Verträge mit anderen Staaten können erst in Kraft treten, wenn der Bundespräsident sie unterzeichnet hat.

„Nothelferfunktion"   Daneben könnte der Bundespräsident in parlamentarischen Krisen eine *„Nothelferfunktion"* ausüben. Wenn der von ihm vorgeschlagene Bundeskanzlerkandidat im Bundestag keine Mehrheit findet oder der Bundestag auf eigenen Antrag des Bundeskanzlers diesem das Vertrauen nicht ausspricht, kann der Bundespräsident den Bundestag auflösen oder die nunmehrige Minderheitsregierung auf deren Antrag und mit Zustimmung des Bundesrats ein halbes Jahr regieren lassen (Gesetzgebungsnotstand).

Wahl Er wird für fünf Jahre *von der Bundesversammlung gewählt* und nicht unmittelbar vom Volk. Ihr gehören zur einen Hälfte alle Bundestagsabgeordneten, zur anderen Hälfte solche Mitglieder an, die die Landtage ausgewählt haben. Er kann nur einmal wiedergewählt werden, also dieses Amt längstens zehn Jahre ausüben.

Übersicht 23

Bundespräsidenten seit 1949	
Theodor Heuss	1949–1959
Heinrich Lübke	1959–1969
Gustav Heinemann	1969–1974
Walter Scheel	1974–1979
Carl Carstens	1979–1984
Richard von Weizsäcker	1984–1994
Roman Herzog	seit 1994

4.5 Das Bundesverfassungsgericht als „Hüter der Verfassung"

Für die Rechtsprechung, die „dritte Gewalt" innerhalb der Gewaltenteilung, stehen ebenfalls besondere Organe zur Verfügung (vgl. Kapitel 4). Innerhalb des politischen Systems kommt vor allem *dem Bundesverfassungsgericht* eine besondere Rolle zu. Dieses höchste Gericht der Bundesrepublik, das seinen Sitz in Karlsruhe hat, soll besonders darüber wachen, daß die Bestimmungen der Verfassung eingehalten werden.

Zuständigkeiten Es entscheidet u. a. darüber, ob Gesetze nach den Vorschriften der Verfassung zustande gekommen sind, und ob ihr Inhalt mit den rechtlichen Grundsätzen übereinstimmt.
Wenn ein Bürger der Meinung ist, daß seine Grundrechte verletzt oder eingeschränkt worden sind, kann er, nachdem er den ordentlichen Rechtsweg durchlaufen hat, das Bundesverfassungsgericht anrufen.
Die Richter dieses Gerichts entscheiden ferner, wenn es Streitigkeiten zwischen Bundesorganen, z. B. Parlament und Regierung und zwischen

Bund und Ländern über die Frage gibt, wer für ein Problem zuständig ist. Das Bundesverfassungsgericht muß auch in Anklageverfahren entscheiden, bei denen die Verfassungswidrigkeit der Parteien oder die Verwirkung von Grundrechten festgestellt werden soll. Falls gegen den Bundespräsidenten oder einen Bundesrichter Anklage wegen vorsätzlicher Verletzung der Verfassung oder eines Gesetzes erhoben wird, ist ebenso dieses Gericht zuständig.

Das Bundesverfassungsgericht darf jedoch nur tätig werden, wenn es in einem Streitfall von einem Kläger angerufen wird. Ob es sich bei seinen Entscheidungen bisher auf die Klärung der ihm gestellten Fragen beschränkt hat oder ob es zum Teil mit seinen Entscheidungen selbst in die Politik eingreift, darüber gibt es unterschiedliche Auffassungen.

Organisation Das Bundesverfassungsgericht besteht aus zwei Senaten mit je acht Richtern. Diese werden je zur Hälfte vom Bundestag durch zwölf Wahlmänner, die von den Fraktionen bestellt werden, und vom Bundesrat mit Zweidrittelmehrheit gewählt. Durch die Zustimmung von Zweidritteln soll eine möglichst hohe Unabhängigkeit und die Vertrauensbasis für die Richter erreicht werden, doch gibt es bei der Wahl Absprachen zwischen den Parteien über mögliche Kandidaten für dieses wichtige Amt.

4.6 Wozu brauchen wir eine Verwaltung? Verwaltungsaufbau der Bundesrepublik

In den vorhergehenden Abschnitten haben wir gesehen, wie politische Entscheidungen gefällt werden. Aufgabe der Verwaltung ist es, diese Entscheidungen durchzuführen, d. h. im Alltag zu verwirklichen. In der Bundesrepublik sind die Aufgaben der Verwaltung auf die Ebenen des Bundes, der Länder, der Kreise und Gemeinden verteilt, wie aus der Übersicht 24 hervorgeht.

Der Schwerpunkt der Verwaltungstätigkeit liegt bei den Bundesländern. Im Grundgesetz heißt es nach Art. 83 GG dazu:

„Die Länder führen die Grundgesetze als eigene Angelegenheit aus, soweit dieses Grundgesetz nichts anderes bestimmt oder zuläßt."

Art. 84, Abs. 3 lautet:

„Die Bundesregierung übt die Aufsicht darüber aus, daß die Länder die Bundesgesetze dem geltenden Recht gemäß ausführen."

Die Verwaltung der Bundesländer Die *Länder* sind berechtigt und verpflichtet, politische Entscheidungen, die der Bundestag beschlossen hat, selbständig mit Hilfe eigener Behörden umzusetzen *(ländereigene Ver-*

waltung). Außerdem führen die Länder die Gesetze aus, die im eigenen Parlament beschlossen wurden. Die Landesregierungen und die einzelnen Ministerien sind die obersten Verwaltungsbehörden eines Landes. Die meisten Länder (außer Schleswig-Holstein, dem Saarland und den Stadtstaaten) sind in einzelne *Regierungsbezirke* eingeteilt, deren Verwaltung in den Regierungspräsidien zusammengefaßt ist. Diese üben die staatliche Aufsicht über die Kreise und die Gemeinden oder Städte aus. Alle Verwaltungsvorgänge werden in der Regel schriftlich festgehalten.

Übersicht 24

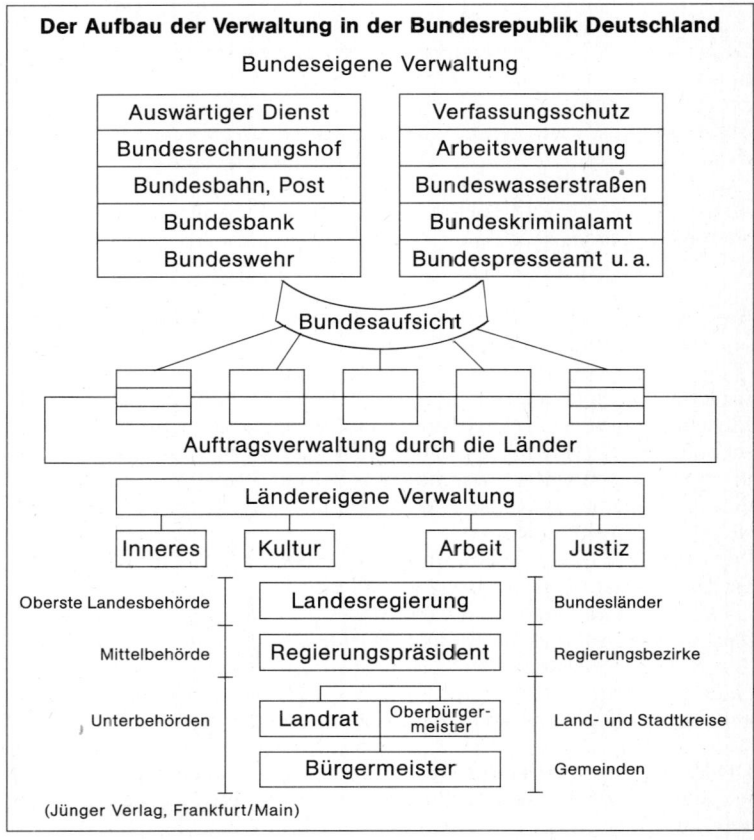

Der Aufbau der Verwaltung in der Bundesrepublik Deutschland

Bundeseigene Verwaltung

Auswärtiger Dienst	Verfassungsschutz
Bundesrechnungshof	Arbeitsverwaltung
Bundesbahn, Post	Bundeswasserstraßen
Bundesbank	Bundeskriminalamt
Bundeswehr	Bundespresseamt u. a.

Bundesaufsicht

Auftragsverwaltung durch die Länder

Ländereigene Verwaltung

Inneres | Kultur | Arbeit | Justiz

Oberste Landesbehörde	Landesregierung	Bundesländer
Mittelbehörde	Regierungspräsident	Regierungsbezirke
Unterbehörden	Landrat / Oberbürgermeister	Land- und Stadtkreise
	Bürgermeister	Gemeinden

(Jünger Verlag, Frankfurt/Main)

Auftragsverwaltung   Der Bund kann auch die Länder beauftragen, bestimmte Aufgaben auszuführen. Man nennt dies auch *Auftragsverwaltung* durch die Länder. Ein Beispiel: Der Bau von Autobahnen wird von der Bundesregierung durch das Bundesministerium für Verkehr in Zusammenarbeit mit dem Land, durch das die Autobahn führen soll, geplant. Das Bundesland erhält den Auftrag, die Durchführung der Arbeiten zu verwalten. An solchen Baustellen kann man dann lesen: „Hier baut die Bundesrepublik Deutschland in Auftragsverwaltung durch das Land ...".

Bundeseigene Verwaltung   Für einige Aufgaben hat der Bund eigene Verwaltungsbehörden. Diese sollen dafür sorgen, daß die Maßnahmen, die sie ergreifen, und die Dienste, die sie für die Bevölkerung leisten, im ganzen Bundesgebiet einheitlich sind. Zu diesen *bundeseigenen Verwaltungen* gehören z. B. die Arbeitsämter, die Teil der bundeseigenen Arbeitsverwaltung sind. Über die Ausführung der ländereigenen und der bundeseigenen Verwaltung informieren die Artikel 84 bis 87 im Grundgesetz.

4.7   Die Gemeinden: Verwaltungs- oder politische Entscheidungsebene

Am häufigsten kommt der einzelne Bürger, in der Gemeinde oder der Stadt, mit der Verwaltung in Berührung. Die Gemeinden stellen jedoch nicht nur eine Ebene der Verwaltung dar. Man spricht hier von kommunaler *Selbstverwaltung* (Kommune = Gemeinde). Im Grundgesetz Art. 28 Abs. 2 heißt es dazu: *„Den Gemeinden muß das Recht gewährleistet sein, alle Angelegenheiten der örtlichen Gemeinschaft im Rahmen der Gesetze in eigener Verantwortung zu regeln."*

Aufgaben einer Gemeinde   Die Übersicht 25 zeigt die unterschiedlichen Aufgaben einer Gemeinde, die im Rahmen eines jährlich zu erstellenden Haushaltsplanes festgehalten sind.

Ausführung von Bundes- und Landesaufgaben   Die Gemeinden führen durch ihre Behörden, deren Zuständigkeiten intern genau geregelt sind, eine Reihe von Aufgaben aus, die ihnen durch Bundes- und Landesgesetze *übertragen* worden sind. Zu diesen *Auftragsangelegenheiten* gehören z. B. die Dienstleistungen der Einwohner-, Paß- und Meldeämter, des Standesamts und des Gewerbeaufsichtsamts, das die Gewerbebetriebe in der Gemeinde, z. B. die Gaststätten und die Lebensmittelgeschäfte, kontrolliert.

Übersicht 25

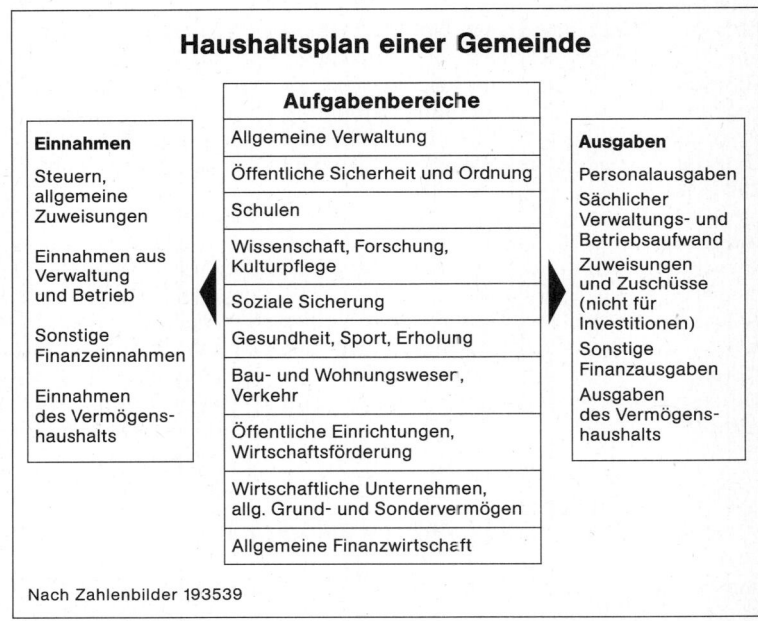

Haushaltsplan einer Gemeinde

Einnahmen	Aufgabenbereiche	Ausgaben
Steuern, allgemeine Zuweisungen	Allgemeine Verwaltung	Personalausgaben
	Öffentliche Sicherheit und Ordnung	Sächlicher Verwaltungs- und Betriebsaufwand
	Schulen	
Einnahmen aus Verwaltung und Betrieb	Wissenschaft, Forschung, Kulturpflege	Zuweisungen und Zuschüsse (nicht für Investitionen)
	Soziale Sicherung	
Sonstige Finanzeinnahmen	Gesundheit, Sport, Erholung	Sonstige Finanzausgaben
Einnahmen des Vermögens-haushalts	Bau- und Wohnungswesen, Verkehr	Ausgaben des Vermögens-haushalts
	Öffentliche Einrichtungen, Wirtschaftsförderung	
	Wirtschaftliche Unternehmen, allg. Grund- und Sondervermögen	
	Allgemeine Finanzwirtschaft	

Nach Zahlenbilder 193539

Landkreise Die Landkreise übernehmen Aufgaben, die die einzelnen Gemeinden allein nicht lösen können. So bauen die Kreise Straßen und sorgen für ihre Instandhaltung. Sie erstellen und unterhalten Krankenhäuser und Bildungseinrichtungen wie z. B. Berufsschulen.

Die Kommunalverfassungen, in denen die politische Willensbildung in den Gemeinden innerhalb der verschiedenen Bundesländer geregelt ist, bieten ein vielfältiges Bild. In allen gibt es direkt vom Volk gewählte Gemeindevertretungen mit unterschiedlichen Bezeichnungen wie z. B. Gemeinderat oder Stadtverordnetenversammlung. Diese Gremien beschließen über die Gemeindeangelegenheiten.

Unterschiedlich geregelt ist die Wahl des Bürgermeisters. In Baden-Württemberg und Bayern, neuerdings in Hessen und ab 1999 auch in Nordrhein-Westfalen, wird er direkt vom Volk gewählt, in Rheinland-Pfalz oder Schleswig-Holstein vom Gemeinderat. Unterschiedlich ist auch die Verteilung der Zuständigkeiten zwischen der Gemeindevertretung und der Verwaltungsspitze. In allen Gemeinden besteht dabei das Problem, daß die ehrenamtlichen Gemeinderäte („Feierabendpolitiker") im Vergleich mit der hauptamtlichen Verwaltung, sich in der Sache meist erst mühsam kundig machen müssen.

Möglichkeiten der Bürgerbeteiligung Die Gemeinden werden oft als „Urzelle der Demokratie" bezeichnet. Das bedeutet, daß dort die Bürgerinnen und Bürger am ehesten die Chance haben, politisch mitzubestimmen. Sie können dies einmal bei der Wahl der Gemeinderäte und zum Teil bei der Direktwahl des Bürgermeisters tun. Verschiedene Gemeindeverfassungen sehen auch die Möglichkeit von Bürgerbegehren und Bürgerentscheiden vor, d. h. die Bürger können, wenn eine genügend große bzw. die in der Gemeindeordnung vorgeschriebene Zahl von Berechtigten sich an den Abstimmungen beteiligt, über kommunale Projekte, wie z. B. Verkehrsprobleme oder den Bau einer Stadthalle selbst entscheiden. Die meisten Bürgerinitiativen sind auf der lokalen Ebene tätig (vgl. Bürgerinitiativen S. 143).

Ostdeutsche Gemeinden Die Gemeinden in der ehemaligen DDR waren nur untergeordnete Vollzugsorgane des zentral regierten sozialistischen Staates. Nach der Neubildung der fünf Bundesländer haben die dortigen Landtage, die dafür zuständig sind, Kommunalverfassungen verabschiedet, die sich weitgehend an den westlichen Vorbildern orientieren. Dabei wurden die Direktwahl des Bürgermeisters und die Möglichkeit zu Bürgerentscheiden bevorzugt.

5. Die Finanzierung der staatlichen Leistungen und des Vereinigungsprozesses

Wofür braucht der Staat Geld? Zur Finanzierung seiner Leistungen benötigt der Staat Geld. Auf der Bundesebene muß sehr viel Geld für die vielfältigen sozialen Aufgaben und die Verteidigung unseres Landes ausgegeben werden. Bund, Länder und Gemeinden unterhalten zahlreiche Einrichtungen, die heute für die Gestaltung des Daseins notwendig sind. Diese Einrichtungen werden als *Infrastruktur* bezeichnet. Damit meint man die Ausstattung eines Landes oder eines Gebietes mit
– *Verkehrseinrichtungen,*
– *Versorgungseinrichtungen* für Strom, Wasser, Abwässer, Müllbeseitigung, Gas,
– *kulturellen Einrichtungen* wie Schulen und Theater,
– *sozialen Einrichtungen* wie Jugendzentren, Sportstätten, aber auch Altenheime und Krankenhäuser.

Woher bekommt der Staat Geld? Wenn wir einige dieser Einrichtungen benutzen, müssen wir dafür *Gebühren* bezahlen, so z. B. für Wasser, Abwasser, Strom und Gas. Andere – wie z. B. die Straßen – können wir in Anspruch nehmen, ohne dafür direkt zu bezahlen. Trotzdem müssen wir uns an ihrer Finanzierung beteiligen. Dies geschieht, indem der Staat von uns *Steuern* verlangt.

Nach welchen Grundsätzen werden die Steuern festgelegt? Die Höhe der Steuer soll sich nach der Höhe des Einkommens richten. Jeder Bürger soll sich – gemessen an seiner Leistungsfähigkeit – an der Finanzierung der öffentlichen Aufgaben beteiligen. Durch die progressive Besteuerung sollen die Vorteile, die die Bezieher hoher Einkommen gegenüber den anderen haben, etwas ausgeglichen werden.

Übersicht 26

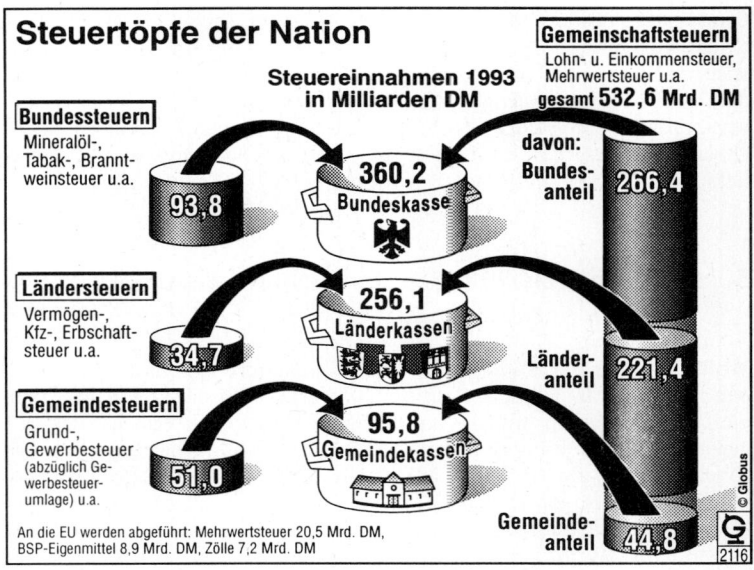

Steuertöpfe der Nation

Gemeinschaftsteuern
Lohn- u. Einkommensteuer, Mehrwertsteuer u.a.
gesamt **532,6 Mrd. DM**

Steuereinnahmen 1993 in Milliarden DM

Bundessteuern
Mineralöl-, Tabak-, Branntweinsteuer u.a.
93,8

360,2
Bundeskasse

davon:
Bundesanteil 266,4

Ländersteuern
Vermögen-, Kfz-, Erbschaftsteuer u.a.
34,7

256,1
Länderkassen

Länderanteil 221,4

Gemeindesteuern
Grund-, Gewerbesteuer (abzüglich Gewerbesteuerumlage) u.a.
51,0

95,8
Gemeindekassen

Gemeindeanteil 44,8

An die EU werden abgeführt: Mehrwertsteuer 20,5 Mrd. DM, BSP-Eigenmittel 8,9 Mrd. DM, Zölle 7,2 Mrd. DM

© Globus
2116

Arten von Steuern Die Steuern kann man folgendermaßen einteilen:
– *Besitzsteuern:* Sie werden vom Einkommen (Einkommen-, Lohn- und Körperschaftssteuer) oder vom Ertrag (Gewerbe-, Erbschaftsteuer) oder vom Vermögen (Vermögen-, Grundsteuer) erhoben,

- *Verkehrssteuern:* Diese werden erhoben, wenn wirtschaftliche Güter erworben oder Dienstleistungen erbracht werden (z. B. Umsatz-Grunderwerbsteuer).
- *Verbrauchsteuern:* Bei bestimmten Gütern sind diese im Preis, den der Verbraucher bezahlt, bereits enthalten (z. B. Salz- und Tabaksteuer).

Die Verteilung der Steuern – einschließlich der Zölle – auf Bund, Länder und Gemeinden wird im Grundgesetz nach Art. 106 geregelt.

Die Übersicht 26 macht die Verteilung der verschiedenen Einnahmen des Bundes, der Länder und Gemeinden deutlich. Zwar verfügen die verschiedenen Ebenen des politischen Systems über eigene Einnahmen, aber 80 Prozent sind gemeinschaftliche Steuern.

Übersicht 27

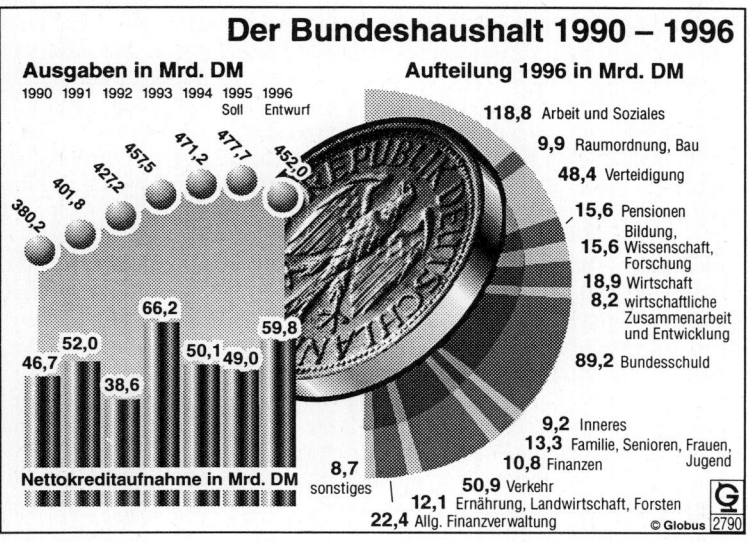

Der Bundeshaushalt 1990 – 1996

Ausgaben in Mrd. DM

1990 1991 1992 1993 1994 1995 1996
Soll Entwurf

380,2 401,8 427,2 457,5 471,2 477,7 452,0

66,2
52,0 50,1 49,0 59,8
46,7
38,6

Nettokreditaufnahme in Mrd. DM

Aufteilung 1996 in Mrd. DM

118,8 Arbeit und Soziales
9,9 Raumordnung, Bau
48,4 Verteidigung
15,6 Pensionen
15,6 Bildung, Wissenschaft, Forschung
18,9 Wirtschaft
8,2 wirtschaftliche Zusammenarbeit und Entwicklung
89,2 Bundesschuld
9,2 Inneres
13,3 Familie, Senioren, Frauen, Jugend
10,8 Finanzen
8,7 sonstiges
50,9 Verkehr
12,1 Ernährung, Landwirtschaft, Forsten
22,4 Allg. Finanzverwaltung

© Globus 2790

Haushaltspläne   Zu den wichtigsten Rechten eines Parlamentes gehört es, den Haushalt zu bewilligen. In öffentlichen Sitzungen über den Haushalt wird in der Regel jährlich Rechenschaft über die geschätzten Einnahmen und die geplanten Ausgaben gegeben. Steuern, Gebühren, allerdings auch Kreditaufnahmen, werden dabei als Einnahmen verbucht. Damit können die Ausgaben finanziert werden. In den Ausgaben spiegeln sich die Pläne oder Ziele einer Regierung wider. Einnahmen und

Ausgaben müssen ausgeglichen sein. Die jeweiligen Haushaltspläne müssen auf den verschiedenen politischen Ebenen von den Gemeinderäten, Kreistagen, Landtagen oder dem Bundestag beraten und beschlossen werden.

Finanzhilfen für die neuen Bundesländer Durch die Vereinigung der beiden Teile Deutschlands stellte sich die Verteilung der Steuereinnahmen neu. Die neuen Bundesländer verfügten bisher nur über geringe Steuerkraft, also Einkünfte aus Steuern. Ihre Verwaltungen wie auch die der Gemeinden mußten erst noch voll funktionsfähig werden. Viele Geldmittel waren für das entstehende leistungsfähige Straßen- und Schienennetz vonnöten. Die hohe Arbeitslosigkeit und die geringeren Einkommen erhöhten die Ausgaben im sozialen Bereich. Eine Einbeziehung der neuen Bundesländer in einen gesamten Bundesfinanzausgleich war darum so schnell nicht möglich. Die Finanzhilfen der alten Bundesrepublik für die neuen Bundesländer betrugen 1991 rund 140 Mrd. DM, 1992 rund 152 Mrd. DM und 1993 sogar 182 Mrd. DM. Der Hauptteil der Zuweisungen wurde dabei über den Haushalt des Bundes finanziert. Die Einbindung von Ostdeutschland in das Netz der sozialen Sicherung der Bundesrepublik (z. B. Renten, Zahlungen für die Arbeitslosen) führten zu zusätzlichen Belastungen der Renten- und Arbeitslosenversicherung. Auch die Bundesländer, die Gemeinden und die Europäische Union unterstützen die neuen Bundesländer.

Solidarpakt Bund und Länder haben sich 1993 auf den sogenannten Solidarpakt und damit auf eine entsprechende Lastenverteilung geeinigt. Um einheitliche Lebensverhältnisse im vereinigten Deutschland zu erreichen, sollen die neuen Bundesländer ab 1995 in den Bund-Länder-Finanzausgleich einbezogen werden (siehe oben).
Um die entsprechenden finanziellen Mittel aufbringen zu können, erhalten die Bundesländer einen höheren Anteil an der Umsatzsteuer, nämlich 44 statt wie bisher 37 Prozent. Dazu kommen noch die Kosten für ein Wohnungsbauprogramm in den neuen Bundesländern und für die Tilgung der Schulden der ehemaligen DDR. Zur Finanzierung dieser Leistungen sind Steuererhöhungen ab 1995 in Form eines Solidaritätszuschlags von 7,5 % der Lohn- und Einkommensteuer vorgesehen. Die Kosten für die deutsche Vereinigung hat mit zu einer hohen Verschuldung des Staates geführt, die durch eine Wirtschaftskrise verschärft wird. Diese Belastungen, die von allen Bürgern und gesellschaftlichen Gruppen getragen werden müssen, stellen unser politisches System vor eine schwere Bewährungsprobe.

6. Was halten die Bürgerinnen und Bürger vom politischen System?

Für das Funktionieren eines demokratischen politischen Systems ist nicht nur eine gute Verfassung notwendig. Genauso wichtig ist, daß deren Grundsätze auch von den Bürgerinnen und Bürgern akzeptiert werden. Aus der Geschichte wissen wir, daß die Weimarer Republik unter anderem deswegen gescheitert ist, weil ein großer Teil der Bevölkerung diesem politischen System skeptisch, wenn nicht sogar ablehnend gegenüberstand.

Politische Kultur Die Meinungen, Einstellungen, Grundorientierungen der Bürger gegenüber einem politischen System und seinen Verfassungsgrundsätzen werden als politische Kultur bezeichnet.
In diesem Zusammenhang interessieren uns vor allem folgende Fragen:
– Wie zufrieden sind die Bürger mit der Demokratie?
– Vertrauen sie den staatlichen Institutionen und den Politikern?
– Was erwarten sie vom Staat und seinen Vertretern?
– Wie schätzen die Bürgerinnen und Bürger ihre eigenen Möglichkeiten ein, die Politik zu beeinflussen? Sind sie bereit, sich aktiv zu beteiligen?
Bei der Beantwortung dieser Fragen müssen wir berücksichtigen, daß die Menschen in den alten und neuen Bundesländern ganz unterschiedliche politische Erfahrungen gemacht haben.

6.1 Zur Entwicklung des Demokratiebewußtseins in Westdeutschland

Die Gründung der Bundesrepublik fand im Jahre 1949 statt. Nach wissenschaftlichen Untersuchungen, die in den fünfziger Jahren durchgeführt wurden, sahen sich die meisten Menschen dem Staat gegenüber mehr als passive Untertanen denn als aktive Bürger, die auf die Politik Einfluß nehmen wollten. Politik wurde und wird zum Teil noch als „schmutziges" Geschäft angesehen, in das man sich nicht einmischen soll. Auch die Tatsache, daß in der Demokratie Parteien und Interessengruppen um die besten Lösungen von Problemen streiten müssen, wurde und wird zum Teil nicht verstanden. Die Einwohner der jungen Bundesrepublik waren zunächst auch mehr stolz auf den wirtschaftlichen Aufschwung und Erfolg, den dieses politische System hatte, als auf die Tatsache, daß sie in einer Demokratie leben durften.

Demokratisierung politischer Kultur? Die Frage, ob die Einstellungen der Bürgerinnen und Bürger nach 40 Jahren des Bestehens der Bundesrepublik demokratischer geworden sind, läßt sich nicht abschließend beantworten. Aus wissenschaftlichen Untersuchungen wissen wir, daß das politische Interesse von 30 % im Jahre 1952 auf 58 % im Jahre 1991 gestiegen ist und das Vertrauen in die Demokratie als Regierungsform zugenommen hat. Auch die Bereitschaft, sich in die Politik einzumischen, ist gestiegen. Allerdings engagieren sich die Bürger eher in Bürgerinitiativen oder bei Demonstrationen in ihrer lokalen Umgebung, als in den politischen Parteien. Ob sie dem politischen System positiv gegenüberstehen, hängt auch heute noch – wenn auch nicht mehr so stark wie früher – von ihrer jeweiligen wirtschaftlichen Lage ab.

6.2 Die Mauer in den Köpfen: unterschiedliche politische Einstellungen in West- und Ostdeutschland

Im Gegensatz zu den Westdeutschen hatten die Bürgerinnen und Bürger der ehemaligen DDR ganz andere politische Erfahrungen gemacht, die sich noch heute auf ihr Denken, Fühlen und Handeln auswirken. Um bestimmte Einstellungen und Verhaltensweisen der ehemaligen DDR-Bürger und die politischen Veränderungen, die sich durch die Vereinigung ergeben haben, verstehen zu können, ist es notwendig, einige Kennzeichen dieses Systems kurz zu erläutern.

Die DDR als sozialistischer Staat Die Deutsche Demokratische Republik verstand sich als sozialistischer Staat der Arbeiter und Bauern unter der Führung der Sozialistischen Einheitspartei (SED). Diese Partei nahm für sich in Anspruch, die marxistische Weltanschauung, die die Grundlage des Staates war, allein richtig zu deuten und praktisch umzusetzen. In den vierzig Jahren des Bestehens der DDR ist es den Trägern dieses politischen Systems nicht gelungen, die Mehrheit der dort lebenden Menschen für sich zu gewinnen. Sie paßten sich an oder zogen sich in private Nischen zurück. Deswegen ist es bis heute oft schwierig, die Grenze zwischen Gegnern, Mitläufern und den Aktiven zu ziehen. Sicher ist, daß die Bürgerinnen und Bürger der DDR, ob sie wollten oder nicht, durch dieses System in den vierzig Jahren seines Bestehens mitgeprägt wurden.

Unterschiedliche Bewertungen der Demokratie und der politischen Einflußnahme Das skizzierte politische System der DDR wurde seinen Bürgern als Demokratie dargestellt bzw. „verkauft". Seit 1990 sind sie nun mit dem demokratischen System der Bundesrepublik konfrontiert, dessen Institutionen und Organisationen zwar gleiche Namen, aber unter-

schiedliche Bedeutung haben. Die Skepsis gegenüber dieser Regierungsform zeigen die Ergebnisse der Umfrage in Übersicht 28.

Übersicht 28

Zufriedenheit mit der Demokratrie: Ein Ost-West-Vergleich
Frage: Glauben Sie, die Demokratie ist die beste Staatsform, oder
gibt es eine andere Staatsform, die besser ist?" (Zahlen in Prozent)
In einer Parallelbefragung wurde nach der „Demokratie, die wir in
der Bundesrepublik haben" gefragt. (Zahlen in Prozent)

April 1991	Alte Länder	Neue Länder	Alte Länder	Neue Länder
	Die Demokratie		Die Demokratie, die wir in der Bundesrepublik haben	
Beste Staatsform	86	70	80	31
Gibt andere, die besser ist	3	7	8	26
Unentschieden	11	23	12	43
Summe	100	100	100	100

Zit. nach AJD 1984–1992.

Auch politischen Institutionen wie z. B. dem Bundestag und der Bundesregierung oder den politischen Parteien stehen die Ostdeutschen miß-
trauischer gegenüber als die Westdeutschen.
Besonders unterschiedlich werden die Möglichkeiten der einzelnen Bürger, selbst politisch Einfluß zu nehmen, eingeschätzt. Die entsprechenden Einstellungen hat ein Wissenschaftler etwas zugespitzt – folgendermaßen formuliert: „In Ostdeutschland denke man: die Obrigkeit wird es
schon richten, aber denen da oben trauen wir nicht"; in Westdeutschland:
„Denen da oben trauen wir nicht und deshalb wollen wir selber sehen
und entscheiden, was gemacht wird."

Unterschiedliche Erwartungen an den Staat   Das politische, wirtschaft-
liche und gesellschaftliche Leben in der DDR war weitgehend durch die
SED als führender Partei bestimmt. Das DDR-System gab jedoch seinen
Bürgerinnen und Bürgern eine gewisse Sicherheit, u. a. im Bereich des
Wohnens, der Kinderbetreuung und der Gesundheit und vor allem bei
den Arbeitsplätzen. Daher ist es verständlich, daß die Ostdeutschen
heute viel höhere Erwartungen an das politische System haben als die
Westdeutschen, wie folgende Umfrage zeigt:

Übersicht 29

Aufgabe des Staates oder Sache jedes einzelnen selbst? Frage: *Für welche der in der Liste genannten Aufgaben ist Ihrer Meinung nach der Staat verantwortlich?*		
	Von 100 Befragten stimmten zu	
Aufgaben	Ost	West
gesundheitliche Versorgung für Kranke	99	95
angemessener Lebensstandard für alte Menschen	99	95
angemessene Wohnung für diejenigen, die es sich finanziell nicht leisten können	94	80
angemessener Lebensstandard für Arbeitslose	94	78
Garantie eines Arbeitsplatzes	95	74
Kontrolle der Preise	91	70
Sicherung des wirtschaftlichen Wachstums	80	52

Nach: Datenreport 1992, S. 642

Die Bundesrepublik eine Schönwetterdemokratie? Die alte Bundesrepublik wurde zum Teil als „Schönwetterdemokratie" bezeichnet. Damit war gemeint, die Stabilität der bundesrepublikanischen Demokratie sei in erster Linie von ihrer guten Wirtschaftslage abhängig. Die hohen Erwartungen, die die Ostdeutschen gegenüber der wirtschaftlichen und sozialen Leistungsfähigkeit hatten und haben, konnten und können nicht erfüllt werden. Außerdem muß die westdeutsche Bevölkerung zum ersten Mal in der Geschichte der Bundesrepublik erhebliche Einkommenseinbußen und eine relativ hohe Arbeitslosigkeit hinnehmen. Die Gefahr besteht, daß Minderheiten, z. B. Ausländer, als „Sündenböcke" für diese Probleme verantwortlich gemacht werden. Seit Beginn der neunziger Jahre werden zunehmend Ausländer und Menschen, die am Rande unserer Gesellschaft angesiedelt sind, Ziel gewaltsamer Angriffe von Deutschen in den alten und neuen Bundesländern. Rechtsextreme Gruppen und Parteien, die auf die Jugend eine besondere Anziehungskraft ausüben, propagieren Haß gegen Ausländer und Gewalt als Mittel der Politik. Die Demokratie steht daher in dem vereinigten Deutschland vor einer Bewährungsprobe, in der sich erweisen wird, wie stark sie im Bewußtsein der Bürger verankert ist.

4 Recht und Rechtsprechung

1. Überblick: Mit dem „Recht" hat jeder zu tun

1.1 Wozu schaffen sich Menschen Rechtsregeln?

(1) In der frühen Steinzeit erlegten Menschen mit einfachen Waffen durch geplante Zusammenarbeit Bären und Mammut-Elefanten. Dazu mußte jeder an seinem Platz die ihm zugewiesenen Aufgaben erfüllen. Und jeder erhielt dann einen Anteil an der Beute. Wir wissen nicht: Erhielt jeder gleich viel oder wurde die Beute nach den Bedürfnissen unterschiedlich verteilt (um z. B. Alte und Kinder mitzuernähren)?

(2) Wenn heutzutage eine Anzahl Personen auf einen Bus wartet, dann weiß jeder: Drängeln ist unerwünscht, jeder Nachkommende muß sich hinten anstellen. Dennoch wird man Ältere oder Behinderte meist vorlassen, ihnen die noch freien Sitzplätze zuerst anbieten.

An diesen Beispielen kann man erkennen: Menschen halten sich im Zusammenleben an Regeln, man sagt auch an *gesellschaftliche Normen.* Sehr viele Normen haben mit „Sitte", „Anstand", gutem Benehmen, Fairneß oder Moral (Einsicht in das Richtige und Gute) zu tun. Man *kann* oder *sollte* diese Normen einhalten. Wer sich häufig anders verhält, der gilt als un-normal.

Gründe für gesellschaftliche Regeln
Normen in Gruppen
- sind auf gemeinsame Zwecke gerichtet,
- kennzeichnen gemeinsame Werthaltungen der Gruppenmitglieder,
- ermöglichen, das Verhalten anderer Gruppenmitglieder vorauszuberechnen.

Rechtsnormen Von *Rechts*-normen spricht man allerdings erst, wenn es sich um Verhaltensvorschriften handelt, die man einhalten *muß*. Beim Bärenjagen war jeder Teilnehmer z. B. gezwungen, auf seinem Platz zu bleiben und nicht einzuschlafen, um den Bären in die Falle zu treiben. Andernfalls mußte er empfindliche Bestrafungen befürchten. In der Bus-Schlange finden es alle gerecht, wenn ein Vordrängler mit Gewalt zurückgehalten wird.

Wir erhalten so weitere Merkmale für Rechtsnormen: Sie schreiben ein bestimmtes Verhalten vor, es steht die Möglichkeit des Zwangs und der Bestrafung dahinter, und die Beteiligten empfinden diesen Zwang überwiegend als richtig, gerecht.

Und dennoch würde noch niemand die Verhaltensvorschriften für den Bärenjäger oder für die Wartenden an der Bushaltestelle als „Recht" bezeichnen, weil noch ein zusätzliches Merkmal fehlt.
Unter Rechtsnormen verstehen wir heute all jene Normen für menschliches Verhalten, die ausdrücklich als solche gekennzeichnet und in aller Regel *schriftlich* festgehalten sind. Diese Normen werden von Gruppen zur Sicherung ihrer Lebens*ordnung* und zum Erreichen gemeinsamer *Ziele* formuliert. Der *Zwang* zur Einhaltung der Normen darf nicht von jedem beliebig eingesetzt werden – dies würde ja persönlichen Streit hervorrufen. Vielmehr werden Zwangsmaßnahmen von einem möglichst neutralen „Rat" – heute den *Gerichten* – ausgesprochen und durch Personen, die besonders beauftragt werden, angewendet. Hierbei bemühen sich die Gerichte, die Zwangsmaßnahme im Rahmen dessen zu gestalten, was auch als *„gerecht"* angesehen werden kann.

Übersicht 1

Funktionen des Rechts
Rechtsnormen
– schaffen und garantieren Ordnung im Zusammenleben,
– verhindern Streit, helfen Frieden zu halten,
– werden schriftlich festgelegt (als Gesetze, Verordnungen, Satzungen),
– erheben Anspruch auf Gerechtigkeit,
– sind mit Zwang und Strafen durchsetzbar.

1.2 Rechtsregeln bilden ein System

Eine Schulklasse kann sich eine Klassenordnung geben. Bei Verstößen können alle Mitglieder oder ein Klassenrat Zwangsmaßnahmen aussprechen. Die Klassenordnung hat für diese Schüler Rechtscharakter.
Zum Betrieb einer Privatschule bilden Eltern einen Schulverein. Dieser Verein gibt sich eine *Satzung*, die für die Mitglieder Rechte und Pflichten beschreibt, vor allem Ziele, Aufbau, Organisation und Finanzierung der Schule regelt. Diese Satzung wäre auch für die Schulklasse „höheres" Recht: Die Klassenordnung dürfte die Schulsatzung nicht außer Kraft setzen.
Die Schulsatzung wiederum muß auf Vorschriften, die der Gemeinde- oder Stadtrat für die Schulen entwickelt hat, Rücksicht nehmen (Gemeinde- und Kreis-Satzungsrecht). Die Gemeinden können ihre Satzungen nur im Rahmen der Verordnungen und Gesetze der Länder (z. B.

Bayerns oder Thüringens) gestalten. Die Länderparlamente und der Bundestag müssen, wenn sie Gesetze beschließen, das Grundgesetz sowie die übernational anerkannten Menschenrechte und völkerrechtliche Normen beachten.

Übersicht 2

> **Rangordnung der unterschiedlichen Rechtsvorschriften in der Bundesrepublik Deutschland**
> – Menschenrechte
> – Elementare Grundsätze des Völkerrechts
> – Grundgesetz und Länderverfassungen
> – Bundesgesetze und Rechtsverordnungen
> – Ländergesetze und Verordnungen (aufgrund von Gesetzen)
> – Gemeindliche Satzungen und Verordnungen
> – Privatrechtliche Satzungen für Mitglieder von Vereinen und Verbänden

1.3   Der Staat und das Recht

Demokratien kann man danach beurteilen, inwieweit ihr Rechtssystem, ihre Gesetze, aus dem Willen der Bürgerinnen und Bürger und aus deren Mitbestimmung hervorgegangen sind. Da gesetzliche Vorschriften immer in den Freiheitsbereich von Einzelpersonen eingreifen, darf ihre Durchsetzung nur nach genau festliegenden, eben gesetzlichen Regeln erfolgen. Nur dem Staat ist es überhaupt erlaubt, Zwang und Gewalt gegenüber Bürgern auszuüben (= Gewaltmonopol des Staates). Die Staatsorgane (z. B. Polizei, Lehrer) müssen bei jeder Zwangsmaßnahme sagen können, welche Rechtsvorschrift ihnen das Recht zum Eingreifen gibt, und diese Rechtsvorschriften selbst müssen von frei gewählten Vertretern der Bevölkerung mit Mehrheit beschlossen sein. (Zum Vorgang der Gesetzesentstehung siehe Kap. 3, S. 147.)

Hinter dem Recht stehen immer *Wertvorstellungen* (man spricht auch von „Rechtsgütern"): Leben, Gesundheit, Eigentum, persönliche Würde, Ehre, Selbstbestimmung der eigenen Lebensgestaltung sind Beispiele. In demokratischen Staaten gehört auch z. B. das Recht zu wählen und die Garantie eines unverfälschten Wahlergebnisses zu solchen Rechtsgütern. Für je wichtiger die Menschen ein Gut oder ein Verfahren zum Umgang mit Gütern und Menschen halten, um so strenger werden diese Rechtsgüter gegen Verlust oder Verletzung geschützt. So sieht das Strafgesetzbuch für Raub, Diebstahl oder Wahlfälschung höhere Strafen vor als z. B. für Beleidigung.

Übersicht 3

Grundsätze des Rechtsstaats

Im *demokratischen Rechtsstaat*, wie er für die Bundesrepublik Deutschland im Grundgesetz (GG) beschrieben wird, gelten für das Rechtssystem folgende Grundsätze:

– Gesetze und Rechtsvorschriften sollen die Zustimmung möglichst aller haben. Gesetze dürfen deshalb nur von frei gewählten Volksvertretungen (den Parlamenten) beschlossen (GG Art. 70–78), Rechtsverordnungen nur von Regierung und Verwaltung aufgrund von Gesetzen erlassen werden (GG Art. 80).

– Durch Gesetze dürfen grundlegende Menschenrechte und die Merkmale der freiheitlichen Ordnung nicht außer Kraft gesetzt werden (GG Art. 1, 20 und 79).

– Regierung, Verwaltung und Rechtsprechung sind bei ihren Handlungen an die Gesetze gebunden (GG Art. 20 Abs. 3).

– Die Richter (rechtsprechende Gewalt) müssen von der gesetzgebenden und der regierenden Gewalt sowie von gesellschaftlichen Gruppen unabhängig sein (GG Art. 97).

– Gerichtsverhandlungen müssen grundsätzlich öffentlich sein. Nur in wenigen Ausnahmefällen, z. B. bei Staatsschutzangelegenheiten, Jugendstraftaten, Sittendelikten u. ä. kann die Öffentlichkeit durch das Gericht ausgeschlossen werden.

– Gerichtsurteile müssen überprüft werden können, durch Berufung und/oder Revision (siehe S. 196).

– Jeder Bürger muß das Recht haben, die Gerichte anzurufen, wenn er sich durch staatliche Organe oder andere Bürger in seinen Interessen und Rechten verletzt fühlt (Recht auf richterliches Gehör, GG Art. 19 und 92).

Zusammenfassung

(1) Recht begegnet dem einzelnen als ein System festgesetzter Vorschriften (Gesetze), als Regeln für ein reibungsloses Zusammenleben. Die Inhalte dieser Regeln sind das Ergebnis politischer Ziele und Abläufe. Gesetze, die von der Mehrheit der betroffenen Menschen als gerecht empfunden werden, schaffen im Zusammenleben Ordnung und Frieden.

(2) Die Friedens- und Ordnungsfunktion der Gesetze wird dadurch garantiert, daß nur der Staat allein das Recht zur Ausübung von Zwang und Gewalt haben darf („Gewaltmonopol" des Staates). Nur

in wenigen Ausnahmefällen darf sich ein einzelner sein Recht mit Gewalt selbst sichern (z. B. Notwehr).

(3) Demokratische Staaten erkennt man daran, daß dem Staat bei seiner Zwangsausübung strenge Grenzen gesetzt sind: Staatsorgane müssen sich genau an festgesetzte Verfahrensregeln halten und dürfen auch bei Zwangsmaßnahmen die naturgegebenen Menschenrechte (allgemein: die Menschenwürde) in ihrem Wesen nicht antasten.

(4) Die demokratischen Grundrechte der Menschenwürde, der Freiheit und der Selbstbestimmung führen dazu, daß sich die politische Alltagsarbeit, die öffentliche Information und Meinungsbildung darauf richten, politische Absichten in geltendes Recht umzugestalten. Auch diese Abläufe unterliegen Grundsätzen, die in der Verfassung verankert und also in ihrem Wesensgehalt als unveränderbar anzusehen sind.

2. Rechtsvorschriften überblicken – das System verstehen

Privatrecht und öffentliches Recht unterscheiden Es gibt in unserer Gesellschaft kaum noch Bereiche, die nicht durch Gesetzesvorschriften geregelt werden. Vernünftigerweise werden die Bereiche deutlich unterschieden. So mischen sich Vertreter des Staates z. B. nicht in Auseinandersetzungen zwischen den Gewerkschaften der Arbeitnehmer und den Verbänden der Arbeitgeber ein, wenn diese wegen Tarifverträgen zur Anpassung von Löhnen und Gehältern verhandeln und (mit Hilfe von Streiks) auch kämpfen.

Ein Überblick über die Rechtsbereiche zeigt die Unterscheidung zwischen *Öffentlichem Recht* und *Privatrecht*.

Öffentliches Recht Dazu gehören alle Vorschriften, die in irgend einer Form Ansprüche der Allgemeinheit (d. h. des Staates, seiner Organe sowie von Einrichtungen, die vom Staat gesetzlich beauftragt sind) an die Bürger enthalten.

Privatrechtlich sind alle Rechtsvorschriften, die Aussagen darüber machen, wie sich Menschen in ihren freiwilligen und privaten Beziehungen zueinander verhalten sollen. Wer z. B. einem anderen einen Schaden zufügt, ist durch Gesetz zum Schadenersatz verpflichtet. Wer bei einem Handwerker eine neue Heizungsanlage bestellt hat, muß diese auch abnehmen und den vereinbarten Preis bezahlen.

Übersicht 4

Einteilung der Rechtsgebiete				
Öffentliches Recht				**Privatrecht**
Staats- und Verfassungs-recht	Allgemeines Verwaltungs-recht	Strafrecht	Verfahrens-recht	Bürgerliches Recht
(z. B. Grund-gesetz (GG), Europäische Menschen-rechtskon-vention u. a.)	(z. B. StVZulO u. a.) Spezielles Verwal-tungsrecht (z. B. Steu-errecht u. a., Sozialrecht)	(z. B. Straf-gesetzbuch, Wirtschafts-strafgesetz u. a.)	(z. B. Zivil-prozeßord-nung, Strafprozeß-ordnung, Verwal-tungs-gerichts-ordnung, Vollstrek-kungsrecht u. a.)	(z. B. Bür-gerliches Gesetzbuch (BGB), Abzahlungs-gesetz u. a.) Handels- und Wirt-schafts-Recht (z. B. HGB) Arbeitsrecht (z. B. KüSchG)

Am deutlichsten wirkt sich die Unterscheidung zwischen Öffentlichem und Privatem Recht aus, wenn man das Verfahrensrecht betrachtet. Bei öffentlich-rechtlichen Auseinandersetzungen wehrt sich der Bürger gegen einen Zwang, den ihm eine staatliche Stelle – z. B. das Finanzamt, die Polizei – auferlegt. Solche Zwänge dürfen Staatsorgane nur ausüben, wenn der Zwang rechtlich begründet ist. Richter müssen in solchen Pro-zessen – am bekanntesten ist der Strafprozeß – ermitteln, wie die genaue Rechtslage ist und wie für diesen Fall das Recht anzuwenden ist. Erst wenn das Gericht alle Tatsachen und Umstände geklärt hat, kommt es zu einem Urteil.

Wenn dagegen ein Geschäftsmann und sein Kunde wegen einer mangel-hafter Lieferung des einen und Zahlungsverweigerung durch den ande-ren ein Gericht angerufen haben, dann muß sich der Richter neutral ver-halten. Er darf nicht von sich aus untersuchen, welche Tatsachen den Rechtsstreit bedingen und auf welcher Seite die berechtigten Ansprüche liegen. Für die streitenden Parteien besteht auch keinerlei Zwang, den Richterspruch abzuwarten, falls sie sich zwischenzeitlich einigen. Sie können den Prozeß jederzeit abbrechen. Solange sie sich nicht einigen, sondern jeder auf seinem Standpunkt beharrt, muß jede Partei dem Richter vortragen, auf welche Tatsachen und Rechtsgrundlagen sie ihren Rechtsanspruch stützt. Das Urteil des Richters am Ende des Prozesses orientiert sich dann vor allem daran, welche Partei die besseren Argumente und Rechtsgründe für ihr Begehren vorgebracht hat.

Zusammenfassung
Viele Streitfälle und Gerichtsurteile kann man angemessener beurteilen, wenn man verstanden hat: Rechtsvorschriften dienen entweder der Gestaltung und Sicherung des allgemeinen Zusammenlebens – dann handelt es sich um *Öffentliches Recht,* das von jedermann ein gleiches, einheitliches Verhalten fordert. Oder die Vorschriften dienen dazu, Streitigkeiten zwischen Personen um private Interessen friedlich zu regeln – dann handelt es sich um *Privatrecht,* das dem einzelnen hilft, die ihm rechtmäßig zustehenden Ansprüche gegen einen anderen mit Hilfe des Staates (Gerichte und Gerichtsvollzieher) durchzusetzen (s. Übersicht 4).

---

3. Der Staat darf nur nach Vorschrift handeln – Einblicke in das Öffentliche Recht

3.1 Das Strafrecht – Schutz für die Bürger und die Täter

Die Ordnungsfunktion des Rechts und die für eine gerechte Rechtsanwendung wichtigen Grundsätze kommen besonders deutlich im Strafrecht zum Ausdruck. Zum einen steht das Strafen schon immer in Konflikt mit Grund- und Menschenrechten. Geldstrafen beeinträchtigen das Recht auf Eigentum. Freiheitsstrafen beschränken viele Grundrechte: Wohnung und Freiheit des Wohnsitzes, Versammlungsfreiheit, Brief- und Fernmeldegeheimnis u. a. Grenzen sind dem Strafrecht in der Bundesrepublik Deutschland eindeutig bei den Grundwerten der körperlichen Unversehrtheit und beim Recht auf Leben gezogen. Es gibt keine Körperstrafen oder gar Folter. Die Todesstrafe ist abgeschafft.
Dennoch gilt seit Jahrtausenden, daß Menschen bestraft werden, wenn sie wichtige Regeln des Zusammenlebens verletzen. Dabei geht es nicht darum, eventuelle Schäden aus der Rechtsverletzung wiedergutzumachen (dies ist zivilrechtlich zu regeln). Ein Einbrecher wird bestraft, selbst wenn er seine Tat bereut, seine Beute zurückgibt, den angerichteten Schaden ersetzt und ihm der Beraubte verziehen hat. Denn „Einbrechen" ist ein Verhalten, das als solches den Rechtsfrieden bricht. Andernfalls

wäre Einbruchdiebstahl ja erlaubt, wenn nur der Einbrecher danach den Schaden wieder ersetzt. Die im *Strafgesetzbuch (StGB)* angedrohten Strafen sollen folgende Strafzwecke erfüllen:

Übersicht 5

Übersicht über die Strafzwecke
Strafe soll
- die Verletzung der Rechtsordnung wieder ausgleichen, indem der Rechtsbrecher „Buße" tut, für sein Verhalten „sühnt" (Vergeltungsfunktion);
- *alle* anderen vor Straftaten abschrecken (allgemeine Abschreckungsfunktion);
- den *einzelnen* Täter von weiteren Straftaten abhalten (Individuelle Abschreckungsfunktion);
- dem Täter Wege zur Wiedereingliederung in die Gesellschaft eröffnen (Resozialisierungsfunktion).

3.2 Nur schuldhaftes Handeln wird bestraft

Bestimmungen des Strafrechts   Sie sind im Strafgesetzbuch zusammengefaßt (StGB von 1871 mit Änderungen zuletzt 1987).

Als Grundlage des Strafrechts gilt der *Art. 103 Abs. 2 GG*, wortgleich mit § 1 StGB:
„Eine Tat kann nur bestraft werden, wenn die Strafbarkeit gesetzlich bestimmt war, bevor die Tat begangen wurde."

Dies entspricht dem rechtsstaatlichen Grundsatz, daß der Staat immer nur aufgrund eines schon bestehenden Gesetzes handeln kann.
Der Strafrichter prüft anhand dieses Grundsatzes den ihm vorgelegten Sachverhalt nach *drei Merkmalen:*
- Die Handlung muß erstens einen im Strafgesetz beschriebenen Tatbestand erfüllen, d. h. eine Tat muß zu dem Zeitpunkt, an dem sie begangen wurde, bereits als Straftat *gesetzlich verboten* sein.
- Eine Handlung ist nur dann eine Straftat, wenn im Gesetz bestimmt ist, daß sie *rechtswidrig* ist. In besonderen Fällen, wie z. B. bei Abwendung von Lebensgefahr oder Notwehr, besteht für Sachbeschädigungen oder Körperverletzungen ein Rechtfertigungsgrund. Dadurch können sonst verbotene Handlungen rechtmäßig und straffrei sein.
- Den Täter muß eine *Schuld* treffen. Wer einen Mantel an der Garde-

robe verwechselt, hat eine fremde Sache ohne Schuld an sich genommen. Kinder unter 14 Jahren, Geisteskranke oder sonst zur Tatzeit Unzurechnungsfähige können das Unrecht ihrer Tat nicht einsehen und sind deshalb nicht *schuldfähig*. Gegen sie können nur Besserungsmaßnahmen (z. B. Heimerziehung, Krankenhausbehandlung) oder Sicherungsmaßnahmen ohne Strafcharakter angeordnet werden.

3.3 Formen und Grenzen der Bestrafung

Die Höhe der Strafe richtet sich grundsätzlich nach der Schwere der Schuld *(Schuldstrafrecht);* daneben achten die Gerichte bei der Zumessung einer Strafe auch darauf, daß dem Täter durch die Strafe nicht der Weg zurück in ein Leben ohne Kriminalität verbaut wird. Deshalb können Richter jeden Einzelfall im Rahmen des gesetzlichen Spielraums zwischen Mindest- und Höchststrafe entscheiden.
Unser heutiges Strafsystem kennt nur zwei Arten von Strafen:
- *Freiheitsstrafen* werden in Fällen schwerer Kriminalität wie Mord, Totschlag, Entführung, Raub, Brandstiftung, Bankeinbrüche u. a. sowie bei wiederholter Straffälligkeit im Bereich der Eigentumsdelikte (Diebstahl, Betrug, Erpressung u. a.) ausgesprochen. Freiheitsstrafen isolieren den gefährlichen Täter von der Gesellschaft; der Freiheitsentzug soll jedoch auch zur späteren Wiedereingliederung des Täters in die Gesellschaft beitragen.
- *Geldstrafen,* mit denen leichtere Straftaten (fahrlässige Körperverletzung, einfacher Diebstahl u. a.) gebüßt werden müssen, sollen vor allem zur Abschreckung des Täters vor weiteren Straftaten und als Ausgleich für die Verletzung der Rechtsordnung wirken. Als *Nebenstrafe* bzw. *Nebenfolgen* können ein Kfz-Fahrverbot, der gerichtliche Einzug von Gegenständen (z. B. Boot eines Schmugglers) oder Berufsverbot (z. B. Gastwirt) angesehen werden.

3.4 Ablauf des Strafverfahrens

Polizei und Staatsanwaltschaft müssen Straftaten, die ihnen bekannt werden, von Amts wegen verfolgen. Nur in wenigen Fällen (z. B. Beleidigung, einfache Körperverletzung) müssen die betroffenen Opfer ausdrücklich *Strafantrag* stellen, damit es zu einem *Strafverfahren* kommt. Das Strafverfahren beginnt damit, daß der *Staatsanwalt* ermittelt, welches die Tatumstände und die Tatfolgen sind. Aufgrund dieser Ermittlungen beantragt er in einfachen Fällen (z. B. bei vielen Verkehrsdelikten) beim Amtsgericht einen *Strafbefehl;* in schweren Fällen erhebt er beim zuständigen Gericht öffentlich *Anklage*. Das Gericht prüft, ob die Anklage ausreichend begründet ist und ordnet für diesen Fall die Eröffnung eines *Hauptverfahrens* (Prozeß) an. Dabei muß das Gericht dem Angeklagten alle Möglichkeiten zur *Verteidigung* einräumen. Mittellose erhalten vom Gericht einen Pflichtverteidiger zugewiesen; wer Geld hat, kann sich bis zu drei Rechtsanwälte seiner Wahl nehmen. Je nach Schwere der Straftat findet der Prozeß beim Amtsgericht vor einem Einzelrichter oder vor mehreren Richtern (Berufsrichter und Schöffen, das sind ehrenamtliche Laienrichter) statt. Für Fälle, bei denen mehr als drei Jahre Freiheitsstrafe zu erwarten sind, ist das Landgericht zuständig. In diesen Prozessen muß dem Angeklagten anhand von Beweisen, Zeugenaussagen, Sachverständigengutachten und auch durch Geständnis nachgewiesen werden, daß er tatsächlich rechtswidrig und schuldhaft gehandelt hat. Bei Anklagepunkten, die nicht einwandfrei bewiesen werden können, gilt der Grundsatz: „Im Zweifel für den Angeklagten".

Gegen das *Urteil* des Gerichts können sowohl der Angeklagte als auch der Staatsanwalt *Rechtsmittel* (Berufung oder Revision) beantragen. Wer als *Zeuge* zu einem Prozeß geladen wird, ist zum Erscheinen und zur wahrheitsgetreuen Aussage verpflichtet. Zeugen können (ab 16. Lebensjahr) *vereidigt* werden: Sie schwören, nur die Wahrheit auszusagen. Wer fahrlässig oder wissentlich falsch aussagt, wird bestraft. Hat der Zeuge unter Eid falsch ausgesagt, dann wirkt sich das erschwerend auf das Strafmaß aus.

3.5 Jugendstrafrecht – Strafrecht der Zukunft?

Werden Straftaten von Jugendlichen zwischen 14 und 18 Jahren begangen, dann gilt neben dem Strafgesetzbuch das *Jugendgerichtsgesetz (JGG)*. Dieses stellt – als ein besonderes Verfahrensrecht – nicht die Tat, sondern die Person des jugendlichen Täters in den Mittelpunkt. Speziell beauftragte und meist zusätzlich ausgebildete Jugendstaatsanwälte und Jugendrichter setzen sich mit dem Beschuldigten, seinen Erziehungsberechtigten und Jugendgerichtshelfern des Jugendamts zusammen. Die Öffentlichkeit hat im Normalfall zu diesen Prozessen keinen Zutritt. Es geht hierbei vor allem um die Klärung, welche Umstände in der persönlichen Entwicklung, im familiären und sonstigen Umfeld des Jugendlichen zu seiner Straffälligkeit beigetragen haben und wie eventuell ungünstige Bedingungen für den Jugendlichen verändert und verbessert werden können. Bei Kindern unter 14 Jahren findet gar kein Strafverfahren statt, sie werden also auch nicht bestraft. Allerdings kümmern sich in solchen Fällen die Jugendämter auf der Grundlage des Jugendhilfegesetzes um die Situation kriminell gewordener Kinder.

Rechtsfolgen   Das JGG stellt nicht Bestrafung in den Vordergrund, son-
dern *Verwarnungen, Maßregeln und Hilfen zur Erziehung* (Gebote wie
Schadenswiedergutmachung, Verbote und Auflagen, Schutzaufsicht, ggf.
Therapie): Erst wenn diese Maßnahmen nicht ausreichen und aus der
Häufigkeit und Schwere von Taten auf hartnäckigen Widerstand gegen
Besserungsversuche geschlossen wird, können auch *Freiheitsstrafen* zwischen 6 Monaten und (bei Tötungsdelikten) höchstens 10 Jahren (in
Jugendstrafanstalten) verhängt werden.
Auch bei sogenannten „Heranwachsenden", das sind Straftäter im Alter
von 18 bis 21 Jahren, prüfen Staatsanwaltschaft und Jugendgericht, ob – je
nach geistiger und charakterlicher Reife des Täters – das Jugendgerichtsgesetz anzuwenden ist. Dadurch erhält auch die Mehrzahl der heranwachsenden Straffälligen eine Chance, durch Führung, Betreuung, vor
allem durch Ausbildung und Arbeit, ohne weitere kriminelle Handlungen ihr Leben zu meistern.
Das Jugendstrafrecht wird auch als ein Modell zur *Reform des Erwachse-
nen-Strafrechts betrachtet.* An diesem wird vor allem kritisiert, daß Menschen nach einer Freiheitsstrafe wieder kriminell, also „rückfällig" werden. Der Aufenthalt „im Knast" wirft zu viele endgültig aus der Bahn.
Nach der Strafverbüßung stehen diese Menschen meist vor einem Berg
von Schulden. Am Arbeits- und Wohnungsmarkt sind ihre Chancen gering, da sie meist keine Berufsausbildung haben. Deshalb wird angestrebt, die Strafverbüßung so zu reformieren, daß der Bestrafte z. B. aufgrund einer normal bezahlten Arbeit fähig wird, während der Strafzeit
die den Tatopfern zugefügten Schäden zumindest teilweise auszugleichen
oder eine Berufsausbildung nachzuholen. Dazu müßte zumindest der
Strafvollzug, aber auch die Möglichkeiten für die Richter geändert werden, andere Maßnahmen – etwa nach dem Modell des JGG – anzuordnen.

Zusammenfassung
In Demokratien ist das Gewaltmonopol des Staates hauptsächlich
durch das Strafrecht geregelt. Strafverfolgung ist zur Sicherung von
Ordnung und Frieden im Zusammenleben nötig. Probleme tauchen
auf, wenn Staatsorgane bei der Strafverfolgung Grundrechte miß-
achten. So ist gegenwärtig umstritten, in welchem Ausmaß die Polizei bereits aufgrund eines Verdachts (z. B. auf Drogenhandel oder
Bandenkriminalität) Personen überwachen (Wohnung und Telefon
abhören) darf. Geheime Polizeimaßnahmen bergen die Gefahr in
sich, daß eine Regierung diese auch dazu einsetzt, politische Kritiker
und Oppositionelle zu überwachen, einzuschüchtern und mundtot
zu machen, wie dies in vielen Staaten der Erde – auch wenn sie sich
„demokratisch" nennen – immer wieder geschieht.

4. Verwaltungsrecht – Was habe ich damit zu tun?

4.1 Die Verwaltung muß jeden gleich behandeln

Vom *öffentlichen Recht* ist der Bürger immer dann betroffen, wenn er es mit einer Behörde zu tun hat: Schülerinnen und Schüler müssen die Schule besuchen, Kraftfahrzeuge müssen zur Zulassung angemeldet werden, für den Bau einer Gartenmauer braucht man eine Baugenehmigung, das Landratsamt verfügt die Stillegung eines „frisierten" Motorrads; um Wohngeld oder eine Ausbildungsbeihilfe zu erhalten, sind an Verwaltungsbehörden Anträge zu stellen und Unterlagen vorzulegen.
Die Beamten müssen sich in allen ihren Handlungen an die Gesetze, Erlasse und Vorschriften halten und jeden gleich behandeln. Dies gilt besonders, wenn der Staat in die Lebensgestaltung und die Rechte der Bürger eingreift *(Eingriffs-Verwaltung),* aber auch dort, wo er für die Bürger Leistungen vollbringt *(Leistungsverwaltung).* In beiden Fällen sorgt der Grundsatz der *„Gesetzmäßigkeit der Verwaltung"* dafür, daß die Bürger nicht von der Laune eines Beamten abhängig sind. In Art. 19.3 GG heißt es: *„Die vollziehende Gewalt und die Rechtsprechung sind an Gesetz und Recht gebunden."* Von diesem Grundsatz ausgehend kann sich der Bürger einerseits gegen Eingriffe des Staates (z. B. Ablehnung eines Baugesuchs, Stillegung eines Fahrzeugs u. a.) wehren und andererseits seine Ansprüche auf Leistungen (z. B. auf Miet- oder Ausbildungsbeihilfe) gegen den Staat durchsetzen, wenn er die jeweiligen gesetzlichen Grundlagen kennt.

4.2 Die Ämter haben oft einen Ermessensspielraum

§ 6 Ausländergesetz:
„Die politische Betätigung von Ausländern kann eingeschränkt oder untersagt werden, wenn die Abwehr von Störungen der öffentlichen Sicherheit oder Ordnung oder von Beeinträchtigungen der politischen Willensbildung in der Bundesrepublik Deutschland oder sonstige erhebliche Belange der Bundesrepublik Deutschland es erfordern."

Da die Gesetze nicht jeden praktischen Fall im voraus genau regeln können, muß die Verwaltung nach folgenden Grundsätzen vorgehen:
– Besteht eine klare Rechtsvorschrift, ein *Gesetz,* dann muß die Behörde nach dieser Vorschrift handeln.
– Gibt es für den Einzelfall kein genaues Gesetz, so handelt die Behörde

nach *Rechtsverordnungen* der Regierung oder nach *Erlassen* und Richtlinien der vorgesetzten Behörde. Diese dürfen aber bestehenden gesetzlichen Regelung nicht zuwiderlaufen.
– Oft hat die Verwaltung wie in § 6 AuslG einen Ermessensspielraum. Mit dieser *Kann*-Bestimmung überläßt es das Gesetz hier den Behörden, nach ihrem eigenen *pflichtgemäßen Ermessen,* Ausländern politische Betätigungen (z. B. eine Demonstration) zu untersagen. Will die Behörde dies tun, dann muß sie unter Angabe ihrer rechtlichen Grundlagen und anhand von Tatsachen begründen, worin die Störung oder Beeinträchtigung der öffentlichen Sicherheit und Ordnung liegt.

4.3   Die Behörden sind zu „Rat und Tat" verpflichtet

§ 25 Verwaltungsverfahrensgesetz:
„Die Behörde soll die Abgabe von Erklärungen, die Stellung von Anträgen oder die Berichtigung von Erklärungen oder Anträgen anregen, wenn diese offensichtlich nur versehentlich oder aus Unkenntnis unterblieben oder unrichtig abgegeben oder gestellt worden sind.
Sie erteilt, soweit erforderlich, Auskunft über die den Beteiligten im Verwaltungsverfahren zustehenden Rechte und die ihnen obliegenden Pflichten."

Bei der Durchsetzung von Ansprüchen bei einer Behörde kann sich der Bürger zunächst immer auf den § 25 des Verwaltungsverfahrensgesetzes (VerwVG) stützen.
Widerspruch gegen die Entscheidung einer Behörde kann der Bürger bei dieser innerhalb einer Frist von einem Monat einlegen.

4.4   Amtshandlungen sind gerichtlich überprüfbar

Bleibt die Behörde bei ihrer Entscheidung und teilt dies dem Bürger mit, so kann dieser innerhalb eines Monats *Klage beim Verwaltungsgericht* erheben. Er kann dort – auch ohne Rechtsanwalt – sein Klagebegehren vortragen. Der Urkundsbeamte des Gerichts hilft bei der Formulierung des Klageantrags, der Richter selbst überprüft von Amts wegen – ähnlich wie im Strafprozeß – die rechtlichen Zusammenhänge des Sachverhalts, ohne dabei an das Vorbringen der Beteiligten gebunden zu sein. Nach einer mündlichen Verhandlung fällt dann das Gericht sein Urteil. Nur wenn der Kläger den Prozeß verliert, muß er Gerichtskosten zahlen.

Gewinnt er den Verwaltungsprozeß, dann muß die Behörde die einge-
klagte Maßnahme treffen, also z. B. eine verweigerte Leistung erbringen
oder einen Eingriff in die Freiheit des Bürgers unterlassen. Mit diesem
Vorgang wird das Grundrecht nach Art. 19 Abs. 4 im GG erfüllt.

Art. 19 Abs. 4 GG:
„Wird jemand durch die öffentliche Gewalt in seinen Rechten verletzt, so steht ihm der Rechtsweg offen. Soweit eine andere Zuständigkeit nicht begründet ist, ist der ordentliche Rechtsweg gegeben."

Oft sind in Rechtsstreitigkeiten mit Behörden auch die besonderen Verwaltungsgerichte zuständig: In Steuerstreitigkeiten mit den Finanzäm-
tern muß bei den Finanzgerichten, bei Streit über sozialrechtliche
Ansprüche (Leistungen aus der Renten-, Kranken-, Unfall- oder Arbeitslosenversicherung u. ä.) bei den Sozialgerichten Klage erhoben werden.

Zusammenfassung
Im sozialen Rechtsstaat wird der einzelne nicht nur durch Eingriffe
des Staates in die persönliche Freiheit „verwaltet" (= Eingriffs-Verwaltung, z. B. Steuern zahlen). Hinzu kommt: Immer mehr Menschen werden von staatlichen Leistungen (z. B. Wohngeld, Arbeits-
vermittlung, Bildung in Schulen und Hochschulen) abhängig. In beiden Situationen vertritt der Bürger seine Rechte, wenn er bei Behörden auf genauer Unterrichtung über seine Rechtsansprüche besteht
(s. o. § 25 VerwVG) und notfalls die Hilfe eines Verwaltungsgerichts
in Anspruch nimmt. Diese Gerichte müssen von sich aus und im
Interesse des rechtsuchenden Bürgers prüfen, wer in dem Streit im
Sinne der geltenden Rechtslage nachgeben muß. Damit wird verhindert, daß der Staat und seine Behörden Bürgern gegenüber das Recht
einseitig anwenden. Die Gerichte kontrollieren den Staat.

5. Im Privatrecht ist die Staatsgewalt „Schiedsrichter"

5.1 Andere Prozeßregeln – Unterschiede zum Öffentlichen Recht erkennen

Die Merkmale des sogenannten Privat- oder Zivilrechts – im Unterschied
zum Öffentlichen Recht – erkennt man am deutlichsten am *Zivilprozeß*.
Die meisten Zivilprozesse werden geführt, um *Ansprüche* durchzuset-

zen, die einer Person gegen eine andere aufgrund eines Vertrages zustehen (auch Handelsgesellschaften oder Vereine gelten als „Personen", die
Verträge abschließen können – siehe S. 185). Wer z. B. eine Reparatur
bestellt oder eine Sache (Kleid, Auto) gekauft hat, ist zur Zahlung des
Kaufpreises verpflichtet. Ebenso kann eine Person einer anderen zu
Schadenersatz verpflichtet sein, wenn z. B. eine Reparatur fehlerhaft ausgeführt war oder durch Unachtsamkeit im Straßenverkehr einem anderen Schaden zugefügt wurde. Erfüllt der jeweilige Schuldner seine Verpflichtung nicht, so kann er vom „Gläubiger" mit Hilfe des Gerichts
gezwungen werden. Um das zu erreichen, muß der Gläubiger vor dem
zuständigen Gericht „Klage" erheben.

Das Gericht setzt dann einen Termin fest, zu dem die „Parteien" (Kläger
und Beklagte) ihre Ansprüche, Einwendungen und Gegenansprüche vorbringen. Das Gericht versucht dabei, die streitenden Parteien zu einem
gegenseitigen *Vergleich* zu bewegen. Gelingt dies nicht, so fällt das
Gericht ein *Urteil*. Dieses wird dann – ganz oder teilweise – die Anträge
des Klägers oder die des Beklagten erfüllen, je nachdem, wie zutreffend
die Ansprüche von der einen oder anderen Seite rechtlich begründet
waren. Welche Anträge erfolgreich sind oder welche (günstigen oder
ungünstigen) Folgen z. B. die Annahme eines Vergleichs hat, kann der
rechtsunkundige Bürger oft nicht absehen. Es empfiehlt sich daher, einen
Rechtsanwalt zu Zivilprozessen hinzuzuziehen, auch wenn für geringfü-
gigere Prozesse (Streitwert bis 10 000,– DM) vor dem Amtsgericht kein
Anwaltszwang besteht.

In Zivilprozessen bleiben Richter gegenüber den Prozeßparteien neutral.
Die Parteien bestimmen allein, worüber verhandelt werden soll. Sie können den Prozeß – wenn beide es wollen – jederzeit beenden. Erscheint
z. B. der Kläger nicht zum Prozeßtermin, dann weist das Gericht – auf
Antrag des Beklagten – die Klage durch ein „Versäumnisurteil" ab. Umgekehrt ergeht gegen den Beklagten ein Versäumnisurteil, wenn er nicht
erscheint und keine begründeten Gegenanträge stellt.

Hat der Kläger schließlich einen Urteilsspruch in der Hand, so kann er
damit beim unterlegenen Beklagten pfänden lassen: Ein damit beauftrag-
ter Gerichtsvollzieher beschlagnahmt Teile des Vermögens oder Einkommens und gibt die Erlöse daraus an den Gläubiger. Diese Zwangsmaßnahme (Zwangsvollstreckung) ist jedoch keine Strafe, sondern erfolgt
nur im Umfang der berechtigten Forderungen des Gläubigers.

5.2 Rechtsgrundlagen kennen – nicht zurückstehen

In Gesellschaften, in denen wie bei uns jeder frei darin ist, mit anderen
Personen in Beziehung zu treten, hat es politische Folgen, wenn Rechts-

kenntnisse nur ungenügend verbreitet sind. Wer seine Rechte nicht oder zu wenig kennt, kann leicht durch andere übervorteilt werden. Personen, die sich stark verschulden und dadurch in Armut geraten, sind nicht selten Opfer ihrer Unkenntnis in Rechtsfragen. Rechtliche Verpflichtungen entstehen rasch, ihre Erfüllung ist jedoch oft schwierig und wird häufig viel teurer als anfangs gedacht.

Für die meisten alltäglichen Rechtsbeziehungen der Bürger untereinander gelten die Vorschriften des *„Bürgerlichen Gesetzbuches" (BGB)*. Für Kaufleute gilt daneben auch als spezielles Privatrecht das *Handelsgesetzbuch (HGB)* und eine Reihe weiterer Gesetze. Die Beziehungen zwischen gewerblichen Arbeitgebern und den Arbeitnehmern regeln *arbeitsrechtliche Vorschriften* über Kündigungs- und Gesundheitsschutz (siehe S. 191), Gestaltung der Ausbildung (siehe S. 194), Lohnzahlung u. v. a. Auch *Patentrecht* und *Urheberrecht* sind Regelungen, die in *privaten Beziehungen* dafür sorgen, daß Menschen sich nicht gegenseitig übervorteilen.

Übersicht 6

2 385 Paragraphen	**Das Bürgerliche Gesetzbuch (BGB)**			In Kraft getreten am 1.1.1900
Allgemeiner Teil	**Schuldrecht**	**Sachenrecht**	**Familienrecht**	**Erbrecht**
§ 1 – § 240	§ 241 – § 853	§ 854 – § 1296	§ 1297 – § 1921	§ 1922 – § 2385
● Natürliche Personen	● Schuldverhältnis Gläubiger – Schuldner	● Besitz	● Verlöbnis	● Gesetzliche und testamentarische Erbfolge
● Juristische Personen	● Begründung und Erlöschen von Schuldverhältnissen	● Eigentum Eigentumsübertragung, Aneignung, Fund, Miteigentum	● Ehe Eheliches Güterrecht, Gütertrennung	● Rechtsstellung des Erben
● Rechtsgeschäfte			● Ehescheidung	● Erbschein
● Vertretung und Vollmacht	● Schuldübertragung	● Nutzungsrecht an beweglichen Sachen Pfandrecht, Nießbrauch	● Verwandtschaft	● Pflichtteil
● Fristen und Termine	● Schuldübernahme		● Unterhaltspflicht	● Erbverzicht
● Verjährung	● Einzelne Schuldverhältnisse Kauf, Tausch, Miete, Pacht, Leihe, Schenkung, Darlehen, Dienstvertrag, Werkvertrag, Bürgschaft, Unerlaubte Handlungen, Schadenersatz	● Grundpfandrecht Hypothek, Grundschuld, Rentenschuld	● Eheliche Kinder	● Testament
● Sicherheitsleistung			● Nichteheliche Kinder	● Testamentsvollstrecker
			● Annahme als Kind	● Erbvertrag
			● Vormundschaft	
⊕ ZAHLENBILDER				

128 025

5.3 Rechtsfähig ist jede Person – Ist sie auch geschäftsfähig?

Rechtsfähigkeit und *Geschäftsfähigkeit* gehören zu den wichtigsten Grundbegriffen des Zivilrechts. *Rechtsfähig* ist jede Person vom Augenblick ihrer Geburt an, d. h., sie kann z. B. Träger des Eigentumsrechts oder des Erbrechts sein, also z. B. in der ersten Lebensminute ein Haus erben. Neben den *natürlichen Personen* kennt das BGB auch *juristische Personen:* dies sind Körperschaften wie eingetragene Vereine, Kapitalgesellschaften (Aktiengesellschaft, Gesellschaft mit beschränkter Haftung), Genossenschaften u. a., die nach ihrer Gründung durch Eintrag in ein gerichtliches Verzeichnis (Vereinsregister, Handels- und Genossenschaftsregister) rechtsfähig werden. Außerdem gibt es juristische Personen, die bereits durch ein Gesetz zu Körperschaften bestimmt sind, z. B. Handwerkskammern, Sozialversicherungen, Gemeinden, die Kirchen – diese nennt man *Körperschaften des öffentlichen Rechts.* Eine juristische Person ist also eine vom Gesetz vorgesehene künstliche Person, die nur über ihre gewählten Organe (Vorstand, Geschäftsführer) handeln kann.

Nicht jeder, der rechtsfähig ist, kann auch schon rechtlich verbindliche Rechtsgeschäfte (das sind meistens Verträge) abschließen. Dazu muß man *geschäftsfähig* sein. Dies sind alle Personen, die das 18. Lebensjahr vollendet haben (volljährig) und nicht wegen Geisteskrankheit unmündig oder wegen Geistesschwäche, Alkoholismus oder Verschwendungssucht durch ein Vormundschaftsgericht entmündigt bzw. unter Pflegschaft gestellt sind. Übersicht 7 zeigt die zunehmenden rechtlichen Möglichkeiten und Verpflichtungen des Menschen bis zum 21. Lebensjahr sowie die stufenweise abnehmenden elterlichen Rechte und Pflichten.

5.4 Verträge muß man halten – für Schäden muß man haften

Verträge kommen dadurch zustande, daß geschäftsfähige Personen sich über die Ausführung gegenseitiger Leistungen einigen. Am häufigsten sind *Kaufverträge.* „Ein Erdbeereis" ist das Vertragsangebot, das der Käufer dem Verkäufer macht. Der Verkäufer nimmt das Kaufangebot an, indem er eine Portion Eis auf die Waffel setzt und sie dem Käufer reicht. Rechtlich heißt das: die beiden stimmen in ihrer *Willenserklärung* darin überein, daß der Verkauf einer Portion Eis stattfinden soll. Damit haben beide eine Verpflichtung auf sich genommen: Der Verkäufer muß eine einwandfreie Portion Eis an den Käufer übergeben, der Käufer muß den dafür üblichen Preis bezahlen. Wenn beide die Verpflichtung *erfüllt* haben, ist das Rechtsgeschäft beendet. Allerdings haften in den meisten Fällen die Verkäufer oder Hersteller einer Ware noch mindestens

Übersicht 7

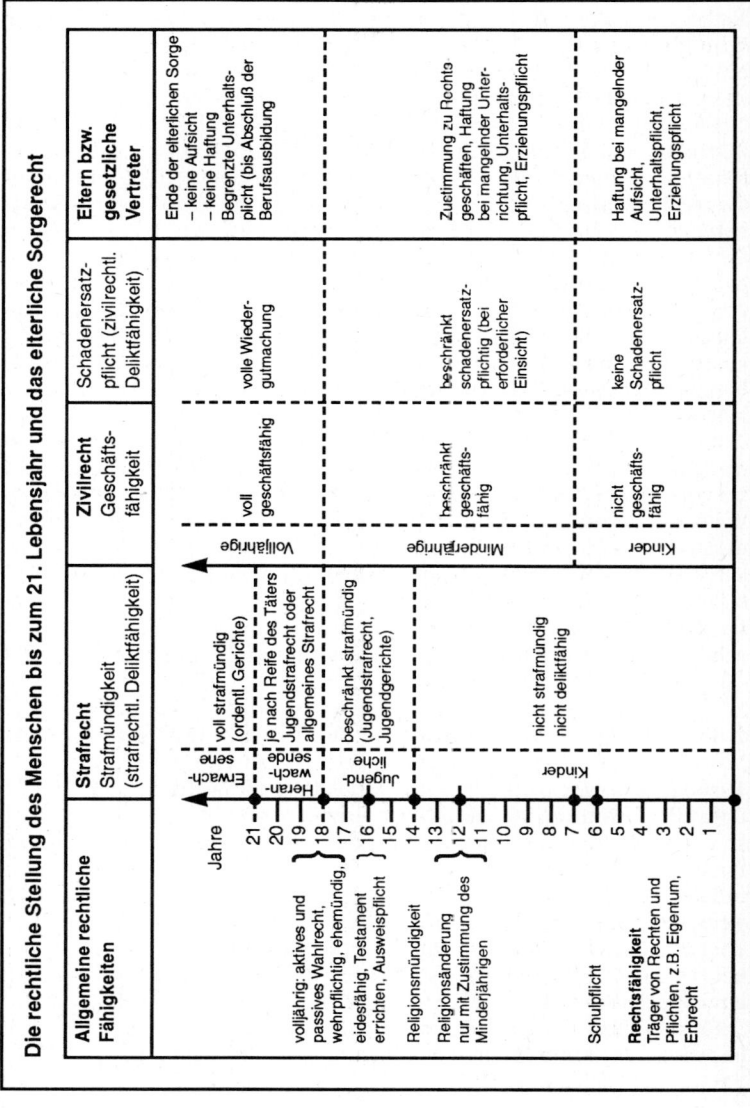

Die rechtliche Stellung des Menschen bis zum 21. Lebensjahr und das elterliche Sorgerecht

6 Monate für Mängel, die an der gelieferten Ware eintreten können *(Mängelhaftung)*.

So wie der Kaufvertrag funktionieren auch andere Verträge. Beim *Mietvertrag* einigen sich Vermieter und Mieter darüber, daß der Mieter die Sache (z. B. eine Wohnung, ein Auto) über eine bestimmte Zeit benützen kann, sie sorgfältig behandelt und nach Ablauf der vereinbarten Zeit in ordnungsgemäßem Zustand zurückgibt, während der Vermieter für diese Überlassung ein Entgelt, den Mietzins, erhält.

Für alle Verträge gilt der Grundsatz: „Verträge müssen eingehalten werden." Jeder Vertragspartner schuldet dem anderen die versprochene Leistung. Erfüllt ein Vertragspartner seine Vertragsverpflichtung nicht, so kann der andere ihn mit Hilfe des Gerichts zur Vertragserfüllung zwingen. Damit bei solchen gerichtlichen Auseinandersetzungen die Ansprüche leichter zu beweisen sind, sollten wichtige Verträge schriftlich festgehalten werden. Rechtlich vorgeschrieben ist die Schriftform jedoch nur für wenige Verträge, z. B. Miet- oder Pachtverträge für mehr als ein Jahr Laufzeit oder Ausbildungsverträge. Bei Erb- und Grundstücksangelegenheiten müssen Verträge vor dem Notar als Urkunde abgefaßt werden, damit sie rechtswirksam sind.

Haftung liegt dann vor, wenn eine Person einer anderen die Wiedergutmachung eines *Schadens* schuldet. Beschädigt ein Ziegel, der von einem Dach herunterfällt, ein darunter parkendes Auto oder verursacht ein Hund einen Verkehrsunfall, dann müssen die Eigentümer der Sache, von der der jeweilige Schaden ausgeht, für diesen haften, d. h. den Schaden ersetzen (Allgemeine Gefährdungshaftung). Die Haftpflicht entfällt nur, wenn der Geschädigte den Schaden grob fahrlässig oder absichtlich selbst herbeigeführt hat, z. B. wenn er einen Schlangenkäfig unerlaubt öffnet und dann von einer Schlange gebissen wird.

Ebenso haftet jeder für Schäden, die er durch sein eigenes Verhalten oder durch das Unterlassen einer notwendigen Handlung verschuldet (Verschuldenshaftung). Hierbei ist jedoch mitentscheidend, ob das geforderte Verhalten dem Verantwortlichen auch zugemutet werden kann. So ist z. B. eine Mutter, die ihr Kind immer wieder ermahnt hat, im Hof zu bleiben und nicht auf die Straße zu gehen, und die ca. alle 5 Minuten einmal nachschaut, wo das Kind ist, nicht für einen Verkehrsunfall haftbar, der eintrat, weil das Kind dennoch plötzlich auf die Straße lief. Sie hat ihre Aufsichtspflicht in zumutbarer Weise erfüllt, denn sie hat alles Menschenmögliche getan, um das Schadensereignis zu verhindern.

Eine Schadensersatzpflicht aus unerlaubten Handlungen entfällt auch, wenn ein Minderjähriger einen Schaden verursacht hat, jedoch nicht in ausreichendem Maße einsehen konnte, daß er andere durch sein Handeln schädigen würde (siehe Übersicht 7).

5.5 Familienmitglieder müssen füreinander sorgen

Die Eheschließung, bei der sich ein ehemündiger Mann und eine ehemündige Frau versprechen, miteinander in ehelicher Gemeinschaft zu leben, unterscheidet sich von normalen Verträgen dadurch,
– daß die Ehe nur vor dem Standesbeamten geschlossen werden kann,
– daß der Vertrag keine Bedingungen und keine Frist enthält und
– daß er von den Vertragspartnern nicht selbst, sondern nur durch ein Gerichtsurteil aufgelöst werden kann.
Dieser öffentlich-rechtliche Akt hat Rechtsfolgen für die persönliche und wirtschaftliche Beziehung der Verheirateten.

Übersicht 8

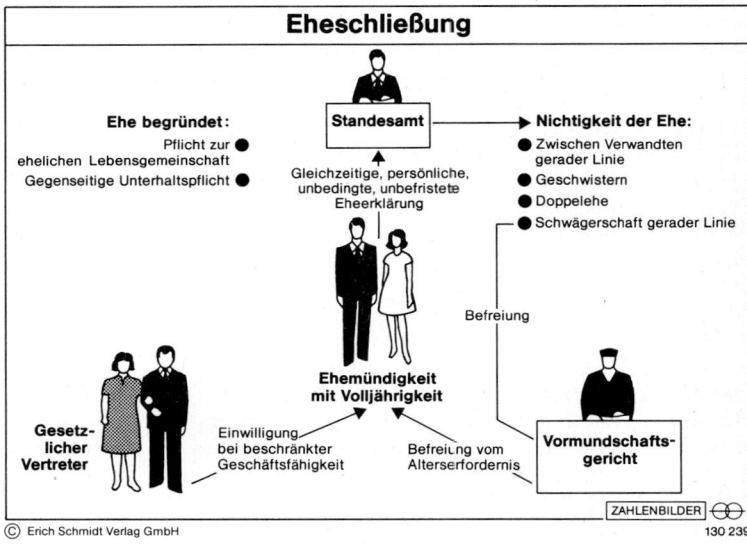

Eheschließung

Ehe begründet:
Pflicht zur ● ehelichen Lebensgemeinschaft
Gegenseitige Unterhaltspflicht ●

Standesamt

Gleichzeitige, persönliche, unbedingte, unbefristete Eheerklärung

Nichtigkeit der Ehe:
● Zwischen Verwandten gerader Linie
● Geschwistern
● Doppelehe
● Schwägerschaft gerader Linie

Befreiung

Ehemündigkeit mit Volljährigkeit

Gesetzlicher Vertreter

Einwilligung bei beschränkter Geschäftsfähigkeit

Befreiung vom Alterserfordernis

Vormundschaftsgericht

ZAHLENBILDER

© Erich Schmidt Verlag GmbH   130 239

Das eheliche Personenrecht bestimmt, daß die Ehegatten untereinander sowie gegenüber ihren Kindern zum Unterhalt verpflichtet sind. Jeder Ehegatte hat das gleiche Recht, einem Erwerbsberuf nachzugehen. Übernimmt der Mann oder die Frau die Kindererziehung und Haushaltsführung, so erfüllt er oder sie mit dieser Arbeit die Unterhaltspflicht. Gegenüber den Kindern haben beide Elternteile in gleicher Weise das Recht und die Pflicht, für die Person und das Vermögen der Kinder zu sorgen und sie gesetzlich zu vertreten. Bei wesentlichen Erziehungsfragen sind die

Eltern verpflichtet, ihre Absichten mit den Kindern zu besprechen und deren Vorstellungen zu berücksichtigen. Können sie sich z. B. über den Ausbildungsweg für ihr Kind nicht einigen, so kann jeder von ihnen, notfalls auch das Kind selbst, das Vormundschaftsgericht anrufen, das dann zum Wohle des Kindes eine Entscheidung trifft. Die Unterhaltsverpflichtung der Eltern endet, wenn das Kind volljährig ist und seine Berufsausbildung abgeschlossen hat.

Das eheliche Güterrecht Nach seinen Bestimmungen besteht zwischen den Ehegatten der Güterstand der *Zugewinngemeinschaft* (gesetzlicher Güterstand): Jeder verwaltet sein in die Ehe mitgebrachtes und das während der Ehe hinzugewonnene Vermögen selbst. Erst im Falle einer Ehescheidung muß der Ehepartner, der mehr Vermögen hinzugewonnen hat, diesen Überschuß mit dem anderen teilen. Die Ehegatten können durch schriftlichen Vertrag beim Notar jedoch auch volle *Gütertrennung* oder *Gütergemeinschaft* vereinbaren.

Alle diese Vorschriften sollen dazu beitragen, daß neben der Pflicht zum gegenseitigen Unterhalt jedes Familienmitglied gleichberechtigt in der Familie lebt. Dies kommt auch im Namensrecht zum Ausdruck: Die Frau muß bei der Eheschließung nicht mehr den Familiennamen des Mannes annehmen. Der Name der Frau kann ebenso als gemeinsamer Familiennamen gewählt werden. Dann kann der Mann seinen Geburtsnamen dem Familiennamen zu einem Doppelnamen hinzufügen.

5.6 Eine Erbschaft bringt nicht nur Freude

Das Erbrecht bestimmt, wem nach dem Tode eines Menschen dessen Hinterlassenschaft zufallen soll. Die Erben müssen prüfen, ob sie die Hinterlassenschaft annehmen oder das Erbe ausschlagen sollen. Denn der Erbe übernimmt nicht nur das vorhandene Vermögen, sondern auch die bestehenden Schulden und Verpflichtungen des Erblassers. Hat der Verstorbene kein gültiges *Testament* hinterlassen oder nicht schon zu Lebzeiten mit den Erben einen *Erbvertrag* abgeschlossen, dann tritt die *gesetzliche Erbfolge* ein.

Die gesetzliche Erbfolge ist an dem Grad der Verwandtschaft orientiert. Danach sind die jeweils nächsten Blutsverwandten erbberechtigt. Dies sind die Kinder, dann die Eltern oder deren Nachkommen. Daneben besteht für den Ehegatten des Verstorbenen ein Erbanspruch. Übersicht 9 zeigt die gesetzliche Erbfolge.

Übersicht 9

Gesetzliche Erbfolge

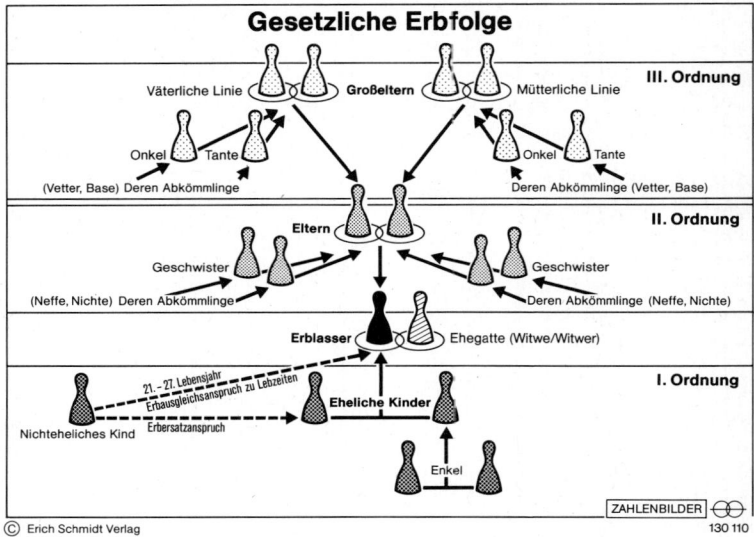

Väterliche Linie Großeltern Mütterliche Linie **III. Ordnung**

Onkel Tante (Vetter, Base) Deren Abkömmlinge Onkel Tante Deren Abkömmlinge (Vetter, Base)

Eltern **II. Ordnung**

Geschwister (Neffe, Nichte) Deren Abkömmlinge Geschwister Deren Abkömmlinge (Neffe, Nichte)

Erblasser Ehegatte (Witwe/Witwer)

I. Ordnung

21. – 27. Lebensjahr
Erbausgleichsanspruch zu Lebzeiten

Nichteheliches Kind Erbersatzanspruch **Eheliche Kinder**

Enkel

ZAHLENBILDER

© Erich Schmidt Verlag 130 110

Ein Testament ist dann gültig, wenn es entweder vor dem Notar „öffentlich" errichtet oder eigenhändig (handschriftlich mit Datum und Unterschrift) verfaßt wurde, der Verfasser mindestens 16 Jahre alt und im Vollbesitz seiner geistigen Kräfte war.

Wird ein gesetzlich Erbberechtigter durch Testament enterbt, so kann er seinen *Pflichtteil* fordern. Der Pflichtteil beträgt die Hälfte des ihm gesetzlich zustehenden Erbes. Für Erbangelegenheiten ist das Nachlaßgericht (Amtsgericht am Wohnort des Erblassers) zuständig.

Erben kann statt Freude auch Kummer, Ärger und wirtschaftlichen Ruin mit sich bringen. Stellt sich nämlich nach Annahme der Erbschaft heraus, daß der Erblasser mehr Schulden gemacht als Vermögenswerte hinterlassen hat, dann müssen die Erben diese Schulden aus ihrem eigenen Einkommen oder Vermögen bezahlen. Denn der Erbe tritt durch Annahme der Erbschaft die Rechtsnachfolge des Verstorbenen an, d. h. er übernimmt nicht nur die Eigentumsrechte am hinterlassenen Vermögen, sondern auch die Pflichten, die der Erblasser nicht mehr erfüllt hat. Deshalb sollte jeder Erbe vorab klären, welche Verpflichtungen mit einer Erbannahme verbunden sind. Dann kann er gegenüber dem Nachlaßgericht die Annahme der Erbschaft verweigern. Niemand ist verpflichtet, eine Erbschaft anzunehmen.

Zusammenfassung

Das im Bürgerlichen Gesetzbuch (BGB) enthaltene Privatrecht ist in der Folge der Französischen Revolution aus dem „Code civil" Napoleons entstanden. Es kann als eine politische Verwirklichung der damaligen Forderungen nach Freiheit und Gleichheit verstanden werden. Mit der „Rechtsfähigkeit" werden Menschen von Geburt an als gleichberechtigt definiert. Mit der „Geschäftsfähigkeit" wird jedem die Freiheit zugestanden, mit anderen Menschen Vereinbarungen zu treffen. Der Staat tritt nur bei Streitigkeiten als Schlichter und Schiedsrichter auf: Wer seine Verpflichtungen gegenüber anderen nicht erfüllen will, kann von diesen mit Hilfe des Staates – in der Person des Gerichtsvollziehers – gezwungen werden. Der Staat sorgt so mit dem Privatrecht auch für ein Mindestmaß an „Brüderlichkeit". Wer allerdings seine Rechte zu wenig kennt, kann auch vor Gericht benachteiligt sein, weil im Privatprozeß die Richter unparteiisch nur über die vorgebrachten Ansprüche und Anträge entscheiden.

6. Arbeitsrecht – Schutz für die Arbeitnehmer

In Arbeits- und Ausbildungsverhältnissen begegnen sich die Vertragspartner meist in einer ungleichen Situation. Arbeitnehmer und Auszubildende sind fast immer auf vorhandene Arbeitsmöglichkeiten und das für sie damit verbundene Einkommen angewiesen; sie sind also vom Arbeitgeber oder Ausbildenden abhängig. Um negative Folgen aus dieser Abhängigkeit zu mildern, wurden im Verlauf der letzten hundert Jahre viele Gesetze erlassen, die die Beziehungen zwischen Arbeitnehmern und Arbeitgebern regeln und die Arbeitnehmer vor ungerechtfertigter Ausnutzung durch Arbeitgeber sichern. Diese Gesetze fallen unter das *Arbeits- und Sozialrecht.*

Das *Arbeitsrecht* gestaltet nicht nur die Beziehungen zwischen einzelnen Arbeitgebern und Arbeitnehmern, sondern mit dem *Tarifvertragsrecht* auch zwischen den Arbeitgeberverbänden und den Gewerkschaften. In den letzten 10–20 Jahren wurden besonders auch die Bedingungen der Berufsausbildung in Betrieben von Industrie, Handwerk, Handel und Verwaltung gesetzlich neu geregelt. Wer mit Arbeitsrecht zu tun hat, muß also Einblick in eine Vielzahl von Gesetzen haben: Bürgerliches Gesetzbuch, Handelsgesetzbuch, Gewerbeordnung, Kündigungsschutzgesetz, Gesetze über die Arbeitszeit, Berufsbildungsgesetz, Jugendarbeitsschutz- und Mutterschutzgesetz, Betriebsverfassungsgesetz u.v.a. Die Freiheit, seinen Beruf und Arbeitsplatz frei zu wählen und das Verbot von Zwangsarbeit sind im Grundgesetz Art. 12 garantiert.

6.1 Arbeitsverhältnis – Arbeitsvertrag

Ein Arbeitsverhältnis besteht, wenn ein „Arbeitnehmer" von einem „Arbeitgeber" eingestellt wird, um gegen Entgelt (Lohn oder Gehalt) regelmäßig zu arbeiten. Nach dem Bürgerlichen Gesetzbuch (BGB) ist dieser Vertrag grundsätzlich (Ausnahmen sind möglich) auf unbestimmte Dauer abgeschlossen. Denn für den Arbeitnehmer ist die Berufstätigkeit seine Existenzgrundlage. Ein besonderes *Kündigungsschutzgesetz* verbietet deshalb dem Arbeitgeber eine unbegründete und willkürliche Kündigung. Nur bei nachweisbar betrieblichen Gründen oder bei Gründen, die der Arbeitnehmer in seiner Person oder in seinem Verhalten liefert (z. B. wiederholtes Zuspätkommen, Arbeitsverweigerung, allgemeine Verletzung von Vertragspflichten u. v. a.), ist eine Entlassung zulässig und rechtswirksam. Aus diesem *Arbeitsvertrag* folgen nach dem BGB *Pflichten* für beide Vertragspartner.

Der Arbeitnehmer muß alle sich aus dem Vertragsrahmen ergebenden Tätigkeiten nach den Weisungen des Arbeitgebers ausführen.
Er muß also seine Arbeit persönlich, pünktlich und am vereinbarten Arbeitsort leisten *(Arbeitspflicht)*. Material und Arbeitsmittel muß er pfleglich behandeln. Darüber hinaus verlangt das BGB eine *Treuepflicht;* der Arbeitnehmer darf nicht gegen die Interessen seines Betriebes handeln, z. B. Kunden abwerben oder Betriebsvorfälle nach außen tragen *(Verschwiegenheitspflicht)*.

Der Arbeitgeber ist verpflichtet, den Arbeitnehmer mit den vereinbarten Arbeiten zu beschäftigen *(Beschäftigungspflicht)* sowie für seine Gesundheit und Sicherheit im Betrieb zu sorgen *(Fürsorgepflicht)*. Dazu gehört auch die Pflicht, den Arbeitnehmer bei der gesetzlichen Unfall-, Kranken-, Renten- und Arbeitslosenversicherung anzumelden und die Beiträge an diese Versicherungen abzuführen. Vor allem aber muß der Arbeitgeber die vereinbarte Vergütung – Lohn oder Gehalt – für die geleistete Arbeit bezahlen *(Vergütungspflicht)*. Dazu muß er eine genaue Lohnabrechnung erstellen, nach der der Arbeitnehmer seine Vergütung und die Abzüge genau nachrechnen kann. Mehrarbeit, Sonn-, Feiertags- und Nachtarbeit müssen besonders, d. h. höher vergütet werden. An den gesetzlichen Feiertagen und während des gesetzlich oder tarifvertraglich vorgeschriebenen Urlaubs sowie bei einer Erkrankung des Arbeitnehmers von weniger als 6 Wochen Dauer muß die Vergütung ebenfalls bezahlt werden. Die wichtigsten Einzelheiten wie Arbeitszeit, Urlaub, Lohn- und Gehaltseinstufung sind heute durch *Tarifverträge* für alle Arbeitsverhältnisse bestimmter Berufsgruppen zwischen den Gewerkschaften und den Arbeitgeberverbänden vereinbart (s. Kap. 2, S. 73 f.).

6.2 Jugendarbeitsschutz

In früheren Jahrhunderten wie auch heute noch in vielen wirtschaftlich unterentwickelten Ländern wurden Kinder und Jugendliche bereits früh in die Arbeitswelt der Erwachsenen einbezogen. Dies versperrte ihnen nicht nur Möglichkeiten für Bildung und Ausbildung, sondern verursachte auch vielfältige körperliche Entwicklungsschäden.

Das *Jugendarbeitsschutzgesetz* (Gesetz zum Schutze der arbeitenden Jugend – JArbSchG 1976, zuletzt geändert 1986) soll solche Schädigungen verhindern. Deshalb ist es nach diesem Gesetz verboten, Kinder unter 15 Jahren, die schulpflichtig sind, mit Arbeiten zu beschäftigen, die über geringfügige Gefälligkeiten hinausgehen. Ausnahmen sind möglich, wenn ein Ausbildungsverhältnis besteht. Werden Jugendliche beschäftigt, müssen folgende Bestimmungen eingehalten werden:

– Die *Arbeitszeit* darf $8\frac{1}{2}$ Stunden pro Tag und 40 Stunden pro Woche nicht überschreiten.
– Die *Freizeit* muß täglich mindestens 12 zusammenhängende Stunden dauern. Samstags-, Sonn- und Feiertagsarbeit ist mit Ausnahme von wenigen Betrieben (z. B. Gaststätten und Krankenpflegeanstalten) nicht erlaubt. Auf jeden Fall muß dann durch Freistellung an anderen Tagen die 5-Tage-Woche garantiert sein.
– Mit *Fließband-, Akkord- und allgemein gefährlichen Arbeiten* dürfen Jugendliche nicht beschäftigt werden, es sei denn, die Beschäftigung ist zum Erreichen des Ausbildungsziels nötig.
– *Berufsschulbesuch* von mehr als 5 Unterrichtsstunden pro Tag gilt (einmalig pro Woche) als ein bezahlter Arbeitstag: die Jugendlichen dürfen am Schultag dann nicht mehr beschäftigt werden.
– Als *Pausen* zählen nur Arbeitsunterbrechungen von mindestens 15 Minuten Dauer. Nach $4\frac{1}{2}$ Stunden Arbeit sind mindestens 30 Minuten, nach 6 Stunden insgesamt 60 Minuten Pause einzulegen.
– *Urlaubsanspruch* entsteht nach einer ununterbrochenen Tätigkeit von 3 Monaten. Er beträgt mindestens 30 Werktage bis zum 16., 27 Werktage bis zum 17. und 25 Werktage bis zum vollendeten 18. Lebensjahr. Der Urlaub soll zusammenhängend in der Zeit der Berufsschulferien gegeben werden.
– Während des Urlaubs darf der Jugendliche keine Erwerbstätigkeit leisten, die dem Urlaubszweck widerspricht.
– *Ärztliche Untersuchungen* sind vorgeschrieben vor Antritt einer Beschäftigung und vor Ablauf des ersten Beschäftigungsjahres. Sie sind für den Jugendlichen kostenlos. Ohne diese ärztliche Bescheinigung dürfen Jugendliche nicht beschäftigt werden.
– Die *Einhaltung des Gesetzes* wird durch die Gewerbeaufsichtsämter überwacht. Bei Verstößen genügt eine Mitteilung an dieses Amt.

Zusammenfassung
Das Arbeitsrecht ist beispielhaft dafür, daß auch privatrechtliche
Beziehungen umfangreichen Vorschriften unterliegen können, wenn
ohne Vorschriften Ungerechtigkeiten zwischen gesellschaftlich
„Stärkeren" und „Schwächeren" drohen. So mußte das Arbeitsver-
tragsrecht nach dem BGB in einer Vielzahl von ergänzenden Gesetzen zum *Arbeitsrecht* mit annnähernd 40 Einzelgesetzen ausgebaut
werden. Kernbereiche sind zum einen die *Schutzgesetze* (z. B.
Jugendarbeitsschutz, Mutter- und Schwerbehindertenschutz,
Arbeitszeitordnung u. a.), *Gesetze zur Mitbestimmung* in Unternehmen und in den Betrieben (z. B. Mitbestimmungsgesetz, Betriebsverfassungsgesetz) sowie das *Tarifvertragsgesetz.* Nach diesem Gesetz
können die Verbände der Arbeitgeber mit den Arbeitnehmerverbän-
den (Gewerkschaften) Vereinbarungen zur Arbeitsgestaltung in
Tarifverträgen unabhängig von staatlichen Zielen festlegen.

7. Berufsbildungsgesetz – Gleichheit der Chancen begrenzt die Freiheit

7.1 Rechtsrahmen für Auszubildende

Rund 80 Prozent aller jungen Menschen erfahren nach Abschluß ihrer
Schullaufbahn eine Ausbildung in Betrieben der Industrie, des Handels,
des Handwerks oder sonstiger Dienstleistungsunternehmen. Ähnlich wie
in einem Arbeitsverhältnis, sind auch hierbei die Auszubildenden davon
abhängig, wie gründlich und umfassend der Betrieb sie ausbildet. Um
hierbei allen Auszubildenden annähernd vergleichbare Chancen zu
sichern, wurde 1969 das *Berufsbildungsgesetz* erlassen (mit Änderungen
zuletzt 1990). Die wichtigsten Vorschriften daraus sind:
– Die Berufsausbildung kann nur in einem Ausbildungsberuf erfolgen,
  der durch das Bundeswirtschaftsministerium anerkannt ist.
– Das Berufsausbildungsverhältnis beruht auf einem schriftlichen
  Berufsausbildungsvertrag zwischen dem Ausbildenden und dem Auszubildenden und dessen gesetzlichem Vertreter. Der Vertrag
  beschreibt das Ausbildungsziel (genaue Berufsbezeichnung), die Aus-
  bildungsdauer, die Dauer der regelmäßigen täglichen Arbeitszeit,
  Urlaubsregelung, Vergütung für den Auszubildenden und allgemeine
  gegenseitige Pflichten. Während der Probezeit zwischen 1 bis 3 Monaten kann der Vertrag von beiden Seiten jederzeit gelöst werden.
– Die Auszubildenden dürfen nur mit Arbeiten beschäftigt werden, die
  dem Ausbildungszweck dienen. Dafür müssen sie alle ihnen in diesem

Rahmen aufgetragenen Verpflichtungen sorgfältig ausführen und die
für die Ausbildungsstätte geltenden Ordnungen beachten.

7.2 Vorschriften für die Ausbilder

Wer die Ausbildung verantwortlich leitet, muß in einer Prüfung nachgewiesen haben, daß er neben seiner beruflichen Fachkompetenz pädagogische und rechtliche Kenntnisse für die Planung und Durchführung
betrieblicher Ausbildungsgänge besitzt.

– Die Ausbildung in den Betrieben wird von den Handwerks- bzw. Indu-
   strie- und Handelskammern und den Berufsbildungsausschüssen überwacht. Die Betriebe müssen nach ihrer Art und Einrichtung für die
   Berufsausbildung geeignet sein und müssen Ausbilder bestellen, die
   persönlich und fachlich zur Ausbildung befähigt sind.

– Die Ausbilder müssen sich an die vom Bundeswirtschaftsminister
   erlassenen Ausbildungsordnungen halten. Darin werden die zeitliche
   und sachliche Abfolge aller notwendigen Fertigkeiten und Kenntnisse
   sowie die Prüfungsanforderungen beschrieben. Alle Auszubildenden
   erhalten die Ausbildungsordnung für ihren Beruf mit dem Ausbil-
   dungsvertrag ausgehändigt. So können sie Ablauf und Inhalte ihrer
   Ausbildung selbst überwachen.

Zusammenfassung

Das Berufsbildungsgesetz ist ein Bestandteil des Arbeitsrechts, mit
dem der Staat für die Auszubildenden Rahmenbedingungen zu einer überall vergleichbaren und einheitlichen Ausbildungsqualität
schafft. Die Überwachung der Vorschriften ist fast ausschließlich den
Kammern überlassen, d. h. den Selbstverwaltungs-Körperschaften
der Ausbildungsbetriebe. In Betrieben, in denen auch Betriebsräte
als Vertreter der Arbeitnehmer gewählt sind, können diese vor Ort
im Interesse der Auszubildenden die Einhaltung der Ausbildungsordnungen kontrollieren und sich für deren Erfüllung einsetzen.

8. Gerichte sollen Recht sprechen und die Staatsgewalt kontrollieren

8.1 Gerichte als dritte Staatsgewalt

Oft hört man die Äußerung: „Mit dem Gericht möchte ich nichts zu tun
haben." Die Scheu vor „dem Gericht" kann man unter anderem damit
erklären, daß die meisten das Gericht als ein Staatsorgan fürchten, das

Übersicht 10

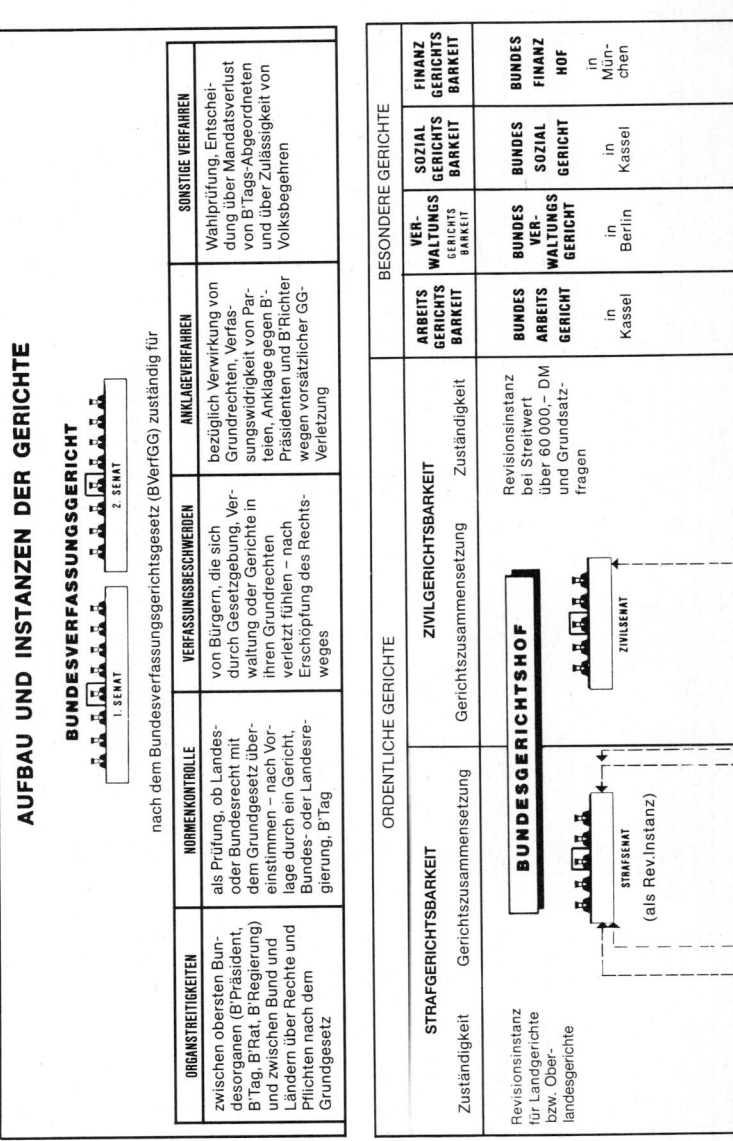

AUFBAU UND INSTANZEN DER GERICHTE

BUNDESVERFASSUNGSGERICHT

1. SENAT   2. SENAT

nach dem Bundesverfassungsgerichtsgesetz (BVerfGG) zuständig für

ORGANSTREITIGKEITEN	NORMENKONTROLLE	VERFASSUNGSBESCHWERDEN	ANKLAGEVERFAHREN	SONSTIGE VERFAHREN
zwischen obersten Bundesorganen (B'Präsident, B'Tag, B'Rat, B'Regierung) und zwischen Bund und Ländern über Rechte und Pflichten nach dem Grundgesetz	als Prüfung, ob Landesrecht oder Bundesrecht mit dem Grundgesetz übereinstimmen – nach Vorlage durch ein Gericht, Bundes- oder Landesregierung, B'Tag	von Bürgern, die sich durch Gesetzgebung, Verwaltung oder Gerichte in ihren Grundrechten verletzt fühlen – nach Erschöpfung des Rechtsweges	bezüglich Verwirkung von Grundrechten, Verfassungswidrigkeit von Parteien, Anklage gegen B'Präsidenten und B'Richter wegen vorsätzlicher GG-Verletzung	Wahlprüfung, Entscheidung über Mandatsverlust von B'Tags-Abgeordneten und über Zulässigkeit von Volksbegehren

ORDENTLICHE GERICHTE

STRAFGERICHTSBARKEIT	ZIVILGERICHTSBARKEIT	
Zuständigkeit Gerichtszusammensetzung	Gerichtszusammensetzung	Zuständigkeit

BUNDESGERICHTSHOF

STRAFSENAT (als Rev.Instanz)

ZIVILSENAT

Revisionsinstanz für Landgerichte bzw. Oberlandesgerichte	Revisionsinstanz bei Streitwert über 60 000,– DM und Grundsatzfragen

BESONDERE GERICHTE

ARBEITSGERICHTSBARKEIT	VERWALTUNGSGERICHTSBARKEIT	SOZIALGERICHTSBARKEIT	FINANZGERICHTSBARKEIT
BUNDES ARBEITS GERICHT	BUNDES VERWALTUNGS GERICHT	BUNDES SOZIAL GERICHT	BUNDES FINANZ HOF
in Kassel	in Berlin	in Kassel	in München

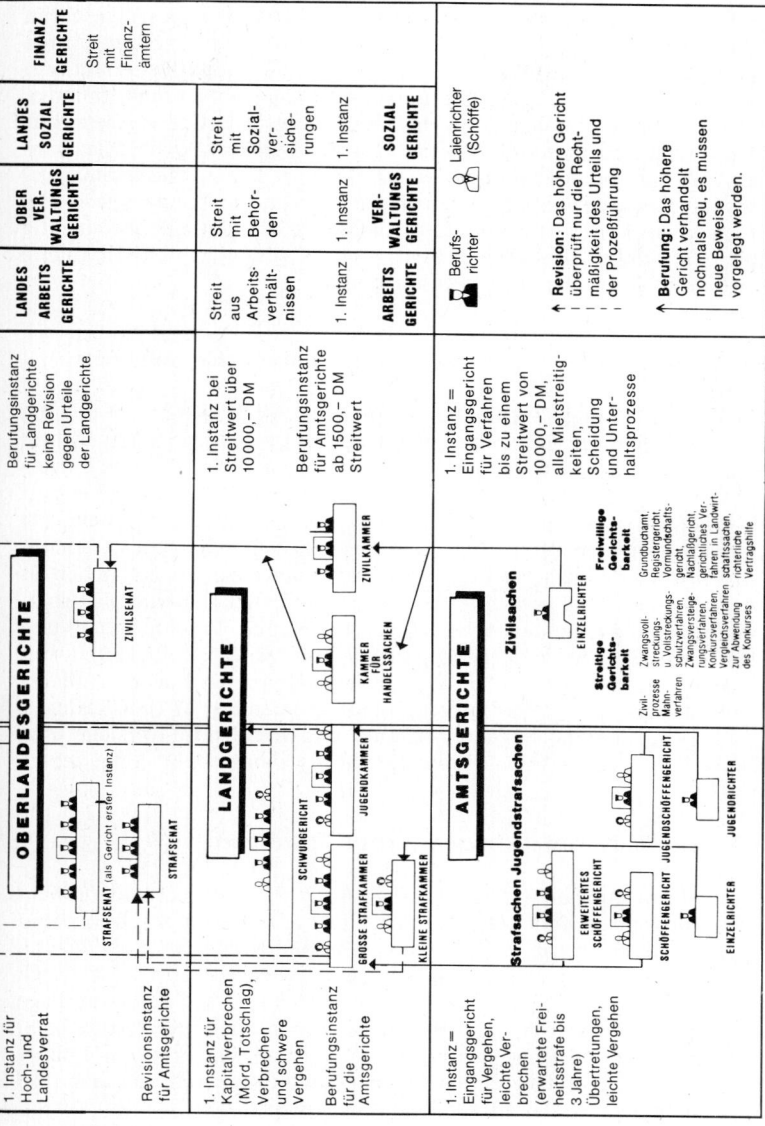

verurteilen und Strafen verhängen kann. Im Rahmen von Theorien zur Demokratie werden die Gerichte als „dritte Gewalt" angesehen, deren Hauptaufgabe in der Kontrolle der „ersten Gewalt" (Gesetzgebung durch die Parlamente) und besonders der „zweiten Gewalt" (Regierung und Verwaltung) liegt. Der demokratische Rechtsstaat soll so funktionieren, daß die erste Gewalt nicht gegen das Verfassungsrecht (Grundgesetz) verstößt und daß die zweite Gewalt nur aufgrund von Recht und Gesetz handelt. Wo z. B. die Polizei oder der Strafvollzugsdienst (zweite Staatsgewalt) auch von den Gerichten zur Durchsetzung des Rechts herangezogen werden, kontrollieren diese Staatsorgane die Gerichte gleichzeitig auch: sie dürfen die Freiheitsrechte von Personen nur einschränken, soweit ein Gesetz sie dazu bevollmächtigt.

8.2 Verschiedene Gerichte für unterschiedliche Aufgaben

Um die unparteiliche Geltung und Durchsetzung des Rechts zu sichern, wird den Richtern besondere Unabhängigkeit zugesichert. Die Richter sind nur dem Gesetz unterworfen, können gegen ihren Willen nicht versetzt und nur aufgrund eines Gerichtsurteils abgesetzt werden. Übersicht 11 zeigt, daß für die verschiedenen Aufgabenbereiche verschiedene Gerichte vorgesehen sind. Neben der sogenannten *ordentlichen Gerichtsbarkeit,* die für allgemeine Zivil- und Strafsachen zuständig ist, stehen als besondere Gerichte zum einen die *Arbeitsgerichte* (als Zivilgerichtsbarkeit für Streitigkeiten aus Arbeitsverhältnissen und Tarifkonflikten) und zum anderen die *Verwaltungsgerichte* (für Rechtsstreitigkeiten mit Ämtern und Behörden). Bei Streit mit den Finanzbehörden sind die *Finanzgerichtsbarkeit,* für Rechtskonflikte mit den Sozialversicherungen (gesetzliche Renten-, Kranken-, Unfall- und Arbeitslosenversicherung) die *Sozialgerichtsbarkeit* als besondere Verwaltungsgerichte eingerichtet.

8.3 Gerichtsurteile können überprüft werden

Durch die Stufung der Gerichte, z. B. in Amts-, Land-, Oberlandesgericht und Bundesgerichtshof besteht in fast allen Fällen die Möglichkeit, gegen Urteile unterer „Instanzen" (Instanz = Zuständigkeit) *Berufung* einzulegen oder *Revision* zu beantragen, wenn eine Prozeßpartei mit dem Urteil nicht einverstanden ist. Bei einer Berufung findet auf der Grundlage eventuell neuer Anträge und Beweise nochmals ein neuer Prozeß beim nächsthöheren Gericht statt. Bei einer Revision überprüft das höhere Gericht lediglich aufgrund der Akten, ob die Prozeßführung fehlerfrei abgelaufen und das Urteil der Rechtslage angemessen ist.

8.4 Über allen Instanzen – Das Bundesverfassungsgericht

Das *Bundesverfassungsgericht* (BVG) in Karlsruhe steht über dem allgemeinen Gerichtssystem. Die *zwei Senate*, mit je acht Richtern besetzt, müssen u. a. in folgenden Fällen tätig werden:
(1) Das BVG entscheidet bei Streitigkeiten zwischen verschiedenen Staatsorganen, die nach dem Grundgesetz zusammenwirken sollen. So wäre z. B. denkbar, daß sich der Bundespräsident weigert, ein vom Bundestag und Bundesrat verabschiedetes Gesetz in Geltung zu setzen. Der Bundestagspräsident könnte dann eine Entscheidung in diesem „Organstreit" beim BVG beantragen.
(2) Hat eines der Organe, die an der Gesetzgebung des Bundes beteiligt sind (Bundestag, Bundesrat, Bundesregierung, siehe Kap. 3, S. 148) Bedenken, daß ein Gesetz nicht mit Vorschriften des Grundgesetzes übereinstimmt, dann muß das BVG die Verfassungsmäßigkeit des Gesetzes überprüfen. Auch ein Gericht kann diese Überprüfung beantragen. So hat z. B. 1993 das BVG den vom Bundestag mit Mehrheit beschlossenen § 218 StGB über den Schwangerschaftsabbruch als in Teilen verfassungswidrig erkannt und dem Gesetzgeber den Auftrag erteilt, diesen Paragraphen neu zu fassen.
(3) Auch jeder Bürger kann, wenn er sich durch Gesetzgebung, Verwaltung oder Rechtsprechung in einem Grundrecht (Art. 1–19 GG) verletzt fühlt, nachdem er den ordentlichen Rechtsweg durchlaufen hat, Verfassungsbeschwerde beim BVG erheben.
(4) Schließlich muß das BVG in Anklageverfahren entscheiden, bei denen die Verfassungswidrigkeit einer Partei (Art. 21 Abs. 2 GG) oder die Verwirkung von Grundrechten (Art. 18 GG) festgestellt werden soll oder gegen den Bundespräsidenten oder einen Bundesrichter Anklage wegen vorsätzlicher Verletzung der Verfassung oder eines Gesetzes erhoben wird. Deshalb bezeichnet man das BVG auch als „Hüter der Verfassung".

9. Recht im Wandel politischer Entwicklungen

9.1 Beispiel: Europäische Union

Das „Recht" ist ein Gegenstand und das Ergebnis politischer Entwicklungen. Dies läßt sich in verschiedenen Bereichen beobachten. In Westeuropa haben die Staaten nach dem Zweiten Weltkrieg auf eine europäische Einheit hingearbeitet. Mit den Verträgen von Maastricht 1993 wurde ein entscheidender Schritt zu einer europäischen Union getan. Doch das Hauptproblem liegt immer noch darin, daß die Gesetze der Einzelstaaten sich nicht von heute auf morgen vereinheitlichen lassen. Einerseits schaffen einheitliche Gesetze z. B. in den Umweltschutzvorschriften oder im Steuerrecht erst die Voraussetzung dafür, daß z. B. Unternehmen überall unter gleichen Bedingungen arbeiten können. Bestehen z. B. in Deutschland strengere Vorschriften zum Umweltschutz als in Frankreich, dann sind für viele deutsche Unternehmen die Produktionskosten höher. Damit haben sie schlechtere Verkaufschancen im Wettbewerb.

Andererseits haben italienische oder griechische Bürger im Süden und Dänen oder Schotten im Norden immer weniger demokratische Einflußmöglichkeiten auf die europäische Gesetzgebung. Es vergrößert sich die Gefahr, daß das Recht inhaltlich vor allem von wirtschaftlichen Interessen großer Wirtschaftsunternehmen bestimmt wird (z. B. Chemie-Industrie, Atom-Industrie u. a.), wenn die Politiker aus den verschiedenen Mitgliedstaaten unterschiedliche nationale Interessen vertreten.

9.2   Beispiel: Asylrecht

„Politisch Verfolgte genießen Asylrecht", so hieß es bis 1993 ohne Einschränkung im Grundgesetz Art. 16. Nachdem die Grenzen aus den bisherigen Ostblock-Ländern geöffnet wurden, baten immer mehr Menschen aus diesen Gebieten – 1992 insgesamt über 400 000 Neubewerber, davon 73 Prozent aus Ost- und Südosteuropa – um Asylaufnahme in der Bundesrepublik Deutschland. Dieses Anwachsen von Zuwandererströmen löste bei nicht wenigen Deutschen Ängste vor zu vielen Fremden aus. Die Politiker fühlten sich überfordert, die Unterbringung dieser Menschen zu organisieren und zu finanzieren. Deshalb wurde das Grundrecht auf Asyl ab Juli 1993 stark eingeschränkt. Die Regelung, daß Asylbewerber sofort an der Grenze zurückgewiesen werden können, wenn sie schon in einem sicheren „Drittland" sind, hat seither zu einem drastischen Rückgang von Zuwanderern bzw. Asylbewerbern geführt (alle Staaten um Deutschland herum sind sichere Drittländer, weil in ihnen keine politische Verfolgung stattfindet). Kritiker bezeichnen allerdings die in Art. 16 a verbliebene Asylrechtsgarantie nur noch als „Feigenblatt". Mit allen jetzt in das Asylverfahren eingebauten Schwierigkeiten ist es für tatsächlich in ihren Heimatländern politisch Verfolgte kaum noch möglich, Deutschland als Asylland mit dem Flugzeug zu erreichen und dann noch zu beweisen, daß eine Flucht vor politischer Verfolgung vorliegt. Eine weltpolitische Entwicklung führte also zu Veränderungen in der Ausgestaltung von Grundrechten. Rechtlich ungelöst ist (1994/95) noch die Frage, wie längerfristig mit Menschen umzugehen ist, die nicht wegen politischer Verfolgung, sondern „nur" vor dem Hungertod in ihrer Heimat fliehen und in den reichen Ländern Europas um Aufnahme bitten.

9.3 Beispiel: Zweierlei Recht im vereinten Deutschland?

Ein weiteres, noch nicht ganz bewältigtes Rechtsproblem entstand dadurch, daß sich 1990 die Länder der ehemaligen DDR an die Bundesrepublik anschlossen. Damit galt – bis auf wenige Punkte, die im Grundlagenvertrag ausgehandelt waren – die Rechtsordnung der Bundesrepublik für das ganze, vereinigte Deutschland.

Zu DDR-Zeiten litten in diesem Staat Hunderttausende unter dem diktatorischen Unrechtsregime. Wer ausreisen wollte, verlor oft Arbeit oder Ausbildungsplatz. Wer mit Verwandten oder Bekannten in Westdeutschland Kontakt hatte, wurde vom Staatssicherheitsdienst (Stasi) bespitzelt, sein Telefon und seine Post wurden überwacht, Familienmitglieder willkürlich verhört und eingeschüchtert. Wer über Mauer und Stacheldraht zu fliehen versuchte, büßte dies oft mit jahrelangenFreiheitsstrafen oder gar mit seinem Leben, wenn die Grenzsoldaten schossen oder Minen und Selbstschußanlagen ausgelöst wurden. Nun erwarten die Opfer eine Bestrafung der Täter dieses Unrechtssystems.

Schon bei den ersten „Mauerschützen"-Prozessen, in denen ehemalige Grenzsoldaten als Mordverdächtige vor Gericht gestellt wurden, tauchte die Frage nach den wirklich Verantwortlichen für alle diese Verbrechen auf. Die Soldaten beriefen sich auf Befehle von oben. Während sie als kleine Ausführungsorgane verurteilt wurden, lebten die Drahtzieher in Freiheit. Der Staatsratsvorsitzende Honecker konnte schließlich – weil die Ärzte ihn als schwer und unheilbar krank einstuften – frei nach Chile ausreisen, ohne daß er strafrechtlich für die ihm zur Last gelegten Regierungsverbrechen zur Verantwortung gezogen wurde. Ebenso entging der Stasi-Chef wegen fortgeschrittener Alterskrankheit einer Bestrafung. Es hieß: „Die Kleinen hängt man, die Großen läßt man laufen."

Dies enttäuscht den Gerechtigkeitssinn vieler Menschen. Insbesondere Betroffene in Ostdeutschland haben aus dieser Erfahrung Zweifel am Rechtsstaat – denn offenbar schont er die Täter von einst.

Hier befindet sich der Rechtsstaat tatsächlich in einem Zwiespalt. Die nach bundesrepublikanischem Recht als Unrechtshandlungen eingestuften Taten waren durch das DDR-Recht und die DDR-Verfassung gedeckt – z. B. Stasi- und militärische Sicherungsaufgaben. Strafrechtlich kann auch nach dem Grundgesetz (Art. 103 Abs. 2) „eine Tat ... nur bestraft werden, wenn die Strafbarkeit gesetzlich bestimmt war, bevor die Tat begangen wurde".

Da niemand auf diesen fundamentalen Verfassungs- und Strafrechtsgrundsatz verzichten möchte, liegt es nahe, daß die Taten ehemaliger DDR-Funktionäre nach dem für sie damals geltenden DDR-Recht gemessen werden müssen. So hat der Bundesgerichtshof bereits festgestellt, daß DDR-Täter nur verurteilt werden können, wenn ihre Tat auch nach

DDR-Recht strafbar gewesen wäre oder wenn die Tat für die Täter erkennbar gegen allgemeine Menschenrechte verstoßen hätte.

Hinzu kommt im Strafrecht der Grundsatz der Unschuldsvermutung. Dem Todesschützen an der Mauer kann seine Tat leicht nachgewiesen werden. Viel schwieriger ist es zu beweisen, wer von den Vorgesetzten den menschenrechtswidrigen Schießbefehl gegeben hat. Soll jemand wegen unbewiesener Vermutungen bestraft werden, oder soll es im Strafrecht so bleiben, daß man eher zwei möglicherweise Schuldige „im Zweifel" nicht bestraft, als einen Unschuldigen zu Unrecht?

Dasselbe gilt für Alte und Kranke: Wird bei ihnen dauernde Verhandlungsunfähigkeit festgestellt, so daß sie sich gegen Anschuldigungen z. B. nicht mehr wehren können, dann wird das Verfahren eingestellt, um Unrecht zu vermeiden. Ist abzusehen, daß ein Angeklagter das Prozeßende nicht mehr erleben wird, so ist eine Prozeßfortführung strafrechtlich sinnlos.

Zusammenfassung

Die Spruchweisheit „Recht muß Recht bleiben" kann nicht heißen, daß vorhandenes Recht nicht mehr verändert werden darf. Einerseits zeigt das Beispiel „Zweierlei Recht im vereinten Deutschland", daß Recht an den Bestand einer staatlichen Ordnung geknüpft ist und mit dieser untergehen kann. Ebenso fordern neue staatliche Aufgaben und Ziele (z. B. Europäische Union) oder neue geschichtliche Entwicklungen (z. B. Asylproblem) eine Anpassung, also Veränderung und Weiterentwicklung des Rechts. Andererseits besteht immer die Gefahr, daß alte (Grund-)Rechte verloren gehen: Wie können in einem großen Europa noch alle Bürger Einfluß auf ihre Gesetze nehmen? Darf der Asylschutz so weit eingeschränkt werden, daß er von den Schutzbedürftigen kaum noch in Anspruch genommen werden kann?

Was kann getan werden, um den Opfern des Unrechtsregimes der DDR das Bewußtsein zu vermitteln, daß ihnen der Rechtsstaat zu gerechtem Ausgleich verhilft, gerade dann, wenn zur Bewahrung der rechtsstaatlichen Grundsätze eine Bestrafung der Tatverantwortlichen nicht erfolgen kann?

In all diesen Fällen müssen veränderte Rechtsregeln geschaffen werden. Bürgerinnen und Bürger sollten die politische Diskussion und die Entscheidungen der Parlamentsmehrheiten dazu kritisch verfolgen. So können sie spätestens bei den nächsten Wahlen mitentscheiden, welche Richtung in der Gesetzesarbeit sie unterstützen oder bremsen wollen.

1. Medien und Kommunikation – „weltweit verbunden – weltweit dabei"

Aufstehen mit den Frühnachrichten aus dem Radiowecker, beim Früh-
stück ein Blick auf die Schlagzeilen der Tageszeitung, auf dem Weg zur
Schule Englischvokabeln lernen über Cassette und Kopfhörer, bei der
Fahrt zur Arbeit die neuesten Hits aus dem Autoradio, eilige Geschäfts-
briefe per Telefax, Hausaufgaben am Computer, Geburtstagsgrüße über
Telefon, Einkaufen mit Bildschirmtext, beim Abendessen die neuesten
Meldungen der Nachrichtensendungen, zur Entspannung ein Videofilm,
vor dem Einschlafen die Lektüre eines Bestsellers – *Medien* bestimmen
unseren Alltag, Medien sind unser Alltag. Der Umgang mit und die Nutzung von Medien ist für uns selbstverständlich. Medien informieren,
belehren, unterhalten uns.

1.1 Die Mediengesellschaft: Ein Leben aus „zweiter Hand"?

Wolfgang Baaske (Peter Kaczmarek), München

Zu Beginn des 17. Jahrhunderts erschien mit der Zeitung das erste Massenmedium in Europa. Die ersten Exemplare waren die Straßburger „Meßrelationen" und der „Aviso" in Wolfenbüttel bei Braunschweig. Mit ihrer aktuellen Berichterstattung befriedigte die Zeitung das wachsende Bedürfnis der Menschen nach Neuem und Wichtigem. Zeitliche und räumliche Grenzen der Kommunikation fielen.

Dank der rasanten Entwicklung der Informationstechnologie können wir heute über Funk, Telefon oder Telefax Informationen aus allen Teilen der Welt innerhalb kürzester Zeit erhalten oder „live" mit Hilfe der Satellitentechnik an weit entfernten Geschehnissen teilnehmen. Zeitliche und räumliche Grenzen der Kommunikation lassen sich überwinden. Das Weltgeschehen, so scheint es, spielt sich in unseren Wohnzimmern ab.

Dabei ist das, was wir erfahren, sehen, hören, lediglich eine Auswahl dessen, was auf der Welt passiert. Andere (Reporterinnen und Reporter, Redakteurinnen und Redakteure, Kameraleute, Programmdirektoren usw.) entscheiden für uns, was berichtenswert, interessant, informativ ist. Wir leben sozusagen doppelt aus zweiter Hand: Zum einen nehmen wir nicht mehr unmittelbar, persönlich an diesen Ereignissen teil, zum anderen entscheiden wir nicht mehr selbst, welche Ereignisse für uns wichtig sind.

Massenmedien bestimmen also heute wesentlich, mit welchen Themen wir uns beschäftigen, aber auch unsere Alltagsgestaltung: An vielen Arbeitsplätzen, z.B. bei Ärzten und Ingenieuren oder in Banken, sind Medien notwendiges (Hilfs-)Mittel, internationale Geschäftsabläufe sind ohne den schnellen Austausch von Informationen mit Hilfe von Medien nicht denkbar. Und auch in unserer Freizeit räumen wir Medien immer mehr Zeit ein und lassen uns durch Hörfunk, Fernsehen, Schallplatten, CDs, Videofilme und Computerspiele unterhalten.

Die Vielfalt der Medien und die Fülle an Berichtenswertem, an medialer Unterhaltung, an Informationsangeboten, zwingt uns aber immer mehr, eine Auswahl nach eigenen Bedürfnissen, Einstellungen, Interessen und Wünschen zu treffen. Doch selbst dabei unterstützen uns Medien. Sogenannte *Metamedien* (Inhaltsverzeichnisse, Programmzeitschriften, Zusammenfassungen) sollen die individuelle Bewältigung der „Informationsflut" erleichtern.

1.2 Kommunikation – Medien; Massenmedien – Massenkommunikation

Kommunikation Der Begriff Medien bezieht sich in unserem alltäglichen Sprachgebrauch nicht mehr auf die ursprünglichen Mittel des Verstehens und Informationsaustausches zwischen Menschen *(Kommunikation)*, wie die Sprache, die Gestik und die Schrift. Zu diesen primären Kommunikationsmitteln gehören auch Bilder, Zeichen und Symbole, auf die allerdings nicht das Merkmal zutrifft, daß sie eine direkte, unvermittelte Beziehung zwischen Sender *(Kommunikator)* und Empfänger *(Rezipient)* einer Mitteilung herstellen. Der Empfänger nimmt die Botschaft des Senders wahr, deutet und interpretiert sie und kann unmittelbar darauf reagieren, was wiederum eine unverzügliche Reaktion des Senders hervorrufen kann. Direkte Kommunikation bedeutet eine Wechselbeziehung zwischen gleichermaßen aktiven Partnern *(Interaktion)*.

Kommunikationsmittel   Neben dieser Kommunikationsform entwickelte sich seit der Erfindung des Buchdrucks durch Johannes Gutenberg etwa um 1440 eine zweite: Durch die maschinelle Vervielfältigung von geschriebenen Texten konnte ein und dieselbe Mitteilung an viele Menschen verteilt werden. Sender und Empfänger standen nun aber nicht mehr in einer direkten, unmittelbaren, sondern in einer indirekten Beziehung zueinander. Die Entwicklung der indirekten Kommunikation wurde durch technische Entwicklungen vor allem des 19. und 20. Jahrhunderts gefördert, die eine breite Palette neuer Kommunikationsmittel hervorbrachten. Auf diese Gesamtheit der technischen Mittel und Möglichkeiten, Informationen weiterzugeben und zu empfangen, beschränkt sich in unserem Alltagsverständnis der Begriff Medien.

Übersicht 1

> Wir unterscheiden drei Arten von Medien, je nachdem wie wir wahrnehmen:
> (1) *Printmedien* (Druckmedien), wie z. B. Tages- und Wochenzeitungen, Zeitschriften, Bücher, Broschüren, Kataloge, Flugblätter;
> (2) *auditive Medien,* wie z. B. Hörfunk, Schallplatten, Tonband, Cassetten, Compact-Discs;
> (3) *audio-visuelle Medien,* wie z. B. Fernsehen, Film, Videocassette, Bildplatte, Bildschirmtext, Kabel- und Videotext.

Die im Zusammenhang mit Satelliten- und Kabelrundfunk/-fernsehen sowie mit Bildschirm-, Kabel- und Videotext vielfach verwendete Bezeichnung *Neue Medien* ist insofern irreführend, als es sich dabei nicht um neuartige Medien, sondern um neue Übertragungstechniken (z. B. über Satellit) und damit um eine wesentliche Ausdehnung des Medienangebots (z. B. durch Kabelfernsehprogramme) handelt.

Massenmedien Die genannten Medien produzieren und verbreiten mit Hilfe von Techniken Aussagen und Informationen für eine große, nicht genau bestimmbare Anzahl von Menschen. Aus diesem Grund werden diese Medien auch als Massenmedien bezeichnet. Massenmedien begründen *Massenkommunikation,* die im Vergleich zur direkten, zwischenmenschlichen Kommunikation besondere Merkmale aufweist.

Massenkommunikation Zu diesen Merkmalen gehört, daß der Sender Informationen auf indirektem Wege mit Hilfe technischer Mittel (eben der Massenmedien) an die Rezipienten weiterleitet. Die Empfängerseite bildet ein grundsätzlich unbegrenztes (allenfalls technische Reichweiten des Trägermediums können hier Grenzen setzen), außerordentlich unterschiedliches und räumlich-zeitlich verstreutes Publikum. Jede Person kann, sofern sie über die entsprechenden Möglichkeiten verfügt (z. B. Besitz von oder Zugang zu Empfangsgeräten), am Kommunikationsprozeß teilnehmen. Der *Kommunikationsprozeß* ist damit prinzipiell *öffentlich.* Zugleich ist er *anonym,* das heißt, der Sender kennt die Empfänger nicht, und diese haben untereinander keinerlei Kontakt. Die Informationen, die ein Sender weiterleitet, müssen deshalb für ein möglichst breitgefächertes Publikum interessant und wichtig sein.

Übersicht 2

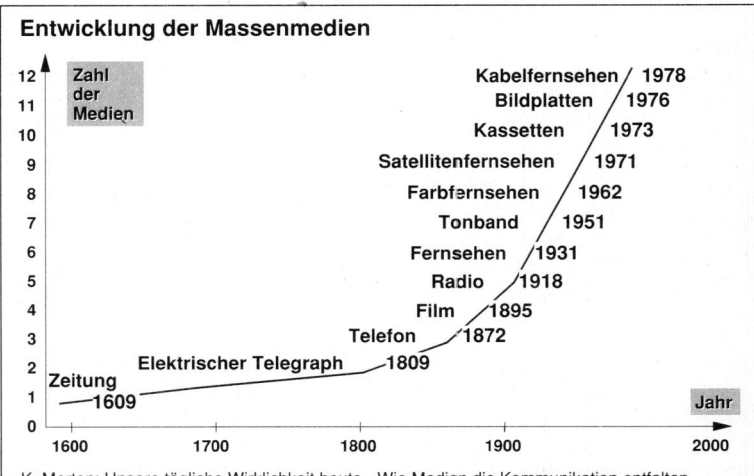

Entwicklung der Massenmedien

K. Merten: Unsere tägliche Wirklichkeit heute - Wie Medien die Kommunikation entfalten.
10. Studieneinheit, Funkkolleg Medien und Kommunikation, Konstruktionen und Wirklichkeit,
Weinheim/Basel 1991, S. 28.

Bezeichnend für Massenkommunikation ist außerdem, daß der Kommunikationsprozeß *einseitig* vom Sender zum Empfänger verläuft. Folge davon ist, daß der Empfänger auf die wahrgenommenen Informationen nicht direkt und unvermittelt reagieren kann. Ihm bleiben zwar Reaktionsmöglichkeiten etwa in Form eines Leser- oder Zuschauerbriefes, doch handelt es sich hierbei um eine vermittelte Reaktion mit zeitlicher Verzögerung, deren Beachtung zudem fraglich ist. Selbst Kommunikationsangebote, wie sie Hörfunk und Fernsehen mit Umfragen und Zuschauerbeteiligung zur Verfügung stellen, bleiben in ihrer Wirkung eingeschränkt, weil sie in der Regel nur Zustimmung oder Ablehnung, jedoch keine weiteren Stellungnahmen zulassen.

Schließlich sind die Sender meist komplexe Großorganisationen (Verlage, Rundfunk- und Fernsehanstalten, Multimedia-Konzerne), die bei der Produktion und Verbreitung ihrer Medienaussagen den allgemeinen technisch-ökonomischen Bedingungen unserer Industriegesellschaft (vgl. Kap. 2, S. 55) unterliegen („Kulturindustrie").

2. Welche Aufgaben haben Medien?

Was macht Presse, Hörfunk und Fernsehen zu den wichtigsten Medien in unserer Gesellschaft? Sie erfüllen grundlegende Funktionen sowohl im politischen wie auch im gesellschaftlichen Leben. Deshalb konzentrieren sich die nachfolgenden Ausführungen auf diese „Kernbestandteile" des Mediensystems.

2.1 Herstellen von Öffentlichkeit

Zentrales Problem von Demokratien ist das Verhältnis zwischen den Bürgerinnen und Bürgern sowie der von ihnen auf Zeit gewählten Regierung (vgl. Kap. 3, S. 132 f.). Wie können die Politikerinnen und Politiker erfahren, welche Probleme die Menschen beschäftigen? Und wie kann die Bevölkerung erfahren, welche Entscheidungen von Parlament und Regierung getroffen werden? In regelmäßigen Zeitabständen stattfindende Wahlen tragen nur bedingt zur Lösung dieses Problems bei. Demokratisches Regieren bedarf der ständigen wechselseitigen Kommunikation zwischen Regierung und Volk sowie der Kommunikation der Menschen untereinander. Wahrgenommen werden diese Kommunikationsprozesse im wesentlichen von Presse, Hörfunk und Fernsehen. Ohne diese Medien gäbe es keine Information und Verständigung über gesellschaftliche Problemlagen, z. B. Arbeitslosigkeit, und den diesbezüglichen politischen Handlungsbedarf. Mit Hilfe der Medien können die Bürgerinnen und Bürger ihre Interessen und Forderungen an das politische System richten. Und mit ihrer Hilfe wird die Einflußnahme von organisierten Interessen wie Verbänden oder Bürgerinitiativen auf den politischen Entscheidungsprozeß (vgl. Kap. 3, S. 140 ff.) offensichtlich. Die Medien berichten beispielsweise über Treffen zwischen Vertretern von Industrieverbänden, z. B. der Pharma- und Chemieunternehmen, und Politikern: So erfahren wir, daß und mit welchen Argumenten die Industrie versucht, die Politiker im Hinblick auf die Entsorgung von gefährlichen Produktionsrückständen zu einer unternehmerfreundlichen Wirtschafts- oder Steuerpolitik zu überreden.

Medien dienen als Vermittler zwischen der Regierung und der Bevölkerung und machen so politisches Handeln öffentlich. Dadurch besitzen alle die Chance, sich zu bestimmten Themen frei zu informieren und eine Meinung zu bilden und diese auch äußern zu können.
Bei diesen Kommunikationsprozessen entstehen für pluralistische Gesellschaften kennzeichnende (vgl. Kap. 1, S. 48) unterschiedliche Standpunkte zu Themen von allgemeinem Interesse. Diese werden wiederum von den Medien als *öffentliche Meinung* dargestellt und erreichen so die politisch Verantwortlichen. Somit können die Bürgerinnen und Bürger Einfluß auf die politischen Akteure und deren Handeln nehmen. Beispiel für eine erfolgreiche Einflußnahme mit Hilfe der öffentlichen Meinung ist die Entwicklung des Themas Umwelt zu einem eigenständigen, staatlich zu behandelnden Politikbereich in den 70er Jahren (vgl. Kap. 6, S. 234).

2.2 Information – so umfassend wie möglich

Wesentliche Voraussetzung für die Bürgerinnen und Bürger, das politische Geschehen verfolgen und beurteilen zu können, sind (entsprechende) Informationen. Diese sollen die Medien so vollständig, sachlich und verständlich wie möglich liefern.
Derart informiert, kann jeder sich seine eigene politische Meinung bilden. Bei Diskussionen, Abstimmungen und Wahlen kann sie/er diese miteinbringen und/oder selbst aktiv am politischen Leben teilnehmen.
Umfassende Informationsangebote sind notwendig, damit der einzelne
– weiß, welche öffentlichen Probleme gelöst werden sollen,
– erfährt, welche Lösungsmöglichkeiten dafür angeboten werden,
– seine eigene Interessenlage erkennt,
– ökonomische, soziale und politische Zusammenhänge begreift,
– und über die Absichten und Handlungen aller am politischen Prozeß Beteiligten so weit wie möglich unterrichtet ist.

2.3 Meinungsbildung – wer bestimmt sie?

Medien sollen die Bürgerinnen und Bürger nicht nur informieren, sondern sie sollen selbst zur Meinungsbildung beitragen. Indem sie ein möglichst breites Spektrum unterschiedlicher Standpunkte anbieten und selbst Stellung beziehen, geben sie dem einzelnen Orientierungshilfen. Allerdings ist mit den Argumenten des begrenzten Platzes und der knappen Zeit häufig in der politischen Praxis nicht gewährleistet, daß immer alle vorhandenen Meinungen in den Medien Berücksichtigung finden. Die *Mitwirkungsmöglichkeiten* am Meinungsbildungsprozeß durch die Massenmedien sind ungleich verteilt. Die Regierungen sowie die in den Parlamenten vertretenen Parteien, Gewerkschaften, Unternehmerverbände, Kirchen und andere mächtige Organisationen besitzen größere Chancen, von den Medien beachtet zu werden als ethnische, rassische, religiöse oder politische Minderheiten.

Eng mit der Frage, wer überhaupt seine Meinung in den Medien äußern kann bzw. wessen Meinung von den Medien wiedergegeben wird, hängt die Frage zusammen, welche *Themen* in den Medien behandelt werden. Auffälligstes Beispiel hierfür ist der erst in jüngster Vergangenheit langsam rückgängig gemachte Ausschluß von Frauen sowie frauenspezifischer Themen aus der männerdominierten Medienwelt und Medienberichterstattung. Journalistische Karrieren von Frauen sind immer noch selten, leitende Positionen in Institutionen, Gremien und Redaktionen der Rundfunkanstalten sind nach wie vor in erster Linie Männern vorbehalten. Auch darf die Tatsache, daß es spezifische Frauensendungen gibt, in denen z. B. das Problem der Vereinbarung von Beruf und Familie diskutiert wird, nicht darüber hinwegtäuschen, daß diese Sendungen verschwindend gering im Gesamtanteil der Sendezeiten sind.

Aus dem Bereich der Informationssendungen bieten Wissenschaftssendungen ein sehr anschauliches Beispiel dafür, daß und wie Fernsehen von Männern gemacht wird. Da Wissenschaft auch im ausgehenden 20. Jahrhundert noch weitgehend eine Männerdomäne mit männlichen Verantwortlichen, männlichen Geldgebern und männlichen Erkenntnisinteressen ist, kann es nicht verwundern, daß auch ihre Darstellung im Fernsehen vor allem aus männlichem Blickwinkel stattfindet: Wissenschaftsredaktionen sind in der Regel mit Männern besetzt. Die Präsentation wissenschaftlicher Themen durch eine Frau bleibt auf dem Bildschirm ein Ausnahmefall. Es sind fast immer noch männliche Experten, die uns über von Männern erarbeitete Erkenntnisse aus Wissenschaft und Technik berichten. Frauen ist zumeist die Rolle der Statistin oder der Erbringerin von Dienstleistungen zugewiesen: Wir sehen sie als Versuchsperson, als Laborassistentin oder bei der Dateneingabe in den Computer.

2.4 Kritik und Kontrolle

Neben der Information über öffentliche Prozesse sowie Meinungsbildung zu politisch-gesellschaftlichen Themen haben die Medien Presse, Rundfunk und Fernsehen die Aufgabe, staatliche wie auch gesellschaftliche Organisationen (z. B. Wirtschaftsunternehmen) zu kritisieren und zu kontrollieren. Die Medien sollen aber Mißstände und Mißbrauch nicht nur im nachhinein aufdecken. Durch eine kritische Haltung zu und eine *kritische Berichterstattung* über Politik und Wirtschaft sollen politische Willkür oder wirtschaftliche Korruption von vornherein vermieden oder durch öffentliche Kritik verhindert werden.

So müssen Politiker hinnehmen, daß die Medien ihre Person und ihr Verhalten in der Öffentlichkeit kritisch beleuchten. Bislang verborgen gebliebene Zusammenhänge können und sollen auf diese Weise aufgedeckt werden: z. B. daß die amtlich als Routinebesuch angegebene Auslandsreise eines Politikers in Wirklichkeit von einem oder mehreren Industrieunternehmen bezahlt wird und diesen den Zugang zu neuen Absatzmärkten öffnen soll. Aber auch zu Erscheinungen des wirtschaftlichen Lebens dürfen die Medien kritisch Stellung beziehen. Beispielsweise hat das sogenannte „Metzeler-Urteil" des Bundesgerichtshofs von Anfang 1975 die rechtliche Position der Presse bei der Berichterstattung über Großunternehmen deutlich verbessert. Die Tageszeitung „Die Welt" hatte sich am 3. Januar 1968 mit der schwierigen finanziellen Lage der Metzeler-AG befaßt, eines der führenden Reifenhersteller in der Bundesrepublik. Das Gericht entschied, daß das Interesse der Öffentlichkeit an einer Großfirma, die wesentlichen Einfluß auf die Volkswirtschaft hat, höher zu bewerten ist als das Interesse der Eigentümer. Diese wollten nicht erwiesene abträgliche Tatsachenbehauptungen zurückhalten. Zumal – so die weiteren Ausführungen des Gerichts – Unternehmen häufig Gerüchte über Fusionen oder Verkäufe so lange dementieren, bis die Transaktionen abgeschlossen sind. Mit Blick auf die Kritik- und Kontrollfunktionen werden die Medien auch als *vierte Gewalt* – neben Parlament, Regierung und Justiz (vgl. Kap. 3, S. 128) – bezeichnet.

Einschränkend muß jedoch gesagt werden, daß die Medien die ihnen zugeschriebenen Funktionen nicht völlig frei und unabhängig erfüllen können. Sie sind Teil unseres politischen und gesellschaftlichen Systems und damit mit anderen Teilen in diesem System verbunden, aber auch auf diese angewiesen. Deutlich wird dies etwa daran, daß die Medien in mehr oder weniger großem Umfang von Werbeeinnahmen aus der Wirtschaft abhängig sind. So liegt der Anzeigenerlös bei Abonnementzeitungen bei knapp 70 Prozent ihrer Gesamteinnahmen, während bei den ARD-Anstalten die Werbeeinnahmen ca. 20 Prozent und beim ZDF ca. 40 Prozent aller Einnahmen ausmachen.

3. Medienordnung und Medienpolitik

Die im vorigen Abschnitt dargestellten Aufgaben können die Massenmedien nur dann umfassend und sachgerecht erfüllen, wenn bestimmte rechtliche und politische Voraussetzungen gegeben sind. Die wichtigsten rechtlichen Sicherungen sind die Verfassungsgarantien für die freie Meinungsäußerung und die freie Wahl der Informationsquellen. Unerläßliche politische Bedingung ist eine Organisation und Struktur, die eine vielfältige Berichterstattung und Kommentierung ermöglichen.

3.1 Informations-, Meinungs- und Pressefreiheit

In der Bundesrepublik Deutschland werden die Informations- und Meinungsfreiheit sowie die Freiheit der Berichterstattung durch Artikel 5 Absatz 1 und 2 Grundgesetz (GG) garantiert. Dieser Artikel gehört zu den sogenannten Grundrechtsartikeln (vgl. Kap. 3, S. 126 f.) und besagt:

Übersicht 3

> **Grundgesetz Artikel 5**
> (1) Jeder hat das Recht, seine Meinung in Wort, Schrift und Bild frei zu äußern und zu verbreiten und sich aus allgemein zugänglichen Quellen ungehindert zu unterrichten. Die Pressefreiheit und die Freiheit der Berichterstattung durch Rundfunk und Film werden gewährleistet. Eine Zensur findet nicht statt.
> (2) Diese Rechte finden ihre Schranken in den Vorschriften der allgemeinen Gesetze, den gesetzlichen Bestimmungen zum Schutze der Jugend und in dem Recht der persönlichen Ehre.

Das Recht auf Meinungsäußerung und Information ohne Behinderung durch staatliche Stellen gilt für jeden (also für deutsche *und* ausländische Staatsbürgerinnen und -bürger, juristische Personen wie Vereine, Privatunternehmen usw.). Es darf jedoch nicht dahingehend verstanden werden, daß der Staat und seine Organe jedem die Möglichkeit bieten müssen, sich öffentlich zu äußern oder sich aller Informationsmöglichkeiten zu bedienen. Sie dürfen vielmehr niemanden daran hindern. Beispielsweise gibt es keinen rechtlich begründeten Anspruch gegenüber Redaktionen auf Veröffentlichung von Meinungen (Ausnahme: Recht auf Gegendarstellung bei Tatsachenbehauptungen).

Pressefreiheit Im Gegensatz zur Meinungs- und Informationsfreiheit ist die Pressefreiheit heute in der Bundesrepublik mehr als ein Individualrecht der Bürgerinnen und Bürger gegenüber dem Staat. Artikel 5 GG schützt nach ständiger Rechtsprechung des Bundesverfassungsgerichts (vgl. Kap. 4, S. 197) darüber hinaus Presse, Rundfunk und Fernsehen als für einen demokratischen Staat unentbehrliche Einrichtungen. Pressefreiheit und Freiheit der Berichterstattung würden nicht nur im Interesse der Medien, sondern der gesamten Bevölkerung liegen, seien somit „gemeinwohlorientiert" und müßten vor staatlichen Eingriffen geschützt werden. Besonders deutlich wiesen die Richter auf die Gemeinwohlorientierung der Medien hin, als sie 1961 das vom ersten Kanzler der Bundesrepublik, Konrad Adenauer, geforderte Staatsfernsehen ablehnten.

3.2 Struktur des Mediensystems

Duales System: privatwirtschaftlich organisierte Presse und öffentlich-rechtlicher Rundfunk Kennzeichnend für das bundesdeutsche Mediensystem war bis in die 80er Jahre das Nebeneinander von privatwirtschaftlich und privatrechtlich geregelter Presse und öffentlich-rechtlichem Rundfunk (= Hörfunk und Fernsehen).

Privatwirtschaftlich organisierte Presse heißt, daß die verschiedenen Presseerzeugnisse – Tages- und Wochenzeitungen, Zeitschriften, Illustrierten – von privaten Unternehmen (Verlagen, Verlagsgruppen) hergestellt und verbreitet werden. Dementsprechend unterliegt sie dem marktwirtschaftlichen Gesetz von Angebot und Nachfrage (vgl. Kap. 2, S. 69). Vor allem durch technische Entwicklungen im Produktionsbereich, aber auch durch die Zunahme der Personalkosten sind die Kosten gestiegen. Dies hat zu erheblichen Konzentrationsprozessen im Verlagswesen geführt. Eine offenbare Folge davon war z. B. das „Zeitungssterben" in den 60er und 70er Jahren in der Bundesrepublik (vgl. S. 218).
Da die Verkaufspreise im allgemeinen nur einen geringen Teil der Kosten decken können, sind die Verlage auf Einnahmen aus dem Anzeigengeschäft angewiesen. Zu mehr als 60 Prozent werden heute Zeitungen, die großen illustrierten Zeitschriften sogar zu 80 Prozent, daraus finanziert. Obwohl die Zeitungsverleger die Wahrnehmung öffentlicher Aufgaben – und nicht finanzielle Gewinne – als Unternehmensziel hervorheben, sind Zweifel an der Fähigkeit der Presse, diese sachgerecht wahrnehmen zu können, berechtigt. Zum einen müssen die Presseerzeugnisse auf dem Lesermarkt verkauft werden, das heißt, sie müssen sich am „Publikumsgeschmack" orientieren; dies hat Auswirkungen auf die Auswahl der Informationen und wie sie weitergegeben werden. Zum anderen wächst die Gefahr der Abhängigkeit der Presseerzeugnisse von den Wünschen und Interessen der Werbung betreibenden Wirtschaftsunternehmen.

Übersicht 4

Öffentlich-rechtlicher Rundfunk in Deutschland

Radio Bremen

West-deutscher Rundfunk **WDR**

Hessischer Rundfunk **hr**

Süddeutscher Rundfunk

Saarländischer Rundfunk **S R**

Südwestfunk **SWF**

Arbeitsgemeinschaft der Rundfunkanstalten Deutschlands **ARD RADIO+TV**

NDR Norddeutscher Rundfunk

Sender Freies Berlin **SFB**

Ostdeutscher Rundfunk Brandenburg

mdr MITTELDEUTSCHER RUNDFUNK Mittel-deutscher Rundfunk

Bayerischer Rundfunk

● Landes-rundfunkanstalt
○ Landesfunkhaus

ZDF Zweites Deutsches Fernsehen

ZAHLENBILDER

© Erich Schmidt Verlag

538 100

Der öffentlich-rechtliche Rundfunk steht in der Verantwortung selbständiger Sendeanstalten. Damit soll die Unabhängigkeit sowohl von staatlichen Stellen wie auch von privaten Geldgebern gewährleistet sein: Finanzierungsquellen sind Gebühren der Nutzer und Einnahmen aus dem Verkauf eng begrenzter Werbezeiten. Zugleich sollen Hörfunk und Fernsehen in besonderer Weise die Vielfalt in unserer Gesellschaft widerspiegeln. Dies ist mit ein Grund dafür, weshalb die Verteilung der Sendeanstalten der föderalen Struktur der Bundesrepublik (vgl. Kap. 3, S. 130) folgt. Wir haben heute elf Landesrundfunkanstalten (s. Übersicht 4) – eine volle Entsprechung zwischen den Bundesländern und den Rundfunkanstalten gibt es allerdings nicht. Sie bilden gemeinsam die „Arbeitsgemeinschaft öffentlich-rechtlicher Rundfunkanstalten der Bundesrepublik Deutschland" (ARD). Zudem gründeten die Bundesländer 1961 das „Zweite Deutsche Fernsehen" (ZDF) als gemeinsame Anstalt. Den Rundfunkanstalten stehen im wesentlichen zwei Finanzierungsquellen zur Verfügung: *Rundfunkgebühren* über die gemeinsame Einzugszentrale GEZ (Verteilungsschlüssel zwischen ARD und ZDF: 70 : 30) und *Werbeeinnahmen* (dazu sonstige Einnahmen wie Zinsen oder aus der Verwertung von Rechten). Bei den ARD-Anstalten entfallen im

Durchschnitt knapp zwei Drittel der Einnahmen auf Gebühren und ein Fünftel auf Werbeerlöse. Die Finanzmittel des ZDF stammen zu ca. 60 Prozent aus seinem Anteil an den Fernsehgebühren. Beide Einnahmequellen sind politisch gesteuert durch Entscheidungen der Bundesländer bzw. ihrer Ministerpräsidenten. Die Höhe der Gebühren wird von ihnen direkt festgelegt, den Umfang der Werbeeinnahmen bestimmen sie indirekt über Regelungen bezüglich der Sendezeiten (zeitliche Länge der Werbesendungen und Plazierung im Programm).

Intendant Hörfunk- und Fernsehanstalten stehen unter der Leitung eines Intendanten. Er ist für die gesamten Geschäfte der Sendeanstalten einschließlich der Gestaltung der Programme verantwortlich. Der Intendant wird vom Rundfunkrat – beim ZDF vom Fernsehrat – gewählt. Für diese Gremien werden Vertreterinnen und Vertreter gesellschaftlich wichtiger Gruppen gewählt und abgeordnet.

Übersicht 5

Der Rundfunkrat des Westdeutschen Fernsehens, der größten ARD-Anstalt, setzt sich z. B. aus insgesamt 41 Mitgliedern zusammen. Von diesen werden
- 12 vom Landtag des Landes Nordrhein-Westfalen nach dem Verhältnis der Fraktionen entsandt;
- 17 von gesellschaftlichen Organisationen (3 Vertreter der Religionsgemeinschaften, 3 der Gewerkschaften, ferner je ein Vertreter aus Verbänden der Arbeitgeber, Handwerker, Landwirte und Verbraucher, aus den Kommunen, aus Naturschutzorganisationen, aus Kriegsopfer- und Wohlfahrtsverbänden sowie des Sportbundes, des Jugendrings und der Heimatbünde) bestimmt;
- 9 Mitglieder aus den Bereichen Publizistik, Kultur, Kunst und Wissenschaft ausgewählt;
- schließlich werden die Gruppen der Älteren, der Behinderten und der Ausländer durch je ein Mitglied vertreten.

Hauptaufgaben der Rundfunkräte bzw. des Fernsehrates sind, den Intendanten bei allen Rundfunk-/Fernsehangelegenheiten, d. h. insbesondere im Bereich der Programmauswahl und -gestaltung zu beraten und bei Fragen der Finanzierung zu kontrollieren. Zusätzliche Beratungs- und Kontrollgremien sind der Verwaltungsrat sowie der bei einigen Sendeanstalten existierende Programmbeirat.
Diese komplizierte Organisationsstruktur war für die öffentlich-rechtlichen Anstalten gewählt worden, um zu verhindern, daß staatliche Stellen

oder gesellschaftliche Gruppierungen einseitigen Einfluß auf Hörfunk und Fernsehen nehmen können. Doch gerade die Besetzung der Kontrollgremien und Spitzenpositionen ist zu einer der wichtigsten Formen politischer Einflußnahme im Rundfunkbereich geworden: Sie wird heute weitgehend von den politischen Parteien kontrolliert. Beispielsweise entsenden oder wählen die Bundesregierung, die Länderregierungen und die Parteien zusammen 31 der insgesamt 77 Mitglieder des ZDF-Fernsehrates. Über „ihre" Mitglieder in den entsprechenden Gremien versuchen Regierungen und Parteien dann auf Programminhalte und Programmgestaltung einzuwirken. Die Absetzung besonders kritischer Sendungen vom Programm oder die Versetzung unbequemer Redakteurinnen und Redakteure auf unbedeutende Positionen sind nur die offensichtlichsten Belege für eine derartige Einflußnahme.

Auch die Wahl der Intendanten ist längst zu einer rein parteipolitischen Entscheidung geworden. Gehört der Intendant einer bestimmten Partei an oder ist zumindest deren Umfeld zuzurechnen, so sind die anderen Parteien bei der Besetzung der nächsthöheren Positionen am Zuge.

Privater Hörfunk und Privates Fernsehen: die „Dualisierung" des Rundfunks Seit Mitte der 80er Jahre gibt es in der Bundesrepublik auch private Anbieter von Hörfunk- und Fernsehprogrammen. Der Zulassung der privaten Sender ging ein heftiger Streit zwischen den politischen Parteien bzw. den von ihnen regierten Bundesländern voraus. Hauptstreitpunkt war, an welche Sendeanstalten die durch die Nutzung von Satelliten- und Kabeltechnik neu hinzugekommenen Übertragungskapazitäten verteilt werden sollten. Die von CDU und CSU regierten Länder befürworteten die Zuteilung neuer Sendeberechtigungen an private Sender mit der Begründung, dadurch könne eine Vielzahl neuer, unterschiedlicher Programme ausgestrahlt werden. Die unterschiedlichen Interessen in einer pluralistischen Gesellschaft könnten so noch besser berücksichtigt werden.

Die SPD und die von ihr regierten Länder waren gegen die Zulassung privater Sender. Ihrer Ansicht nach würden die öffentlich-rechtlichen Anstalten den Wettbewerb mit den neuen privaten Konkurrenten um die Werbekunden verlieren. Damit sei letztlich das Fortbestehen von ARD und ZDF gefährdet. Doch trotz dieses düsteren Zukunftsbildes für die Öffentlich-Rechtlichen konnte die SPD die Einführung privaten Hörfunks und Fernsehens in Deutschland nicht verhindern.

Die privaten Rundfunk- und Fernsehsender finanzieren sich zum überwiegenden Teil aus Werbeeinnahmen, zu einem geringen Teil aus Eigenmitteln der beteiligten Unternehmen oder aber dadurch, daß die Zuschauerinnen und Zuschauer für die Nutzung eines Kanals eine monatliche Gebühr bezahlen (sog. Pay-TV, z. B. „Premiere"). Diese Sender werden von Unternehmen und Unternehmensgruppen betrieben, die in der Regel bereits im Medienbereich tätig sind. Die Spanne reicht von Tageszeitungsverlagen bis hin zu Medienkonzernen. Zu den bekanntesten Gesellschaftern bei Privatsendern gehören der Bertelsmann-Konzern und der Burda-Verlag bei RTL sowie der Springer-Verlag bei SAT 1. Bei der oft großen Zahl an beteiligten Unternehmen – dies gilt vor allem für die bundesweiten TV-Anbieter wie RTL und SAT 1 – sind die Strukturen bei den Privatsendern vielschichtig und nur schwer durchschaubar. Selbst für Branchenkenner ist nicht immer leicht ersichtlich, wer die eigentlichen Machthaber bei den einzelnen Sendern sind.

3.3 Rechtliche Regelungen

Die durch das *Grundgesetz* garantierten Rechte der Meinungs-, Informations- und Pressefreiheit bilden die Grundlage für die Arbeit der Medien in Deutschland. In einer Reihe ergänzender Gesetze werden den Medien konkrete Aufgaben (z. B. Information und Kritik) zugeschrieben, aber insbesondere der zur Erfüllung dieser Aufgaben notwendige Freiraum sichergestellt. So steht es etwa im Berliner *Pressegesetz* (in den Pressegesetzen der anderen Bundesländer finden sich ähnliche Regelungen).

Übersicht 6

Berliner Pressegesetz

§ 3 (1) Die Presse erfüllt eine öffentliche Aufgabe.

§ 3 (3) Die Presse nimmt berechtigte Interessen ... wahr, wenn sie in Angelegenheiten von öffentlichem Interesse Nachrichten beschafft und verbreitet, Stellung nimmt, Kritik übt oder in anderer Weise an der Meinungsbildung mitwirkt.

§ 4 (1) Die Behörden sind verpflichtet, den Vertretern der Presse, die sich als solche ausweisen, zur Erfüllung ihrer öffentlichen Aufgabe Auskünfte zu erteilen.

Die wichtigsten *Regelungsbereiche der Rundfunkgesetze* der Bundesländer sind:
– die sehr genau beschriebenen Bedingungen für die Zulassung privater Programmanbieter,
– die Programmgrundsätze, vor allem bezüglich der Sicherung der Meinungsvielfalt,
– das Finanzwesen (insbesondere Werberegelungen),
– Sendezeitregelungen.

Außer den Rundfunkgesetzen in den einzelnen Bundesländern gibt es noch sogenannte Staatsverträge zwischen den Bundesländern. Die wichtigsten sind die Rundfunkstaatsverträge aus den Jahren 1987 und 1991. *Der Medienstaatsvertrag* von 1987 regelte grundsätzlich die Zulassung privater Anbieter und die Aufteilung der damals neuen, zusätzlichen Kanäle zwischen ARD und ZDF einerseits und den privaten Gesellschaften andererseits. Außerdem schrieb er dem öffentlich-rechtlichen Rundfunk die Aufgabe der Grundversorgung der Bevölkerung mit politischen Informationen und kulturellem Unterhaltungsangebot zu.

Durch die Vereinigung der beiden deutschen Staaten entstand die Notwendigkeit, ein einheitliches Rundfunkrecht für die alten und die neuen Bundesländer zu schaffen. Außerdem waren zwischenzeitlich neue medienpolitische Entwicklungen eingetreten. So mußte das deutsche Rundfunkrecht den europäischen Regelungen angepaßt werden. Die Regierungschefs aller 16 Bundesländer verständigten sich deshalb 1991 auf eine Erneuerung des *Rundfunkstaatsvertrags,* in dem die Zuständigkeiten ausformuliert sind.

Übersicht 7

Der Rundfunkstaatsvertrag (1991)
Er schreibt in der Präambel u. a. folgende Grundsätze fest:
Öffentlich-rechtlicher Rundfunk und privater Rundfunk sind der freien individuellen und öffentlichen Meinungsbildung sowie der Meinungsvielfalt verpflichtet. Beide Rundfunksysteme müssen in der Lage sein, den Anforderungen des nationalen und internationalen Wettbewerbs zu entsprechen.
Im Zuge der Vermehrung der Rundfunkprogramme in Europa durch die neuen Techniken sollen Informationsvielfalt und kulturelles Angebot im deutschsprachigen Raum verstärkt werden. Durch diesen Staatsvertrag ... soll die Herstellung neuer europäischer Fernsehproduktionen nachhaltig unterstützt werden.
Für den öffentlich-rechtlichen Rundfunk sind Bestand und Entwicklung zu gewährleisten.

Den privaten Veranstaltern werden Ausbau und Fortentwicklung eines privaten Rundfunksystems, vor allem in fernmeldetechnischer und programmlicher Hinsicht, ermöglicht. Dazu sollen ihnen ausreichende Sendekapazitäten zur Verfügung gestellt und angemessene Einnahmequellen erschlossen werden. Erforderlich ist dafür u. a., die Verteilung der begrenzt vorhandenen Frequenzen weltweit mit Hilfe internationaler Organisationen abzustimmen

4. Entwicklungen in der Medienlandschaft

4.1 Printmedien: Zeitungssterben und wachsende Großverlage

Die Entwicklung bei den *Printmedien* – hier sind in erster Linie Zeitungen und Zeitschriften gemeint – ist durch einen starken *Konzentrationsprozeß* gekennzeichnet. Dieser bezieht sich auf die Anzahl der verschiedenen Zeitungen und Zeitschriften, sowie auf die Zahl der Verlage.

Übersicht 8

Pressekonzentration am Beispiel der Tagespresse 1954–1991				
Jahr	Zeitungen Titel	Auflage verkaufte Exemplare	Zahl der Verlage	Zahl der Voll- redaktionen
1954	1500	13,4 Mio.	624	225
1989	1344	20,3 Mio.	358	119
1989 DDR	291	9,8 Mio.	38	37
1991*	1673	27,3 Mio.	410	158

Vollredaktionen sind Redaktionen, die alle Teile einer Zeitung, einschließlich der überregionalen Teile (Politik, Wirtschaft, Kultur, Sport), selber herstellen, auch „publizistische Einheiten" genannt.
* 1. 9. 1991
Media Perspektiven, Daten zur Mediensituation in der Bundesrepublik. Basisdaten 1987, Frankfurt a. M. 1987, S. 37, und Media Pespektiven 12/1989, S. 754 ff.; Media Perspektiven, Basisdaten 1991, S. 42

Verantwortlich für diese Entwicklung war, daß viele kleinere Zeitungsverlage den Kostensteigerungen bei der Herstellung und dem Vertrieb nicht mehr folgen konnten. Häufig führte dies zur Vereinigung kleinerer Lokalblätter mit größeren Regionalzeitungen, die verschiedene Lokalteile anbieten. Die Zahl kleiner Lokalzeitungen mit eigenständigen Verlagen sowie Redaktionen und ihren Beschäftigten nahm deutlich ab. Auf der anderen Seite konnten große Unternehmen durch den Zukauf anderer Verlage ihre Marktposition und damit ihre Einflußmöglichkeiten deutlich verbessern. Besonders auffällig ist die Verlagskonzentration im Bereich der Publikums- und Fachzeitschriften. So haben bei den unterhaltenden Publikumszeitschriften (Illustrierten, Frauenblätter, Freizeit-

und Jugendmagazine, „Regenbogenpresse") die vier Großverlage Bauer (z. B. Bravo), Burda (z. B. Bunte), Springer (z. B. Bild), Bertelsmann/Gruner + Jahr (z. B. Brigitte) heute einen Marktanteil von 50 Prozent, 1968 waren es gerade 25 Prozent.

Übersicht 9

Werbung fördert Konzentration

„Denn die Werbungtreibenden bevorzugen Großverlage nicht nur, weil ihnen die Konzentration auf wenige Presseorgane eine optimale Streuung von Inseraten bei den angepeilten Zielgruppen garantiert. Werbung in großen Zeitungen ist nicht nur organisatorisch einfacher, da man bei gleicher oder höherer Wirkung nicht an viele Verlage schreiben muß. Sie ist auch billiger: Der sogenannte Tausenderpreis (Preis für eine Anzeigenseite je 1000 verkaufte Exemplare) fällt mit steigender Auflage."

H. Meyn, Massenmedien in der Bundesrepublik Deutschland, 2. Aufl., Berlin 1992, S. 90

Inzwischen haben die führenden Verlage der Bundesrepublik ihre Marktposition auch in den neuen Bundesländern gefestigt. Die ehemaligen DDR-Zeitungen wurden überwiegend von westdeutschen Verlagen erworben. Diese Zeitungen werden entweder weiter herausgegeben, manche unter neuem Titel, oder aber sie wurden durch westdeutsche Blätter mit einem entsprechenden Lokalteil ersetzt.

Die Kritik an der Entwicklung in der Presselandschaft ist deutlich und vielfältig. Vor allem wird beklagt, daß durch Zusammenschlüsse zuvor unabhängiger Tageszeitungen zu großen Einheiten die Unabhängigkeit der Journalistinnen und Journalisten negativ beeinflußt werde. Auch nehmen die Deutlichkeit der politischen Positionen und die Lokalbezogenheit der Berichterstattung ab. Dies beeinträchtige wiederum die Wahrnehmung der öffentlichen Aufgaben der Presse, nämlich der Informations-, Kontroll- und Kritikfunktion.

Übersicht 10

Der Publizist Ernst Müller-Meiningen schrieb im Jahre 1965:

„Zeitungen und Zeitschriften, konzernartig zusammengeballt unter dem einheitlichen Willen eines einzelnen oder einiger weniger, das ist gleichbedeutend mit viel Macht: Macht über Leser, die ja zudem auch Wähler sind; Macht über Parteien, die gefördert, bekämpft oder totgeschwiegen werden können; Macht über die restlichen Verleger, die an die Wand gespielt zu werden drohen; Macht über die

---

> Journalisten, die in ihrer geistigen Beweglichkeit ... beeinträchtigt werden können ... Die Öffentlichkeit, ganz allgemein, wird in ihrer freien Meinungsbildung weniger vielfältig angeregt."
>
> E. Müller-Meiningen, Es droht: Ausverkauf der Pressefreiheit, in: Süddeutsche Zeitung, 22. 7. 1965, S. 4

4.2 Hörfunk und Fernsehen: Der Kampf um Zuschauergunst und Werbekunden

Wettbewerb Im Mittelpunkt des Wettbewerbs zwischen den öffentlich-rechtlichen Anstalten und den privaten Sendern steht das Fernsehen. Zwei unterschiedliche Programmstrategien stehen sich hier gegenüber. ARD und ZDF wollen eine vielfältige, ausgewogene „Bildschirmkost" bieten. Das Schwergewicht liegt auf *Informationssendungen* (Nachrichten, Reportagen, Magazine, Ratgebersendungen, aktuelle Sportübertragungen), die vorrangig zu den Hauptsendezeiten über den Bildschirm laufen sollen. Die privaten Sender setzen dagegen eindeutig auf *Unterhaltung* – und dies möglichst 24 Stunden lang. Informationssendungen, oftmals zu unattraktiven Sendezeiten, nehmen dagegen nur einen geringen Stellenwert ein. Massenattraktive Sendungen, die sich zudem als Träger und Umfeld von Werbung eignen, wie z. B. Quiz- oder Gewinnspiele, haben eindeutig Vorrang.

Die Zuschauerzahlen scheinen den Programmgestaltern der Privaten recht zu geben: 1993 rangierte RTL mit knapp 20 Prozent Marktanteil erstmals vor dem ZDF (17,3 Prozent) und der ARD (17 Prozent). Lediglich bei den Nachrichtensendungen haben die Öffentlich-Rechtlichen noch die Nase vorn. Spitzenreiter ist hier die ARD-Tagesschau mit einem Marktanteil von 18 Prozent. RTL-Geschäftsführer Helmut Thoma veranlaßte dies zu der bissigen Bemerkung: „Die können ihre Meldungen auch in Latein und mit zwei brennenden Kerzen vorlesen." Immerhin will Thoma die Nachrichtensendungen seines Senders in Zukunft den durch das öffentlich-rechtliche Fernsehen gesetzten Standards für Seriosität und Glaubwürdigkeit annähern.

Die öffentlich-rechtlichen Sendeanstalten reagierten ihrerseits auf die mächtige private Konkurrenz, nicht zuletzt deshalb, weil ihnen wichtige Werbekunden zu den privaten Sendern abgewandert sind. So hat beispielsweise das ZDF 1993 Einnahmeverluste durch fehlende Werbeeinnahmen in Höhe von 20 Prozent (317 Mio. DM) zu verkraften.

Infolgedessen ist vor allem in der Hauptsendezeit eine verstärkte Orientierung an (Unterhaltungs-)Sendungen mit hohen Einschaltquoten zu beobachten. Kultur- und Bildungssendungen werden auf späte Sendezeiten abgedrängt oder über die Dritten Programme bzw. das Satellitenprogramm 3sat ausgestrahlt.

Kritiker aus Wissenschaft und Politik sehen eine gefährliche Entwicklung. Die Programme und Programminhalte von öffentlich-rechtlichen und privaten Sendern gleichen sich allmählich an. Zunehmend orientierten sich die Fernsehmacher an den Publikumswünschen. Dadurch werde das immer umfangreichere Programmangebot insgesamt und besonders in der Hauptsendezeit entpolitisiert: Die Reichweite politisch wichtiger Informationen nehme ab, das Publikum löse sich in Zielgruppen verschiedener Interessenrichtungen auf, die zeit- und inhaltsgleiche Thematisierung politischer Probleme werde immer schwieriger. Der Rundfunk drohe seine Funktion als Mittler und Faktor der öffentlichen Meinungsbildung im politischen System Deutschland zu verlieren.

4.3 Internationalisierung

Parallel zur internationalen politischen Zusammenarbeit (vgl. Kap. 8, S. 285 f.) und zur Integration regionaler Märkte wie in Europa (vgl. Kap. 7, S. 263 f.) kommt es immer mehr zu Verflechtungen nicht nur der verschiedenen Volkswirtschaften, sondern auch einzelner Unternehmen. Dies trifft ganz besonders auf den Medienbereich zu. Aufgrund erheblicher Konzentrationsprozesse beherrschen heute einige multinationale Konzerne die „Medienwelt". Internationalisierung und Konzentration sind dabei zwei Prozesse, die sich gegenseitig vorantreiben.

Deutsche Medienunternehmen zählen zu den Schrittmachern dieser Entwicklung in den westlichen Industrieländern, in die nun auch die Länder Osteuropas eingebunden werden. Der Bertelsmann-, der Springer-, der Kirch-, der Holtzbrinck-Konzern, der Burda-Verlag oder die Gong-Gruppe sind Medienunternehmen, die sich gleichzeitig in verschiedenen Mediensektoren engagieren. Beispielsweise gehören allein zum Bertelsmann-Konzern mehr als 350 Beteiligungsfirmen. Durch das Auftreten der Medienmultis verändern sich die Finanzierungs-, Produktions- und Verteilungsstrukturen auf dem Medienmarkt. Dies wiederum hat nicht nur Folgen für die Aufgabenerfüllung der Medien, sondern vor allem für die Medienvielfalt und die journalistische Unabhängigkeit.

Internationalisierung heißt aber auch, daß zunehmend ausländische Medienunternehmen auf den deutschen Markt drängen. So sind z. B. luxemburgische und italienische Unternehmen an deutschen Privatsendern und britische und australische Firmen an ostdeutschen Zeitungen beteiligt.

Ein weiterer Punkt ist in diesem Zusammenhang wichtig. Hörfunk und Fernsehen wurde und wird in Deutschland eine bestimmte Rolle zugeschrieben: Sie haben besondere öffentliche Aufgaben wahrzunehmen (vgl. S. 207 f.). Auf europäischer Ebene wird aber bei dem Versuch, eine europaeinheitliche Medienordnung zu schaffen, Rundfunk nicht mehr als öffentliche Aufgabe gesehen. Vielmehr werden Hörfunk und Fernsehen als Dienstleistung, als eine Art Ware interpretiert, die ohne Wettbewerbsbehinderungen über die Grenzen ausgetauscht werden sollen. Faßt man die kurz skizzierten Entwicklungslinien zusammen, so stellt sich die Frage, ob sich die deutsche Medienordnung und die deutsche Medienlandschaft in ihrer bisherigen Form werden erhalten können.

5. Mediennutzung und Medienwirkung

„Papa, wenn ein Baum im Wald umfällt und die Medien sind nicht dabei gewesen, um darüber zu berichten, ist der Baum dann wirklich umgefallen?"

Bild der Wirklichkeit Unser Bild entstammt nur zu etwa 10 Prozent der eigenen Anschauung und Erfahrung. Den Rest wissen wir aus Büchern, Zeitungen, Illustrierten, Radio, Fernsehen. 90 Prozent der Wirklichkeit erfahren wir also durch die Medien. Dies heißt, sie haben eine Schlüsselstellung für uns und unser Leben. Doch wie gehen wir mit den Medien um? Wie werden Medien „benutzt", um uns zu beeinflussen? Wie wirken Medien auf uns? Auf diese Fragen soll im folgenden eingegangen werden.

5.1 Mediennutzung

Der Begriff *Mediennutzung* weist auf zwei unterschiedliche Dinge hin: Zum einen darauf, wie wir Medien als Leserin und Leser, als Hörerin und Hörer, als Zuschauerin und Zuschauer nutzen. Zum anderen darauf, wie Medien für bestimmte Zwecke benutzt werden.

Zeitaufwand Mit Mediennutzung verbringt die Bundesbürgerin bzw. der Bundesbürger über sechs Stunden an einem durchschnittlichen Werktag. Dabei entfallen auf audiovisuelle Medien rund zweieinviertel Stunden, auf auditive Medien knapp dreieinviertel Stunden und auf Printmedien eine Stunde – zum Vergleich: Nur eineinhalb Stunden verbringen die Menschen mit persönlicher Kommunikation.

Dieser erstaunlich hohe Zeitaufwand für die Nutzung von Medien hat seinen Grund aber nicht vorrangig in einem besonderen Informations und Bildungsbedürfnis der Bürgerinnen und Bürger. Sie wollen von den Medien in erster Linie unterhalten werden, wobei die Vielfalt von Medien und Programmen garantiert, daß für jeden Geschmack etwas angeboten wird. Die Zeiten, da die halbe Nation am Abend vor dem Fernseher versammelt war, dieselbe Sendung verfolgte und am nächsten Tag im Betrieb oder Büro darüber sprach, gehören der Vergangenheit an.

Wenn wir täglich etwa sechs Stunden damit verbringen, Radio zu hören, fernzusehen, Zeitungen und Zeitschriften zu lesen, dann steht außer Frage, daß dies nicht ohne Auswirkungen auf unsere Einstellungen und Verhaltensmuster bleibt. Werbemanager wissen dies ebenso wie Politiker. Massenmedien sind ein hervorragendes Instrument zur Beeinflussung der „Massen", gleichgültig, ob es darum geht, Waschpulver zu verkaufen, das Gesundheitsbewußtsein der Bevölkerung zu verbessern oder eine Wahl zu gewinnen.

Gerade die Politik hat sehr schnell gelernt, die Medien für ihre Interessen zu nutzen, zu „instrumentalisieren". *Polit-Marketing* heißt das Schlagwort, das die Arbeit in den Parteizentralen beherrscht. Politikerinnen und Politikern wird ein „positives Image" verpaßt, sie sollen bei den Bürgerinnen und Bürgern „ankommen". Zunehmend geht es darum, durch geschickte *Öffentlichkeitsarbeit* einen guten Eindruck von deren Fähigkeiten zu vermitteln, um dadurch die Zustimmung der Wählerschaft zu erhalten. So soll etwa der medienwirksam inszenierte Besuch von Politikern in Kindergärten oder Berufsbildungszentren die Bevölkerung davon überzeugen, daß sich die politisch Verantwortlichen um die Alltagsprobleme der Menschen, wie zu wenig Kindergartenplätze oder fehlende Ausbildungsstellen, kümmern.

5.2 Medienwirkung

Der im Abschnitt 5.1 geschilderte Einsatz der Medien (Instrumentalisierung) zielt ab auf eine ganz bestimmte Wirkung bei den Adressaten. Sie sollen ein bestimmtes Waschpulver kaufen, auf ihre Gesundheit achten, eine bestimmte Partei wählen. Aber der Wirkungsgrad von Medien reicht weit über diese direkte Verhaltensbeeinflussung hinaus.

Übersicht 11

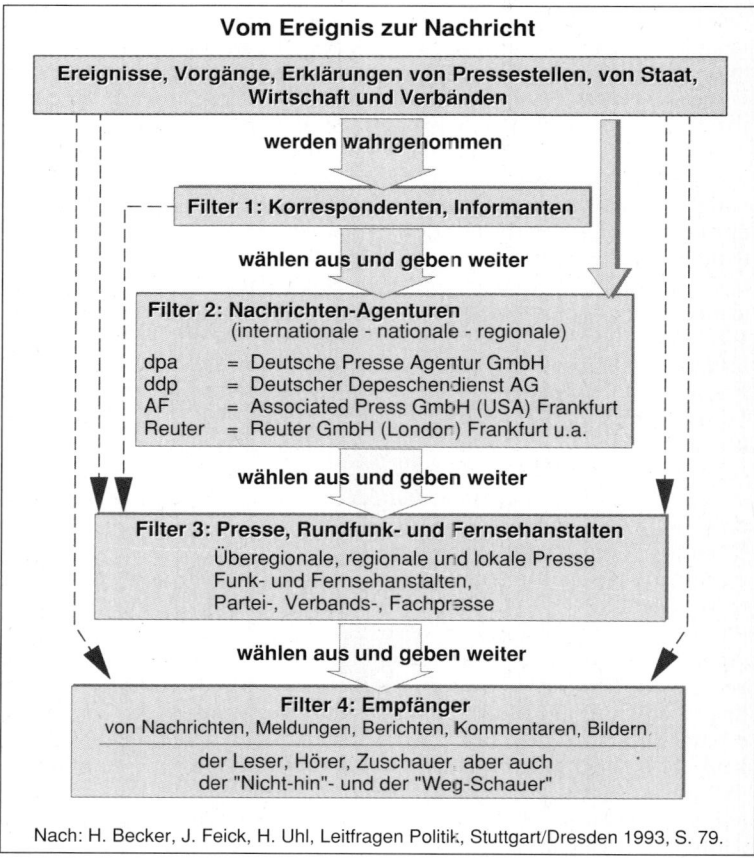

Vom Ereignis zur Nachricht

Ereignisse, Vorgänge, Erklärungen von Pressestellen, von Staat, Wirtschaft und Verbänden

werden wahrgenommen

Filter 1: Korrespondenten, Informanten

wählen aus und geben weiter

Filter 2: Nachrichten-Agenturen
(internationale - nationale - regionale)

dpa = Deutsche Presse Agentur GmbH
ddp = Deutscher Depeschendienst AG
AF = Associated Press GmbH (USA) Frankfurt
Reuter = Reuter GmbH (London) Frankfurt u.a.

wählen aus und geben weiter

Filter 3: Presse, Rundfunk- und Fernsehanstalten
Überegionale, regionale und lokale Presse
Funk- und Fernsehanstalten,
Partei-, Verbands-, Fachpresse

wählen aus und geben weiter

Filter 4: Empfänger
von Nachrichten, Meldungen, Berichten, Kommentaren, Bildern
der Leser, Hörer, Zuschauer aber auch
der "Nicht-hin"- und der "Weg-Schauer"

Nach: H. Becker, J. Feick, H. Uhl, Leitfragen Politik, Stuttgart/Dresden 1993, S. 79.

Konstruktion von Wirklichkeit „Es gibt Zuschauer, die jede Distanz vergessen. Wenn in der ‚Lindenstraße‘ einer stirbt oder auszieht, dann bekommen wir Briefe, ob man in die Wohnung einziehen kann und wie teuer die Miete ist", so äußerte sich der Filmregisseur Hans W. Geißendörfer einmal zur Wirkung von Fernsehsendungen.
Grundsätzlich müssen wir uns vor Augen halten, daß Medien für uns Wirklichkeit herstellen, konstruieren. Wie geschieht das? Übersicht 11 zeigt, daß zwischen der Vielzahl der Ereignisse, die tagtäglich passieren, und den endgültigen Informationen Filter geschaltet sind.
Jeder *Filter* verringert die Anzahl der Informationen, die weitergegeben werden, und verändert den Inhalt, indem z. B. Einzelheiten besonders hervorgehoben oder weggelassen werden. Was wir als Informationen wahrnehmen, sind somit nur noch Bruchstücke dessen, was tatsächlich passiert. Aber wir sind nicht in der Lage zu überprüfen, welche Bruchstücke uns fehlen, um die gesamte Wirklichkeit erfassen zu können. Selbst den Wahrheitsgehalt der Bruchstücke, die uns erreichen, können wir nicht überprüfen. Folglich sind die Bruchstücke, die wir erhalten und wahrnehmen, für uns die „Wirklichkeit".

Beitrag zur Sozialisation Kinder wachsen heute ganz selbstverständlich mit Massenmedien auf. Dies führt zu der Frage, inwieweit die Medien mit zur Sozialisation von Kindern und Jugendlichen beitragen. Sozialisation meint die Entstehung und Entwicklung der menschlichen Persönlichkeit in Abhängigkeit von und in Auseinandersetzung mit der sozialen und dinglich-materiellen Umwelt. Medien bilden heute neben der Familie und den Institutionen gesellschaftlich organisierter Erziehung, z. B. Schule oder Kirche, eine *dritte Sozialisationsinstanz*. Allerdings sind Aussagen über die tatsächliche Wirkung der Medien auf junge Menschen schwer zu treffen. Fest steht, daß die Medien keine eigene pädagogische Aufgabe haben. Aber durch ihre unkontrollierte und unmittelbare Einflußnahme sind sie zu einem nicht zu unterschätzenden *Miterzieher* geworden. In dieser Funktion können die Medien die erzieherischen Bemühungen der genannten Institutionen unterstützen. Viel wahrscheinlicher ist jedoch, daß sie die pädagogischen Bemühungen der anderen Institutionen unterlaufen und verzerren, deren Mängel und Nachteile deutlich machen.
Unter diesem Aspekt ist auch die Frage zu beantworten, ob *Gewalt im Fernsehen* etwas mit der zunehmenden Gewalt in den Schulen und gegen Ausländer zu tun hat. Tatsächlich hat Fernsehgewalt etwas damit zu tun, aber sie ist nicht die einzige und möglicherweise auch nicht die entscheidende Ursache. Durch die Fülle an Gewaltszenen im Fernsehen und die Art und Weise, wie Gewalt dargestellt wird, entsteht die Gefahr, daß Kinder und Jugendliche Gewalt allmählich als normal empfinden. Die stän-

dige Berieselung und Beeinflussung des Unterbewußtseins setzt bei vielen die Hemmschwelle gegenüber der tatsächlichen Gewaltanwendung herab. Anstelle einer vernünftigen Auseinandersetzung erscheint Gewalt immer mehr als ein geeignetes Mittel zur Lösung von zwischenmenschlichen Konflikten, auch schon bei Streitereien auf dem Schulhof.

5.3 Die Informationsgesellschaft als Gesellschaftsmodell der Zukunft?

Wohin wird sich die Mediengesellschaft, in der wir heute leben, entwickeln? Die wirtschaftlichen Entwicklungen ("Megatrends") – Technisierung, Kommerzialisierung, Internationalisierung, Spezialisierung von Kommunikation und Medien – weisen sehr stark in Richtung *Informationsgesellschaft.*
Dieser Begriff steht für ein Bündel miteinander verknüpfter Entwicklungen: Bisher unabhängige informationstechnische Systeme (Computer, Datenbanken) werden miteinander vernetzt. Informations- und Kommunikationstechniken werden zunehmend perfekter und erhalten enorme wirtschaftliche Bedeutung. Immer mehr Menschen werden davon abhängig sein. Aber auch die Gesellschaft, der Umgang miteinander, die Kommunikation zwischen den Menschen wird davon betroffen sein.

Übersicht 12

Mailbox
"Einen Brief schreiben: bislang gehörten Papier und Schreibstift, Umschlag und Porto, der Gang zum Briefkasten und die Beförderung durch Postbeamte dazu. Im Zeitalter technisierter Kommunikation werden ein Computer beim Absender, einer beim Empfänger und eine Übertragungsleitung benötigt. Der ,Brief' wird in den Computer getippt und kann quasi gleichzeitig vom Empfänger auf seinem PC entgegengenommen werden. Oder er wird, falls der Empfänger nicht anwesend ist, in der Mailbox, einer Art elektronischem Postfach, gespeichert, bis der Empfänger ihn abruft. Das ,Porto' in Form der Gebühr für die Leitung bucht der Computer automatisch vom Konto des Kunden ab; Papier ist nicht mehr nötig, der ,Brief' braucht nicht von irgendwelchen ,Händen' befördert zu werden. Immaterielle Informationsübermittlung: ökologischer, effizienter – aber auch sozialer?"

M. Löffelholz, K.-D. Altmeppen, Kommunikation morgen – Perspektiven der "Informationsgesellschaft", 30. Studieneinheit, Funkkolleg Medien und Kommunikation, Konstruktionen von Wirklichkeit, Weinheim/Basel 1991, S. 67

---

6 Umweltpolitik

1. Grundlagen unseres Wohlstands

Bevor es eine industrielle Produktion und die modernen Naturwissenschaften gab, hatten Menschen eine Lebenserwartung von kaum mehr als fünfunddreißig Jahren. Mißernten, Unwetter, Naturkatastrophen, Krankheiten und Kriege waren eine ständige Bedrohung. Durch die Erfolge von Naturwissenschaft und Technik hörten in Europa die Hungersnöte auf, die Lebenserwartung stieg. Heute haben viele Menschen in den Industrieländern einen Lebensstandard und Konsummöglichkeiten wie nie zuvor. Technischer Fortschritt und Wirtschaftswachstum gelten als Voraussetzung dafür. Allerdings wird dieser Wohlstand mit einem hohen Verbrauch an Energie und natürlichen Rohstoffen und mit bedrohlichen Umweltzerstörungen erkauft.

Wachstum bedeutet – immer höherer Energiebedarf Wirtschaftswachstum (vgl. Kap. 2, S. 66) ist begleitet von zunehmendem Energieverbrauch, mehr Schadstoffen und Abfällen, Transport von zusätzlichen Waren, damit verbunden ein höheres Verkehrsaufkommen und Bau von immer mehr Straßen. Bis vor wenigen Jahren galt, daß ein Prozent Wirtschaftswachstum mit einem Prozent zusätzlichem Energieverbrauch verbunden ist. In der Zeit des „Wirtschaftswunders" 1950-1973 betrug das jährliche Wachstum zwischen 4,5 Prozent und 12 Prozent.
Die traditionellen Energiequellen waren Kohle, Gas, Erdöl. Da diese Energieträger nicht beliebig lange verfügbar sein würden, begannen Politiker und Politikerinnen aller Parteien auf die Atomenergie zu setzen. Franz-Josef Strauß, der erste „Atom-Minister" der Bundesrepublik, erklärte 1955 zu Beginn seiner Amtszeit, daß „in Zukunft eine führende Wirtschaftsposition ohne Atomenergie nicht mehr denkbar ist." Wichtig waren und sind Atomreaktoren auch, um spaltbares Material für Atombomben zu gewinnen. Die ersten Reaktoren gingen 1968/69 ans Netz. Wegen umfangreicher staatlicher Zuschüsse war der Atomstrom fast 10 Jahre lang die billigste Energieform.

Wachstum bedeutet – immer neue Rohstoffquellen erschließen Neben den Energierohstoffen wie Kohle, Gas, Erdöl benötigt eine wachsende Produktion auch viele andere Rohstoffe wie Aluminium, Eisen, Kupfer, Blei. Um ein einziges Auto zu produzieren, verbrauchen wir heute rund 25 Tonnen Rohstoffe. Während der Lebensdauer eines Fahrzeugs kommt mindestens dieselbe Menge an Verbrauchsmaterialien – Benzin, Öl, Ersatzteile – hinzu. Die Rohstoffvorräte reichen aber nur für eine beschränkte Zeit. Zwar werden immer wieder neue Vorkommen entdeckt, aber es wird immer energieaufwendiger, diese zu erschließen.

Wachstum bedeutet – immer mehr Konsum, immer mehr Müll   Immer mehr Waren werden produziert. Diese müssen verkauft werden. Das Kaufbedürfnis läßt sich z. B. steigern, wenn die gekauften Gegenstände nicht mehr repariert werden können oder wenn man Neuentwicklungen auf den Markt bringt. Die Menschen kaufen dann die neuen Gegenstände und werfen deshalb die alten weg. Viele Waren aus allen Bereichen unseres Alltags gelangen so früher oder später auf den Müll.

2.   Globale Umweltprobleme

Seit jeher und vor allem während der Jahre des Wirtschaftswunders in der Bundesrepublik galt die Umwelt als unerschöpfliche kostenlose Quelle zur Befriedigung menschlicher Wünsche und Bedürfnisse. Für die Beseitigung der Schäden, die der Umwelt zugefügt wurden, sah man keinen Anlaß. Heute stehen wir einer Vielzahl von Umweltproblemen gegenüber, die globale Ausmaße angenommen haben.

2.1   Umweltproblem: Klimaveränderung durch Treibhausgase

Übersicht 1

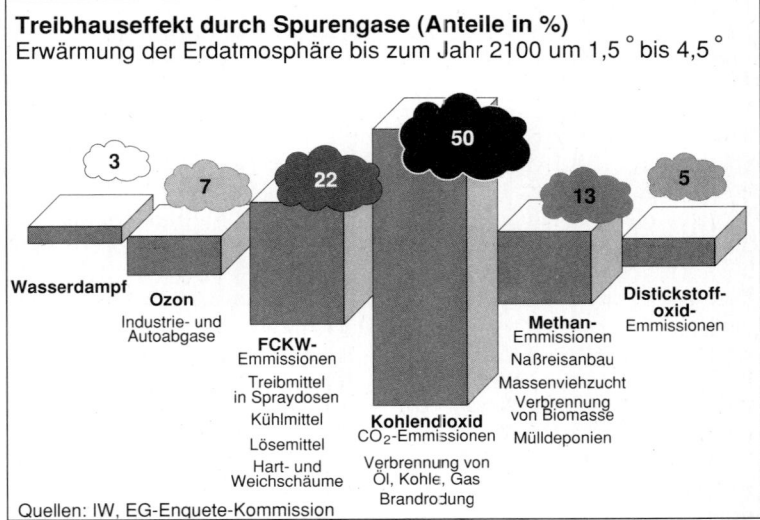

Treibhauseffekt durch Spurengase (Anteile in %)
Erwärmung der Erdatmosphäre bis zum Jahr 2100 um 1,5° bis 4,5°

Wasserdampf

Ozon
Industrie- und Autoabgase

FCKW-Emmissionen
Treibmittel in Spraydosen
Kühlmittel
Lösemittel
Hart- und Weichschäume

Kohlendioxid
CO_2-Emmissionen
Verbrennung von Öl, Kohle, Gas
Brandrodung

Methan-Emmissionen
Naßreisanbau
Massenviehzucht
Verbrennung von Biomasse
Mülldeponien

Distickstoffoxid-Emmissionen

Quellen: IW, EG-Enquete-Kommission

3   7   22   50   13   5

Die Atmosphäre erwärmt sich   Seit 1885 ist die Durchschnittstemperatur auf der Nordhalbkugel der Erde um 0,7 °C gestiegen. Inzwischen
kommen jedes Jahrzehnt 0,3 °C mehr hinzu. Innerhalb der nächsten
40–100 Jahre werden 18–24 °C als weltweite Durchschnittstemperatur
für möglich gehalten.

Man nimmt an, daß die Ursache für die Erwärmung der starke Anstieg
von wärmeisolierenden Spurengasen in der Atmosphäre ist. An erster
Stelle steht das Kohlendioxid (CO_2).

Die Spurengase in der Atmosphäre sind sehr wichtig. Ohne ihre schüt-
zende Wirkung wäre es auf der Erde so kalt, daß kein Leben möglich
wäre. Falls die Gase in der Atmosphäre aber weiter zunehmen, könnte
dies zu einer weltweiten Klimaveränderung führen.

Soweit es heute bekannt ist, würde die Erwärmung der Erde je nach
Region unterschiedlich sein und damit auch die zu erwartenden
Gefahren. Wälder und alle natürlichen Ökosysteme, aber auch landwirtschaftliche Nutzpflanzen sind auf ganz bestimmte relativ gleichblei-
bende Umweltbedingungen angewiesen. Durch das Ausmaß und die
Geschwindigkeit der Klimaveränderungen droht vielen Ökosystemen
der Zusammenbruch. Dies trifft insbesondere die bereits jetzt kranken
Wälder. Viele Tier- und Pflanzenarten könnten aussterben. Für die Menschen bedeutet es vor allem, daß sie weniger Anbaufläche für Nahrungsmittel haben würden. Es ist zu befürchten, daß die armen Länder des
Südens stärker betroffen sein werden als die Industrieländer.

2.2   Umweltproblem: Zerstörung der Ozonschicht

Frühling in Australien, Badewetter. Doch die Freude ist getrübt. Tag für
Tag fordern die Medien die Bevölkerung auf, sich vor der schädlichen
UV-Strahlung zu schützen. Dies bedeutet, über die Mittagszeit möglichst
nicht ins Freie zu gehen. Wo man es nicht vermeiden kann, sind Hüte und
Sonnencremes selbstverständliches Zubehör.

Woher kommt die schädliche UV-Strahlung?   1985 entdeckten amerikanische Satelliten, daß im antarktischen Frühling (September bis
November) die Ozonschicht über dem Südpol so dünn ist, daß sie die
schädlichen UV-Strahlen nicht mehr von der Erdoberfläche fernhalten
kann. Ozonloch nennt man diese Erscheinung nicht ganz korrekt. Die
Folgen der aggressiven Strahlung: mehr Hautkrebs, Augenleiden, Atem-
wegserkrankungen, Schädigung des Immunsystems bei Menschen und
Tieren, aber auch Ernteverluste, Waldschäden und möglicherweise Absterben des Meeresplanktons. In starkem Verdacht, Killer des Ozons zu
sein, stehen die Fluorchlorkohlenwasserstoffe (FCKW).

2.3 Umweltproblem: Chemikalien

Die natürlichen Kreisläufe sind gestört In der Natur gibt es praktisch keine Abfälle. Alle natürlichen Stoffe sind in einen ständigen Kreislauf von Aufbau und Abbau eingebunden. Chemiker haben aber Substanzen entwickelt, die man in der Natur nicht findet. Dazu gehören z. B. Kunststoffe, Farben, Düngemittel, Schädlingsbekämpfungsmittel und Waschmittel. Diese Stoffe werden vor allem aus dem Rohstoff Erdöl industriell hergestellt. Sie werden nicht bzw. nur sehr langsam abgebaut. Also häufen sie sich als Abfall an. Der natürliche Kreislauf ist dadurch unterbrochen.

Je nachdem, um welche Stoffe es sich handelt, bleiben sie in der Luft, im Wasser oder im Boden erhalten. Manche findet man nach einiger Zeit weit entfernt vom Ursprungsort. Viele von ihnen können für die menschliche Gesundheit sehr gefährlich werden, wenn sie z. B. über die Nahrung in den Körper gelangen.

2.4 Umweltproblem: Bodenzerstörung

Übersicht 2

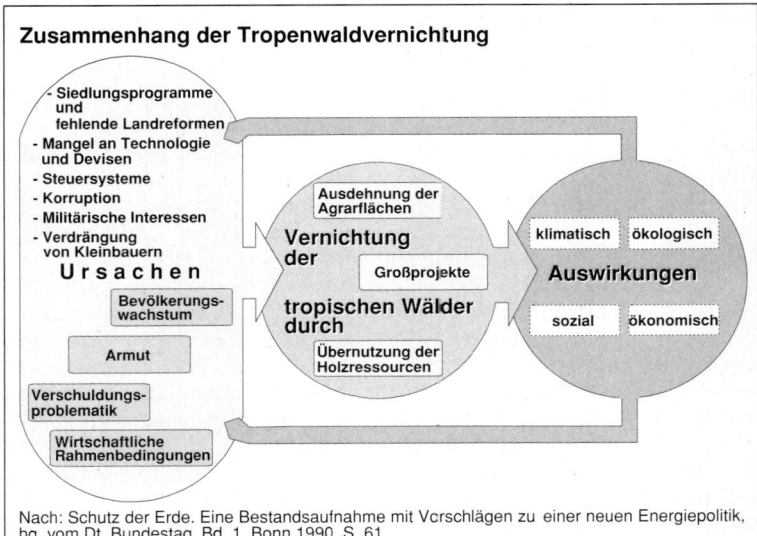

Zusammenhang der Tropenwaldvernichtung

Nach: Schutz der Erde. Eine Bestandsaufnahme mit Vorschlägen zu einer neuen Energiepolitik, hg. vom Dt. Bundestag, Bd. 1, Bonn 1990, S. 61.

In den letzten 40 Jahren hat sich die Weltbevölkerung mehr als verdoppelt, von 2,6 auf ca. 5,5 Milliarden Menschen. In jeder Sekunde werden es 5 Menschen mehr. Sie benötigen mehr Siedlungsfläche, Feuerholz und Baumaterial, zusätzliches Acker- und Weideland, mehr Dünger und Pflanzenschutzmittel, Bewässerung, mehr Energie.
Die Folgen sind, daß auf der Erde pro Jahr ca. 6 Mio. ha Acker- und Weideland verloren gehen. Insgesamt sind etwa ein Drittel der Landflächen der Erde durch Verödung gefährdet. Dies trifft auch Europa und die USA.
In den Tropen ist der Bodenverlust dramatisch, vor allem, weil die tropischen Wälder abgeholzt werden. Bei weiterer starker Entwaldung würde sich das Klima weltweit ändern. Die Tier- und Pflanzenarten, deren Heimat der tropische Regenwald ist – und das ist mehr als die Hälfte aller Arten –, verlieren ihren Lebensraum und sind somit vom Aussterben bedroht (vgl. Übersicht 2).

2.5   Das Netz der Umweltprobleme

Wasser, Boden, Luft sind die Grundlagen für alles Leben auf der Erde. Sie werden durch das Wirken des Menschen auf vielfältige Weise verschmutzt. Wie wir gesehen haben, folgen daraus globale Umweltprobleme. Ihre Ursachen sind auf vielfältige Weise vernetzt.
Wie Übersicht 3 zeigt, treffen die Folgen der Umweltverschmutzung die ganze Menschheit. Industrie- und Entwicklungsländer tragen aber auf unterschiedliche Weise zu den Problemen bei.
Die linke Seite der Übersicht zeigt Umweltprobleme, die vor allem auf das *Wachstumsdenken* und die *Produktionsweise* in den Industrieländern zurückzuführen sind. Rund vier Fünftel der Energie wird von den Industrieländern verbraucht, in denen nur etwa ein Viertel der Weltbevölkerung lebt. Allein der westdeutsche Pkw-Verkehr verbraucht jährlich etwa so viel Energie wie alle Länder Schwarzafrikas zusammen. Dies trägt wesentlich zur Verschmutzung von Luft, Wasser und Boden bei.
Die rechte Seite der Übersicht zeigt, daß es in der „Dritten Welt" vor allem die *Armut* ist, die zu Umweltproblemen führt. Sie veranlaßt die Menschen, viele Kinder zu haben, die sie als Hilfe in der Landwirtschaft und für ihre Altersversorgung brauchen. Der Bevölkerungszuwachs aber zwingt zu steigender Produktion, wodurch die Umweltprobleme zunehmen werden. Damit ist das Überleben der Armen immer mehr bedroht. Für viele Menschen bleibt als letzte Hoffnung nur die Flucht, auch die Flucht in die Industrieländer (vgl. Kap. 9, S. 315).
Kein Wunder, daß Industrie- und Entwicklungsländer zu unterschiedlichen Ergebnissen kommen, wenn die Ursachen der Umweltprobleme ergründet und Maßnahmen zu ihrer Beseitigung gefunden werden sollen.

Übersicht 3

Das Netz der Weltprobleme

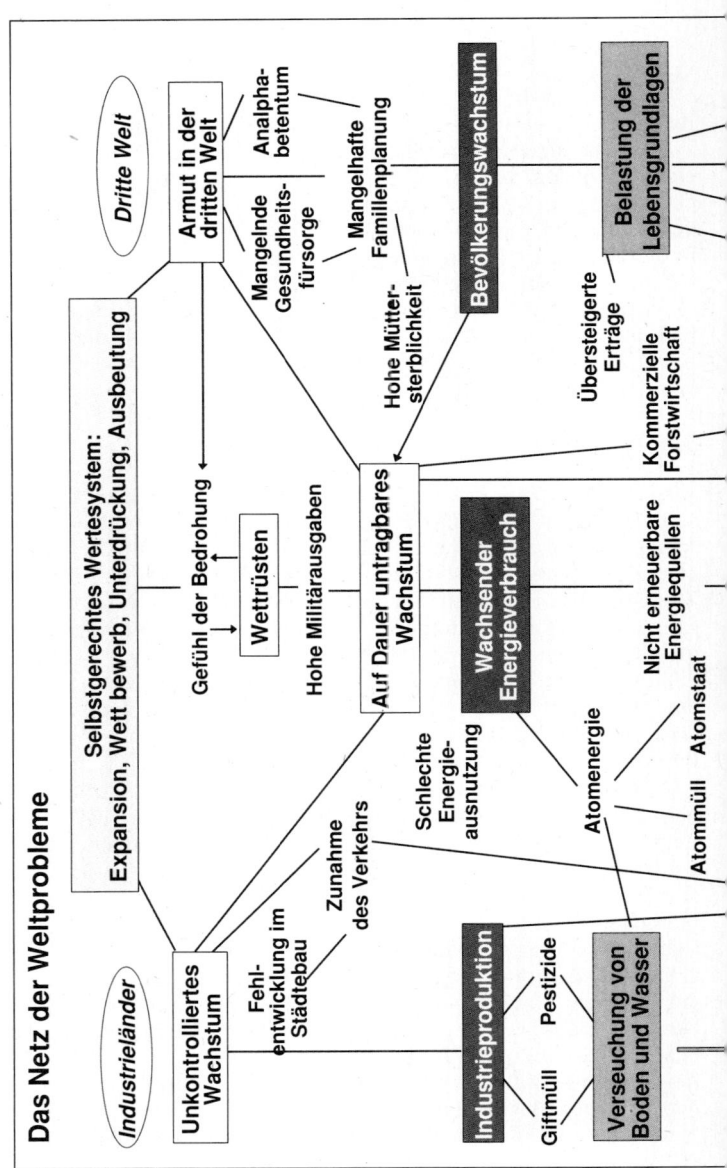

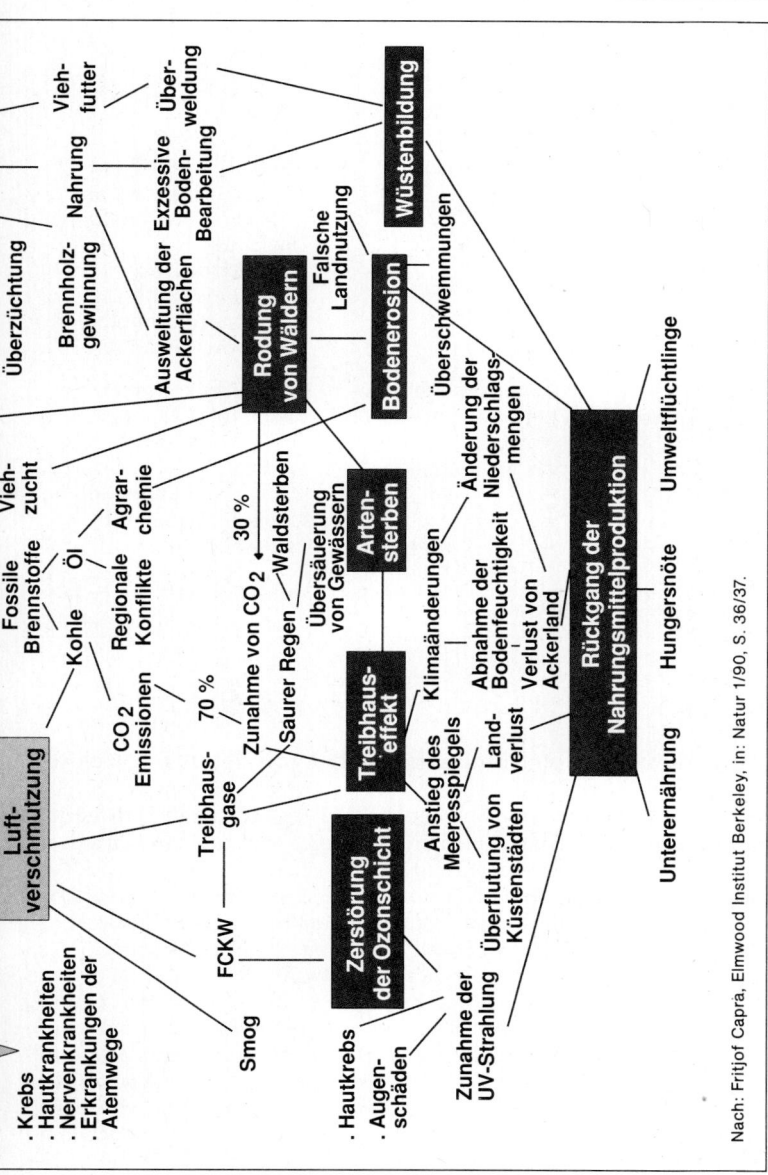

Nach: Fritjof Capra, Elmwood Institut Berkeley, in: Natur 1/90, S. 36/37.

233

Übersicht 4

Umweltprobleme

	Ursachen	*Lösungsansätze*
Sichtweise des Südens	Umweltkrise ist die Folge der Armut des Südens und der Verschwendung im Norden	Industrialisierung und Wirtschaftswachstum im Süden; Schuldenerlaß; kostenlose Überlassung von Technologien der Industrieländer
Sichtweise des Nordens	Umweltkrise ist die Folge der Überbevölkerung und des Mangels an Technik	Geburtenkontrolle; Schuldenerlaß gekoppelt an Umweltschutzauflagen; Umweltschutztechnologie aus den Industrieländern

Nach: E. U. von Weizsäcker, Erdpolitik. Ökologische Realpolitik an der Schwelle zum Jahrhundert der Umwelt, Darmstadt 1992, S. 264.

---

3. Umwelt – ein junges Feld der Politik

3.1 Global denken – Maßnahmen für Umwelt und Entwicklung

Auf einer UN-Konferenz in Stockholm 1972, die die globale Umweltpolitik zum internationalen Thema erhob, wurde eine saubere Umwelt als grundlegendes Menschenrecht anerkannt.
Ebenfalls im Auftrag der UNO untersuchte 1987 die *Brundtland-Kommission* die globale Umweltsituation und die Probleme der Entwicklung. Ihr Bericht zeigte, daß zwanzig Prozent der Weltbevölkerung in den Industriestaaten des Nordens 80 Prozent des Welthandels und des Bruttosozialprodukts kontrollieren. Zugleich verbrauchen diese zwanzig Prozent etwa vier Fünftel der nicht erneuerbaren Rohstoffe und erzeugen den gleichen Anteil an Abfallstoffen. Dieses Wohlstandsmodell, so folgert der Bericht, kann nicht auf alle Staaten der Welt übertragen werden, ohne daß es zu einer ökologischen Katastrophe kommt. Deshalb dürften die gegenwärtigen Generationen nur so viel verbrauchen, daß auch künftigen Generationen genug zu einem befriedigenden Leben bleibt. Dies

nennt die Kommission „sustainable development", das heißt nachhaltige
Entwicklung (vgl. Kap. 9, S. 323 f.). Sie geht davon aus, daß beides, eine
dauerhafte Entwicklung und weltweites Wirtschaftswachstum möglich ist.
Der Auftrag an die zweite große *UN-Umweltkonferenz 1992 in Rio de
Janeiro* (Brasilien) lautete, konkrete Handlungsvorschläge für die Verwirklichung einer weltweiten umweltverträglichen nachhaltigen Entwicklung zu entwerfen. Den Industrieländern ging es vor allem darum,
Lösungen für die größten Bedrohungen, z. B. die weltweiten Klimaveränderungen zu finden und für den Erhalt der natürlichen Rohstofflieferan-
ten wie z. B. der Wälder sowie der Artenvielfalt zu sorgen. Das Interesse
der Länder der „Dritten Welt" galt der Sicherung der Grundbedürfnisse,
d. h. Maßnahmen zur Bekämpfung der Armut, Verbesserung der Gesund-
heitsversorgung, Bildungsmöglichkeiten.
Die Konferenz verabschiedete eine Reihe von Erklärungen, die aber
keine Regierung zum Handeln zwingen. Das wichtigste Ergebnis für
Deutschland ist, daß die Bundesregierung mit gesetzlichen Regelungen
dafür sorgen will, daß bis zum Jahr 2005 der Kohlendioxidausstoß um
25 bis 30 Prozent unter den Umfang von 1987 sinkt (vgl. S. 241).
Vor allem durch die Wirtschaftskrise und die Probleme der deutschen
Einheit ist die Umweltpolitik unter Druck geraten. Bereits 1993 wurde
der Etat des Umweltministeriums um sechs Prozent mehr gekürzt als der
jedes anderen Ministeriums.

3.2 Lokal handeln – Umweltpolitik in der Bundesrepublik

**Die Auseinandersetzung um die Atomenergie stärkte das Umweltbe-
wußtsein** Zum ersten Mal zeigte die Rezession 1966/67, daß das Wirtschaftswachstum in der Bundesrepublik nicht immer fortdauern kann.
Die Öffentlichkeit nahm jetzt auch beunruhigt die Stimmen aus den USA
wahr, die auf die Schäden in der Umwelt als Folge des wirtschaftlichen
Wachstums hinwiesen. Unter dem Druck der öffentlichen Diskussion
machte 1969 die S*PD/FDP-Bundesregierung* unter ihrem Kanzler Willy
Brandt den Umweltschutz zu einer wichtigen politischen Aufgabe. Sie
legte 1971 ein Umweltprogramm vor, dessen Grundlagen bis heute rich-
tungweisend für die Umweltpolitik sind.
Die damalige Regierung hielt allerdings daran fest, daß der Energiebedarf
für das weitere Wirtschaftswachstum nur über den Bau von Atomkraftwerken gesichert werden könne. Aus Protest gegen diese staatliche Energiepolitik bildeten sich *Bürgerinitiativen.* Sie wiesen darauf hin, daß das
Risiko von Unfällen nicht ausgeschlossen, die Entsorgung des radioaktiven Abfalls völlig ungeklärt war sowie die Gefahr des militärischen Miß-
brauchs bestand. So verhinderten im badischen Wyhl Bürger und Bürge-

rinnen, Studenten und Studentinnen gemeinsam mit den Bauern in mehrjährigem Widerstand (1973–1975) den Bau eines geplanten Atomkraftwerks. Diese Auseinandersetzungen und Erfolge gaben dem Umweltbewußtsein Auftrieb. Nach einer Umfrage des Instituts für Demoskopie Allensbach hielten z. B. 1972 nur 12 Prozent der westdeutschen Bevölkerung die friedliche Nutzung der Atomenergie für gefährlich, 1973 bereits 24 Prozent und 1981 waren es 57 Prozent. Trotzdem forderten damals nur 15 Prozent, daß Atomkraftwerke, die bereits im Betrieb sind, stillgelegt werden müßten. Seit der Atomreaktorkatastrophe 1986 im ukrainischen Tschernobyl wollen zwischen 30 und 40 Prozent der Bevölkerung in Ost und West den Ausstieg, während die Hälfte dafür ist, daß Kraftwerke, die bereits im Betrieb sind, weiterarbeiten, nicht aber, daß neue gebaut werden sollen.

Das Umweltbewußtsein gibt Anstöße zu politischem Handeln Umweltpolitik ist heute ein wichtiges Feld der Politik. Dies ist wesentlich dem Druck breiter Kreise der Bevölkerung zu verdanken. Fragen der Umwelt waren und sind in der Politik nicht immer gleich wichtig. Umweltpolitik rückte immer dann ins Blickfeld, wenn folgende Voraussetzungen gegeben waren:
- hohes Umweltbewußtsein, z. B. als Folge eines gerade aufgetretenen Umweltproblems (Waldsterben, Chemieunfälle, Atomreaktorkatastrophe in Tschernobyl);
- öffentlicher Druck auf die Politik, z. B. durch Bürgerinitiativen, Umweltverbände, Medien;
- günstige wirtschaftliche Situation, wenig Arbeitslose.

Entsprechend entwickelte sich die deutsche Umweltpolitik in vier Phasen zu einem neuen Politikbereich (vgl. Übersicht 5).

Umweltbewußtsein und Handeln passen nicht immer zusammen
„Mehr als vier Millionen Bürgerinnen und Bürger sind Mitglieder von lokalen, regionalen und bundesweiten Umwelt- und Naturschutzverbänden. Sie engagieren sich bei der Verwirklichung konkreter Umwelt- und Naturschutzprojekte, stellen Forderungen auf und geben Denkanstöße für die Fortentwicklung staatlicher Umweltpolitik.

Viele Bürgerinnen und Bürger verwirklichen zunehmend Umweltschutz auch in ihrem täglichen Leben. Dies zeigt sich vor allem in ihrem Kaufverhalten, so beim Kauf von Produkten mit dem Umweltzeichen, bei Abfallvermeidung und -verwertung, bei Energieeinsparung, beim zunehmenden Interesse an der Natur und bei umweltbewußter Gartenpflege." (Umweltschutz in Deutschland. Nationalbericht der BRD für die Konferenz der UN über Umwelt u. Entwicklung in Brasilien im Juni 1992, hg. vom Bundesumweltministerium, Bonn 1992, S. 81).

Übersicht 5

Vier Phasen der Umweltpolitik in der Bundesrepublik			
1969–1973 Aufbruchphase	**1974–1978 Abschwung**	**1978–1990 Aufschwung**	**1990 – erneuter Abschwung?**
Berichterstattungen insbesondere über industrielle Umweltverschmutzung und deren Folgen sowie Informationen über die Umweltschutzgesetze in den USA und zunehmendes Umweltbewußtsein trugen dazu bei, daß die Umweltpolitik Teil des Reformprogramms der SPD/FDP-Bundesregierung wurde.	Mit der Ölversorgungskrise von 1973/74 und der nachfolgenden wirtschaftlichen Rezession kam die Angst vor hoher Arbeitslosigkeit. Umweltpolitik geriet in den Verdacht, die Produktionskosten zu sehr zu erhöhen, Investitionen zu vereiteln und Arbeitsplätze zu gefährden; in der Umweltpolitik wurde gebremst.	Öffentliche Auseinandersetzungen um die Kernenergie, Giftmüll, Öltankerunfälle, Flußverseuchungen, Chemieunfälle oder Waldsterben brachten den Umweltschutz wieder auf die Tagesordnung. Wahlerfolge der Partei „Die GRÜNEN" (seit 1979 in Landtagen, 1983 im Bundestag) schreckten die etablierten Parteien auf.	Mit der deutschen Einheit bekamen die Wirtschaftsprobleme Priorität. Der Zusammenbruch der ostdeutschen Wirtschaft und sprunghaft ansteigende Arbeitslosigkeit machten den Umweltschutz wieder zum Stiefkind, obwohl die Umweltprobleme gerade in der ehemaligen DDR besonders groß sind.

H. Becker, J. Feick, H. Uhl, Leitfragen Politik, Stuttgart/Dresden 1993, S. 171

Doch selbst, wenn viele Menschen eine positive Einstellung zum Umweltschutz haben, ist die Folge nicht unbedingt ein umweltbewußtes Verhalten. Im Vergleich mit den wichtigsten Industrieländern landen die Deutschen nur im unteren Mittelfeld (vgl. Übersicht 6).

Ergebnis von politischem Handeln sind Gesetze Da das Handeln oft nicht mit dem Bewußtsein übereinstimmt und die Interessen der einzelnen Bürger und Bürgerinnen verschieden und auch widersprüchlich sind, kann umweltgerechtes Verhalten nicht in das Belieben des einzelnen gestellt sein. Der Umweltschutz muß gesetzlich geregelt werden (vgl. Kap. 3, S. 125).
Die ersten Umweltgesetze wurden bereits 1971 erlassen, unmittelbar nachdem das „Umweltprogramm der Bundesregierung" beschlossen war und weitere Gesetze folgten (vgl. Übersicht 7).

Übersicht 6

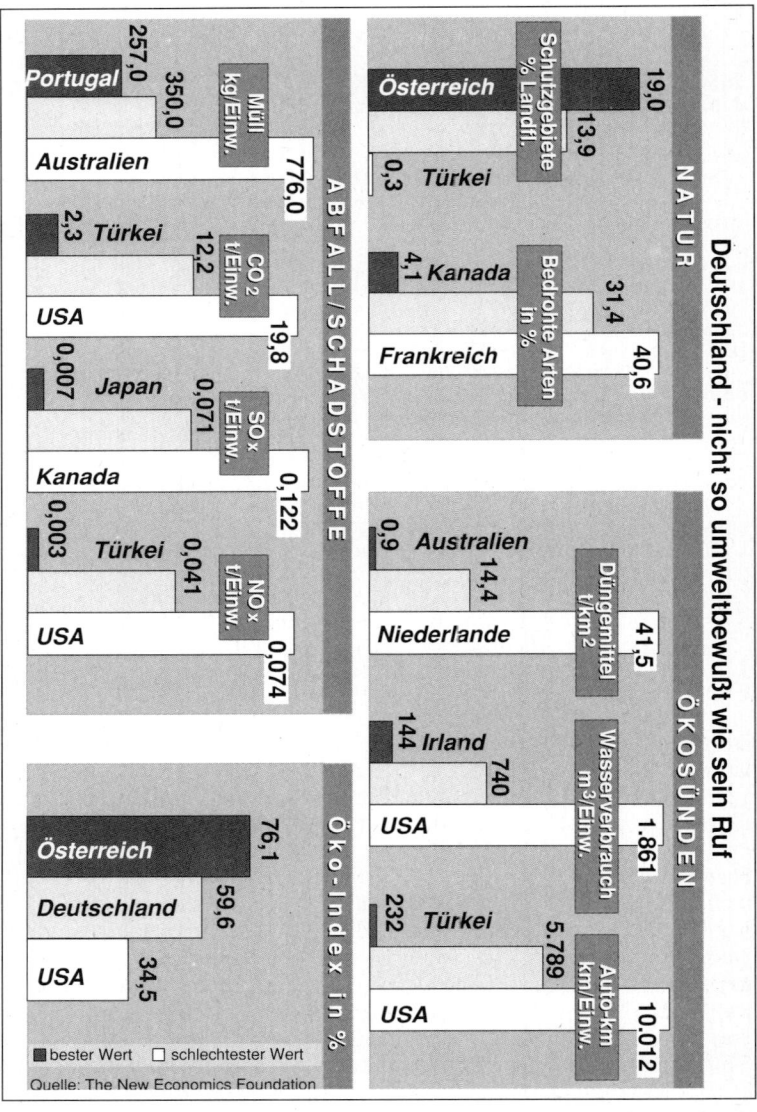

Deutschland - nicht so umweltbewußt wie sein Ruf

ABFALL/SCHADSTOFFE

- Müll kg/Einw.: Portugal 257,0 — Australien 350,0 — 776,0
- CO₂ t/Einw.: Türkei 2,3 — USA 12,2 — 19,8
- SOₓ t/Einw.: Japan 0,007 — Kanada 0,071 — 0,122
- NOₓ t/Einw.: Türkei 0,003 — USA 0,041 — 0,074

NATUR

- Schutzgebiete % Landfl.: Österreich 19,0 — Türkei 13,9 — 0,3
- Bedrohte Arten in %: Kanada 4,1 — Frankreich 31,4 — 40,6

ÖKOSÜNDEN

- Düngemittel t/km²: Australien 0,9 — Niederlande 14,4 — 41,5
- Wasserverbrauch m³/Einw.: Irland 144 — USA 740 — 1.861
- Auto-km km/Einw.: Türkei 232 — USA 5.789 — 10.012

Öko-Index in %

- Österreich 76,1 — Deutschland 59,6 — USA 34,5

■ bester Wert ☐ schlechtester Wert

Quelle: The New Economics Foundation

Übersicht 7

Beispiele für Gesetze
- Abfallbeseitigungsgesetz (1972)
- Bundesimmissionsschutzgesetz (1974)
- Wasserhaushaltsgesetz (1976 überarbeitet)
- Bundesnaturschutzgesetz (1976)
- Atomgesetz (1976)
- Benzinbleigesetz (1987)
- Gesetz über die Umweltverträglichkeitsprüfung (1990)
- Stromeinspeisungsgesetz (1990)

Umweltpolitische Entscheidungen bedürfen der Hilfe von Sachverständigen   Häufig brauchen Politiker und Politikerinnen, wenn sie umweltpolitische Entscheidungen treffen müssen, sehr spezielle naturwissenschaftlich-technische Informationen. Da sie sich diese nicht alle selbst beschaffen können, lassen sie sich von Wissenschaftlern und Wissenschaftlerinnen, sogenannten Sachverständigen, beraten.
Auch Bürgerinnen und Bürger sind auf Information angewiesen, wenn sie kompetent auf Umweltpolitik Einfluß nehmen wollen. Viele staatliche Stellen, wie z. B. Landratsämter, Umweltbundesamt, Ministerien, leisten umfangreiche Aufklärungs- und Informationsarbeit, ebenso Umweltorganisationen (z. B. Greenpeace, Bund für Umwelt- und Naturschutz – BUND), Parteien, Gewerkschaften, Wirtschaftsverbände. Die von diesen Einrichtungen erstellten Materialien können von den Bürgerinnen und Bürgern angefordert werden.

Umweltschutz ist Aufgabe von Bund und Ländern   Es ist Aufgabe des Staates, die natürlichen Lebensgrundlagen der Menschen, d. h. Boden, Wasser, Luft zu schützen. Das Grundgesetz bestimmt, daß der Bund, aber auch die einzelnen Bundesländer Gesetze zum Schutz der Umwelt erlassen können. Für den Vollzug der Gesetze sind die Bundesländer, bzw. in ihrem Auftrag die Landkreise oder Gemeinden verantwortlich. So ist es z. B. Aufgabe der Landkreise oder Gemeinden, die Energieversorgung sicherzustellen, Mülldeponien und Kläranlagen zu betreiben.
Um Konflikte zu vermeiden, stimmen sich Bund und Länder in Arbeitskreisen und -ausschüssen sowie in den Konferenzen der Umweltminister aufeinander ab. Außerdem ist die grundsätzliche Verteilung der Kompetenzen von Bund und Ländern genau geregelt.
Inzwischen hat sich aber gezeigt, daß die Umweltprobleme so drängend geworden sind, daß man sich um das Überleben der Menschheit sorgen

Übersicht 8

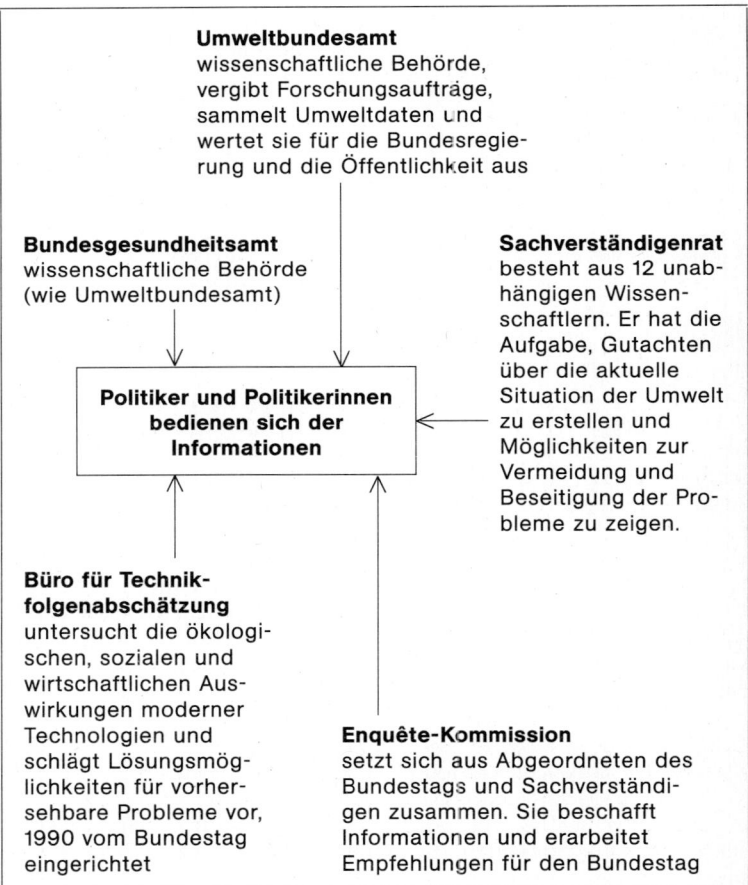

Umweltbundesamt
wissenschaftliche Behörde,
vergibt Forschungsaufträge,
sammelt Umweltdaten und
wertet sie für die Bundesregierung und die Öffentlichkeit aus

Bundesgesundheitsamt
wissenschaftliche Behörde
(wie Umweltbundesamt)

Sachverständigenrat
besteht aus 12 unab-
hängigen Wissen-
schaftlern. Er hat die
Aufgabe, Gutachten
über die aktuelle
Situation der Umwelt
zu erstellen und
Möglichkeiten zur
Vermeidung und
Beseitigung der Pro-
bleme zu zeigen.

**Politiker und Politikerinnen
bedienen sich der
Informationen**

**Büro für Technik-
folgenabschätzung**
untersucht die ökologi-
schen, sozialen und
wirtschaftlichen Aus-
wirkungen moderner
Technologien und
schlägt Lösungsmög-
lichkeiten für vorher-
sehbare Probleme vor,
1990 vom Bundestag
eingerichtet

Enquête-Kommission
setzt sich aus Abgeordneten des
Bundestags und Sachverständi-
gen zusammen. Sie beschafft
Informationen und erarbeitet
Empfehlungen für den Bundestag

muß. Deshalb sind sich alle im deutschen Bundestag vertretenen Parteien
einig, daß es nicht mehr ausreicht, die Umwelt durch einzelne Gesetze zu
schützen. Ob und in welcher Formulierung ein „Menschenrecht auf
Umweltschutz" ins Grundgesetz eingefügt werden soll, wurde lange zwischen den Parteien verhandelt. 1994 wurde Artikel 20 a [Schutz der
natürlichen Lebensgrundlagen] vom Bundestag verabschiedet (vgl.
Kap. 3, S. 125).

Übersicht 9

	Zuständigkeit	
	des Bundes	**der Länder**
Bereiche *(Beispiele)*	Abfallbeseitigung Luftreinhaltung Lärmbekämpfung Energiewirtschaft Straßen- und Schienenverkehr	Naturschutz Landschaftspflege Wasserhaushalt Raumordnung
Befugnisse	*in Bereichen,* *in denen* die Bundesgesetz- gebung den Vorrang, d. h. die *konkurrie-* *rende Gesetzgebung* hat, wie z. B. bei der Kernenergie, wirken die Bundesländer nur über den Bundesrat mit	*in Bereichen,* *in denen* die Länder die Gesetze erlassen, kann der Bund allgemeine Grundsätze aufgrund seiner *Rahmen-* *gesetzgebungskompetenz,* wie z. B. beim Naturschutz, festlegen

4. Die Energiefrage – im Mittelpunkt der Umweltpolitik

4.1 Energiepolitik – Wege suchen zur Verringerung des Kohlendioxid-Ausstoßes

1985 wurde das Ozonloch entdeckt. Im gleichen Jahr erklärten Meteorologen, daß sich die Erde bedrohlich erwärme. Schuld seien Spurengase, die durch menschliches Handeln in die Atmosphäre gelangten (vgl. S. 228 f.). 1987 gab der deutsche Bundestag einer Gruppe von Bundestagsabgeordneten den Auftrag, zusammen mit Wissenschaftlerinnen und Wissenschaftlern nach Wegen zur Verringerung des Kohlendioxid-Ausstoßes zu suchen. Diese Gruppe nannte sich „Enquête-Kommission Vorsorge zum Schutz der Erde". Sie prüfte, wie man Energie z. B. durch Kraft-Wärme-Kopplung besser ausnutzen, wo man Energie sparen und ob man Erdöl, Gas und Kohle durch Sonne, Wind, Wasser oder Bioenergie (er-

241

neuerbare Energiequellen) ersetzen könne. Außerdem beschäftigte sie
sich damit, wie sich der Straßenverkehr verringern ließe.
Es wurden drei mögliche Wege entwickelt, die die gleichen Ziele haben:
Alle Möglichkeiten der Energieeinsparung sollen in Anspruch genommen werden, so daß der Kohlendioxid-Ausstoß um ca. 30 Prozent
gesenkt wird. Sie unterscheiden sich im Stellenwert, den die Atomenergie einnimmt und in den Kosten ihrer Verwirklichung (vgl. Übersicht 10).
Es ist eine Frage der politischen Einstellung, ob eine Partei oder gesellschaftliche Gruppe mit Kernenergie wirtschaften will oder ob sie auf den
Ausstieg setzt. Entsprechend wird sie auch einen der drei Wege bevorzugen.

Übersicht 10

Auf welche Weise wird gespart

1. Weg: „Bisherige Energiepolitik"
Beibehaltung des derzeitigen Anteils der Kernenergie
an der Stromversorgung.
Ergebnis: Verringerung des Energieverbrauchs: 18,9 Prozent
Volkswirtschaftliche Kosten: 2,7 Mrd. DM pro Jahr
2. Weg: „Kernenergie-Ausstieg"
Stillegung aller Kernkraftwerke bis zum Jahr 2005.
Ergebnis: Verringerung des Energieverbrauchs: 28,7 Prozent
Volkswirtschaftliche Kosten: 9,4 Mrd. DM pro Jahr
3. Weg: „Kernenergie-Ausbau"
Ergebnis: Verringerung des Energieverbrauchs: 13,2 Prozent
Volkswirtschaftliche Ersparnis: 4,8 Mrd. DM pro Jahr

4.2 Atomenergie im Spannungsfeld der Interessen

Mit welchen Energieformen in die Zukunft?

Die Bundesregierung (CDU/CSU/FDP-Koalition) sieht den Ausbau der
Kernenergie für „im wesentlichen abgeschlossen" an und setzt auf die
einheimische Kohle als wichtigsten Energieträger. Für sie ist aber nach
wie vor eine umweltverträgliche, wirtschaftliche und sichere Energieer-
zeugung ohne einen „substantiellen Beitrag der Kernenergie auf absehb-
bare Zeit nicht denkbar".
Die SPD, hatte in den Jahren ihrer Regierungsverantwortung die friedliche Nutzung der Atomenergie vorangetrieben. Unter dem Eindruck der
Katastrophe von Tschernobyl faßte sie 1986 den Beschluß, der bis heute

gilt: Eine künftige SPD-Regierung werde spätestens zehn Jahre nach der Regierungsübernahme den Ausstieg aus der Atomenergienutzung vollziehen. Begründet wird dieser Beschluß damit, daß die Wiederaufbereitung unvertretbar, die Entsorgung nicht gesichert und deshalb nicht nur auf den Bau, sondern auch auf den Weiterbetrieb von Atomkraftwerken verzichtet werden müsse.

Die Grünen waren von Anfang an konsequente Atomenergiegegner. Sie legten ein „Energiewende-Szenario 2010" vor, das über den Vorschlag der Enquête-Kommission hinaus eine Energieversorgung ohne Kernenergie und mit stark verringertem Kohle-Anteil vorsieht. Durch massive Energiesparmaßnahmen im öffentlichen und privaten Bereich soll innerhalb von 20 Jahren eine Reduzierung des Kohlendioxidausstoßes um fast 50 Prozent erreicht werden.

Forschungseinrichtungen wie das Öko-Institut in Freiburg und *Umweltverbände* wie der Bund für Umwelt und Naturschutz (BUND) unterstützen SPD und Grüne mit Information. Diese Gruppierungen sehen in der Struktur der derzeitigen Energiewirtschaft ein Hindernis für eine umweltfreundlichere Energieversorgung. Sie kritisieren, daß 92 Prozent des Stroms von nur neun großen Energieversorgungsunternehmen (EVU) geliefert werden.

Diese wollten vor allem Energie verkaufen und hätten daher kein Interesse am Energiesparen. Ihr Hauptaugenmerk gelte kostspieligen Großprojekten wie weiteren Atomkraftwerken, dem Schnellen Brüter, einer atomaren Wiederaufbereitungsanlage und der Kernfusionsforschung. Diese Projekte wurden von den bisherigen Bundesregierungen mit hohen Finanzmitteln gefördert. So sah das 10 Mrd. DM umfassende Energieforschungsprogramm für die Jahre 1990 bis 1993 54,2 Prozent für Kernfusionsforschung, aber nur 12,8 Prozent für erneuerbare Energien und sparsame Energieverwendung vor.

Bürgerinnen und Bürger haben wenig Einflußmöglichkeiten auf die Entscheidungen der Großunternehmen. Deshalb fordern die Kritiker und Kritikerinnen an der derzeitigen Energiewirtschaft eine dezentrale und damit demokratischere Energiepolitik von unten: d. h. die Energieversorgung solle über Stadtwerke in den Händen der Gemeinden sicher gestellt werden (Rekommunalisierung).

Die Energieversorgungsunternehmen müssen sich selber tragen und privatwirtschaftlich Gewinn erzielen. Sie verweisen darauf, daß die teure Steinkohle nur im Zusammenhang mit dem billigeren Kernenergiestrom wirtschaftlich genutzt werden könne. Außerdem wäre der Kohlendioxidausstoß ohne Atomenergie bedeutend höher. Sie sehen die Gefahr, daß bei weiteren Umweltschutzauflagen oder gar einem Baustopp für Atomanlagen der „Standort Deutschland" gefährdet wäre. Damit ist gemeint, daß moderne Atomkraftwerke statt in Deutschland im Ausland gebaut würden und die technisch wissenschaftliche Intelligenz dorthin abwandern würde.

Die EG-Kommission hat Vorschläge für mehr Wettbewerb im Bereich der Strom- und Gasversorgung gemacht. Sie fordert freie Durchleitung und den freien Handel innerhalb der EU. Dieser soll dazu führen, daß die Preise für die Energiebereitstellung sinken und das Wirtschaftswachstum innerhalb der EU angekurbelt würde.

Dagegen protestieren die kleinen *kommunalen Unternehmen (Stadtwerke)*. Den z. B. aus billiger anbietenden EU-Ländern durchgeleiteten Strom würden in erster Linie Großkunden abnehmen, die dadurch den kommunalen Unternehmen verloren gingen. Damit müßten sie die Preise für Strom und Gas erhöhen. Dies würde vor allem die privaten Haushalte und kleine Betriebe treffen.

Die Positionen in der Energiefrage sind festgefahren und teilweise miteinander unvereinbar. Deshalb regte der Bundeskanzler 1993 eine Diskussionsrunde an, an der die Regierungsparteien (CDU, CSU, FDP), die SPD, Wirtschafts- und Umweltverbände teilnahmen. Bedeutung der Kernenergie, die Kohlepolitik, Energiesparmöglichkeiten und alternative Energien hießen die Themen. An diese Gespräche waren hohe Erwartungen geknüpft. Nach wie vor aber ist eine gemeinsame, von der Mehrheit akzeptierte Position nicht in Sicht.

4.3 Politische Entscheidungen am Beispiel des Atommülls

Wie schwierig es ist, eine von allen Beteiligten gebilligte Lösung für Energie- und Umweltfragen zu finden, läßt sich an den Auseinandersetzungen um die Atomenergie zeigen.

Beim Einsatz von Kernenergie entstehen große Mengen von radioaktivem Müll, angefangen beim Uranabbau und der -verarbeitung, dem Betrieb der Kraftwerke bis zur Wiederaufbereitung des abgebrannten Brennstoffs. Das Atomgesetz schreibt den Betreibern vor, ihre radioaktiven Abfälle wiederaufzuarbeiten oder direkt endzulagern. Die Wiederaufbereitung ist sehr teuer und gefährlich. Ein Endlager für Atommüll gibt es noch nicht. Die Aufnahmefähigkeit der Zwischenlager wird in wenigen Jahren erschöpft sein.

Dies bedeutet, daß die Zukunft der Atomwirtschaft an die Verfügbarkeit eines Endlagers gebunden ist. Aus diesem Grunde sehen auch Atomkraftgegnerinnen und -gegner in der Verhinderung eines Endlagers einen Ansatzpunkt, um den Ausstieg aus der Atomenergie zu erzwingen.

Für den Bau und Betrieb eines Endlagers ist die Bundesregierung zuständig. Sie beauftragte das Bundesamt für Strahlenschutz, in einer ehemaligen Eisenerzgrube, dem „Schacht Konrad" bei Salzgitter, ein Endlager für Atommüll zu errichten. Das Atomgesetz schreibt dafür ein Genehmigungsverfahren, *Planfeststellungsverfahren* genannt, vor. Dazu müssen die Pläne der Planfeststellungsbehörde zur Genehmigung vorgelegt werden. Diese Aufgabe hat hier das Bundesumweltministerium an das niedersächsische Umweltministerium weitergegeben. Die Genehmigungsbehörde muß die Pläne – ähnlich einer Baugenehmigung – prüfen.

Die weitreichende Entscheidung kann aber nur mit Hilfe vieler Experten aus anderen Behörden und Forschungseinrichtungen getroffen werden. Hier sind Bürgerinnen und Bürger, Behörden und gesellschaftliche Gruppen – gesetzlich geregelt – nach dem *Kooperationsprinzip* an den Entscheidungsprozessen beteiligt. Deshalb müssen die Pläne verschiedenen Behörden und Naturschutzverbänden, aber auch der Öffentlichkeit vorgelegt werden. Alle können Einwände äußern, die an einem Erörterungstermin mit dem Antragsteller diskutiert werden.

Das Verfahren „Schacht Konrad" läuft seit 1982, begleitet vom Widerstand vieler Gruppen. Gegen den Bau des Endlagers wird z. B. vorgebracht, daß die Pläne bisher nicht vollständig, die Transportrisiken und die Langzeitsicherheit ungeklärt seien. Die Entscheidung ist deshalb so schwierig und langwierig, weil es mehrere Konfliktbereiche und viele ungeklärte Probleme gibt:

– Von einzelnen Bürgerinnen und Bürgern, Bürgerinitiativen und Umweltverbänden sind mehr als 250 000 Einwendungen eingegangen. Allein die Erörterung dieser Einwendungen nahm Monate in Anspruch.

– 1990 wurde die CDU-Regierung in Niedersachsen von einer Regierungskoalition aus SPD und Grünen abgelöst. Seit 1994 regiert die SPD allein. Die alte und die neue Regierung wollen den Ausstieg aus der Atomenergie. Dies bedeutet, daß das niedersächsische Umweltministerium andere Ziele als das Bundesumweltministerium hat. Da Niedersachsen aber nur im Auftrag des Bundes handelt, muß es dessen Weisungen befolgen.

– Die Bundesregierung ist über das Bundesamt für Strahlenschutz sowohl Antragsteller als auch über das Umweltministerium Genehmigungsbehörde.

Die Genehmigung erteilt also letztlich das Bundesumweltministerium im Auftrag der Bundesregierung. Gegen eine Entscheidung können sowohl Antragsteller als auch Einwender bei den Gerichten Klage erheben. Die Antragsteller haben ein Interesse, daß das Verfahren möglichst schnell entschieden wird. Kritiker dagegen hoffen in diesem Fall auf eine möglichst lange Dauer und auf einen Regierungswechsel, durch den eine völlig neue Situation geschaffen werden könnte.

Übersicht 11

Die Entscheidung im Planfeststellungsverfahren

Bau und Betrieb von Anlagen des Bundes zur Endlagerung radioaktiver Abfälle bedürfen nach § 9 b Atomgesetz der Planfeststellung. Betroffene Bürgerinnen und Bürger können Einwände äußern, die die Planfeststellungsbehörde bei ihrer Entscheidung zu berücksichtigen hat. Mit dem Planfeststellungsbeschluß wird – ähnlich einer Baugenehmigung – ein Vorhaben für ausführungsreif erklärt. Das Verfahren wirkt konzentrierend, das heißt, es schließt alle sonst zu erteilenden Genehmigungen ein. Seit 1990 gehört auch eine Umweltverträglichkeitsprüfung dazu.

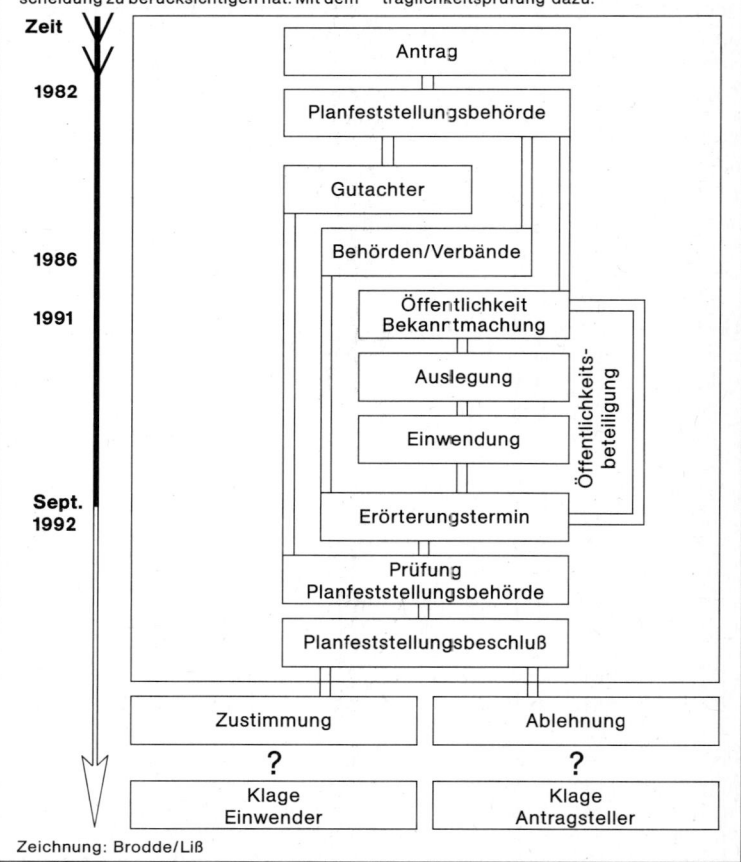

Zeichnung: Brodde/Liß

Übersicht 11 und 12 nach: Was Sie schon immer über Konrad wissen wollten ... Eine Information des Niedersächsischen Umweltministeriums zum geplanten Atommüll-Endlager Schacht Konrad, Hannover 1992, S. 10, 12

Übersicht 12

Konfliktpunkte zwischen Bundesregierung und dem Land Niedersachsen

BUNDESREGIERUNG

Planunterlagen sind vollständig, da
- Auswirkungen auf Umwelt verstreut enthalten sind
- Prüfung eines Standortes ausreicht.

Transporte sind nicht Teil des Verfahrens.

Langzeitsicherheit ist belegt, da ausreichende Nachweise vorgelegt wurden. Eine Sicherheitsvoraussage ist für längeren Zeitraum unzuverlässig und deshalb zeitlich begrenzt.

Zuverlässige Kontrolle im Ausland wird sichergestellt.

Die Erörterung der Einwendungen ist aktuell möglich, da der Termin in erster Linie der Erläuterung der Bürgerbedenken dient.

NIEDERSACHSEN

Planunterlagen sind unvollständig, da
- vorgeschriebene Umweltverträglichkeitsprüfung fehlt,
- keine alternativen Standorte untersucht worden sind.

Risiken durch Atomtransporte müssen betrachtet werden.

Die Frage der Langzeitsicherheit muß weiter untersucht werden. Ein grob verkürzter Prognosezeitraum garantiert keine Sicherheit. Die Methodik des Nachweises ist fragwürdig.

Kontrolle des im Ausland „verpackten" Mülls ist zur Zeit unsicher, ob Inhalt und Deklarationspapiere übereinstimmen, ist zweifelhaft.

Auslegung der Planunterlagen und Erörterung der Einwendungen finden verfrüht statt. Die Termine wurden durch Weisung erzwungen. Eine sachgerechte Prüfung war nicht vollständig möglich. Der Rechtsanspruch auf substantielle Erörterung steht in Frage.

5. Wege zu einer umweltverträglichen Wirtschaft

5.1 Könnte so eine umweltfreundliche Wirtschaft aussehen?

Vorstellungen wie die folgenden wurden von Wissenschaftlern z. B. aus dem Ökoinstitut in Freiburg in die Diskussion eingebracht. Die Bundesregierung, Parteien und Wirtschaft haben sie aufgegriffen und prüfen derzeit in Forschungsaufträgen, wie sie umgesetzt werden können.

Übersicht 13

Vorstellungen von einer umweltfreundlichen Wirtschaft
Im Handel findet man nur Waren, die (lebens)notwendig, lange haltbar und leicht zu reparieren sind. Vorher muß sichergestellt sein, daß das *Produkt umweltverträglich* ist, d. h.:
– in Verfahren hergestellt, die mit möglichst geringem Energieeinsatz arbeiten,
– mit Rohstoffen, die nicht durch unwiederbringliche Zerstörung der Natur gewonnen wurden
– und in denen möglichst wenig Abfall anfällt.
Die Produkte sind recyclingsfähig bzw. leicht zu entsorgen.
Die *Arbeitsplätze* in den Betrieben entsprechen ökologischen Erfordernissen.
Die *Preise* der Waren sind umweltgerecht, d. h. Verbraucherinnen und Verbraucher bezahlen, was sie zerstören. Da z. B. die Autofahrer und Autofahrerinnen alle Kosten – von den Waldschäden bis zu den Schäden an Häusern und der Gesundheit der Menschen – über den Benzinpreis mitbezahlen, kostet ein Liter Benzin fast fünf Mark.
Die Leistungsfähigkeit eines Betriebes und der Gesamtwirtschaft wird unter ökologischen Gesichtspunkten beurteilt, d. h. ein Betrieb erstellt eine *Ökobilanz.*
Die Leistungsfähigkeit der Wirtschaft wird nicht mehr am Bruttosozialprodukt gemessen. Es wird durch ein *Ökosozialprodukt* ersetzt, in dem Kosten für Umweltschäden negativ zu Buche schlagen.

Die Umweltpolitik folgt Grundprinzipien:

(1) Der beste Weg, die Umwelt zu schützen ist, dafür zu sorgen, daß Umweltschäden gar nicht erst entstehen können. So sollen z. B. Katalysatoren in den Autos verhindern, daß giftige Gase in die Luft kommen. Dies nennt man das *Vorsorgeprinzip.*
(2) Häufig müssen aber Schäden nachträglich beseitigt werden. So muß Wasser aus verschmutzten Gewässern, das als Trinkwasser ver-

Übersicht 14

Instrumente der Umweltpolitik
Ordnungspolitische Instrumente:
Der Staat greift in die Entscheidungsfreiheit von Produzenten und Konsumenten durch Vorschriften ein:
- Verbote, z. B. Anwendung von Pflanzenschutzmitteln in Privatgärten;
- Gebote, z. B. regelmäßige Abgasuntersuchungen bei Kraftfahrzeugen.

Marktorientierte Instrumente:
Der Staat schafft wirtschaftliche Anreize, d. h. er steuert das Verhalten über Bezahlung:
- Steuern und Abgaben, z. B. ist im Benzinpreis ein Steuerbetrag enthalten, für Abwasser müssen verbrauchsabhängig Abgaben bezahlt werden;
- finanzielle Hilfen für Produktion und Konsum umweltfreundlicher Produkte, für Forschung im Umweltbereich, z. B. gibt es Zuschüsse für Techniken zur Nutzung der Sonnenenergie, Autos mit Katalysatoren sind steuerbegünstigt.

Erzieherische Instrumente:
- Information und Überzeugung, z. B. Broschüren über den Zusammenhang von FCKW und Ozonloch oder Einstellen von Müllberatern bei den Landratsämtern;
- Umwelterziehung in der Schule, z. B. durch Aufnahme von Umweltthemen in den Lehrplan.

wendet werden soll, vorher aufbereitet werden. Dies ist das *Nachsorgeprinzip.*
(3) Umweltschäden vermeiden oder nachträglich beseitigen ist oft aufwendig und teuer. Es ist sinnvoll, wenn diejenigen, die Umweltbelastung verursachen, auch die Verantwortung für ihr Handeln tragen müssen. Generell wird in der Bundesrepublik versucht, das *Verursacherprinzip* anzuwenden. Deshalb bezahlen die privaten Haushalte nicht nur für frisches Trinkwasser, sondern auch für die Aufbereitung des schmutzigen Abwassers.
(4) In Fällen, in denen die Verursacher nicht zur Verantwortung gezogen werden können, muß die Allgemeinheit einspringen. Dann gilt das *Gemeinlastprinzip.* Dies geschieht etwa in den östlichen Bundesländern bei ehemaligen Staatsunternehmen, die privatisiert werden sollen, auf deren Gelände aber Umweltverschmutzungen („Altlasten") zu beseitigen sind.

Umweltgerechtes Handeln muß durchgesetzt werden Umweltpolitische Entscheidungen werden in Form von Gesetzen, *Instrumenten der
Umweltpolitik,* und Verordnungen durchgesetzt. Dafür stehen unterschiedliche Mittel zur Verfügung.

5.2 Strukturwandel der Wirtschaft mit Hilfe von Umweltsteuern?

Die Meinungen in unserer Gesellschaft gehen auseinander. Einzelne,
gesellschaftliche Gruppen oder Parteien sind unzufrieden mit der bisherigen Umweltpolitik. Sie bezweifeln z. B., daß Gebote und Verbote, d. h.
ordnungspolitische Instrumente, zum Schutz der Umwelt wirksam genug
sind.
Statt dessen sollten verstärkt marktwirtschaftliche Instrumente angewendet werden. Umweltfreundliche Produkte müßten preiswert,
umweltbelastende teuer werden. Dies ließe sich z. B. über finanzielle Einschränkungen zugunsten des Umweltschutzes erreichen. Ein im Auftrag
von Greenpeace erstelltes Gutachten vom Deutschen Institut für Wirt-
schaftsforschung zeigt Kosten und Nutzen einer *ökologischen Steuerre-
form* in Deutschland. Nach diesen Berechnungen könnte eine vorherseh-
bare, stetig steigende Energiesteuer, bei der jedoch die gesamte Abgaben-
last der Bevölkerung und der Wirtschaft nicht zunehmen würde, den
energiesparenden technischen Fortschritt beschleunigen. Zudem würden neue Arbeitsplätze entstehen.
Doch trotz des hohen Umweltbewußtseins der Bevölkerung sind solche
Maßnahmen bislang politisch schwer durchzusetzen. In der Regel findet
nur Zustimmung, was die anderen trifft und einen selbst nichts kostet.
Parlamente als die entscheidenden Gremien müssen sich mit den unterschiedlichen und oft widersprüchlichen Standpunkten in Gesellschaft
und Wirtschaft auseinandersetzen. Dies kostet viel Zeit (vgl. S. 239).
Trotzdem wurde bereits in der Vergangenheit z. B. die Kraftfahrzeugsteu-
er umweltpolitisch genutzt, indem die Steuersätze für Kraftfahrzeuge mit
Katalysatoren gesenkt, für nichtschadstoffarme Autos aber, um Einnahmeverluste für den Staat zu vermeiden, erhöht wurden.
Jetzt will Nordrhein-Westfalen als erstes Land aus einem Aufpreis auf die
Stromkosten alternative Energiequellen fördern. Dazu wird den Elektri-
zitätsunternehmen eine Erhöhung von einem Prozent des Strompreises
erlaubt. Mit diesen von den Stromkunden kassierten Millionenbeträgen
müssen die Betreiber von Windrädern und Sonnenkollektoren unterstützt werden.
Die derzeitige Bundesregierung will sich, bevor sie eine Energiesteuer
beschließt, erst europaweit abstimmen.

Standpunkt von Vertretern der Wirtschaftsverbände: strenge Umwelt-schutzanforderungen bedeuten Wettbewerbsnachteile Die Notwendigkeit von Umweltschutzmaßnahmen wird auch bei den Wirtschaftsverbänden gesehen. Sie verweisen darauf, daß sie ihre Ausgaben für Umweltschutz in den letzten zehn Jahren nahezu verdoppelt haben. Sie kritisieren aber, daß es wegen der Vielzahl von Gesetzen und Verordnungen immer länger dauern würde, bis neue Projekte genehmigt wären. Durch die strengen Umweltschutzauflagen würde die Produktion immer teurer.

Sie halten Umweltsteuern derzeit nicht für die richtige Lösung, da teure Produkte auf dem Markt nicht konkurrenzfähig sind. In anderen Ländern, die nicht die gleichen strengen Maßstäbe an den Umweltschutz anlegen, kann billiger produziert werden. Deshalb drohen Unternehmen, mitsamt den gut ausgebildeten Fachkräften in Länder mit niedrigeren Umweltschutzauflagen abzuwandern. Dadurch sind Arbeitsplätze gefährdet.

Widersprüche zwischen Argumentation und Handeln Eine Anzahl Politiker und Politikerinnen aller Parteien berufen sich dagegen auf eine Studie industrienaher Institute, die zeigt, daß z. B. im Jahre 1989 die Umweltschutzausgaben der Betriebe nur ein bis zwei Prozent des Produktionswertes ausgemacht hätten. Deutsche Unternehmen würden nicht aus Umweltschutzgründen ins Ausland abwandern, sondern vor allem, um näher an die Märkte oder an billigere Arbeitskräfte heranzukommen. Andererseits sei die deutsche Wirtschaft im Welthandel die führende Nation bei umweltschonend hergestellten Gütern. Dies zeige sich auch daran, daß die Zahl der Patente für Umwelttechniken weit höher seien als in den USA und Japan.

Zukunftsforscher und Politiker sehen in der Umwelttechnologie einen der großen neuen Märkte für die kommenden Jahrzehnte. Für sie liegen die Ursachen für die heutige wirtschaftliche Krise u. a. auch darin, daß in den „guten" Jahren zu wenig Neuentwicklungen erfolgt sind. Gerade in einer schwierigen wirtschaftlichen Lage mit hoher Arbeitslosigkeit dienen Investitionen in moderne Umwelttechnologien zur Sicherung der Arbeitsplätze. Deshalb könnte der wirtschaftliche Nutzen umweltpolitischer Auflagen sehr wohl deren Kosten übersteigen.

5.3 Grenzen des Wachstums

Schon 1972 wandte sich eine internationale Gruppe von Wissenschaftlern, der „Club of Rome", mit einem Bericht zur Lage der Menschheit unter dem Titel „Grenzen des Wachstums" an die internationale Öffentlichkeit: „Wenn die gegenwärtige Zunahme der Weltbevölkerung, der Industrialisierung, der Umweltverschmutzung, der Nahrungsmittelproduktion und der Ausbeutung von natürlichen Rohstoffen anhält, werden die absoluten Wachstumsgrenzen auf der Erde im Laufe der nächsten hundert Jahre erreicht." Damit war die Absicht verknüpft, die politischen Entscheidungsträger in aller Welt zum Nachdenken über die weltweite Problematik der Menschheit anzuregen. Doch es ist nach wie vor eine offene Frage, wie die Lebensgrundlagen für die nächsten Generationen gesichert werden können.

Übersicht 15

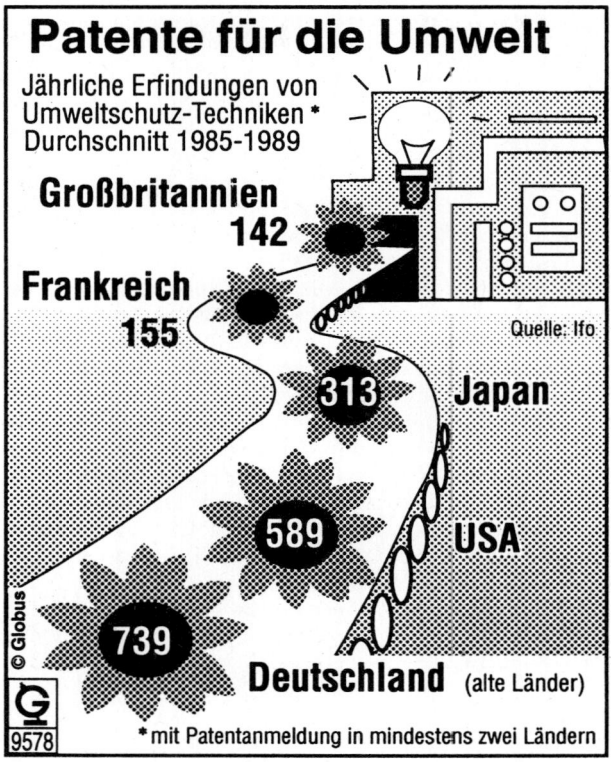

252

Zeichner: Klaus Pielert, Düsseldorf

1. Gründe für den Zusammenschluß

„Binnenmarkt", „Wirtschafts- und Währungsunion", „Vertrag von Maastricht". Die Schlagworte lassen sich beinahe täglich in der Berichterstattung von Zeitungen, Rundfunk und Fernsehen wiederfinden. Die Europäische Union (früher: Europäische Gemeinschaft) ist zu einem selbstverständlichen Teil des öffentlichen Lebens geworden. Darüber sollte man aber nicht die Gründe vergessen, die vor mehr als 40 Jahren dazu führten, daß sich Frankreich, Belgien, Luxemburg, die Niederlande, Italien und Deutschland zu den ersten Schritten auf dem Weg zur Europäischen Einigung entschlossen:

– *Der Wunsch, ein neues Selbstverständnis, eine neue Identität zu entwickeln:* Nach zwei blutigen Kriegen in 30 Jahren galt der Nationalismus als überholt. Ein gemeinsames Europa sollte die nationale Herrschaft ersetzen und den Bürgerinnen und Bürgern die Möglichkeit geben, sich mit einer übernationalen Gemeinschaft zu identifizieren.

– *Der Wunsch nach Sicherheit und Frieden:* Weder hatten die Nationalstaaten es vermocht, die beiden Weltkriege zu verhindern, noch traute man ihnen zu, den sich entwickelnden Gegensatz zwischen Ost und

West friedlich zu lösen. Die Europäische Union sollte daher eine Friedensgemeinschaft sein: im Inneren das noch vorhandene Mißtrauen zwischen den ehemals verfeindeten Mitgliedstaaten abbauen und nach außen Stärke und Sicherheit gewährleisten.

– *Der Wunsch nach Bewegungsfreiheit für die Bürgerinnen und Bürger in Europa:* Nationale Traditionen und Entwicklungen, aber auch die Auseinandersetzungen zwischen den Staaten hatten dafür gesorgt, daß der Personen- und Warenverkehr zwischen den europäischen Staaten starken Beschränkungen unterlag. Wollte man mehr reisen, sich besser kennenlernen, Verständnis für einander entwickeln und letztlich die eigene Mobilität verstärken, so mußten diese Beschränkungen beseitigt werden.

– *Die Hoffnung auf Wohlstand, wirtschaftliche und soziale Stabilität:* Ein gemeinsamer Markt sollte für eine bessere Konkurrenz im inneren wie nach außen und damit für ein stärkeres Wirtschaftswachstum sorgen. Erwartete Folgen: mehr Arbeitsplätze, mehr Volkseinkommen, weniger wirtschaftliche Krisen in Europa.

– *Die Hoffnung, durch eine gemeinsame Politik wieder Macht und Einfluß zurückzugewinnen:* Vor 1914 bestimmten die europäischen Staaten weitgehend die Weltpolitik. Nach zwei Weltkriegen hatten sie ihre Stellung an die neuen Supermächte USA und Sowjetunion verloren. Diese Entwicklung sollte durch die Einigung der westeuropäischen Staaten gestoppt und wenn möglich umgekehrt werden.

Trotz einiger Rückschläge und gescheiterter Versuche war vor allem die wirtschaftliche Einigung in Europa in den letzen 40 Jahren erfolgreich. Und an der Schwelle zum neuen Jahrtausend unternimmt es nun der 1991 geschlossene „Vertrag von Maastricht", dieser wirtschaftlichen Einigung in Europa einen neuen, festeren Rahmen zu geben. Die mit diesem Vertrag angestrebte „Europäische Union" soll der wirtschaftlichen auch eine soziale und politische Einigung folgen lassen. Ziel ist es, auf diese Weise den Bürgerinnen und Bürgern in der Gemeinschaft die Möglichkeit zu geben, ein Gefühl der Zugehörigkeit zu diesem neuartigen, „übernationalen" (supranationalen) Gemeinwesen in Europa zu entwickeln.

2. Tätigkeitsbereiche der EU

Die Verträge über die EGKS, EWG und Euratom übertrugen der Gemeinschaft die nahezu ausschließliche Verantwortung für eine Reihe wirtschaftlich wichtiger Politikbereiche (Kohle und Stahl, Landwirtschaft, Außenhandel), das heißt, diese Bereiche wurden *vergemeinschaftet.* Es

Übersicht 1

Etappen der Europäischen Einigung

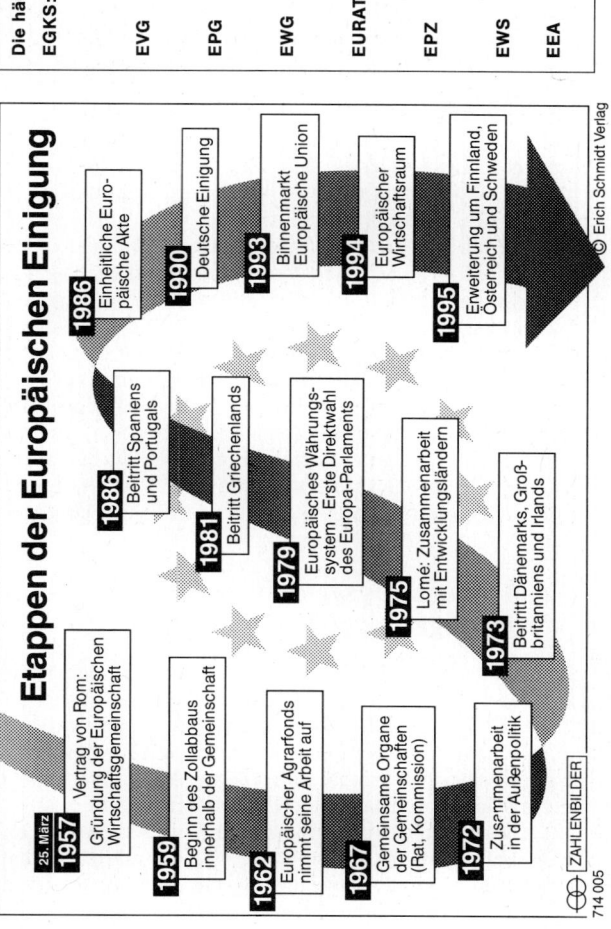

25. März 1957 Vertrag von Rom: Gründung der Europäischen Wirtschaftsgemeinschaft

1959 Beginn des Zollabbaus innerhalb der Gemeinschaft

1962 Europäischer Agrarfonds nimmt seine Arbeit auf

1967 Gemeinsame Organe der Gemeinschaften (Rat, Kommission)

1972 Zusammenarbeit in der Außenpolitik

1973 Beitritt Dänemarks, Großbritanniens und Irlands

1975 Lomé: Zusammenarbeit mit Entwicklungsländern

1979 Europäisches Währungssystem · Erste Direktwahl des Europa-Parlaments

1981 Beitritt Griechenlands

1986 Beitritt Spaniens und Portugals

1986 Einheitliche Europäische Akte

1990 Deutsche Einigung

1993 Binnenmarkt Europäische Union

1994 Europäischer Wirtschaftsraum

1995 Erweiterung um Finnland, Österreich und Schweden

ZAHLENBILDER
714 005

© Erich Schmidt Verlag

Übersicht 2

Die häufigsten Abkürzungen

EGKS:	Europäische Gemeinschaft für Kohle und Stahl Gründung 1952
EVG	Europäische Verteidigungsgemeinschaft
EPG	Europäische Politische Gemeinschaft
EWG	Europäische Wirtschaftsgemeinschaft
EURATOM	Europäische Atomgemeinschaft
EPZ	Europäische Politische Zusammenarbeit
EWS	Europäisches Währungssystem
EEA	Einheitliche Europäische Akte

255

zeigte sich jedoch, daß die EU einzelne Politikbereiche nicht vergemein-
schaften konnte, ohne daß dies Auswirkungen auch auf Politikfelder
hatte, für die nach wie vor alleine die Mitgliedstaaten zuständig waren.

Mischbereiche Es entstanden Bereiche (Sozial-, Regional-, Bildungs-,
Forschungs- und Umweltpolitik), in denen sich die EU mit Problemen
beschäftigte, die zwar grundsätzlich in die Zuständigkeit der jeweiligen
Mitgliedstaaten fielen, dennoch aber einer gemeinsamen Lösung bedurf-
ten. In diesen Mischbereichen wurden in unterschiedlichem Umfang
sowohl die Gemeinschaft als auch die EU-Staaten tätig. In der Umweltpolitik gibt es beispielsweise neben EU-Richtlinien zur Trinkwasser- oder
Luftreinhaltung auch weiterhin nationale Gesetze etwa zur Abfallbeseiti-
gung.

Koordinierungsbereiche Bis zum Vertrag von Maastricht gab es
schließlich außerdem noch einige Koordinierungsbereiche – zum Beispiel die Währungspolitik im Europäischen Währungssystem (EWS) oder
die Außenpolitik in der Europäischen Politischen Zusammenarbeit
(EPZ) –, die für die Mitgliedstaaten so zentral wichtig waren, daß sie der
EU darin nahezu keine Zuständigkeiten übertrugen. Sie sahen sich
jedoch aufgrund der Erfordernisse und Sachzwänge aus der wirtschaftlichen Einigung dazu veranlaßt, ihre nationalen Politiken in diesen Bereichen stärker aufeinander abzustimmen. Mit dem Vertrag von Maastricht
soll sich dies allerdings ändern. Die bisherigen Koordinierungsbereiche
werden in das Aufgabengebiet der EU einbezogen und Schritt für Schritt
vergemeinschaftet. So wird sich bis zur Jahrtausendwende der Themen-
kreis erheblich ausgeweitet haben und auch bisher von den Mitgliedstaaten streng gehütete Bereiche (Außenpolitik, Währungsfragen) umfassen.

3. Entscheidungsgewalt in der EU: Die Organe der Gemeinschaft

Schaut man sich die Europäische Union an, so zeigt sich ein sehr kompli-
ziertes und vielschichtiges Bild: Zum einen besitzt sie nur für einige Politikbereiche die ausschließliche Entscheidungsgewalt. Sie ist also kein
(Bundes)Staat mit allgemeiner Zuständigkeit für die Regelung politischer,
wirtschaftlicher oder sozialer Probleme. Andererseits stellt sie aber längst
mehr als eine Internationale Organisation (vgl. Kap. 8), mehr als die
bloße Zusammenarbeit unabhängiger Nationalstaaten dar. So andersartig
dieses übernationale Gemeinwesen ist, so unüblich sind auch die Zusammensetzung seiner Organe und deren Rolle im Entscheidungsprozeß.

3.1 Die Zusammensetzung der EU-Organe

Übersicht 3

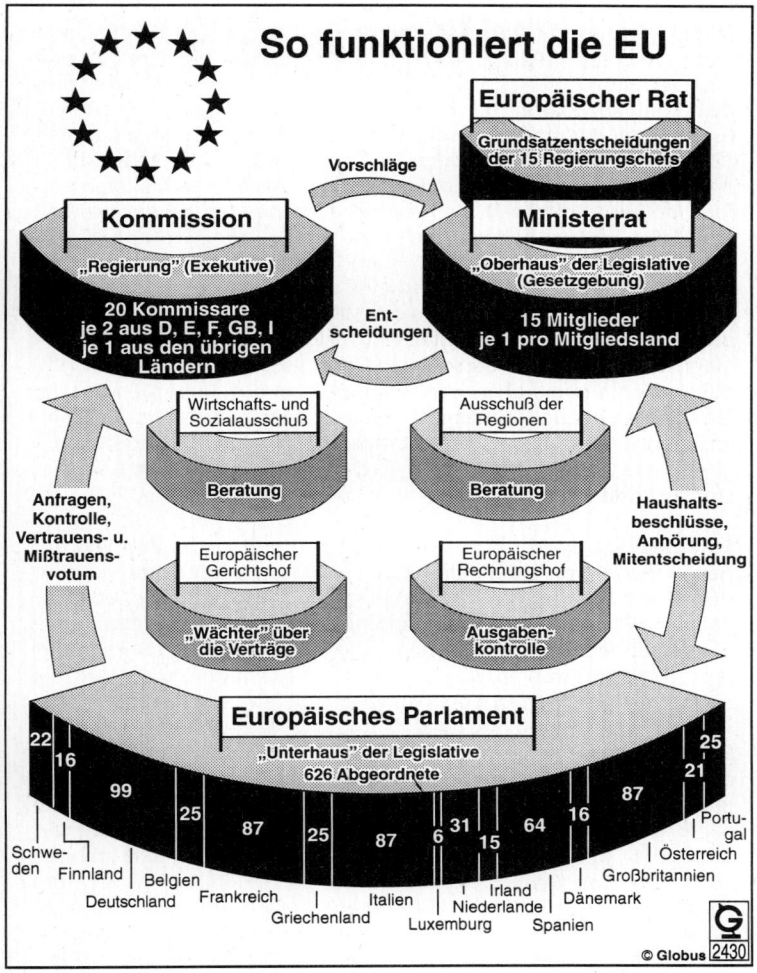

So funktioniert die EU

Europäischer Rat
Grundsatzentscheidungen der 15 Regierungschefs

Kommission
„Regierung" (Exekutive)
20 Kommissare
je 2 aus D, E, F, GB, I
je 1 aus den übrigen
Ländern

Vorschläge

Ministerrat
„Oberhaus" der Legislative
(Gesetzgebung)
15 Mitglieder
je 1 pro Mitgliedsland

Ent-
scheidungen

Wirtschafts- und
Sozialausschuß
Beratung

Ausschuß der
Regionen
Beratung

Anfragen,
Kontrolle,
Vertrauens- u.
Mißtrauens-
votum

Europäischer
Gerichtshof
„Wächter" über
die Verträge

Europäischer
Rechnungshof
Ausgaben-
kontrolle

Haushalts-
beschlüsse,
Anhörung,
Mitentscheidung

Europäisches Parlament
„Unterhaus" der Legislative
626 Abgeordnete

22 | 16 | 99 | 25 | 87 | 25 | 87 | 6 | 31 | 15 | 64 | 16 | 87 | 25 | 21

Schwe-
den
Finnland
Belgien
Deutschland
Frankreich
Griechenland
Italien
Luxemburg
Irland
Niederlande
Spanien
Dänemark
Großbritannien
Österreich
Portu-
gal

© Globus 2430

257

Übersicht 4

Zusammensetzung der EU-Organe

Ministerrat: Im Ministerrat treffen sich die für das jeweilige Sachgebiet zuständigen Minister der Mitgliedstaaten. Das heißt, es gibt zum Beispiel einen Agrar-, Umwelt-, Finanz- oder Außenministerrat. Über dem Ministerrat steht der Europäische Rat der Staats- und Regierungschefs, der sich mindestens zweimal im Jahr zu sogenannten „Gipfeln" trifft. Der Europäische Rat ist das höchste Entscheidungsorgan der EU. Er legt die Leitlinien für die Arbeit des Ministerrates fest und beschäftigt sich auch mit jenen Problemen, für die die Minister keine Lösung finden können.

Kommission: Die 20 Kommissarinnen und Kommissare werden zwar auf Vorschlag der Regierungen der Mitgliedstaaten vom Ministerrat auf fünf Jahre gewählt und müssen vom Europäischen Parlament mit Mehrheit bestätigt werden. Sie sind aber verpflichtet, ihr Amt unabhängig von den sie ernennenden Instanzen auszuüben und sollen die Interessen der Europäischen Gemeinschaft vertreten. Die Kommissarinnen und Kommissare teilen sich die Zuständigkeitsbereiche untereinander auf. Geleitet wird die Kommission vom Kommissionspräsidenten.

Europäisches Parlament: Die 626 Abgeordneten werden von der Bevölkerung der Mitgliedstaaten direkt auf fünf Jahre gewählt (letzte Wahl: Juni 1994). Allerdings existiert kein einheitliches europäisches Wahlrecht. Vielmehr kommen die unterschiedlichen nationalen Wahlrechte zur Anwendung. Die Bürgerinnen und Bürger dürfen jedoch dort wählen, wo sie ihren Wohnsitz haben, auch wenn sie die Staatsbürgerschaft eines anderen EU-Staates besitzen.

Europäischer Gerichtshof: Der Europäische Gerichtshof setzt sich aus einem Gericht erster und einem Gericht zweiter Instanz zusammen. Das *Gericht erster Instanz* besteht aus 15 Richtern und ist vor allem für Streitfälle in Binnenmarktfragen sowie Arbeitsgerichtsverfahren der Mitarbeiterinnen und Mitarbeiter der EU-Institutionen zuständig. *Das Gericht zweiter Instanz* setzt sich aus 16 Richtern zusammen. Es entscheidet zum einen über Berufungsverfahren zu Urteilen des Gerichts erster Instanz. Zum anderen nimmt es in der EU die Stellung vergleichbar den obersten Bundesgerichten (Bundesverfassungsgericht, Bundesverwaltungsgerichtshof usw.) in der Bundesrepublik ein. Seine Rechtsgrundlage sind die Verträge sowie die Verordnungen, Richtlinien und übrigen Entscheidungen der

Europäischen Gemeinschaft. *Streitigkeiten über EU-Recht* werden in der Regel vom Europäischen Gerichtshof entschieden. Dies geschieht entweder dadurch, daß der Gerichtshof von den streitenden Parteien direkt angerufen wird. Oder aber ein Gericht in einem der Mitgliedstaaten stellt fest, daß der Fall, den es verhandelt, EU-Recht betrifft. Dann kann es das Verfahren unterbrechen, die Angelegenheit direkt dem Europäischen Gerichtshof vorlegen und von ihm eine Entscheidung erbitten. Diese Entscheidung des Europäischen Gerichtshofs bildet dann die Grundlage für das Urteil des nationalen Gerichts. Grundsätzlich gilt: *Europarecht bricht nationales Recht.* Allerdings kann der Europäische Gerichtshof nur dort entscheiden, wo die Gemeinschaft nach den Verträgen auch eine Zuständigkeit besitzt. Das heißt, der Gerichtshof ist kein allgemeines Berufungsgericht für alle Streitfälle vor nationalen Gerichten.

3.2 Die Rolle der EU-Organe im Entscheidungsprozeß

Ein Beispiel für Entscheidungsabläufe: Schutz des Trinkwassers

Das Entscheidungsverfahren in der Gemeinschaft ist keineswegs einheitlich gestaltet. Um dennoch anschaulich zu bleiben, hier ein Beispiel, das aber nur begrenzt verallgemeinert werden kann:
Die EU hat in den vergangenen Jahren mehrfach Regelungen zum Schutz des Trinkwassers erlassen, darunter auch Richtlinien für die zulässigen Höchst-Grenzwerte von giftigen Stoffen (etwa Nitrat, Phenole usw.). Verbraucher- und Umweltschutzverbände hatten mit Unterstützung von Abgeordneten des Europäischen Parlaments jahrelang die Europäische Kommission gedrängt, dazu entsprechende Vorschläge auf den Tisch zu legen. Nach vielen Diskussionen unter anderem mit Vertretern der betroffenen Interessengruppen (Verbraucher-, Umweltschutzverbände, Handel und Industrie, Wasserversorgungsunternehmen usw.) sowie den mitgliedstaatlichen Regierungen legte die Kommission schließlich einen Entwurf vor, der ausgesprochen niedrige Höchstwerte vorsah.
Dagegen protestierten die Industrieverbände und Wasserversorgungsunternehmen, weil sie hohe Kosten auf sich zukommen sahen, um diese Grenzwerte erreichen und einhalten zu können. Aber auch die Regierungen der EU-Staaten waren wenig glücklich. Neben den auch für sie hohen Kosten fürchteten sie außerdem, wichtige Entscheidungsrechte in diesem Bereich an die EU zu verlieren.

In seiner Stellungnahme unterstützte das Europäische Parlament den Kommissionsvorschlag. Auch die Umweltschutz- und Verbraucherverbände wurden in der Öffentlichkeit sehr aktiv, um Druck auf den für die Entscheidung zuständigen Umwelt-Ministerrat auszuüben, dem Kommissionsvorschlag trotz der Bedenken auch zuzustimmen. Die Umweltminister befanden sich damit in der Zwickmühle zwischen den Forderungen der Umwelt- und Verbraucherschützer, die von Kommission und Europäischem Parlament übernommen worden waren, und den wirtschaftlichen Interessen mit Blick auf die zu erwartenden Kosten. Entsprechend lange zogen sich die Verhandlungen im Ministerrat hin, zumal eine Regelung in diesem Bereich nur einstimmig beschlossen werden konnte.

Aufgrund des Drucks der öffentlichen Meinung wurden dann nur wenige der von der Kommission vorgeschlagenen Grenzwerte tatsächlich heraufgesetzt. Allerdings schrieben die Minister lange Übergangsfristen fest, um Zeit für die Umsetzung der Richtlinien durch die Behörden und Wasserversorgungsunternehmen in den Mitgliedstaaten zu bekommen. Zudem blieb es den nationalen Umweltministerien überlassen, auf welche Weise sie diese Grenzwerte erreichten (Bau von Filteranlagen, Verbot bestimmter Chemikalien, Schließung von Brunnen, Überlandwasserversorgung).

Dennoch schafften es letztlich nicht alle EU-Staaten, rechtzeitig sämtliche Werte einzuhalten, so daß die Kommission die größten „Sünder" Belgien und die Bundesrepublik vor dem Europäischen Gerichtshof verklagte und so deren Regierungen zwang, die EU-Regelungen für den Trinkwasserschutz vollständig anzuwenden.

Üblicherweise besitzen auf nationaler Ebene mehrere Organe (Regierung, Parlament) das Recht, Gesetzesvorschläge zu unterbreiten. Dort haben folglich auch mehrere Organe die Möglichkeit, einerseits ihnen wichtige Themen aufzugreifen und in die politische Diskussion einzubringen und andererseits für bereits in der Debatte befindliche Probleme eigene Lösungen vorzuschlagen.

Vorschlag Diese auf nationaler Ebene verteilten Zuständigkeiten sind auf EU-Ebene in der Hand eines Organs zusammengefaßt: Nur die *Kommission* darf *Vorschläge* für *EU-Entscheidungen* vorlegen. Das heißt, sie bestimmt, welche Probleme aufgegriffen werden, und sie unterbreitet erste Lösungsansätze, wobei sie bemüht ist, für die Probleme gesamteuropäische Lösungen zu finden. Aufgrund dieser zentralen Stellung zu Beginn des EU-Entscheidungsprozesses gilt die Kommission auch als *„Motor der Europäischen Einigung"*. Für diese Aufgabe verfügt die Kommission über eine eigene Verwaltung, die die notwendigen Informationen sammelt und Vorschläge ausarbeitet. Die Mitgliedstaaten sind verpflichtet, der Kommission alle für deren Tätigkeit wichtigen Informationen zugänglich zu machen.

Stellungnahme Ein solcher Kommissionsvorschlag geht dann zur Beratung an den Ministerrat sowie an das *Europäische Parlament.* Obwohl dieses eine von der nationalen Ebene her bekannte Bezeichnung (Parlament) trägt, verfügt es nicht über die den nationalen Parlamenten zustehenden Rechte: Das Europäische Parlament besitzt weder das Recht, Vorschläge für EU-Entscheidungen zu unterbreiten, noch steht ihm in der Regel das eigentliche Gestaltungs- und Entscheidungsrecht auf europäischer Ebene zu. Zu den wenigen Ausnahmen, bei denen es ein Entscheidungsrecht besitzt, gehören zum Beispiel EU-Haushaltsbeschlüsse oder die Aufnahme von neuen Mitgliedstaaten in die Gemeinschaft.

In den meisten Fällen (zum Beispiel in der Gemeinsamen Agrarpolitik oder der Außenhandelspolitik) muß es vor einer EU-Entscheidung lediglich gehört werden. Das heißt, das Europäische Parlament gibt eine *Stellungnahme zum Vorschlag der Kommission* ab. Bei Entscheidungen im Zusammenhang mit dem Binnenmarkt hat es allerdings etwas mehr Einfluß. Seine Wünsche können hier vom Ministerrat nur mit einem einstimmigen Beschluß übergangen werden. Der Vertrag von Maastricht stärkt die Position des Europäischen Parlaments noch einmal: Bei Entscheidungen über die Weiterentwicklung des Binnenmarktes (etwa Angleichung der Normen und Standards, Fragen des Verbraucher- und Gesundheitsschutzes usw.) bekommen die Europäischen Volksvertreter ein *Vetorecht.*

Übersicht 5

Einstimmigkeit und Mehrheitsentscheidungen im Ministerrat

Einstimmigkeit: Im Ministerrat wird so lange verhandelt, bis keiner der Minister aus den Mitgliedstaaten das ausgehandelte Ergebnis mehr ablehnt.

Mehrheitsentscheidungen: Entsprechend ihrer Größe verfügen die Mitgliedstaaten im Ministerrat über eine unterschiedliche Anzahl von Stimmen: jeweils 10 Stimmen: Bundesrepublik Deutschland, Frankreich, Großbritannien, Italien; 8 Stimmen: Spanien; jeweils 5 Stimmen: Belgien, Griechenland, Niederlande, Portugal; jeweils

---

4 Stimmen: Österreich, Schweden; jeweils 3 Stimmen: Dänemark, Finnland, Irland; 2 Stimmen: Luxemburg; Die Mitgliedstaaten können ihre Stimmen immer nur als Paket abgeben. Eine Entscheidung im Ministerrat ist mit Mehrheit angenommen, wenn sie mindestens 62 Stimmen erhalten hat.

Entscheidung Über die eigentliche Entscheidungsgewalt auf europäischer Ebene verfügt der *Ministerrat.* Er ist ein Organ, das auf nationaler Ebene in dieser Form nirgends existiert. In ihm sind die Minister der Regierungen aller Mitgliedstaaten versammelt, das heißt, bei seinen Beratungen treffen die nationalen Interessen aufeinander. Diese unterscheiden sich aber oft erheblich von den Vorstellungen der Kommission. Die Grundlage für die Beratungen im Ministerrat bilden der Kommissionsvorschlag sowie die dazugehörige Stellungnahme des Europäischen Parlaments. Die Minister sind indessen keineswegs verpflichtet, sich an diese Vorlagen zu halten. Nicht selten weicht der Ministerrat sogar stark von den Vorstellungen von Kommission und Parlament ab. Ziel der Beratungen im Ministerrat ist es, zu einem *Kompromiß* zwischen den häufig unterschiedlichen Interessen der Mitgliedstaaten zu kommen. In sehr vielen Bereichen (Agrar-, Außenhandels-, Sozialpolitik usw.) muß eine Entscheidung des Ministerrates *einstimmig* erfolgen, was die Entscheidungsfindung häufig erschwert und verlangsamt, weil 15 unterschiedliche Auffassungen zu einem Thema auf einen einheitlichen Nenner gebracht werden müssen. Die Gemeinschaft versucht daher, verstärkt zu *Mehrheitsentscheidungen* im Ministerrat zu kommen. Dies ist zum Beispiel bei den meisten Beschlüssen zu Fragen des Binnenmarktes der Fall. Der Vertrag von Maastricht strebt an, diese Vorgehensweise Schritt für Schritt auch auf die anderen Politikbereiche zu übertragen.

Umsetzung der Entscheidungen Ist eine Entscheidung im Ministerrat gefallen, so muß sie umgesetzt und angewandt werden. Das ist *Aufgabe der Mitgliedstaaten,* weil die Gemeinschaft keine eigene Verwaltung besitzt, die bis zu den Bürgerinnen und Bürgern vor Ort reicht. Zuständig dafür sind die unteren Verwaltungsbehörden der Mitgliedstaaten, in der Bundesrepublik also beispielsweise Städte und Gemeinden, Landkreise oder Landesbehörden, die verpflichtet sind, in ihrem Bereich EU-Entscheidungen auszuführen. Die *Europäische Kommission* hat das Recht, die Umsetzung von EU-Entscheidungen durch die Mitgliedstaaten zu *kontrollieren.* Stellt sie Mängel fest, so kann sie den entsprechenden Mitgliedstaat auffordern, die EU-Regelungen zügig und angemessen anzuwenden. Sie besitzt auch die Möglichkeit, eine mitgliedstaatliche Regierung vor dem Europäischen Gerichtshof zu *verklagen* (siehe S. 258), um

Übersicht 6

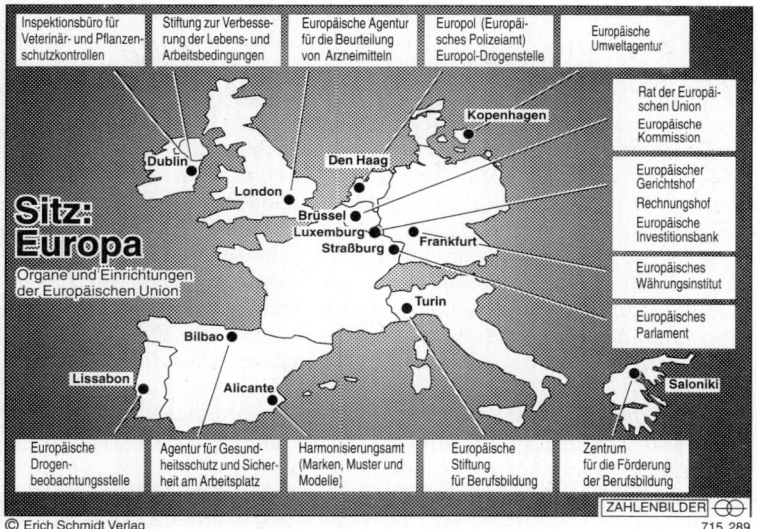

Inspektionsbüro für Veterinär- und Pflanzenschutzkontrollen | Stiftung zur Verbesserung der Lebens- und Arbeitsbedingungen | Europäische Agentur für die Beurteilung von Arzneimitteln | Europol (Europäisches Polizeiamt) Europol-Drogenstelle | Europäische Umweltagentur

Sitz: Europa
Organe und Einrichtungen der Europäischen Union

Rat der Europäischen Union
Europäische Kommission
Europäischer Gerichtshof
Rechnungshof
Europäische Investitionsbank
Europäisches Währungsinstitut
Europäisches Parlament

Europäische Drogenbeobachtungsstelle | Agentur für Gesundheitsschutz und Sicherheit am Arbeitsplatz | Harmonisierungsamt (Marken, Muster und Modelle) | Europäische Stiftung für Berufsbildung | Zentrum für die Förderung der Berufsbildung

© Erich Schmidt Verlag

ZAHLENBILDER
715 289

auf diese Weise die nationale Umsetzung geltender EU-Bestimmungen zu erzwingen. Aufgrund der großen Anzahl derartiger Bestimmungen ist die Kommission jedoch nicht in der Lage, alle Fälle in allen Mitgliedstaaten ständig zu kontrollieren. Sie muß sich vielmehr auf wichtige Aspekte konzentrieren und es ansonsten bei stichprobenartigen Überprüfungen belassen.

4. Vollendung des Binnenmarktes zum 1. Januar 1993

4.1 Warum wird der Binnenmarkt geschaffen?

Man darf sich die Europäische Union nicht als etwas Fertiges vorstellen. Sie war und ist vielmehr im Wachsen und sich Entwickeln begriffen, wie im übrigen sich auch jeder Nationalstaat ständig weiterentwickelt. Es ist wichtig, sich diesen Prozeß- und Entwicklungscharakter europäischer Politik im folgenden immer vor Augen zu halten.

Krise in den 70er Jahren Zwei der wichtigsten Gründe für die Europäische Einigung sind die Schaffung eines gemeinsamen Marktes und die Beseitigung der Grenzkontrollen gewesen. Deshalb sah bereits der Vertrag über die Europäische Wirtschaftsgemeinschaft (EWG) von 1958 vor, den Gemeinsamen Markt (Binnenmarkt) ohne Grenzkontrollen bis Ende 1970 zu verwirklichen. Dies gelang jedoch trotz aller Anstrengungen nicht. Die Gründe dafür lagen vor allem in der wirtschaftlichen und politischen Entwicklung zu Beginn der 70er Jahre. Nach einem weitgehend störungsfreien Wirtschaftsaufschwung in den 60er Jahren begannen sich die ersten Krisenzeichen zu häufen: stark *steigende Rohstoff- und Energiepreise* („Ölkrise"), *Strukturkrisen in traditionellen Industriezweigen* (Stahl, Schiffbau, Textil), *steigende Staatsverschuldung, steigende Inflationsraten, nachlassende Investitionstätigkeit, steigende Arbeitslosigkeit.*

Unterschiedliche soziale und wirtschaftliche Voraussetzungen (etwa Lohn- und Ausbildungsniveau, Forschungs- und Entwicklungstätigkeit, Industrialisierungsgrad, Industriestruktur usw.) in den Mitgliedstaaten sowie *ungleiche Wettbewerbsvoraussetzungen* (beispielsweise Lohnkosten, Produktivität, Know-how, Anpassungsfähigkeit an neue Marktbedingungen usw.) der einzelnen Volkswirtschaften sorgten dafür, daß die EU-Staaten sich veranlaßt sahen, sehr unterschiedlich auf diese Krisensituationen zu reagieren. Während Großbritannien und die Bundesrepublik darauf setzten, mittels Umstrukturierungen und Rationalisierungen die Wettbewerbsfähigkeit der eigenen Industrie zu stärken, erhofften sich Frankreich oder Italien dasselbe durch Verstaatlichung von Betrieben oder durch staatliche Beihilfen. Damit brachen die Interessengegensätze zwischen den Mitgliedstaaten wieder auf, die während des anhaltenden Wirtschaftswachstums in den 50er und 60er Jahren leicht hatten überdeckt werden können. Die Folge waren nationale Alleingänge bei der Lösung von wirtschaftlichen Problemen. Auf gemeinsame Schritte konnten die Regierungen sich nur noch sehr begrenzt einigen.

Neuansatz in den 80er Jahren Nachdem in den 70er Jahren alle nationalen Alleingänge zu keiner durchgreifenden wirtschaftlichen Besserung geführt hatten – Umstrukturierung und Rationalisierung führten zu hoher Arbeitslosigkeit, staatliche Beihilfen zu hoher Staatsverschuldung –, besann man sich Anfang der 80er Jahre darauf, die Lösung der wirtschaftlichen Probleme nun doch wieder gemeinsam anzugehen. Mittel zum Zweck sollte dabei die langgeplante *Einführung des Gemeinsamen Marktes ohne Grenzkontrollen* in der EU sein. Indem man die Zersplitterung des europäischen Marktes in zwölf Teilmärkte beseitigte, erhoffte man sich *Kosteneinsparungen* von bis zu 430 Mrd. Mark für die Unternehmen und Staatshaushalte in der Gemeinschaft, unter anderem zum Beispiel dadurch, daß der freie Grenzverkehr die Bearbeitung von jährlich rund 70 Mio. Zolldokumenten in der EU überflüssig machen würde. Das sollte im Laufe der Jahre zu einem zusätzlichen *Wirtschaftswachstum* von rund fünf Prozent und zu bis zu fünf Millionen neuen Arbeitsplätzen in Europa führen. Außerdem versprach man sich durch europaweite Investitionen und Zusammenarbeit eine *verbesserte Konkurrenzfähigkeit* der Unternehmen auf dem Weltmarkt.

Unterstützt wurde dieser Wandel durch den beginnenden wirtschaftlichen Aufschwung ab etwa 1982/83, der sich wieder zu einer langanhaltenden Wachstumsphase in allen westeuropäischen Staaten ausweitete. Dies milderte einige der drängendsten Probleme wie Staatsverschuldung und Arbeitslosigkeit und gab den Regierungen der Mitgliedstaaten einigen Spielraum für gemeinsame Entscheidungen zurück, den sie angesichts der Krisen in den 70er Jahren nicht besessen hatten.

4.2 Die Inhalte des Binnenmarkt-Programms

Die Kommission nutzte diese Aufbruchsstimmung und legte Mitte 1985 ein umfassendes Programm dafür vor, in einem erneuten Anlauf den Gemeinsamen Markt zu verwirklichen. In diesem sogenannten *„Weißbuch zur Vollendung des Binnenmarktes bis 1992"* listete die Kommission rund 300 Einzelmaßnahmen auf, die ihrer Ansicht nach beschlossen und umgesetzt werden mußten, um die Grenzkontrollen zwischen den Mitgliedstaaten abschaffen und den freien Personen-, Waren-, Dienstleistungs- und Kapitalverkehr in der Gemeinschaft gewährleisten zu können. Um dies sicherzustellen, schlug die Kommission einen detaillierten *„Fahrplan"* vor: Alle Maßnahmen sollten bis Dezember 1992 in die Wege geleitet sein, so daß zum Januar 1993 der Binnenmarkt in Kraft treten konnte. Die Regierungen der Mitgliedstaaten stimmten 1986 dem Weißbuch der Kommission grundsätzlich zu und schufen für dessen Umsetzung einen entsprechenden rechtlichen Rahmen, indem sie den EWG-Vertrag durch die sogenannte *Einheitliche Europäische Akte* (EEA) ergänzten und erweiterten.

Die unzähligen nationalen Vorschriften und Regelungen alle vereinheitlichen zu wollen, hätte die Leistungsfähigkeit der EU-Organe und den Einigungswillen im Ministerrat bei weitem überschritten sowie den zur Verfügung stehenden Zeitrahmen gesprengt. Die Kommission hatte sich jedoch vorgenommen, das Weißbuch termingerecht umzusetzen und den einmal beschlossenen Fahrplan so genau wie möglich einzuhalten. Sie entschloß sich daher zu einer neuen Vorgehensweise.

Vorgehensweise Ihre konkreten Vorschläge für die Entscheidungen des Ministerrates zu den ins Auge gefaßten Maßnahmen sahen vor,
– nur die wichtigsten und grundlegendsten Vorschriften und Normen (vor allem beim Umwelt-, Verbraucher- und Gesundheitsschutz) EU-weit zu vereinheitlichen und einen gemeinsamen Mindeststandard einzuführen;
– ansonsten zunächst lediglich auf eine gegenseitige Anerkennung der Vorschriften zu drängen. Was in einem EU-Land verkauft werden durfte, mußte auch in den anderen Mitgliedstaaten angeboten werden dürfen, selbst wenn die Ware oder Dienstleistung dort gegen eine der vielen nationalen Vorschriften verstieß. So können zum Beispiel in der Bundesrepublik nun auch Biere verkauft werden, die in anderen EU-Staaten gebraut worden sind und nicht dem deutschen Reinheitsgebot entsprechen.

Übersicht 7

Die vier Freiheiten im Binnenmarkt

Freier Personenverkehr

Wegfall von Grenzkontrollen

Harmonisierung der Einreise-, Asyl-, Waffen-, Drogengesetze

Niederlassungs- und Beschäftigungsfreiheit für EG-Bürger

Verstärkte Außenkontrollen

Freier Dienstleistungsverk.

Liberalisierung der Finanzdienste

Harmonisierung der Banken- und Versicherungsaufsicht

Öffnung der Transport- und Telekommunikationsmärkte

Freier Warenverkehr

Wegfall von Grenzkontrollen

Harmonisierung oder gegenseitige Anerkennung von Normen und Vorschriften

Steuerharmonisierung

Freier Kapitalverkehr

Größere Freizügigkeit für Geld- und Kapitalbewegungen

Schritte zu einem gemeinsamen Markt für Finanzleistungen

Liberalisierung des Wertpapierverkehrs

ZAHLENBILDER

715 320

Über diese gezielte Strategie hoffte die Kommission zum einen, Zahl und Dauer der notwendigen Verhandlungen im Ministerrat begrenzen sowie die Zustimmung der Mitgliedsregierungen zu den einzelnen Vorlagen leichter bekommen zu können. Zweitens versprachen sich die Kommissare von der gegenseitigen Anerkennung eine generelle Arbeitsersparnis. Sie setzten darauf, daß die Marktkräfte im Binnenmarkt rasch und unauffällig für eine durchaus notwendige Angleichung von Normen und Standards sorgten. Die besten Anbieter würden sich durchsetzen, und eine Vereinheitlichung durch politische Entscheidungen der EU wäre überflüssig geworden. Trotz dieser Vorgehensweise gelang es allerdings nicht, bis zum Dezember 1992 alle Maßnahmen erfolgreich abzuschließen. Dennoch konnte sich niemand mehr der Dynamik dieses Einigungsprozesses entziehen, so daß der Binnenmarkt wie geplant am 1. Januar 1993 in Kraft trat.

Vorteile Damit bringt der Binnenmarkt gerade für die international sehr konkurrenzfähige deutsche Industrie eine Vielzahl von Vorteilen, indem Handelshemmnisse abgebaut und neue Märkte erschlossen werden. Das schafft und sichert Arbeitsplätze. Ferner profitieren die Bürgerinnen und Bürger von der Freizügigkeit ohne Grenzkontrollen.
Gleichzeitig darf aber auch nicht übersehen werden, daß die verstärkte, europaweite Konkurrenz zu einem erneuten Rationalisierungsschub zwingt, in dessen Folge Arbeitsplätze verloren gehen. Zudem büßen etliche nationale Regelungen (z. B. Vorschriften im Versicherungswesen, Verkauf von Eberfleisch oder stark koffeinhaltigen Getränken usw.) ihre Gültigkeit ein, die bislang unter anderem auch dem Verbraucher- und Gesundheitsschutz gedient haben. Durch den Binnenmarkt ist es zu einer erheblichen Deregulierung (Entstaatlichung) im Industrie-, Handels- und Dienstleistungsbereich gekommen, ohne daß die Gemeinschaft bislang überall gesamteuropäische Vorschriften erlassen hätte. Hier tut sich eine Lücke auf, die von der EU in den nächsten Jahren geschlossen werden muß.

5. Neue Herausforderungen für die EU aus dem Binnenmarkt

Der Schwung und Elan der wirtschaftlichen Einigung stellte die Gemeinschaft jedoch vor eine Reihe neuer innerer Herausforderungen:

– Noch waren nicht alle der rund 300 Maßnahmen des Weißbuchs beschlossen und umgesetzt, der Binnenmarkt also nicht vollständig.

Die Schwierigkeiten ergaben sich insbesondere aus dem Bereich der *Drogen-, Visa- und Asylpolitik* sowie der grenzüberschreitenden Verbrechensbekämpfung.

- Die Vollendung des Binnenmarktes strahlte auf eine Vielzahl anderer Politikbereiche aus. Zum Beispiel auf die *Sozial-, Regional- und Strukturpolitik:* Nach wie vor existierte ein Wirtschafts- und Wohlstandsgefälle in der Gemeinschaft, gab es verschiedene Lohn- und Sozialniveaus oder Produktivitätsunterschiede. Befürchteten die Staaten im Süden der Gemeinschaft, daß in Zukunft in einem Gemeinsamen Markt ohne Grenzkontrollen Investitionen nur noch in den industriellen Zentren (im Norden) getätigt würden, so hatten gerade diese nördlichen EU-Länder die Sorge, Unternehmen insbesondere in lohn- und arbeitsintensiven Branchen könnten im Gegenteil die Billiglöhne im Süden nutzen und ihre Produktion dorthin verlagern.

- Ein anderes Beispiel ist die *Währungspolitik.* Mit der Verwirklichung des Binnenmarktes besitzt die Europäische Union zwar einen Gemeinsamen Markt. In diesem Gemeinsamen Markt wird aber mit 14 verschiedenen Währungen (Luxemburg und Belgien sind seit 1922 in einer Währungsunion zusammengeschlossen) bezahlt. Das verursacht Kosten zum Beispiel für das Geldwechseln oder die gesonderte Buchführung bei grenzüberschreitend tätigen Firmen. Es führt aber auch zu Wettbewerbsverzerrungen im Binnenmarkt. So müssen zum Beispiel alle Betriebe, die im Binnenmarkt in mehreren Ländern aktiv sind, mögliche Schwankungen der Wechselkurse zwischen den Währungen der EU-Staaten bei ihren Kalkulationen berücksichtigen. Das aber heißt, daß trotz des Binnenmarktes Unternehmen einen Vorteil gegenüber Konkurrenten aus dem EU-Ausland besitzen.

Nun versucht die Europäische Union seit 1979, mit dem *Europäischen Währungssystem* (EWS) die Wechselkurse möglichst stabil zueinander zu halten. Dies ist jedoch nur in sehr begrenztem Umfang gelungen, weil zum einen die wirtschaftlichen Strukturen der Mitgliedstaaten sehr unterschiedlich sind, was zwangsläufig zu Wechselkursanpassungen führt, um diese Unterschiede auszugleichen. Zum anderen werden bei einem freien Kapitalverkehr im Binnenmarkt die Geldbewegungen zwischen den Staaten immer schneller und umfangreicher, so daß Geldgeschäfte (darunter sehr viel Spekulationsgeschäfte) zunehmend vor allem das kurz- und mittelfristige Verhalten der Wechselkurse bestimmen.

Es gelang daher weder, alle EU-Staaten in den Wechselkursmechanismus des EWS aufzunehmen noch selbst bei den daran beteiligten Währungen die Wechselkurse dauerhaft stabil zu halten. Im Interesse einer währungspolitischen Absicherung des Binnenmarktes sah sich die EU also vor die Aufgabe gestellt, eine Wirtschafts- und Währungsunion mit dem Ziel einer gemeinsamen europäischen Währung in die Wege zu leiten.

Nach Auffassung vieler Europa-Politiker hatte mit dem Binnenmarkt die wirtschaftliche Einigung Europas eine Grenze erreicht, die nur überschritten werden konnte, wenn das gesamte Einigungswerk in einen größeren politischen Rahmen gestellt würde. Zukünftige Einigungsschritte waren nur dann noch möglich, wenn über die bewährte und erfolgreiche wirtschaftliche Einigung hinaus die Mitgliedstaaten sich auch zu einer *politischen Einigung* bereit fänden. Das würde der Zusammenarbeit in Europa eine neue Qualität geben. Aus der hauptsächlich wirtschaftlich orientierten Europäischen Gemeinschaft sollte die *„Europäische Union"* mit wesentlich weiter gesteckten politischen, wirtschaftlichen und sozialen Zielen entstehen.

6. Der Vertrag von Maastricht: Eine erste Antwort auf die inneren Herausforderungen

Von der Dynamik des Binnenmarktvorhabens unterstützt, beschlossen die Regierungen der Mitgliedstaaten noch während der Übergangsphase zur Vollendung des Gemeinsamen Marktes 1988, sich diesen inneren Herausforderungen zu stellen. Ziel sollte es sein

- die Verträge entsprechend zu ändern,
- Regelungen für die noch fehlenden Aspekte des Binnenmarktes zu finden,
- die mit dem Gemeinsamen Markt verbundenen sozial-, struktur- und währungspolitischen Fragen zu klären und
- der Europäischen Einigung dadurch eine neue Qualität zu verleihen, daß die wirtschaftliche Einigung in einen größeren politischen Rahmen gestellt wurde.

Ab Dezember 1990 beschäftigten sich zwei Regierungskonferenzen, bestehend aus Vertretern aller EU-Staaten, mit der Ausarbeitung dieser Vertragsänderung. Gegenstand der ersten Konferenz war die Europäische Wirtschafts- und Währungsunion, Gegenstand der zweiten die Politische Union. Nach langen und zähen Verhandlungen konnten die Staats- und Regierungschefs der Mitgliedstaaten sich auf ihrem Gipfeltreffen in der niederländischen Stadt Maastricht im Dezember 1991 dann auf den „Vertrag über die Europäische Union" einigen.

6.1 Wirtschafts- und Währungsunion

Aufbauend auf dem Binnenmarkt strebt die Europäische Union an, eine Europäische Wirtschafts- und Währungsunion zu schaffen. Ziel ist es dabei, die nationalen Wirtschafts, Finanz- und Währungspolitiken aufeinander abzustimmen, das Gefälle in Wirtschaftskraft und Wirtschaftsstrukturen zwischen den Mitgliedstaaten zu verringern und schließlich eine gemeinsame Währung einzuführen, für die dann eine Europäische Zentralbank zuständig sein wird.

Die Europäische Zentralbank soll ähnlich der Deutschen Bundesbank aufgebaut sein. Die nationalen Zentralbanken bilden die ausführenden Organe. Ihre Präsidenten formen zusammen mit einem Direktorium den Europäischen Zentralbankrat, der über die europäische Währungspolitik bestimmen soll. Auch der Europäische Zentralbankrat ist unabhängig von den Weisungen anderer politischer Organe auf nationaler oder EU-Ebene und verpflichtet, auf eine stabile gemeinsame Währung zu achten.

Gemeinsame Währung Es ist vorgesehen, diese in drei Schritten einzuführen: Während einer *ersten Stufe,* die bereits vorzeitig im Juli 1990 in

Übersicht 8

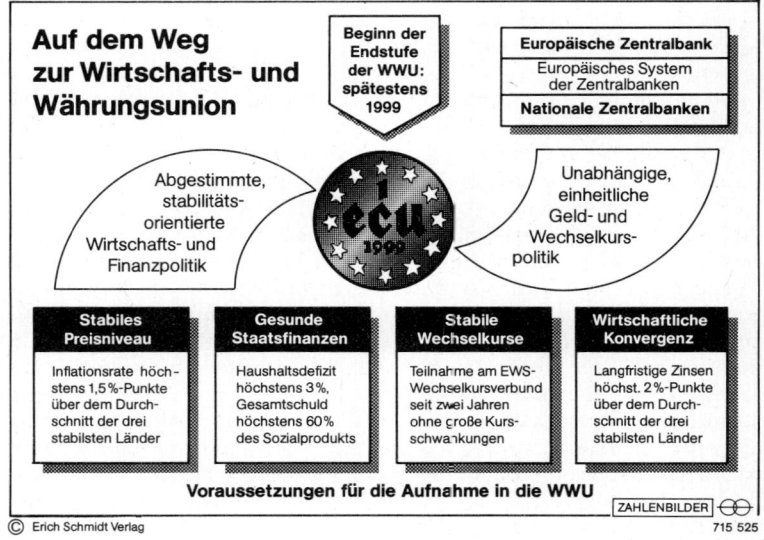

Auf dem Weg zur Wirtschafts- und Währungsunion

Beginn der Endstufe der WWU: spätestens 1999

Europäische Zentralbank
Europäisches System der Zentralbanken
Nationale Zentralbanken

Abgestimmte, stabilitäts- orientierte Wirtschafts- und Finanzpolitik

Unabhängige, einheitliche Geld- und Wechselkurs- politik

Stabiles Preisniveau	Gesunde Staatsfinanzen	Stabile Wechselkurse	Wirtschaftliche Konvergenz
Inflationsrate höchstens 1,5%-Punkte über dem Durchschnitt der drei stabilsten Länder	Haushaltsdefizit höchstens 3%, Gesamtschuld höchstens 60% des Sozialprodukts	Teilnahme am EWS-Wechselkursverbund seit zwei Jahren ohne große Kursschwankungen	Langfristige Zinsen höchst. 2%-Punkte über dem Durchschnitt der drei stabilsten Länder

Voraussetzungen für die Aufnahme in die WWU

ZAHLENBILDER

715 525

Kraft gesetzt wurde, sollen die Mitgliedstaaten ihre nationalen Wirt-
schafts-, Finanz- und Währungspolitiken enger aufeinander abstimmen.
Ziel ist es, auf entsprechende Probleme gemeinsam zu reagieren und
nationale Alleingänge zu vermeiden. In einer *zweiten Stufe* seit 1994
müssen die Mitgliedstaaten ihre Wirtschafts-, Finanz- und Währungspolitik so ausrichten, daß sie bis 1996, spätestens aber 1999 vier Kriterien
erfüllen, wenn sie Mitglied in der Wirtschafts- und Währungsunion werden wollen.

Diese Kriterien wurden festgelegt, um zu verhindern, daß die Unterschiede in Wirtschaftspolitik und Wirtschaftsstruktur zwischen den an
der Währungsunion beteiligten Staaten zu groß sind und damit die einheitliche Währung in Gefahr bringen. In einer *dritten Stufe* ab 1999 werden dann die Wechselkurse der an der Währungsunion beteiligten nationalen Währungen festgeschrieben. Das heißt, es können danach keine
Wechselkursschwankungen mehr auftreten. Als Schlußpunkt ist vorgesehen, das nationale Geld in eine gemeinsame Währung umzutauschen.

6.2 Politische Union

Die Politische Union, auf die sich die Mitgliedstaaten in Maastricht einigen konnten, gibt der Europäischen Einigung eine neue Qualität und
steckt für die Zukunft einen Rahmen ab, innerhalb dessen die Europäische Einigung sich Schritt für Schritt über die wirtschaftliche Zusammenarbeit hinaus weiterentwickeln kann.

Zu diesem erweiterten Rahmen einer „Europäischen Union" gehört die
Einführung einer *EU-Bürgerschaft* mit zukünftig gemeinsamem europäischem Reisepaß und europäischem Führerschein. Außerdem erhalten
alle EU-Bürgerinnen und EU-Bürger das Recht, sich an den Wahlen zum
Europäischen Parlament sowie an den Kommunalwahlen dort zu beteiligen, wo sie ihren Wohnsitz haben, also auch im EU-Ausland. Bisher durften sie nur in ihrem jeweiligen Heimatland ihre Stimme abgeben. Die
Europäische Union geht damit weit über die wirtschaftliche, marktorientierte Einigung der letzten Jahrzehnte hinaus. Die Bürgerinnen und Bürger sollen die Chance bekommen, sich auf ein gemeinsames Europa hin
zu orientieren und ein Zusammengehörigkeitsgefühl zu entwickeln.

Ferner umfaßt der neue Rahmen auch *Änderungen in der Stellung der
Institutionen im Entscheidungsverfahren in der Gemeinschaft.* Die Rolle
des Europäischen Parlaments im EU-Entscheidungsprozeß wurde
dadurch etwas gestärkt, daß es in etlichen Politikbereichen ein Vetorecht
zugesprochen bekam. Zudem sieht der Vertrag vor, daß der Ministerrat
nach und nach auch bei den Themen zu Mehrheitsbeschlüssen übergeht,
bei denen bislang noch der Zwang zur Einstimmigkeit besteht. Und

schließlich bietet der neue Rahmen der Europäischen Union auch Lösungen für konkrete Politikbereiche.

Sozialpolitik Im Vertrag von Maastricht haben sich mit Ausnahme von Großbritannien die EU-Staaten auf ein Protokoll sowie ein Abkommen über Sozialpolitik geeinigt. Damit ist zwar noch nicht gemeint, die Sozialversicherungssysteme (Renten-, Kranken-, Unfall- und Arbeitslosenversicherung) der Mitgliedstaaten zu vereinheitlichen. Die Unterschiede sind hier noch zu groß. Auf der Basis des Vertrages ist die Gemeinschaft aber zukünftig in der Lage, einen *einheitlichen Rahmen für die Sozialpolitik* in der EU zu entwickeln, um auf diese Weise sowohl die Sozialniveaus strukturschwacher Regionen zu verbessern als auch Sozialdumping zu verhindern. Damit die EU dieses Ziel erreichen kann, sollen – mit Blick auf die Wirtschafts- und Währungsunion – die Strukturfonds der Gemeinschaft wesentlich aufgestockt werden, so daß mehr Geld für die Entwicklung der Infrastruktur in den benachteiligten Regionen der Gemeinschaft zur Verfügung steht.

Zusammenarbeit in der Innen- und Justizpolitik Auch hier legt der Vertrag von Maastricht die Grundlagen für eine gemeinsame Politik. So erklärt er die Drogen-, Visa-, Asyl- und Einwanderungspolitik zu Fragen von gemeinsamem Interesse. Die Gemeinschaft hat nun beispielsweise die Möglichkeit, ein *Europa-Visum* einzuführen, das für die Bürgerinnen und Bürger von Nicht-EU-Staaten den Aufenthalt in der Gemeinschaft erleichtert und den Mitgliedstaaten viel bürokratischen Aufwand spart. Ein anderer Aspekt ist die Bekämpfung von grenzüberschreitendem organisiertem Verbrechen. Der Vertrag von Maastricht erlaubt die Gründung von EUROPOL, dem Europäischen Polizeiamt, das für derartige Straftaten zuständig sein wird.

Gemeinsame Außenpolitik Der Vertrag von Maastricht anerkennt grundsätzlich die Notwendigkeit, den Binnenmarkt auch außenpolitisch abzusichern. Er macht jedoch ebenso deutlich, daß die Mitgliedstaaten nur äußerst zögerlich bereit sind, sich ihre außenpolitische Entscheidungsfreiheit durch eine gemeinsame Politik einschränken zu lassen. Die EU-Staaten haben sich darauf geeinigt, auf der bisherigen *Europäischen Politischen Zusammenarbeit* (EPZ) aufzubauen und bei außenpolitischen Angelegenheiten nach einer gemeinsamen Antwort zu suchen und diese dann auch einheitlich mit einer Stimme nach außen zu vertreten.
Zudem können von den Außenministern Themenbereiche bestimmt werden, die in Zukunft nur noch gemeinsam bearbeitet werden, bei denen die Mitgliedstaaten ihre Entscheidungsfreiheit also an den Ministerrat abgeben. Der Vertrag benennt auch bereits vier solcher Themen:

Abrüstung, die Haltung der EU-Staaten in der Konferenz für Sicherheit und Zusammenarbeit in Europa (KSZE), Waffenexporte in Drittstaaten sowie die Frage der Lieferung strategischer Güter (Computer, Luft- und Raumfahrttechnik usw.) an Nicht-EU- und Nicht-NATO-Staaten. Bei den Beschlüssen in der Gemeinsamen Außenpolitik bleibt es jedoch bei der Pflicht zur Einstimmigkeit. Sollen für einzelne Themenbereiche Mehrheitsentscheidungen möglich werden, so müssen dem vorher alle EU-Staaten zustimmen.

7. Verantwortung für ganz Europa: Die äußeren Herausforderungen für die Gemeinschaft

Die Gemeinschaft stellt keine Insel dar, die sich nur mit sich selbst beschäftigt. Vielmehr übte das Binnenmarktprojekt aufgrund seiner Größe und Wirtschaftskraft eine besondere Anziehungskraft auf Nicht-EU-Staaten aus. Es führte aber auch zu Befürchtungen, es werde sich eine „Festung Europa" herausbilden, die nach innen zwar die Grenzen beseitige, sich nach außen aber um so stärker abschotte.

Zu diesem Sog des wirtschaftlichen Erfolges trat ferner noch die Verantwortung der EU für Mittel- und Osteuropa. Zu Beginn der 90er Jahre befand sich ganz Mittel- und Osteuropa in einem massiven Strukturwandel: politisch hin zu einem demokratischen Staatsaufbau (vgl. Kap. 3) mit pluralistischer Gesellschaft (vgl. Kap. 1), wirtschaftlich in Richtung auf Marktwirtschaft und Förderung der Eigeninitiative (vgl. Kap. 2). Aus beidem entwickelten sich weitere Herausforderungen für die Gemeinschaft, denen sie sich auf zwei Arten stellte: Zum einen dadurch, daß sie die Aufnahme neuer Mitgliedstaaten in die Union in die Wege leitete, zum anderen, indem sie sehr unterschiedlich gestaltete Assoziierungsverträge (Anbindungsverträge) mit einer Reihe von Staaten (und Staatengruppen) schloß. Daraus entwickelte sich ein sehr vielschichtiges Netz verschiedenartiger wirtschaftlicher und politischer Beziehungen mit der EU im Zentrum.

Die erste äußere Herausforderung für die EU ergab sich aus der *Zusammenarbeit mit der Europäischen Freihandelszone* (EFTA) sowie einigen Anträgen auf Aufnahme in die EU. Die Mitglieder der EFTA bis 1994 (Schweden, Norwegen, Finnland, Österreich, Schweiz, Liechtenstein und Island) wickelten mehr als die Hälfte ihres Außenhandels mit der EU ab. In der Vollendung des Binnenmarktes sahen diese Länder die Gefahr, Marktanteile in der EU zu verlieren, oder befürchteten gar, heimische Unternehmen könnten ihre Produktion in den gewinnträchtigen EU-Markt verlegen. Die Folgen wären Verluste an Arbeitsplätzen und

Übersicht 9

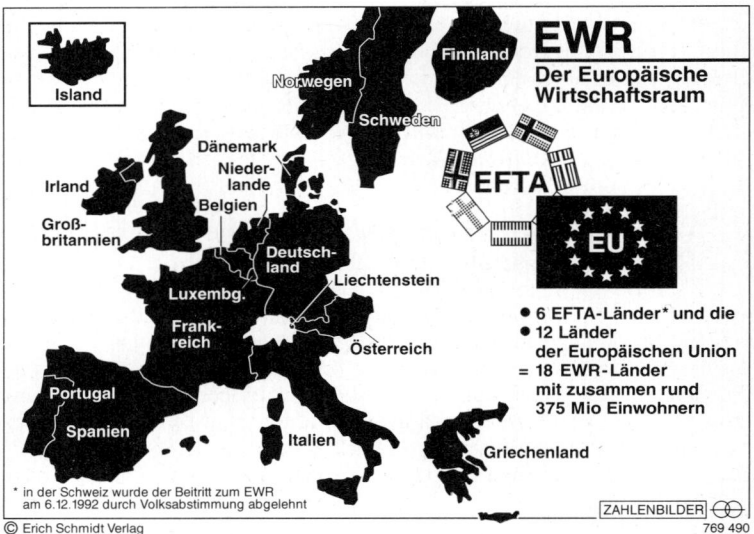

Steuereinnahmen gewesen. Dem hoffte man zunächst durch eine engere Zusammenarbeit zwischen EU und EFTA entgegenwirken zu können.

Ergebnis der langwierigen Verhandlungen war der *Vertrag über den Europäischen Wirtschaftsraum* (EWR). Die EFTA-Staaten sollten zum überwiegenden Teil am Binnenmarkt beteiligt werden, bekamen einige Sonderrechte im Agrarbereich, mußten sich aber auch an den Strukturfonds der Gemeinschaft beteiligen und waren von der Mitsprache bei der Weiterentwicklung des Binnenmarktes praktisch ausgeschlossen. Mit entsprechender Unzufriedenheit sah man in den EFTA-Staaten auf das Verhandlungsergebnis, so daß die Ratifizierung des Vertrages sehr schwierig wurde. In der Schweiz lehnten die Bürgerinnen und Bürger den Vertrag in einer Volksabstimmung ab, und auch in Norwegen regte sich heftiger Widerstand. Trotzdem trat der Vertrag mit Hindernissen und Verspätung in Kraft, so daß damit der weltweit größte gemeinsame Markt geschaffen wurde: er umfaßt rund 380 Millionen Bürgerinnen und Bürger.

Für Österreich, die Schweiz, Schweden, Finnland und Norwegen war dies zu wenig. Binnenmarkt und EWR betrafen direkt oder indirekt wesentliche wirtschaftliche und soziale Bereiche dieser Länder, ohne daß sie bei den entsprechenden Entscheidungen in Brüssel mitreden konnten. Sie beantragten daher die *Mitgliedschaft in der EU.* Dem Aufnahmeantrag folgten Verhandlungen der Gemeinschaft mit den einzelnen Staaten, um die genauen Aufnahmebedingungen festzulegen.

Diese Verhandlungen wurden – mit Ausnahme der Schweiz – im Frühjahr 1994 erfolgreich abgeschlossen. Bevor die Verträge ratifiziert wurden, verlangten die Gegner in den vier Ländern, daß über den Beitritt in einer Volksabstimmung entschieden werden müsse. In Finnland, Österreich und Schweden stimmte die Bevölkerung mehrheitlich für einen Beitritt zur EU. In Norwegen sprach sie sich mit knapper Mehrheit dagegen aus.

Die Aufnahmeanträge der Türkei, Maltas und Zyperns wurden von der EU vorläufig zurückgestellt. Diese Staaten gelten aus wirtschaftlichen und sozialen Gründen noch als zu unterentwickelt, um in die Gemeinschaft aufgenommen werden zu können. Außerdem verhindern die Auseinandersetzungen zwischen Griechenland (das EU-Mitglied ist) und der Türkei um Gebietsansprüche in der Ägäis und auf Zypern jede Diskussion um den türkischen Aufnahmeantrag. Griechenland fordert ein Einlenken der Türkei in diesen territorialen Fragen, bevor es engeren Beziehungen zwischen der EU und der Türkei zustimmen will. Immerhin existiert ein Assoziierungsvertrag mit der Türkei, der vorsieht, bis Mitte der

Übersicht 10

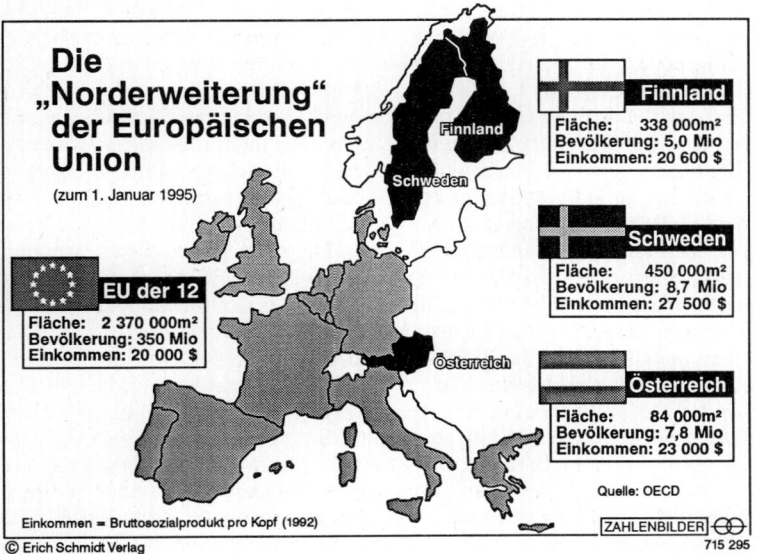

Die „Norderweiterung" der Europäischen Union
(zum 1. Januar 1995)

EU der 12
Fläche: 2 370 000m²
Bevölkerung: 350 Mio
Einkommen: 20 000 $

Finnland
Fläche: 338 000m²
Bevölkerung: 5,0 Mio
Einkommen: 20 600 $

Schweden
Fläche: 450 000m²
Bevölkerung: 8,7 Mio
Einkommen: 27 500 $

Österreich
Fläche: 84 000m²
Bevölkerung: 7,8 Mio
Einkommen: 23 000 $

Quelle: OECD

Einkommen = Bruttosozialprodukt pro Kopf (1992)

© Erich Schmidt Verlag

ZAHLENBILDER
715 295

90er Jahre eine Zollunion zwischen EU und der Türkei einzuführen. Eine *Erweiterung der Gemeinschaft* um Finnland, Schweden und Österreich hat aber bereits erhebliche Auswirkungen auf das EU-Entscheidungsgefüge:

– Der Ministerrat besteht nun aus 15 Ministern, das heißt, eine Einigung dort ist noch schwerer zu erreichen als bisher.
– Die drei neuen Mitgliedstaaten besitzen zwar eine ähnliche Wirtschaftsstruktur wie die EU-Staaten. Sie verschieben aber das Gewicht im Ministerrat zugunsten der nordeuropäischen Staaten. Die Südschiene der Gemeinschaft (Italien, Spanien, Portugal, Griechenland) fürchtet daher, in Zukunft weniger Einfluß auf EU-Entscheidungen (insbesondere bei Mehrheitsabstimmungen etwa in Binnenmarktfragen) zu besitzen.

Damit zeigen sich für die Gemeinschaft deutliche Zusammenhänge zwischen den äußeren und inneren Herausforderungen. Die EU wird sich kaum um neue Mitglieder erweitern können, ohne sich erneut Gedanken um die *Reform ihres Entscheidungssystems* zu machen und den ärmeren Mitgliedstaaten finanziell entgegenzukommen.

Die zweite wichtige äußere Herausforderung ergibt sich aus der *Verantwortung der EU für die jungen Demokratien in Mittel- und Osteuropa* (vor allem Polen, die Tschechische Republik, Slowakei und Ungarn). Nachdem man im Westen jahrzehntelang gefordert hatte, was diese Staaten jetzt in die Wege leiten, wird die Gemeinschaft nun schmerzlich an ihre Versprechen erinnert: die Demokratisierung und wirtschaftliche Umstrukturierung zu unterstützen. Da die Wirtschaft dieser Länder mit Blick auf den Binnenmarkt längst noch nicht konkurrenzfähig ist, verlangen deren Regierungen neben finanzieller und technologischer Hilfe vor allem einen einseitigen freien Zugang zum EU-Markt, um der eigenen Industrie einen Absatzmarkt zu schaffen und sie nach und nach an die Wettbewerbsbedingungen in der EU heranzuführen.

Die Gemeinschaft wiederum verweist auf die eigenen Probleme mit strukturschwachen Regionen in der EU. Es fehle außerdem ein interessantes Waren- und Dienstleistungsangebot, liege den mittel- und osteuropäischen Staaten doch insbesondere daran, Agrar- und industrielle Grundprodukte an die EU zu verkaufen. Von beiden produziere die Gemeinschaft aber bereits selbst zuviel. Die EU schloß mit einigen dieser Länder gesonderte *Assoziierungsverträge („Europa-Abkommen“),* die jedoch auf seiten der Mittel- und Osteuropäer Enttäuschung verursachten. Man hatte mehr Marktöffnung und Hilfe von der Gemeinschaft erwartet und warf ihr nun vor, ihr Versprechen nicht einhalten zu wollen. Vielmehr picke sie sich nur die wenigen „Rosinen“aus dem mittel- und osteuropäischen „Kuchen“ und beute sie im EU-Interesse aus.

8 Internationale Friedenssicherung

1. Eine internationale Aufgabe: Weltweit Frieden schaffen und sichern

„Schlechte" Nachrichten Ein Blick in die Tageszeitung oder auf die Bilder der Fernsehnachrichten erinnert uns tagtäglich daran, daß zu jedem Zeitpunkt irgendwo auf dem Globus kriegerische Auseinandersetzungen wüten und bedrohliche politische Konflikte schwelen. Meistens entziehen wir uns ohnmächtig diesen Aufnahmen getöteter Menschen, brennender Häuser oder hungernder Kinder. Zum einen scheinen wir uns an solche Schreckensfotos gewöhnt zu haben, zum anderen fliehen wir vor ihnen, weil sie uns manchmal zu erdrücken drohen. Können wir die Augen verschließen und die Tatsachen verdrängen?

Viele Menschen sind der Ansicht, uns gingen die grausamen Schicksale anderer Menschen außerhalb unseres Heimatstaates nichts an. Frieden, sagen sie, den haben wir doch hier bei uns. Was in anderen Teilen der Welt geschieht, das betrifft uns nicht. Warum treffen diese beiden letzten Sätze nicht zu? Weshalb drücken sie sogar eine gefährliche Unkenntnis aus? Das versucht dieses Kapitel zu erklären.

Übersicht 1

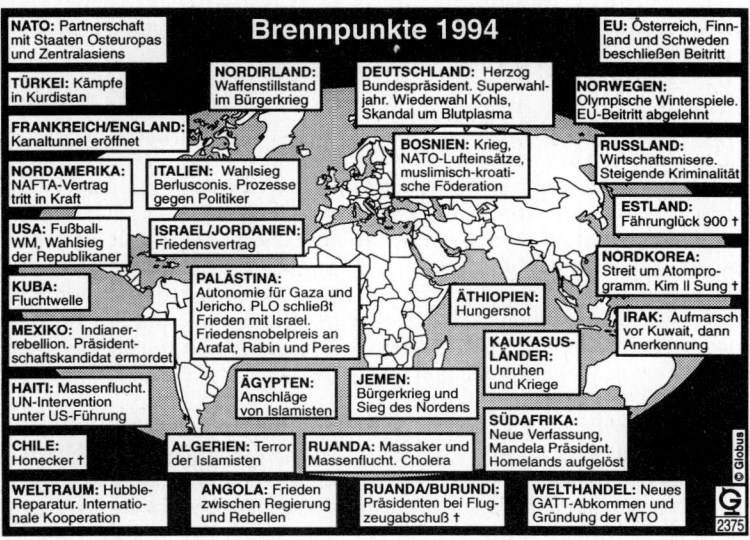

Brennpunkte 1994

NATO: Partnerschaft mit Staaten Osteuropas und Zentralasiens

EU: Österreich, Finnland und Schweden beschließen Beitritt

TÜRKEI: Kämpfe in Kurdistan

NORDIRLAND: Waffenstillstand im Bürgerkrieg

DEUTSCHLAND: Herzog Bundespräsident. Superwahljahr. Wiederwahl Kohls, Skandal um Blutplasma

NORWEGEN: Olympische Winterspiele. EU-Beitritt abgelehnt

FRANKREICH/ENGLAND: Kanaltunnel eröffnet

NORDAMERIKA: NAFTA-Vertrag tritt in Kraft

ITALIEN: Wahlsieg Berlusconis. Prozesse gegen Politiker

BOSNIEN: Krieg, NATO-Lufteinsätze, muslimisch-kroatische Föderation

RUSSLAND: Wirtschaftsmisere. Steigende Kriminalität

USA: Fußball-WM, Wahlsieg der Republikaner

ISRAEL/JORDANIEN: Friedensvertrag

ESTLAND: Fährunglück 900 †

KUBA: Fluchtwelle

PALÄSTINA: Autonomie für Gaza und Jericho. PLO schließt Frieden mit Israel. Friedensnobelpreis an Arafat, Rabin und Peres

ÄTHIOPIEN: Hungersnot

NORDKOREA: Streit um Atomprogramm. Kim Il Sung †

IRAK: Aufmarsch vor Kuwait, dann Anerkennung

MEXIKO: Indianerrebellion. Präsidentschaftskandidat ermordet

KAUKASUS-LÄNDER: Unruhen und Kriege

HAITI: Massenflucht. UN-Intervention unter US-Führung

ÄGYPTEN: Anschläge von Islamisten

JEMEN: Bürgerkrieg und Sieg des Nordens

SÜDAFRIKA: Neue Verfassung, Mandela Präsident. Homelands aufgelöst

CHILE: Honecker †

ALGERIEN: Terror der Islamisten

RUANDA: Massaker und Massenflucht. Cholera

WELTRAUM: Hubble-Reparatur. Internationale Kooperation

ANGOLA: Frieden zwischen Regierung und Rebellen

RUANDA/BURUNDI: Präsidenten bei Flugzeugabschuß †

WELTHANDEL: Neues GATT-Abkommen und Gründung der WTO

© Globus 2375

1.1 Frieden: Mehr als die Abwesenheit von Krieg

Was bedeutet das Wort „Frieden" heute für uns? Auf den ersten Blick scheint es nicht notwendig, das Wort Frieden genauer erläutern zu müssen. Denn wir benutzen es sehr häufig in allen möglichen umgangssprachlichen Formen: „Komm, sei friedlich", „Ist das aber ein friedliches Plätzchen" oder in der eher läppischen Floskel „Friede, Freude, Eierkuchen". Doch fragt man einmal genauer nach, so zeigt sich, daß jede und jeder seine ganz persönliche Vorstellung davon hat, was Frieden eigentlich alles bedeutet. Wenn wir jetzt in diesem Kapitel vom Frieden im „politischen" Sinne sprechen, dann müssen wir uns zunächst darüber verständigen, wie wir diesen Begriff genauer umschreiben können.

„Dicke Luft" in der Gruppe: Der Frieden ist gestört „Frieden, das ist mehr als die Abwesenheit von Krieg". So lautet eine gängige Beschreibung. Ein einfaches Beispiel mag das illustrieren: Ihr seid schon lange in einer Clique zusammen. Mit einem Mal hat sich etwas, meistens an sich eher Belangloses verändert: Einer aus der Gruppe will ein neues Mitglied aufnehmen, eine hat die Gruppe verlassen oder aber, ihr seid plötzlich nicht mehr einer Meinung etwa darüber, was ihr am Samstagabend unternehmen wollt. Noch kann alles gutgehen – ihr arrangiert Euch miteinander. Oder aber es herrscht plötzlich „dicke Luft". Diese gespannte Atmosphäre kann zu heftigem Streit unter euch führen, es kommt vielleicht ganz unerwartet zu einer Prügelei. Und am Ende bricht die Gruppe auseinander.

„Frieden schaffen" heißt bei diesem Beispiel, die prügelnden Streithähne auseinanderzuziehen und ihnen klarzumachen, daß so etwas in Zukunft nicht mehr passieren sollte. Das ist aber lediglich die eine Seite der Medaille. Hält man sich nämlich vor Augen, daß der „Frieden" in der Gruppe wegen der gereizten Stimmung bereits gestört war, lange bevor es zum „handfesten" Streit kam, so muß ein erfolgreiches und dauerhaftes *Frieden stiften* noch tiefer ansetzen: Man spricht dann von einem *positiven,* also umfassenden *Frieden,* wenn nicht nur der „handfeste" Streit, sondern auch die schwelenden Ursachen einer Auseinandersetzung beseitigt sind und es daher keinen Grund für eine gewaltsame Meinungsverschiedenheit mehr gibt.

Wie kann der Frieden weltweit gesichert werden? Überträgt man dieses Verständnis von Frieden aus dem Beispiel auf ganze Gesellschaften und Staaten, so wird deutlich, daß es zum einen im friedlichen Zusammenleben und gemeinsamen Wirken der Staatenwelt nicht darum gehen kann, einen militärischen Konflikt zu vermeiden oder, wenn er bereits ausgebrochen ist, zu beenden. Gerade auch die Ursachen in seinem Vorfeld müssen erkannt und dann beseitigt werden. Zum anderen ermöglicht es diese Sichtweise eines positiven Friedens, drohende Kriege und Bürgerkriege bereits frühzeitig abzuwenden. Nämlich dann, wenn versucht wird, den krisen- und kriegsauslösenden Nährboden rechtzeitig offenzulegen und die erkannten Probleme durch geeignete gemeinsame Maßnahmen zu lösen. Da es sich hierbei um eine friedensstiftende und -erhaltende Zusammenarbeit zwischen unterschiedlichsten Nationen handelt, spricht man von einer *inter-nationalen Kooperation* für den Frieden.

Übersicht 2

Drei Maßnahmenpakete für die internationale Friedenssicherung
– *Lagebeschreibung:* Lassen sich Ereignisse oder Situationen feststellen, die bereits lange vor einem Ausbruch von Gewalt innerhalb oder zwischen Staaten den positiven Frieden bedrohen? Wie können diese Krisenherde in geeigneter Art und Weise untersucht und beschrieben werden?
– *Lösungssuche:* Können Vorschläge für eine einvernehmliche Lösung der durch die Lagebeschreibung ermittelten friedensbehindernden Probleme entwickelt werden? Welcher von diesen Vorschlägen hat am meisten Aussicht darauf, von allen Konfliktparteien angenommen zu werden?
Wenn all diese Vorabmaßnahmen, sogenannte *Präventiv*maßnahmen zur Friedenssicherung nicht ausreichend wirken und daher eine kriegerische Auseinandersetzung nicht mehr zu verhindern ist, dann können die am Frieden interessierten Staaten und Regierungen versuchen, als „Feuerwehr" aufzutreten: Es kommt nun vor allem darauf an, so schnell wie möglich den Brand des Krieges zu löschen:
– *Waffenstillstand und Friedenstiftung:* Was kann aus internationaler Sicht im Ernstfall einer militärischen Auseinandersetzung als Sofortmaßnahme unternommen werden, um die Waffen zum Schweigen zu bringen? Wie können danach die Kontrahenten dazu bewegt werden, in Friedensverhandlungen miteinander einzutreten, um gemeinsam zu einem positiven Frieden zu gelangen?

Zwei Argumente, weshalb wir an der Störung des Friedens mitverantwortlich sind Angesichts dieses weitgefaßten Verständnisses von Frieden wird offensichtlich, warum auch wir uns mit dem Thema Friedenssicherung auseinandersetzen müssen und was uns die internationale Konfliktvermeidung und -lösung angeht:

Erstens könnte die Meinung vieler, in der Bundesrepublik Deutschland auf einer „ruhigen Insel des Friedens" zu leben, nur eine trügerische Wahrnehmung sein, die sich auf eine allzu enge Vorstellung von Frieden stützt. Nur drei Beispiele einer langen Liste von Konfliktgründen und -ursachen seien genannt: Die Schwierigkeiten, die manche von uns mit dem Zusammenwachsen der früheren beiden deutschen Staaten haben. Die heftigen Auseinandersetzungen über ausländische Mitbürgerinnen und -bürger sowie Flüchtlinge und Asylsuchende, die mitunter in tödlicher Gewalt gegen sie ausartet. Die Verdrossenheit vieler Menschen am demokratischen System und seinen Vertretern. Die Auswirkungen solcher Problembereiche sowohl innerhalb Deutschlands als auch im Ausland sind kaum abzuschätzen.

Zweitens müssen wir uns fragen, ob wir nicht auf die eine oder andere Weise mitbeteiligt sind an bestimmten Problemen anderer Länder, die dort den Frieden gefährden oder bereits zum Bürgerkrieg oder gewalttätiger Konfrontation zwischen Staaten geführt haben. Unter dem Stichwort „Nord-Süd"-Konflikt werden diese Zusammenhänge in Kap. 9, S. 299 erklärt.

1.2 Bedrohliche Tatsachen: Wirtschaftliches Ungleichgewicht und ideologisch/ethnische Diskriminierung

Noch lange bevor die ersten Schüsse fallen und Menschen sterben, lassen sich bedrohliche Faktoren ausmachen, die später einmal kriegsauslösend wirken können. Sind sie vorhanden, ist der (positive) Friede bereits verloren. Es herrscht *negativer Friede* oder bereits *kalter Krieg.* Das bedeutet nichts anderes, als daß die Waffen zwar schweigen, aber die Beziehungen der Widersacher massiv gespannt oder schon völlig zum Erliegen gekommen sind. So zahlreich im einzelnen die Elemente sind, die einen Konfliktherd bilden, können sie zwei wesentlichen Faktorenbündeln zugeordnet werden: Wirtschaftliches Ungleichgewicht und ideologisch/ethnisch legitimierte Diskriminierung.

Wirtschaftliches Ungleichgewicht bedroht den Frieden Es ist eine Binsenweisheit, daß sich eine allzu breite Kluft zwischen armen und reichen Menschen in einem Land schnell zu einem gefährlichen gesellschaftlichen Pulverfaß entwickeln kann. Das Stichwort „Sozialer Friede" sei an dieser Stelle aufgeführt. Als aktuelles Beispiel haben wir die Wohlstandsunterschiede zwischen den alten und den neuen Bundesländern, aber auch innerhalb der Gesellschaftsschichten vor Augen, wenn wir an die sogenannte „Neue Armut" in der Bundesrepublik Deutschland denken. Überträgt man diesen nationalen Blickwinkel auf die internationale

Ebene, so fällt es nicht schwer, sich auszumalen, welchen Druck die ungeheuer großen wirtschaftlichen Unterschiede zwischen den Industrieländern und der „Dritten Welt" auf den Weltfrieden ausüben. Aber auch zwischen den westlichen Industrieländern und den osteuropäischen sowie den ehemals die Sowjetunion bildenden Staaten gibt es ihn. Ein Druck, der an der einen oder anderen Stelle der Erdkugel zur Lunte am Pulverfaß wird, die sich aus häufig geringfügigem Anlaß sehr leicht entzünden kann.

Auch hier wieder wird unsere eigene Verantwortung für den Frieden auf der Welt sichtbar. Stützt sich doch unser Wohlstand u. a. beispielsweise auf ungleiche weltweite Handels- und Wirtschaftsstrukturen, die wiederum Ursache ökonomischer Nachteile anderer Staaten sind (vgl. Kap. 2, S. 93 f.).

Ideologisch/ethnische Unterdrückung als Konfliktherd Der „Ost-West"-Konflikt – über lange Zeit ein klassischer kalter Krieg – zwischen dem westlichen Lager unter Führung der Vereinigten Staaten von Amerika (USA) und dem östlichen Block unter der Vorherrschaft der Sowjetunion (UdSSR) war eine *ideologisch* begründete Auseinandersetzung. Sie setzte bereits kurz nach dem Zweiten Weltkrieg ein und zog sich bis zum Beginn des Jahres 1990 hin.

Ein entscheidendes Merkmal jeder *Ideologie* ist ihr *Ausschließlichkeits- und Ausbreitungscharakter:* Das Beharren darauf, die einzig „wahre" Lösung, das einzig „richtige" Welt-, Gesellschafts- und Menschenbild zu besitzen und auf intolerante Art und Weise bedingungslos gegen andere Vorstellungen durchzusetzen, macht ihre eigentliche Gefahr aus. Hier liegt ihr diskriminierender und damit konfliktträchtiger Charakter: Wenn die ideologischen Gegenspieler jeweils der Ansicht sind, sie allein haben recht und der andere müsse die eigenen Vorstellungen vollständig übernehmen, kann kein positiver Friede entstehen. Beide Systemblöcke gaben vor, die jeweils „bessere" Staats-, Gesellschafts- und vor allem Wirtschaftsordnung zu besitzen (Stichworte Zentralverwaltungswirtschaft und Marktwirtschaft vgl. Kap. 2, S. 68 ff.).

Der Umstand, daß die USA und die UdSSR in einem ruinösen Rüstungswettlauf ein „Gleichgewicht des Schreckens" aufrechterhalten konnten, verhinderte, daß der kalte in einen „heißen" Krieg umschlug. Da sich der Druck der ideologischen Auseinandersetzung aufgrund der militärischen Abschreckung nicht auf dem Gebiet Europas, Nordamerikas oder der Sowjetunion entladen konnte, fand er sein Ventil jedoch in zahlreichen anderen Regionen der Erde: Vor allem die in den fünfziger, sechziger und siebziger Jahren gerade aus der Kolonialherrschaft entlassenen und daher noch jungen Entwicklungsländer fanden sich nicht selten in blutigen und grausamen „Stellvertreterkriegen" der beiden Ideologie-Blöcke wieder.

Wie aktuell und wirksam ideologische Konfliktmechanismen auch heute sind, zeigen die äußerst gespannten Beziehungen beispielsweise zwischen dem kommunistischen Nord- und dem marktwirtschaftlichen Südkorea oder die Verfolgung jeglicher politischer Opposition im kommunistischen China.

Auch jede *religiös motivierte Gewalttat* gegen Andersgläubige ist letztlich ideologisch, weil sie fundamentalistisch die eigene Heilslehre als allein gültige ansieht und sie anderen Menschen, Völkern oder Staaten unerbittlich aufzudrängen versucht. Die bürgerkriegsähnlichen Konflikte zwischen Hindus und Moslems in Indien etwa oder die Kämpfe zwischen den im Norden des Sudan lebenden Moslems und den Christen im Süden des Landes, aber auch die immer wieder aufbrechenden blutigen Unruhen und Anschläge in Nordirland können kaum als reine Religionskriege erklärt werden.

Ethnische Konfliktherde   keimen häufig dann auf, wenn innerhalb eines Staates zwei oder mehrere unterschiedliche Völker, Stämme oder ethnische Gruppen leben (Ethnie bezeichnet eine Gruppe von Personen, die der gleichen Kultur angehören), jedoch die politische Macht, die Verteilung wirtschaftlicher Güter oder der Zugang zu Bildung und Beruf massiv ungleichgewichtig den einzelnen Ethnien zugewiesen ist. Häufig treten ethnisch bedingte Spannungen in enger Verknüpfung mit ideologisch/religiösen Gegensätzen auf. Die immer wieder auflodernden Unruhen zwischen der schwarzen und weißen Bevölkerung in den USA, aber auch die Anschläge gegen Ausländer in der Bundesrepublik Deutschland können hierfür als Beispiele herangezogen werden.

1.3   Die internationale Gemeinschaft zwischen Konflikt und Konsens

Die Welt wächst zusammen   Die internationalen Wirtschaftsverbindungen wachsen stetig weiter an, die Erde wird durch Kommunikationseinrichtungen (Telekommunikation, aber auch Computernetze) immer enger vernetzt. Des weiteren führen z. B. der überbordende Tourismus auf der einen Seite, aber auch die grenzenüberschreitenden Probleme durch weltweite Umweltverschmutzung, der Waffenhandel großen Ausmaßes oder die besorgniserregende Bevölkerungsexplosion auf der anderen Seite zur Notwendigkeit umfassender internationaler Zusammenarbeit – einmal ganz abgesehen vom ethischen Ziel einer allgemeinen Friedenssicherung. Die Grenze zwischen internationalen und internen (innerhalb eines Staates) Angelegenheiten löst sich zunehmend auf: Beispielsweise macht die Umweltverschmutzung nicht an der Grenze halt oder kann ein Computer-Hacker in einem Land den Großrechner eines Unternehmens irgendwo auf der anderen Seite der Erde lahmlegen.

Eine Welt – viele Stimmen   Aufgrund unterschiedlicher Geschichte, anderen kulturellen Erfahrungen und verschiedener Traditionen bestehen eine große Zahl voneinander abweichender, mitunter gegensätzlicher Interessen und Auffassungen zwischen, aber auch innerhalb der Völker und Nationen. Dieser *Pluralismus* allerdings ist ein Wesensmerkmal unserer Welt mit ihren vielfältigen Menschen. Ihn abzulehnen hieße, Freiheit, Gleichheit, Selbstbestimmung und Menschenrechte zu tilgen. Um trotz dieses „vielstimmigen Chores" an Ansichten internationale Streitigkeiten – welcher Art auch immer – zu verhindern, muß es einen Rahmen, ein Forum, einen Ort geben, wo die unterschiedlichen Interessen erstens formuliert und zweitens untereinander abgestimmt werden können. Das kann nur erreicht werden über den bisweilen mühseligen Weg der Kompromisse, um auseinanderlaufende Vorstellungen einander anzugleichen und zu einem gemeinsamen, friedlichen und damit dauerhaften Konsens zu gelangen.

Gemeinsame Spielregeln für alle   Ganz gleich, um welches strittige Thema es sich handelt: Ähnlich wie bei einem Brett- oder Kartenspiel, kommt es für alle Beteiligten darauf an, nach gemeinsam festgesetzten und akzeptierten Spielregeln zu handeln. Jeder Spieler mag gewinnen, das Beste für sich herausholen wollen. Doch nur, wenn er den Regeln folgt, kann ihm dies gelingen. Bricht er aus dem Rahmen aus, ist das Spiel zu Ende, sind die Mitspieler verärgert über den Spielverderber.

Institutionen der regionalen und globalen Friedenssicherung   Um darzustellen, wie solche Plattformen staatenverbindender Verständigung gestaltet sind, werden im zweiten Teil dieses Kapitels zwei Beispiele genauer beschrieben: *Das nordatlantische Verteidigungsbündnis* NATO *und die Vereinten Nationen* UNO. Diese Beispiele eignen sich dazu, die unterschiedlichen Reichweiten und die Verschiedenartigkeit internationaler Kooperation zu veranschaulichen: So ist die NATO eine regionale und die UNO eine globale, also weltweit wirkende Institution. Die Mitgliedstaaten *regionaler Organisationen* kommen aus einer ganz bestimmten Region, also zum Beispiel Westeuropa. Der ausgesprochen *globale Charakter* der UNO erklärt sich dadurch, daß allen Nationen der Erde der Beitritt offensteht. Die folgende Übersicht weist darauf hin, daß es darüber hinaus noch eine Vielzahl anderer internationaler Organisationen gibt. Übrigens auch die Europäische Union (siehe Kapitel 7) ist eine – wenngleich besondere Form – internationalen Austauschs und internationaler Kooperation.

Übersicht 3

Kleine Auswahl weiterer internationaler Organisationen

OSZE (Organisation für Sicherheit und Zusammenarbeit in Europa): Hervorgegangen aus den Konferenzen für Sicherheit und Zusammenarbeit in Europa (KSZE), die zwischen 1973 und 1990 regelmäßig abgehalten wurden. Während die KSZE vor allem als Gesprächsforum zwischen den Weltmächten USA und UdSSR in den Zeiten des Kalten Krieges genutzt wurde, besteht die Hauptaufgabe der OSZE darin, die im Aufbau begriffenen demokratischen Verhältnisse in Osteuropa und der GUS abzusichern. Mitglieder: Alle Staaten Europas, die GUS, USA, Kanada.

WEU (Westeuropäische Union): 1948 gegründet, militärische Beistandsorganisation von zehn westeuropäischen Mitgliedstaaten der NATO. Stand lange im Schatten der NATO.

Europarat: 1949 gegründet, mittlerweile sind nahezu alle europäischen Staaten Mitglieder. Seine Beschlüsse sind lediglich Empfehlungen, seine Haupttätigkeitsfelder sind Menschenrechtsfragen, kulturelle Zusammenarbeit und soziale Grundrechte.

EFTA (European Free Trade Area): Europäische Freihandelszone. 1960 gegründet mit dem Ziel, Zölle und Handelsbeschränkungen zwischen den Mitgliedern abzubauen. Lange Zeit „Konkurrenz"-Organisation zur Europäischen Gemeinschaft, heute sind die meisten EFTA-Staaten Anwärter auf eine EG-Mitgliedschaft.

SADCC (Southern African Development Coordination Conference): Konferenz zur Entwicklungszusammenarbeit südafrikanischer Staaten. 1980 von neun Staaten des südlichen Afrikas gegründet. Hauptziel ist die Verringerung der wirtschaftlichen Abhängigkeit vom Apartheidstaat Südafrika.

OPEC (Organization of Petrol Exporting Countries): Organisation erdölexportierender Staaten. 1960 gegründet, Kartellvereinigung von dreizehn Erdölstaaten.

OAU (Organization for African Unity): Organisation für Afrikanische Einheit. 1963 von allen unabhängigen Staaten Afrikas zur Förderung der Entkolonialisierung und Entwicklungskooperation gegründet.

ODECA (Organización de Estados Centroamericanos): Organisation der zentralamerikanischen Staaten. 1951 gegründet, soll die politische, wirtschaftliche, militärische und kulturelle Integration der fünf Staaten antreiben.

Arabische Liga: 1945 gegründeter politischer Zusammenschluß, dem mittlerweile 22 Mitglieder angehören. Hauptaufgaben: Außenpolitische Zusammenarbeit und friedliche Beilegung innerarabischer Konflikte.

---

2. In Europa und der Welt: Wer wacht über den Frieden?

2.1 Die NATO als Beispiel für die militärische Dimension der Friedenssicherung

Militärischer Beistandspakt während des „Ost-West"-Konflikts Die Vereinigten Staaten und die Sowjetunion sowie Großbritannien und Frankreich hatten sich im Verlauf des Zweiten Weltkrieges gegen Deutschland verbündet. Sie waren „Alliierte" geworden. Nach dem Ende des Zweiten Weltkrieges führten die zunehmenden Spannungen zwischen den beiden Weltmächten USA und UdSSR und ihrer jeweiligen Einflußsphären zum Bruch der gemeinsamen Kriegsallianz und mündeten in den „Kalten Krieg". Die Gründung der *Nordatlantikpakt-Organisation* NATO war eine Folge der Sorgen des Westens gegenüber der damals einsetzenden sowjetischen Expansionspolitik in Ost- und Südosteuropa, die in der kommunistischen Machtübernahme auch der Tschechoslowakei im Februar 1948 gipfelte. Zwölf Staaten unterzeichneten am 4. April 1949 den Nordatlantikvertrag, in dem sich die Partnerländer zu gegenseitigem militärischen Beistand bei einem bewaffneten Angriff auf ihre Territorien in Nordamerika und Europa verpflichteten. Rasch bildete sich die NATO zum Zentrum der Verteidigungs- und Militärstrategieplanung der nordatlantischen Allianz heraus. Die Teilung Europas in zwei gegnerische Lager wurde durch den Zusammenschluß der Staaten Ost- und Südosteuropas unter Führung der UdSSR zum *Warschauer Pakt,* dem Gegenstück zur NATO, im Jahre 1955 zementiert. Vor diesem Hintergrund gestand die westliche Allianz im selben Jahr dem ehemaligen Kriegsgegner Bundesrepublik Deutschland die Wiedergründung einer Armee zu. Allerdings nur unter der Bedingung, den größten Teil der neugeschaffenen *Bundeswehr* unter den Oberbefehl der NATO zu stellen.

Übersicht 4

Die NATO: Mitglieder, Strategie und Entwicklung

16 Mitgliedstaaten der NATO und ihr Beitrittsjahr: Belgien, Dänemark, Frankreich, Großbritannien, Island, Italien, Kanada, Luxemburg, die Niederlande, Norwegen, Portugal und die USA (1949), Griechenland und Türkei (1952), Bundesrepublik Deutschland (1955). Frankreich (1949) und Spanien (1982) sind zwar Mitglieder der Allianz, aber nicht in der NATO-Militärstruktur eingebunden. Die *Strategie der NATO* zur Friedenssicherung zielt auf eine *Abschreckung des Gegners* vor einem Angriff auf das Bündnis.

Jeder Aggressor muß davon ausgehen, daß selbst ein punktueller Angriff auf einen NATO-Staat die gemeinsame militärische Vergeltung der Allianz zur Folge hat. Das *Konzept der „Flexiblen Antwort"* sah außerdem vor, im Kriegsfall mit immer stärkeren militärischen Mitteln sich steigernden Schritten auf den Angreifer zu reagieren *(abgestufte Eskalation).* Der letzten Stufe war der Einsatz interkontinentaler Nuklearwaffen vorbehalten.

Seit 1967 verfolgte die NATO eine *Doppelstrategie: Abschreckung und Entspannung.* Das hieß Aufrechterhaltung des militärischen Gleichgewichts zwischen Ost und West um jeden Preis. Gleichzeitig sollte die Suche nach Fortschritten in Richtung auf dauerhafte blockübergreifende Beziehungen dazu führen, sich in grundlegenden politischen Fragen annähern zu können und damit mögliche kriegsauslösende Faktoren zu verringern.

Das Ende des „Kalten Krieges" und die Auflösung des „Warschauer Pakts"   Michail Gorbatschow wurde 1985 sowjetischer Staats- und Parteichef. Er versuchte mit seinen Vorhaben *Perestroika* und *Glasnost* die wirtschaftlichen, beziehungsweise gesellschaftlich/politischen Fundamente der UdSSR im Sinne westlicher Vorstellungen umzugestalten. Durch diese umfassende Neuorientierung sowjetischer Innen- und Außenpolitik war der Grundstein für den tiefgreifenden Wandel nicht nur in Europa, sondern in den Ost-West-Beziehungen überhaupt gelegt. Der Verzicht der Sowjetunion auf eine Vorherrschaft in Ost- und Südosteuropa entließ die Staaten des ehemaligen „Ostblocks" in die Selbstbestimmung. Die Ergebnisse der erstmals wieder durchgeführten freien Wahlen zeigten in den meisten Ländern den Willen der Menschen, sich den westlichen Vorstellungen von Wirtschaft, Gesellschaft und politischem System zuwenden zu wollen. Die Auflösung des „Warschauer Pakts" Ende 1991 war eine der Konsequenzen. Die Reformen in der UdSSR führten Weihnachten 1991 auch zum Bruch der Sowjetischen Union. Die bislang unterdrückten, unter kommunistischer Herrschaft zusammengeschmiedeten Unionsrepubliken verlangten ihre Unabhängigkeit. Aus der Union der Sozialistischen Sowjetrepubliken UdSSR wurde die Gemeinschaft unabhängiger Staaten GUS, in der Rußland die Führung übernahm. Dieser neugeschaffene Verbund kann allerdings nicht darüber hinwegtäuschen, daß sich die Beziehungen der Mitgliedstaaten untereinander, insbesondere aber auch zu Rußland, außerordentlich schwierig gestalten. Unterschiedlichste, bisweilen konfliktgeladene nationale Interessen, aber auch die Sorge vor einer neuen Vormachtstellung Rußlands erschweren eine weitreichende und auf gegenseitigem Vertrauen aufbauende politische Zusammenarbeit. Die GUS bleibt daher auf der Stufe eines losen wirtschaftlichen Kooperationsbündnisses.

Einige ehemals ins Sowjetreich zwangseingegliederte Staaten wie z. B. die baltischen Republiken Estland, Lettland und Litauen blieben der GUS fern.

Das Ende der europäischen Teilung und des „Ost-West"-Konflikts fand seinen deutlichsten Ausdruck in der Vereinigung der beiden deutschen Staaten am 3. Oktober 1990.

Zukünftige Aufgaben der NATO Die Hauptaufgabe der NATO, während der Ost-West-Spannungen den Frieden für die Mitgliedstaaten durch Abschreckung und gleichzeitige Entspannungspolitik zu erhalten, war zum Zeitpunkt des Verfalls des „Ostblocks" erfüllt. Nach der klaren Konfrontation zweier Systemblöcke sieht sich das Bündnis heute einer Reihe von Gefahren mit weniger scharfen Konturen gegenüber.

– *Unsicherheit der Lage im Osten:* Ethnische Konflikte (beispielsweise im ehemaligen Jugoslawien oder zwischen und innerhalb von GUS-Republiken) treten auf, die nicht immer so friedlich verlaufen wie etwa die Teilung der Tschechoslowakei in die Tschechische und die Slowakische Republik. Zudem gilt die Festigung der Demokratie und der wirtschaftliche Umbau von der Plan- zur Marktwirtschaft in einzelnen Staaten noch nicht als ausreichend, um ein Zurückfallen in totalitäre Regime ausschließen zu können.

– Darüber hinaus sehen viele NATO-Mitgliedstaaten ihr Interesse an *Sicherheit und Stabilität auch in Regionen außerhalb des Bündnisgebietes gefährdet.* Als grundlegende Sicherheitsprobleme nennt die Allianz die Ölversorgung ihrer Mitgliedstaaten, die Ausweitung des internationalen Drogenhandels und des organisierten Verbrechens sowie eine wachsende Zahl blutiger Grenzkonflikte. Es stehen also nicht mehr allein sicherheits- und verteidigungspolitische Interessen im Vordergrund.

Um diesen Herausforderungen begegnen zu können, erhält die NATO nach und nach eine neue Struktur: Neben die von Anfang an bestehenden, in ihrem Bestand aber reduzierten *Hauptverteidigungstruppen* treten *multinationale Grenzschutzeinheiten,* eine im Kriegsfall rasch aufzubauende *Reserve* (vor allem aus den USA) und eine *Schnelle Eingreiftruppe.* Letztere wurde im Oktober 1992 gegründet und soll in Krisengebieten im europäischen Vertragsraum die dort stationierten Truppen unterstützen und verstärken. Der hochmobile Verband besitzt vorläufig eine Stärke von rund 100 000 Mann, wovon etwa 40 000 von der Bundesrepublik Deutschland bereitgestellt werden. Teile der Eingreiftruppe können darüber hinaus an Militäraktionen der UNO teilnehmen.

Gleichzeitig unternimmt die *Europäische Union* (siehe Kap. 7, S. 272 f.) verstärkte Anstrengungen, auch sicherheitspolitisch und militärisch internationale Verantwortung zu übernehmen: Im November 1993

nahm das sogenannte „Eurokorps" offiziell den Dienst auf. Die über
40 000 Soldaten des Korps kommen aus der Bundesrepublik, Belgien,
Frankreich, Luxemburg und Spanien. Sie stehen außer zur gemeinsamen
Verteidigung der Union auch für Aufträge der UNO, für humanitäre Einsätze und für Katastrophenhilfe weltweit zur Verfügung.

Die NATO-Allianz erweitert ihren Aktionsradius   Spätestens der „Golf-
krieg" 1991 gegen den Irak oder der ethnische Bürgerkrieg im ehemaligen Jugoslawien entfachte innerhalb der NATO eine heftige Diskussion
über die notwendige militärische Reichweite des Bündnisses. Mittlerweile herrscht in der Allianz weitgehende Einigkeit darüber, die eigenen
Streitkräfte auch an Einsätzen außerhalb (West-) Europas teilnehmen zu
lassen, insbesondere dann, wenn es sich um Aktionen der Vereinten
Nationen handelt. Allerdings solle der euro-atlantische Raum dafür als
Grenze dienen. Einen wesentlichen Schub für diese Entscheidung erhielt
die Debatte aufgrund der Forderung der Vereinigten Staaten, die anderen
Bündnismitglieder sollten sich entsprechend ihrer jeweiligen Möglichkeiten verstärkt an internationalen Einsätzen beteiligen und nicht wie
bisher den Amerikanern die Hauptlast aufbürden.

Internationale Kampfeinsätze der Bundeswehr   Für die Bundesrepublik Deutschland veränderte sich die sicherheitspolitische und militärische Lage darüber hinaus entscheidend, als das höchste Gericht des Landes, das Bundesverfassungsgericht, im Juli 1994 die Entsendung deutscher Truppen auch außerhalb des NATO-Gebietes für rechtmäßig
erklärte. Seither müssen sich die deutschen Soldaten nicht mehr allein
für die Landes- und Bündnisverteidigung bereithalten, sondern auch
jederzeit damit rechnen, im Rahmen internationaler militärischer Mis-
sionen in Kriegs- und Krisengebiete auf anderen Kontinenten geschickt
zu werden.

Anbindung des Ostens an das nordatlantische Bündnis   Die ungebro-
chene Attraktivität der NATO als Verteidigungs- und Sicherheitsbündnis
zeigt sich in den Beitrittswünschen vieler ehemaliger Mitgliedstaaten des
Warschauer Pakts. Vor allem Polen, Ungarn und die Tschechische Republik, aber auch die baltischen Staaten bemühen sich darum und wollen
aufgrund ihrer leidvollen historischen Erfahrung gerne Schutzgarantien
des Bündnisses. Gegen eine Ausweitung der NATO in den Osten meldet
die Allianz allerdings Vorbehalte an: Zum einen mit Rücksicht auf die
Bedenken Rußlands, zukünftig einem gesamteuropäischen Militärblock
gegenüberzustehen, zum anderen aufgrund eigener Befürchtungen,
durch einen erweiterten Bündnisrahmen in aufbrechende Nationalitä-
tenkonflikte hineingezogen zu werden. Da die Allianz allerdings auch

eine Verantwortung gegenüber Ost- und Südosteuropa empfindet, ersann sie den *NATO-Kooperations- und Konsultationsrat*. Im Dezember 1991 geschaffen, sind mittlerweile neben den sechzehn NATO-Staaten auch nahezu der gesamte frühere Warschauer Pakt einschließlich Rußlands darin vertreten. Seine Tätigkeiten sind im wesentlichen:
- ständiges Organ des Dialogs zwischen Ost und West, vor allem in sicherheitsrelevanten Fragen,
- Anregung sowie Koordinierung und Kontrolle der Durchführung von Abrüstungsvereinbarungen,
- Klärung der vielseitigen wirtschaftlichen und technischen Fragen des Umbaus von Rüstungsbetrieben in Produktionsstätten ziviler Güter (Rüstungskonversion),
- Schlichtung von sicherheits- und militärpolitischen Streitigkeiten zwischen Ratsmitgliedern (etwa die Frage der zukünftigen Verfügungsgewalt der ehemals sowjetischen Atomwaffen zwischen der Ukraine, Kasachstan und Rußland),
- Seminare und Ausbildungsprogramme der NATO zur Schulung interessierter Militärs als Teil der gegenseitigen Vertrauensbildung und Annäherung.

Angesichts der Enttäuschung einiger osteuropäischer Länder, deren Hoffnung auf eine rasche Vollmitgliedschaft nicht erfüllt wurde, bot das nordatlantische Bündnis auf Anregung der US-Regierung im Frühjahr 1994 allen interessierten Staaten die *Partnerschaft für den Frieden* an. Sie beinhaltet u. a. eine gemeinsame Stabsausbildung, gemeinsame Vorbereitungen für internationale Friedensmissionen, Hilfe bei der Demokratisierung der östlichen Armeen und Anreize zur Offenlegung der Wehrhaushalte. Vor allem aber bietet sie die Zukunftsperspektive einer NATO-Vollmitgliedschaft, ohne jedoch präzise Bedingungen oder Zeitpunkte zu nennen.

Zeichner: Burkhard Mohr, Königswinter

2.2 Die Vereinten Nationen UNO: Ein Forum weltweiter Interessenverständigung, um Konflikte zu vermeiden

184 Länder, also nahezu die gesamte Staatengemeinschaft der Welt – außer etwa der Schweiz -, sind seit der Gründung der UNO im Jahre 1945 Mitglieder dieser weltumspannenden Organisation geworden. Ihren Beitritt haben sie durch die Unterzeichnung der sogenannten „Charta der Vereinten Nationen" vollzogen, in welcher die vorrangigen Aufgaben und Ziele der UNO festgelegt sind:
– *Friedenssicherung und Streitschlichtung*
– *Gleichberechtigung und Selbstbestimmung der Völker*
– *internationale Zusammenarbeit* zur Lösung von Problemen wirtschaftlicher, sozialer, kultureller und humanitärer Art.

Friedenssicherung   „Wir, die Völker der Vereinten Nationen, fest entschlossen, künftige Geschlechter vor der Geißel des Krieges zu bewahren...", – so beginnt die Präambel der Charta und weist damit der *Wahrung des Weltfriedens* und der *internationalen Sicherheit* einen ersten Rang unter den Aufgaben der UNO zu. Ein entscheidendes Gründungsmotiv der Vereinten Nationen war die Friedenssicherung: Nach zwei Weltkriegen waren es die Kriegsalliierten, allen voran die Vereinigten Staaten von Amerika, die mit ihrer Initiative zur Gründung der UNO zukünftige internationale militärische Auseinandersetzungen verhindern wollten. Die mehr als 160 größeren zwischenstaatlichen Kriege und Bürgerkriege, Staatsstreiche, Revolutionen und Guerillaaktionen seit 1945, denen verschiedenen Schätzungen zufolge zwischen 15 und 32 Millionen Menschen zum Opfer fielen, zeigen die unveränderte Dringlichkeit friedensstiftender UNO-Bemühungen.
Die Festlegung der UNO-Mitgliedstaaten auf die Achtung der *Gleichberechtigung und Selbstbestimmung der Völker* als das entscheidende und grundlegende Prinzip der Beziehungen zwischen den Nationen erscheint heute vielen von uns als eine Selbstverständlichkeit, die kaum erwähnenswert sei. Doch zur Zeit der Formulierung der Charta war dies eine außerordentlich fortschrittliche Bedingung, angesichts der zahlreichen noch bestehenden Kolonialstaaten vor allem Großbritanniens, Frankreichs, Portugals und Spaniens in Afrika und im pazifischen Raum. Den Völkern dieser Staaten war die Selbstbestimmung vorenthalten, und ihre Lebensgrundlagen wurden häufig ausgebeutet. Ihr politisches und wirtschaftliches Schicksal wurde von fremden Regierungen bestimmt. Der in den sechziger Jahren beginnende und sich fortsetzende sogenannte *Entkolonialisierungsprozeß,* der nahezu allen Staaten dieser Erde ihre Souveränität bescherte, kann als eine der großen Leistungen des UN-Systems angesehen werden.

Wie sehr allerdings die *Vereinten Nationen als Mahner für die Selbstbestimmung der Völker* nach wie vor notwendig sind, zeigen die Probleme in vielen ehemaligen Kolonien: Beispielsweise führen die von früheren Kolonialherren häufig willkürlich mit dem Lineal gezogenen, traditionelle Lebensgebiete durchtrennenden Grenzen heute vielerorts zu massiven ethnischen Konflikten. So fühlen sich weiterhin viele Menschen in ihrer kulturellen und historischen Identität behindert oder sehen gar ihr Leben bedroht:

- Weil sie sich als Minderheit durch die Politik eines Landes unterdrückt fühlen (etwa die Massai in Tansania oder die Aborigines in Australien).
- Weil sie durch eine oder sogar mehrere Staatsgrenzen voneinander getrennt leben (z. B. die Kurden in der Türkei, Irak, Iran und Syrien oder die Tuareg in Marokko, Mauretanien, Mali und Algerien).
- Weil sie eine machtvolle Minderheit im eigenen Land von der politischen Mitwirkung ausschließt und mitunter verfolgt (z. B. lange Zeit schwarze Völker in der ehemaligen Apartheid-Republik Südafrika).

Die UNO als „Nabel" der Welt(Außen-)politik Die Mitglieder der Vereinten Nationen werden zudem darauf verpflichtet, die UNO *als Mittelpunkt,* als zentrales Forum für ihre Außenpolitik zu akzeptieren. Dieser Bestimmung liegt die Vorstellung zugrunde, daß die klassische *bilaterale* Form der Außenpolitik, in der zwei Staaten ihre Interessen ausgleichen, nach und nach von einer *multilateralen* Ausprägung abgelöst werden soll. Mehrere Staaten kommen hier zusammen, um über eine umfassende, sie alle betreffende und nur gemeinsam lösbare Problematik zu verhandeln und zu entscheiden. In Fragen weltumspannender Reichweite erhält diese multilaterale Dimension globalen, also weltweiten Charakter. Für diese Art der Gestaltung internationaler Beziehungen bietet sich die UNO in ihrer Charta als geeigneten Rahmen an, um internationale Probleme wirtschaftlicher, sozialer, kultureller und humanitärer Art anzugehen.

„Alle Menschen sind gleich" Die UNO fordert vom Teilnehmerkreis einer solchermaßen strukturierten Außenpolitik an erster Stelle die *Achtung der Menschenrechte* und fordert die UNO-Mitgliedstaaten auf, die Grundfreiheiten ohne Unterschied der Rasse, des Geschlechts, der Sprache oder der Religion zu fördern und zu festigen. In der Bundesrepublik Deutschland sind diese Forderungen in den unabänderlichen Grund- und Menschenrechten des Grundgesetzes verankert. Die Übersicht 5 vermittelt jedoch einen Eindruck, wie viel es für die Vereinten Nationen in der Frage der Menschenrechte weltweit noch an Aufklärungsarbeit zu tun gibt.

Übersicht 5

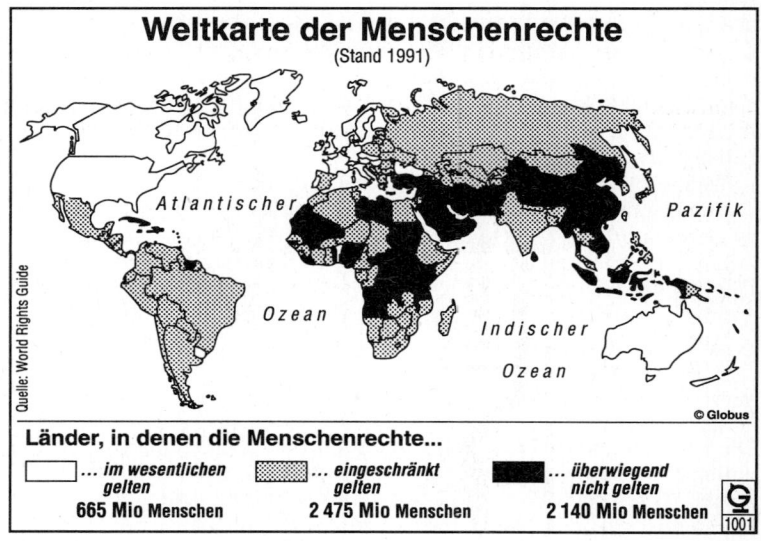

Weltkarte der Menschenrechte
(Stand 1991)

Atlantischer

Pazifik

Ozean

Indischer

Ozean

Quelle: World Rights Guide

© Globus

Länder, in denen die Menschenrechte...

☐ *... im wesentlichen gelten*
665 Mio Menschen

▨ *... eingeschränkt gelten*
2 475 Mio Menschen

■ *... überwiegend nicht gelten*
2 140 Mio Menschen

Die „Spielregeln" der Vereinten Nationen   Zieht man noch einmal die Definition von Frieden von Seite 278 heran, so wird deutlich, daß alle drei genannten Zielvorgaben notwendige Bestandteile der übergeordneten Aufgabe der Sicherung des Weltfriedens darstellen: Die klassische *Friedenssicherung,* die *Schaffung der Gleichberechtigung und Selbstbestimmung der Völker* sowie die *internationale Zusammenarbeit zur Lösung von Problemen wirtschaftlicher, sozialer, kultureller und humanitärer Art.* Um sie verwirklichen zu können, werden den UNO-Mitgliedern eine Reihe von Grundsätzen empfohlen, die für die Staatengemeinschaft verbindlich gelten sollen:

– *Gebot der Streitbeilegung durch ausschließlich friedliche Mittel, d. h. genereller Verzicht darauf Gewalt anzudrohen oder anzuwenden,*
– *Beistandspflicht aller Mitgliedstaaten für Maßnahmen, die die Weltorganisation in Einklang mit der Charta gegen einen Staat trifft.* Gemeint sind etwa die vom Sicherheitsrat ausgesprochenen Sanktionen wirtschaftlicher, kultureller oder politischer Art.

Die Möglichkeiten der Weltorganisation zum Eingreifen finden ihre Grenzen allerdings in einem weiteren grundlegenden Prinzip:

– *Interventionsverbot „in Angelegenheiten, die ihrem Wesen nach zur inneren Zuständigkeit eines Staates gehören".*

Übersicht 6

Die Organisation der Vereinten Nationen – UN

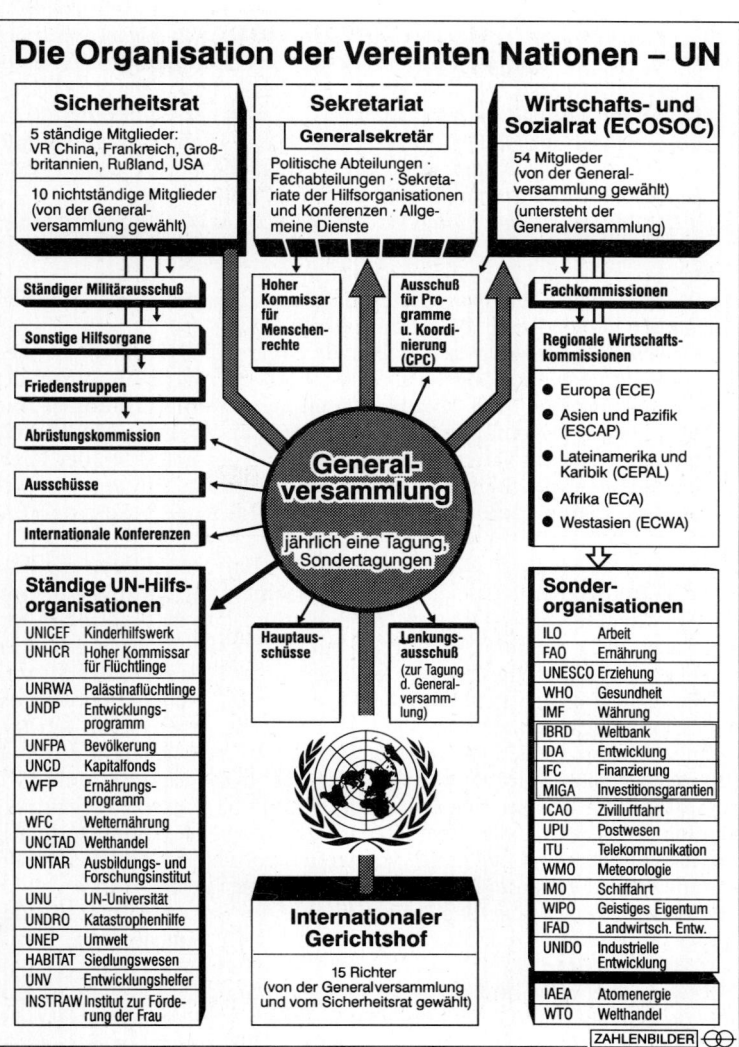

Sicherheitsrat

5 ständige Mitglieder:
VR China, Frankreich, Großbritannien, Rußland, USA

10 nichtständige Mitglieder
(von der Generalversammlung gewählt)

Sekretariat

Generalsekretär

Politische Abteilungen ·
Fachabteilungen · Sekretariate der Hilfsorganisationen
und Konferenzen · Allgemeine Dienste

Wirtschafts- und Sozialrat (ECOSOC)

54 Mitglieder
(von der Generalversammlung gewählt)

(untersteht der Generalversammlung)

Ständiger Militärausschuß

Sonstige Hilfsorgane

Friedenstruppen

Abrüstungskommission

Ausschüsse

Internationale Konferenzen

Hoher Kommissar für Menschenrechte

Ausschuß für Programme u. Koordinierung (CPC)

Fachkommissionen

Regionale Wirtschaftskommissionen

- Europa (ECE)
- Asien und Pazifik (ESCAP)
- Lateinamerika und Karibik (CEPAL)
- Afrika (ECA)
- Westasien (ECWA)

General-versammlung

jährlich eine Tagung,
Sondertagungen

Ständige UN-Hilfs-organisationen

UNICEF	Kinderhilfswerk
UNHCR	Hoher Kommissar für Flüchtlinge
UNRWA	Palästinaflüchtlinge
UNDP	Entwicklungsprogramm
UNFPA	Bevölkerung
UNCD	Kapitalfonds
WFP	Ernährungsprogramm
WFC	Welternährung
UNCTAD	Welthandel
UNITAR	Ausbildungs- und Forschungsinstitut
UNU	UN-Universität
UNDRO	Katastrophenhilfe
UNEP	Umwelt
HABITAT	Siedlungswesen
UNV	Entwicklungshelfer
INSTRAW	Institut zur Förderung der Frau

Hauptausschüsse

Lenkungsausschuß
(zur Tagung d. Generalversammlung)

Internationaler Gerichtshof

15 Richter
(von der Generalversammlung
und vom Sicherheitsrat gewählt)

Sonder-organisationen

ILO	Arbeit
FAO	Ernährung
UNESCO	Erziehung
WHO	Gesundheit
IMF	Währung
IBRD	Weltbank
IDA	Entwicklung
IFC	Finanzierung
MIGA	Investitionsgarantien
ICAO	Zivilluftfahrt
UPU	Postwesen
ITU	Telekommunikation
WMO	Meteorologie
IMO	Schiffahrt
WIPO	Geistiges Eigentum
IFAD	Landwirtsch. Entw.
UNIDO	Industrielle Entwicklung
IAEA	Atomenergie
WTO	Welthandel

ZAHLENBILDER ⊕

615 120

Diese bedingungslose Anerkennung der nationalen Souveränität wird zunehmend skeptischer beurteilt. Geboren aus den Empfindlichkeiten des „Kalten Krieges", später hochgehalten von manchen Despoten der noch jungen Entwickungsländer, wird sie noch heute von einigen Regimen hart verteidigt. Ermöglicht doch diese Regelung die massive Unterdrückung von politischen, religiösen oder ethnischen Minderheiten im eigenen Land, ohne daß die für solche Diskriminierungen und Verfolgungen verantwortlichen Regierungen mit Konsequenzen zu rechnen haben. Daher beschloß der Sicherheitsrat 1992 einen neuen Grundsatz:
– *Im Falle eines fundamentalen Verstoßes gegen die Menschlichkeit innerhalb eines Staates sind die Vereinten Nationen befugt, Zwangsmaßnahmen zu ergreifen.*
Dieser sehr allgemein formulierte „Gummiparagraph" wird sich allerdings noch in der Praxis beweisen müssen.
Die *Generalversammlung* ist das zentrale Organ der UNO. Sie kann sich mit allen Fragen und Angelegenheiten befassen, die im Rahmen der Charta denkbar sind. Alle Mitgliedstaaten der Vereinten Nationen sind in der Generalversammlung vertreten. Jedes Land besitzt eine Stimme und kann bis zu fünf Vertreter in die Sitzungen entsenden. In der Regel gilt die einfache Mehrheit für die Annahme eines Beschlusses, wichtige Beschlüsse müssen allerdings mit Zweidrittel-Mehrheit gefaßt werden.

Der mühsame Weg der „Kleinen Schritte"   Entscheidend ist die Einschränkung, daß Beschlüsse der Generalversammlung nur für die zustimmenden Staaten verbindlich sind. So unbefriedigend diese Regelung auf den ersten Blick erscheint, so hilfreich hat sie sich häufig erwiesen: Kann eine globale Aushandlung der unterschiedlichen Interessen der Staaten zu einem bestimmten Punkt auf der Tagesordnung nicht erzielt werden, so ist er damit noch nicht vom Tisch: Ein Teilerfolg kann erzielt werden, wenn sich wenigstens einige Staaten mit ähnlichen Ausgangspositionen zu einem Beschluß durchringen können, der ihnen zukünftig die zwischenstaatliche Kooperation erleichtert. Wenn sich eine solche regionale Vereinbarung als für alle Beteiligten nützlich erweist, kommt es häufig vor, daß sie nach und nach auch von weiteren, sich zuvor reserviert verhaltenen Ländern unterzeichnet wird. Beispiele hierfür sind etwa die UNO-Folterkonvention, das internationale Seerechtsabkommen oder die Richtlinien zur grenzüberschreitenden Informationsfreiheit.

Weltfrieden schaffen und sichern   Im Gegensatz dazu kann der *Sicherheitsrat*, obwohl ihm nur 15 Mitglieder angehören, als einziges Organ der UNO für alle Mitglieder verbindliche Beschlüsse fassen. Und zwar dann, wenn er eine Friedensbedrohung, einen Friedensbruch oder eine Aggression festgestellt hat und Sanktionen politischer, wirtschaftlicher oder militärischer Art als erforderlich ansieht. Die Begrenzung auf 15 Mitglieder erklärt sich aus der Erwartung einer höheren Effizienz und schnelleren Entscheidungsfindung in dringlichen Fällen. Fünf davon sind als Gründerstaaten und Atommächte ständige Mitglieder: China, Frankreich, Großbritannien, USA und Rußland als Rechtsnachfolgerin der UdSSR. Bei Abstimmungen hat jedes der ständigen Mitglieder ein Veto-Recht. Dieses ermöglicht es ihnen, Beschlüsse selbst dann zu verhindern, wenn die Mehrheit des Sicherheitsrates diesen zugestimmt hat. Fünf der nichtständigen Mitglieder werden jährlich für die Dauer von zwei Jahren von der Generalversammlung mit Zweidrittelmehrheit gewählt. Der Sicherheitsrat gilt als das weltweit wichtigste Organ für die Wahrung des Weltfriedens und der internationalen Sicherheit.

Übersicht 7

Der Sicherheitsrat der Vereinten Nationen

Sein Zweck:

Der Sicherheitsrat ist der **Friedenswächter** der Vereinten Nationen.

Seine Mitglieder:

Der Sicherheitsrat hat **fünf ständige** Mitglieder (USA, Rußland, Frankreich, Großbritannien, China) und **10 nichtständige** Mitglieder.

Seine Beschlüsse:

Zur Beschlußfassung sind mindestens 9 der 15 Stimmen erforderlich; die fünf ständigen Mitglieder haben ein **Vetorecht.**

Seine Mittel:

Der Sicherheitsrat kann im Konfliktfall...

1. ...**feststellen**, ob Friedensbedrohung, Friedensbruch oder eine Angriffshandlung vorliegt.
2. ...von den beteiligten Parteien **vorläufige Maßnahmen** zur Entschärfung der Lage fordern.
3. ...**friedliche Sanktionen** beschließen.
4. ...**militärische Sanktionen** beschließen.

Alle Mitglieder der Vereinten Nationen sind verpflichtet, dem Sicherheitsrat auf Ersuchen Streitkräfte zur Verfügung zu stellen und Beistand zu leisten.

© Globus

G 1336

„Vorstandsvorsitzender" der Vereinten Nationen An der Spitze der *Verwaltung der* UNO steht das *Sekretariat* unter Führung des *Generalsekretärs.* Er wird von der Generalversammlung auf Empfehlung des Sicherheitsrates jeweils für fünf Jahre gewählt. Die Leistungs- und Durchsetzungsfähigkeit der Vereinten Nationen ist sehr stark vom Engagement des Generalsekretärs und seinem Willen abhängig, die UNO als wirksame und notwendige Weltorganisation im Bewußtsein der Teilnehmerstaaten zu verankern. Ein Beispiel für die Aufgaben und Möglichkeiten eines Generalsekretärs sind die Vorschläge Bhoutros Bhoutros Ghalis zur Friedens- und Sicherheitspolitik der UNO (s. Übersicht 8).

Weltweite Streitschlichtung Der *Internationale Gerichtshof* – er hat seinen Sitz in Den Haag in den Niederlanden – besteht aus 15 Richtern, die verschiedenen Staaten angehören und die wichtigsten Rechtssysteme der Welt vertreten sollen. Er erarbeitet Rechtsgutachten auf Verlangen der Generalversammlung oder des Sicherheitsrates und wird bei internationalen Streitigkeiten auf Antrag tätig. Seine Entscheidungen fällt er aufgrund des Völkerrechts. Obwohl es dem Gerichtshof im Gegensatz zu nationalstaatlichen Gerichten an Durchsetzungsmöglichkeiten seiner Urteile durch Polizei und Strafvollzug fehlt, kommt seine Rolle in der internationalen Politik zumindest dadurch zum Tragen, daß er die gegen das Völkerrecht verstoßende Partei benennt und damit in der Runde der Staatengemeinschaft politisch „ächtet". Lehnt es die „verurteilte" Partei ab, sich dem Schiedsspruch des Gerichtshofs zu unterwerfen, so kann sich der Sicherheitsrat mit der Angelegenheit befassen und, falls er sich einigt, geeignete Maßnahmen zur Durchsetzung des Urteils treffen.

Vorrangige Aufgabenbereiche der UNO Die Hoffnungen vieler, nach dem Ende des Ost-West-Konfliktes würde die Welt umgehend friedlicher, hat sich nicht erfüllt. Die Bemühungen um die Beendigung von Kriegen, um als ersten Schritt wenigstens einen *negativen Frieden* (im Sinne unserer Definition) zu erreichen, bleibt eine der Hauptmissionen der UNO. Sie wird sich dabei in Zukunft verstärkt auch um gemeinsame Aktionen mit anderen regionalen Organisationen bemühen, etwa der NATO, um zum Beispiel der zunehmenden Verbreitung von Massenvernichtungswaffen entgegenwirken zu können.

Darüber hinaus erstreben die Vereinten Nationen auch Fortschritte in Richtung des zweiten Schrittes, der Schaffung eines *positiven Friedens.* Hier sehen sie vor allem die Aufgabe, weltweit gegen den Hunger, Menschenrechtsverletzungen, Umweltvernichtung, Terrorismus und Drogenhandel zu kämpfen. Sie haben sich verpflichtet, humanitäre Hilfe zu leisten, Gesundheits- und Entwicklungsprogramme einzurichten und zu fördern sowie die massiven Ungleichgewichte in den internationalen Wirtschaftsbeziehungen zu entschärfen. Hierzu hat sich die UNO im Laufe ihrer Entwicklung nach und nach eine breite Palette an *UN-Hilfs- und Sonderorganisationen* geschaffen (siehe Übersicht 6).

Übersicht 8

Agenda für den Frieden

Vorschläge des UN-Generalsekretärs Bhoutros Ghali zur Friedens- und Sicherheitspolitik der Vereinten Nationen

1. Vorbeugende Diplomatie

Ziel: Das Entstehen von Streitigkeiten zu verhüten, den Ausbruch offener Konflikte zu verhindern, oder Konflikte, die bereits ausgebrochen sind, rasch wieder einzugrenzen

Mittel: Diplomatische Gespräche; Vertrauensbildende Maßnahmen; Frühwarnsysteme, die rechtzeitig auf Spannungen hinweisen; formelle Tatsachenermittlung; vorbeugender Einsatz von UN-Truppen; vorsorgliche Einrichtung entmilitarisierter Zonen

Mittel: Entsendung von Beobachtermissionen; Einsatz von UN-Friedenstruppen zur Untersuchung von Grenzverletzungen, zur Grenzkontrolle, zur Beobachtung von Wahlen, Überwachung von Waffenstillstands- und Friedensvereinbarungen, Bildung einer Pufferzone zwischen gegnerischen Mächten, Wahrnehmung von Polizeiaufgaben, Sicherung humanitärer Maßnahmen usw.; umfassendes Konfliktmanagement

2. Friedensschaffung

Ziel: Nach Ausbruch eines Konflikts die feindlichen Parteien zu einer Einigung zu bringen

Mittel: Friedliche Mittel: z. B. Vermittlung, Verhandlungen, Schiedsspruch, Entscheidungen durch den Internationalen Gerichtshof
Gewaltlose Sanktionen: z. B. Wirtschafts- und Verkehrsblockade, Abbruch der Beziehungen
Friedensdurchsetzung: durch speziell ausgebildete, ständig abrufbereite UN-Truppen
Militärische Gewalt: zur Aufrechterhaltung oder Wiederherstellung des Weltfriedens und der internationalen Sicherheit, wenn alle friedlichen Mittel versagen

3. Friedenssicherung

Ziel: Die Lage in einer Konfliktzone zu entschärfen oder zu stabilisieren; die Einhaltung der Vereinbarungen zwischen den Konfliktparteien zu überwachen und durchzusetzen

4. Friedenskonsolidierung

Ziel: Den Frieden nach Beendigung eines Konflikts zu konsolidieren; die Konfliktparteien zum friedlichen Wiederaufbau anzuhalten

Mittel: Nach einem Konflikt innerhalb eines Landes: z. B. Entwaffnung der verfeindeten Parteien, Wiederherstellung der öffentlichen Ordnung, Einsammeln der Waffen, Minenräumung, Repatriierung von Flüchtlingen, Ausbildung und Beratung von Sicherheitskräften, Wahlüberwachung, Schutz der Menschenrechte, Reform oder Neuaufbau staatlicher Institutionen
Nach einem internationalen Krieg: z. B. gemeinsame Projekte, die der wirtschaftlichen und sozialen Entwicklung dienen und das gegenseitige Vertrauen stärken (Landwirtschaft, Energie- und Wasserwirtschaft, Verkehr usw.); Abbau der Schranken zwischen den Nationen durch Kulturaustausch, Reiseerleichterungen, gemeinsame Jugend- und Bildungsprogramme

(Nach Zahlenbilder 615 500)

Probleme der Vereinten Nationen So groß die Aufgaben der UNO sind, so gering ist meist die Zahlungsmoral ihrer Mitglieder. Jeder Generalsekretär in der kurzen Geschichte der Vereinten Nationen sah sich nahezu jedes Jahr genötigt, die UNO-Staaten an die Begleichung ihrer Mitgliedsbeiträge zu erinnern. Zwar beschließt die Generalversammlung der Weltorganisation immer neue Programme und Einsätze, doch betrachten viele Regierungen ihren Anteil an den Kosten als eine Art willfährig zu leistende finanzielle Zuwendung. Manche sehen in der Zurückhaltung der notwendigen Mittel auch eine Möglichkeit, Druck auf die UNO beziehungsweise ihre Sonderorganisationen auszuüben. Aufgrund dieser alljährlich auftretenden Zahlungsschwierigkeiten können die Möglichkeiten und das Potential der UNO nur bedingt genutzt werden. Größter Beitragszahler ist die USA mit rund 25 Prozent des UNO-Gesamtbudgets von etwa 2 Milliarden DM. Die Bundesrepublik Deutschland zahlt rund 150 Millionen DM und folgt damit Japan und Rußland als viertgrößter Beitragszahler mit rund 9 Prozent.

Obwohl die Mitgliedstaaten durch die Charta verpflichtet sind, bei Bedarf in ausreichendem Maße Streitkräfte und Waffen zur Verfügung zu stellen, kommen sie dieser Auflage in aller Regel kaum nach. Die Hauptlast liegt hier bei den USA, die eine stärkere Beteiligung anderer Staaten, etwa auch der Bundesrepublik Deutschland, fordert. Durch die stetig anwachsenden Kosten der „Blauhelm"-Friedensmissionen gehen die ökonomischen Mittel etwa für Entwicklungshilfe, Ernährungs- oder Gesundheitsprogramme drastisch zurück.

Anlaß ständig vernehmbarer Kritik ist zudem die Besetzung des Sicherheitsrates. Tatsächlich erscheint die seit der Gründung der UNO 1945 unveränderte Verteilung der Sitze der fünf ständigen Mitglieder mit ihren herausragenden Privilegien vielen Staaten nicht mehr zeitgemäß und müßte deshalb ihrer Ansicht nach verändert werden: Zahlreiche Regierungen in Afrika, Südamerika oder Asien machen geltend, daß ihre Staaten zur Zeit der UNO-Gründung noch nicht existierten. Sie fordern, die Anzahl der Sitze entsprechend der heutigen globalen Sicherheitslage anzupassen. So hat sich beispielsweise der Kreis der Atommächte beträchtlich erweitert und wird noch zunehmen. Darüber hinaus äußern insbesondere Entwicklungsländer ihre Besorgnis, die im Sicherheitsrat mächtigen Industrieländer könnten das Organ einseitig dazu mißbrauchen, die „Dritte Welt" zu bevormunden oder gar zu beherrschen.

Arme und reiche Länder – stimmen unsere Bilder?

Es ist nicht immer einfach, sich in Menschen hineinzudenken, die ganz anders leben als wir, weit weg von uns, in Verhältnissen, die uns fremd sind. Deshalb ist es gut, wenn wir uns hin und wieder fragen, ob die Bilder, die wir uns von anderen Ländern und ihren Menschen machen, auch stimmen.

Eine Schülerin aus Peru war zu Besuch in Deutschland. Einige Wochen besuchte sie hier die Schule. In Lima, der Hauptstadt Perus, hatte sie gerade ihre Schulzeit an der dortigen deutschen Schule beendet. In einem Politikbuch fand sie einiges über ihr Land – im Kapitel über die „Entwicklungsländer". Machen wir uns hier in Deutschland ein richtiges Bild von diesen Ländern und den Menschen, die dort leben? Auf diese Frage ihrer deutschen Freunde schrieb Angela, die Schülerin aus Lima, einige Gedanken auf:

„Wir wollen keine Kopie sein"

„Die Länder der Dritten Welt sind jene armen Länder, die, wie wir alle wissen – große Schulden haben. Sie müssen vieles, was sie brauchen, vom Ausland einführen und sie können nur wenige Waren ans Ausland verkaufen. Und vor allem: Ihre Bevölkerung ist meistens schlecht ernährt. Peru, mein Land, gehört zur Gruppe dieser Länder.

So stellt ihr euch das Leben bei uns vor – die meisten denken, es gäbe in Peru nur negative Dinge. Es ist normal, so zu denken, wenn man nur Nachrichten über terroristische Überfälle, über unser Elend, unsere Schulden hört. Ich kann dem nicht widersprechen, selbst wenn es weh tut, denn die meisten dieser Nachrichten sind nicht falsch.

Aber ich kann euch sagen, daß Peru nicht nur aus negativen Dingen besteht. Es hat seine guten und schlechten Seiten. Deshalb will ich einmal ein paar Dinge von den positiven Seiten erzählen.

Auf die Kultur Perus war ich immer stolz. Das Land hat eine große Geschichte. Bis die Spanier nach Amerika kamen, gab es bei uns die Kultur der Inkas. Am eindrucksvollsten sind heute noch ihre Bauwerke. Die Stadt Machu Picchu ist ein Beispiel. Die Inkas konnten eine solche Stadt in mehr als 3000 Meter Höhe bauen. Das einzige Material, das sie dabei benutzten, waren große Steinblöcke, die perfekt behauen sind.

Die Inkas waren auch gute Bauern. Unfruchtbares und trockenes Land bewässerten sie mit geschickt angelegten Gräben. Damit

---

konnten sie selbst in großer Höhe viele Nahrungsmittel anbauen. Heute noch bewundern viele Touristen die Kunst der Inkas, die Keramikgefäße, den Schmuck aus Silber und Gold. Das meiste davon haben jedoch die spanischen Eroberer außer Landes gebracht, nach Europa.

Wie ich schon sagte: Arme Länder können nur wenige Waren ausführen, meistens sind es Rohstoffe oder Produkte, die die Landwirtschaft erzeugt. Dadurch bleiben wir von den reichen Ländern abhängig, weil sie es sind, die unsere Rohstoffe kaufen und den Preis diktieren. Mit diesen Rohstoffen stellen die reichen Länder Fertigprodukte her, die sie dann zu einem sehr viel höheren Preis verkaufen können.

Das Absurde für mein Land ist: Wir verkaufen z. B. Baumwolle an das Land X. Dieses Land stellt dann aus der Baumwolle Polo-Hemden her und exportiert diese nach Peru. So kehrt die zuvor verkaufte Baumwolle wieder nach Peru zurück – aber sehr viel teurer...

Oft wird gesagt: die reichen und entwickelten Länder müssen den armen Ländern helfen, sich ebenfalls zu entwickeln... Ich meine aber: Die reichen Länder müßten vor allem unsere Rohstoffe und unsere Produkte besser bezahlen. Wir brauchen sicher auch noch lange Zeit Geld, das wir uns vom Ausland leihen müssen. Aber nur das Geld sollten sie uns leihen, nicht die Ideen, auch nicht die Art und Weise, wie wir uns entwickeln sollen. Wir Südamerikaner müssen unseren eigenen Weg suchen. Wir wollen nicht eine Kopie irgendeines entwickelten Landes sein. Wir sind anders. Wir können die Entwicklung finden, die wir uns selber wünschen..."

(Angela, Lima/Peru, 17 Jahre)

Themen und Fragen, die wichtig sind

(1) Namen und Begriffe
Entwicklungsländer: Welche Länder bezeichnen wir damit?
Was haben die Länder gemeinsam?
(2) Entwicklungsländer und Industrieländer
Der Süden – wie wurde er abhängig vom reichen Norden?
Die „Eine Welt" – wie sind die Rollen in der Wirtschaft verteilt?
(3) Entwicklung
Welche Wege sind möglich, um die Armut zu überwinden?
Eigene Entwicklung oder Kopie: Sollen die armen Länder so werden, wie wir sind?
(4) Gemeinsame Verantwortung: Entwicklungspolitik
Wer betreibt Entwicklungspolitik und was können wir tun?

1. Viele Welten in einer Welt: arme und reiche Länder

Zwar liegen die Länder, die wir zur Dritten Welt zählen, weit weg von uns. Dennoch begegnen wir den Problemen, mit denen sie es zu tun haben, auch hier:

– Die Medien, das Fernsehen und der Rundfunk etwa, berichten über gewaltsame Konflikte religiöser Gruppen in Indien.

– Hilfsorganisationen fordern uns auf, für die Menschen, die in einigen Gegenden Afrikas von Hungersnot bedroht sind, zu spenden.

– Zur Zeit sind 15 Millionen Menschen aus armen Ländern auf der Flucht, weil sie in ihrer Heimat keine Arbeit und somit auch kein ausreichendes Einkommen haben, oder weil sie aus politischen und religiösen Gründen verfolgt worden sind. Ein Teil von ihnen kommt in die reichen Länder des Nordens – etwa als Asylbewerber nach Deutschland.

– Bauern in Peru und Kolumbien bauen Coca-Pflanzen an und verkaufen ihre Ernte an mächtige Banden, die mit Rauschgift weltweit handeln. Über den internationalen Drogenschmuggel kommt das Rauschgift in die Industrieländer, also auch zu uns.

So gesehen, leben wir tatsächlich in „einer Welt": Was in der Dritten Welt geschieht, *be-trifft* auch uns; manchmal ganz unmittelbar und persönlich.

1.1 Namen und Begriffe: Entwicklungsländer, Dritte Welt und Vierte Welt

Arm sein – nicht überall das gleiche

Entwicklungsländer – unterschiedliche Gruppen Rund 135 Länder werden heute als Entwicklungsländer bezeichnet. Doch wie kann man entscheiden, welche Staaten und Gebiete dazu gehören? Haben wir einen Maßstab, der sagt, wann ein Land arm ist?

Einen solchen Maßstab zu finden, der für alle Länder der Welt gilt, ist nicht einfach. Denn: Armut ist *nicht überall gleich.* So stellten Jugendliche aus Südamerika, die auf Einladung der Hilfsorganisation „terre des hommes" in Deutschland waren, am Ende ihres Besuches fest:

„Die Lebensqualität und die Bedingungen, unter denen die Menschen in Deutschland leben, sind für uns unfaßbar. Zum Beispiel wurden uns Stadtteile gezeigt, von denen man uns gesagt hat, daß es arme Stadtteile sind. Wir haben dabei Häuser von Arbeitern gesehen, von denen uns gesagt wurde, daß die darin lebenden Menschen wenig Geld hätten. Aber verglichen mit der Situation in Lateinamerika erschienen uns diese Häuser wie die von einer höheren Klasse."

(terre des hommes – Eulenspiegel, Nr. 41/1992, S. 2)

Die „wohlhabenderen" Entwicklungsländer Armut in Deutschland ist also anders als Armut in Entwicklungsländern. Aber auch innerhalb dieser Gruppe gibt es große Unterschiede. So erzielen einige Länder mit ihren Erdölexporten sehr hohe Einnahmen, etwa Saudi-Arabien und der Irak. Diese *erdölexportierenden Länder* haben sich in der OPEC zusammengeschlossen (engl. Abkürzung: Organization of the Petroleum Exporting Countries). Bei den meisten von ihnen bilden die Einnahmen aus dem Ölexport allerdings die einzige Quelle ihrer Wirtschaft. Zudem werden diese Einnahmen innerhalb der Bevölkerung sehr ungleich verteilt. Die Gewinne gehen überwiegend in die Kassen wohlhabender Familien bzw. der herrschenden Schicht (z. B. in Saudi-Arabien) oder fließen in staatliche Kassen (z. B. im Iran).

Übersicht 1

Entwicklungsländer weltweit

Kontinent	Beispiele (Anzahl)
Europa (6)	Albanien, Griechenland, Teile des ehemaligen Jugoslawien, Malta, Türkei, Zypern
Afrika (51)	nördlich der Sahara (5): Ägypten, Algerien, Libyen, Marokko, Tunesien südlich der Sahara (46): Angola, Äthiopien, Elfenbeinküste, Kamerun, Liberia, Mali, Niger, Somalia, Tschad, Uganda, Zaire ...
Amerika (33)	Mittelamerika (21): Costa Rica, Haiti, Kuba, Mexiko, Panama ... Südamerika (12): Argentinien, Brasilien, Peru, Venezuela ...
Asien (41)	Naher und Mittlerer Osten (13): Irak, Iran, Israel, Saudi-Arabien... Südasien (9): Afghanistan, Bangladesh, Indien, Pakistan, Sri Lanka... Ostasien (14): VR China, Kambodscha, Philippinen, Vietnam... Zentralasien (8): Armenien, Georgien, Kasachstan ...
Ozeanien (9)	Papua-Neuguinea, Samoa, Tonga ...

Nach: BMZ, Journalisten-Handbuch Entwicklungspolitik 1994, Bonn 1993, S. 281 f.

Daneben finden sich Länder, die an der Schwelle zu einem Entwicklungsstand stehen, der mit westeuropäischen Maßstäben verglichen werden kann. Zu diesen *Schwellenländern* zählen etwa Brasilien, Mexiko, Taiwan und Israel sowie die meisten europäischen Entwicklungsländer.

Dritte Welt und Vierte Welt Dem Begriff „Entwicklungsländer" ziehen die betroffenen Staaten die Kennzeichnung *Dritte Welt* vor. Sie erheben damit den Anspruch, als Gruppe eine eigene Rolle in der Welt zu spielen – neben der „Ersten Welt" der westlichen Industrieländer (einschließlich Japans), und der „Zweiten Welt", den Staaten in Mittel- und Osteuropa bzw. Asien, die bis Ende der achtziger Jahre eine sozialistische Zentralverwaltungswirtschaft (s. Kap. 2, S. 68) hatten und sich bis dahin weitgehend an der Entwicklung in der ehemaligen Sowjetunion ausrichten mußten.

Da sich die Lage in einer Reihe der ärmsten Länder in den letzten Jahrzehnten zunehmend verschlechtert hat, werden diese auch als *Vierte Welt* von den anderen unterschieden. Als am wenigsten entwickelte Länder sind sie auf laufende Hilfe von außen angewiesen. Zu dieser Gruppe zählen heute etwa 50 Länder. Die meisten davon – rund zwei Drittel – liegen in Afrika, etwa Äthiopien, Somalia und Mali.

Arm und reich – oft eng beieinander

Ungleiche Lebenschancen in einem Land Auch in Schwellenländern wie Brasilien finden wir Menschen, die von den Erfolgen ihres Landes nichts abbekommen. So ist zwar der Südosten Brasiliens weitgehend industrialisiert. In São Paulo produzieren große Betriebe internationaler Konzerne, z. B. die Volkswagen AG, mit modernen Anlagen. In solchen industriellen Zentren gibt es deshalb neben einer wirtschaftlichen Füh-

Übersicht 2

Arm und reich – ungleiche Lebenschancen	
Beispiel: Kindersterblichkeit in Porto Alegre (Brasilien)	
Stadtviertel	von 1000 Geborenen sterben bis zum 5. Lebensjahr
arme	42 Kinder
nicht-arme	18 Kinder

Weltbank (Hg.), Weltentwicklungsbericht 1993, S. 9

rungsschicht auch eine Arbeiterschicht, die ein relativ sicheres Einkommen hat. Gleichzeitig strömen immer mehr Menschen in diese Wirtschaftszentren, in der Hoffnung, dort Arbeit zu finden. Viele von ihnen leben in den Armenvierteln, die als Elendsgürtel die großen Städte umgeben. Auf der Suche nach Arbeit ist ein gelegentlicher Job schon ein Erfolg; Arbeitslosigkeit ist in diesen Vierteln eher der Normalfall.

Wie sich diese Armut auf die Lebenschancen der Menschen auswirkt, hat man in der brasilianischen Stadt Porto Alegre untersucht. Das Ergebnis: In den armen Stadtvierteln sterben doppelt so viele Kinder in den ersten fünf Jahren als in nicht-armen Vierteln.

1.2 Trotz vieler Unterschiede: gemeinsame Merkmale der Entwicklungsländer

Wie zeigt sich Unterentwicklung? Eine Reihe von Problemen finden wir in den meisten Ländern der Dritten und Vierten Welt. Sie sind nicht überall gleich wichtig. Zusammengenommen können wir jedoch auf diese Weise Unterschiede zwischen Industrieländern und Entwicklungsländern beschreiben – als Merkmale der Unterentwicklung. Wir teilen sie in drei Problemfelder ein.

Übersicht 3

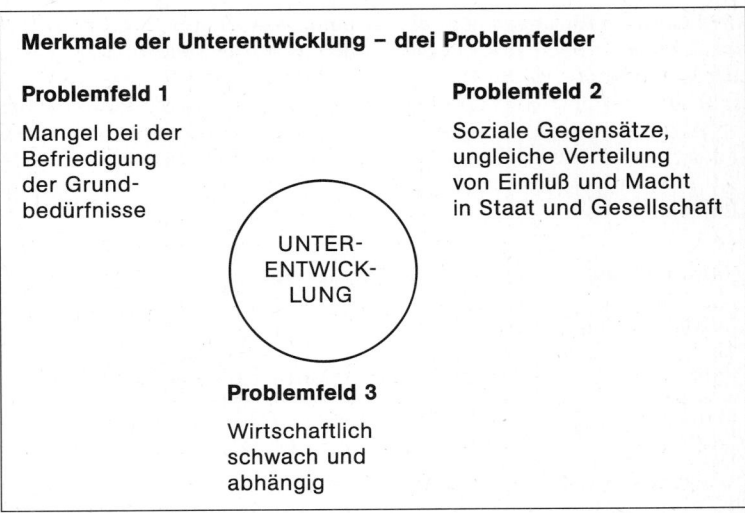

Merkmale der Unterentwicklung – drei Problemfelder

Problemfeld 1

Mangel bei der
Befriedigung
der Grund-
bedürfnisse

Problemfeld 2

Soziale Gegensätze,
ungleiche Verteilung
von Einfluß und Macht
in Staat und Gesellschaft

UNTER-
ENTWICK-
LUNG

Problemfeld 3

Wirtschaftlich
schwach und
abhängig

1.3   Grundbedürfnisse – meist fehlt das Nötigste

Bevölkerungswachstum – ungelöste Probleme   In den meisten Entwicklungsländern nimmt die Bevölkerung stark zu. Die Menschen können nicht ausreichend mit dem Notwendigsten versorgt werden. Unterentwicklung heißt für die große Masse, arm zu sein:

– Viele Menschen *hungern* und sind *unterernährt.* Rund 800 Millionen Menschen bekommen nicht genug zu essen, davon leiden 500 Millionen ständig Hunger. Zum Beispiel ist in den Ländern südlich der Sahara ein Viertel der Menschen unterernährt.

– *Die medizinische Versorgung* ist unzureichend – vor allem in den ländlichen Gebieten. In den ärmsten Ländern ist die Kindersterblichkeit am höchsten. Zwar haben die Länder in den letzten Jahrzehnten große Anstrengungen unternommen, dennoch sterben auf der ganzen Welt jeden Tag 34 000 Kinder an Unterernährung und Krankheiten. Es gibt zu wenig Ärzte und Personal in der Krankenpflege. Während in den armen Ländern ein Arzt oft mehr als 20 000 Menschen betreuen muß, sind es heute bei uns ungefähr 370.

Übersicht 4

Säuglingssterblichkeit in armen und reichen Ländern		
	Von 1000 Kindern sterben im 1. Lebensjahr	
Land	1970	1993
Mali	204	157
Peru	108	63
China	69	30
Mexiko	72	35
Deutschland	23	6

Weltentwicklungsbericht 1995, S. 240 f.

– Es fehlen *Schulen und Ausbildungsplätze* für alle. Etwa eine Milliarde erwachsene Menschen kann nicht lesen und schreiben. Zwei Drittel von ihnen sind Frauen. Für viele Menschen reicht es nur zum Besuch einer Grundschule. Weiterführende Schulen gibt es oft nur in den Städten.

– Zahlreiche Menschen sind *ohne Arbeit und ohne festes Einkommen.* Es wird geschätzt, daß derzeit rund 1,3 Milliarden Menschen in absoluter Armut leben.

1.4 Soziale Gegensätze – Einfluß und Macht bei wenigen

Soziale Ungleichheit und soziale Konflikte Entwicklungsländer sind *Klassengesellschaften.* Einer kleinen, einflußreichen Oberschicht steht die Masse der meist armen Bevölkerung gegenüber.

– *Der Wohlstand ist extrem ungleich verteilt* Eine Untersuchung in rund 80 Entwicklungsländern zeigte, daß dort etwa 80 Prozent des gesamten Ackerlandes im Eigentum von lediglich 3 Prozent aller Landbesitzer sind. Mit anderen Worten: Grund und Boden sind in der Dritten und Vierten Welt, vor allem in Lateinamerika, nicht gerecht verteilt. Dies gilt auch für die Einkommen: Wenige haben viel, viele verdienen wenig oder gar nichts.

– *Die Bürger- und Menschenrechte* sind in vielen Ländern der Dritten und Vierten Welt nicht ausreichend geschützt. Regierungen stützen ihre Macht auf einen starken Polizeiapparat und auf die Armee. Soziale und politische Konflikte werden dabei unterdrückt oder gewaltsam beendet.
Die Menschenrechtsorganisation „amnesty international" stellte in ihrem Jahresbericht 1993 fest: In 161 Staaten der Welt wurden die Menschenrechte verletzt. Aus 110 Staaten wurden Folterungen und Mißhandlungen von politischen Gefangenen gemeldet. Allerdings: Unter den Staaten, die die Menschenrechte verletzen, sind auch solche aus dem Kreis wohlhabender Industrieländer.

– *Die politische Macht* liegt in vielen Entwicklungsländern in den Händen *weniger einflußreicher Gruppen.* Die politische Opposition wird streng kontrolliert oder sogar unterdrückt.
In manchen Ländern wurden zwar in den letzten Jahren freie Wahlen mit mehreren Parteien abgehalten, so z. B. in den afrikanischen Staaten Angola und Kenia. Dennoch ist in der Dritten und Vierten Welt die Demokratie noch nicht besonders sicher. Ungelöste Konflikte führen im Innern nicht selten zu Bürgerkriegen (z. B. in Angola und Zaïre).

1.5 Die Wirtschaft – schwach und von Industrieländern abhängig

Das Bruttosozialprodukt und was man damit messen kann Um darzustellen, wie stark die Wirtschaft eines Landes ist, wird in der Regel das *Bruttosozialprodukt* als Maßstab benutzt. Darin wird der Wert aller Sachgüter und Dienstleistungen eines Jahres zusammengefaßt und in Geld gemessen. Teilen wir diese Gesamtsumme durch die Zahl der Menschen, die in dem Lande leben, erhalten wir als Durchschnittszahl das Bruttosozialprodukt pro Kopf der Bevölkerung. Diese Zahl wird auch als *Pro-Kopf-Einkommen* bezeichnet.

Daß solche Zahlen aber nicht alles erfassen, was in einem Land als Arbeit geleistet wird, haben wir in Kap. 2, S. 63, beschrieben. Dies gilt erst recht für die Länder der Dritten und Vierten Welt. So werden Güter, die eine Familie für den eigenen Lebensunterhalt selber auf einem kleinen Grundstück erzeugt, nicht mitgerechnet – mit ihnen wird ja nicht gehandelt. Genausowenig werden die Einnahmen, die ein Straßenhändler oder Gelegenheitsarbeiter hat, dabei berücksichtigt. Gerade mit solcher Arbeit müssen jedoch hier viele Menschen ihren Lebensunterhalt bestreiten. Trotz dieser Einschränkungen sagt uns das Pro-Kopf-Einkommen, ob wir es mit einem armen oder einem reichen Land zu tun haben:

– In Entwicklungsländern ist das *Pro-Kopf-Einkommen* niedrig. Es ist wesentlich geringer als in Industrieländern. Allerdings gibt es auch innerhalb der Entwicklungsländer große Unterschiede.

Übersicht 5

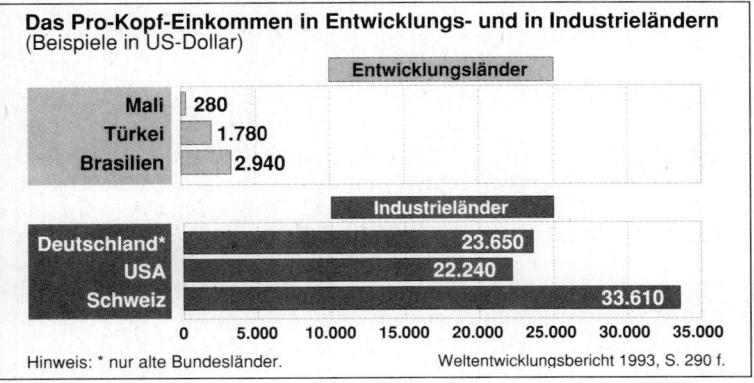

Das Pro-Kopf-Einkommen in Entwicklungs- und in Industrieländern
(Beispiele in US-Dollar)

Entwicklungsländer	
Mali	280
Türkei	1.780
Brasilien	2.940

Industrieländer	
Deutschland*	23.650
USA	22.240
Schweiz	33.610

0   5.000   10.000   15.000   20.000   25.000   30.000   35.000

Hinweis: * nur alte Bundesländer.   Weltentwicklungsbericht 1993, S. 290 f.

– Auch in den aufsteigenden Ländern liegen *Armut und Reichtum eng beieinander.* So steht z. B. Mexiko – gemessen am Bruttosozialprodukt, also an der Wirtschaftsleistung des ganzen Landes – an 13. Stelle in der Rangliste aller Länder. Übersicht 6 zeigt, daß es dort dennoch Regionen gibt, die von dieser Wirtschaftskraft nichts oder nur wenig spüren.
– Vor allem in den armen Ländern der Vierten Welt arbeitet die große Mehrheit der Bevölkerung nicht in der Industrie. Viele versorgen sich selber als *kleine Bauern* oder sie sind als *Landarbeiter* auf den großen Gütern und Plantagen beschäftigt. Manchem gelingt es, sich mit einem *Ein-Personen-* oder einem *Kleinbetrieb* selbständig zu machen: als Handwerker, als Straßenhändler, mit einem Auto- oder einem Fahrradtaxi, mit einer kleinen Teppichweberei usw.

Übersicht 6

Ungleiche Entwicklung in einem Land – z. B. in Mexiko

In Mexiko arbeiten durchschnittlich 22 Prozent der Menschen
(Erwerbsfähige) in der Landwirtschaft – in dem südlichen Bundes-
staat Chiapas sind es 60 Prozent. Das durchschnittliche Pro-Kopf-
Einkommen betrug in Mexiko 1991 rund 3 030 US-Dollar. Im Bundesstaat Chiapas war es gerade mal halb so hoch. Das fruchtbarste
Land gehört in Chiapas etwa 70 Familien, darunter auch solche mit
deutscher Abstammung. Handel und Kleinindustrie liegen in den
Händen japanisch- und chinesischstämmiger Familien. Die indianische Bevölkerung (rund ein Drittel der Einwohner) ist von diesem
Besitz ausgeschlossen. Mehr als 40 Prozent der Häuser in Chiapas
haben weder Wasser noch Kanalisation. In einem Drittel der Häuser
gibt es keinen elektrischen Strom.

Weltentwicklungsbericht 1993, S. 291 und 295; Human Development Report 1993, S. 19;
Kölner Stadt-Anzeiger, 7. 1. 1994

Nach Schätzungen der Weltbank verdienen in den Städten Afrikas
südlich der Sahara bis zu 75 Prozent der Menschen ihren Lebensunterhalt mit solchen Arbeiten (Südafrika ausgenommen).

– Wenn Entwicklungsländer mit dem Ausland Handel treiben, können
sie vor allem *Rohstoffe, landwirtschaftliche Produkte oder Halbfertig-
produkte* anbieten. Umgekehrt müssen sie die meisten Industrieprodukte vom Ausland einführen. Dazu brauchen sie Kapital.

– *Ausländisches Kapital* spielt für diese Länder eine große Rolle: Zum
einen, wenn ausländische Unternehmen bei ihnen investieren, d. h.
Betriebe gründen; zum andern, damit sie die vom Ausland einführ-
ten Güter bezahlen können. Einen großen Teil dieses Kapitals leihen
sich die Entwicklungsländer von den Banken und Regierungen der reichen Länder. Sie machen Schulden im Ausland.

– Das wirtschaftliche Wachstum ist häufig mit einer starken *Belastung,*
oft sogar *Zerstörung der Umwelt* verbunden. Manche der aufsteigenden Schwellenländer stehen vor großen Umweltproblemen: Trinkwasser wird verseucht, die Luft mit Abgasen aus Industriebetrieben
und Autos verschmutzt, die Wälder werden abgeholzt und die Böden
unfruchtbar durch Erosion. Das sind die Kehrseiten des Wachstums in
den industriellen Gebieten und den Ballungsräumen.

Aber auch in den ärmsten Ländern ist die Umwelt in Gefahr: Abwässer
können nicht gereinigt werden; auf der Suche nach Brennmaterial
werden Wälder abgeholzt; Viehherden überweiden die Grasflächen
und tragen so dazu bei, daß das Land austrocknet...

Übersicht 7

Auslandsschulden einiger Entwicklungsländer		
	Schuldenstand in Mrd. US-Dollar	
Land	1980	1991
Brasilien	71	117
Mexiko	57	102
Türkei	19	50
Pakistan	10	23
Peru	9	21
Nigeria	9	34
Mali	0,7	3
alle Entwicklungsländer	465	1 351

Weltentwicklungsbericht 1993, S. 330 f.; Journalisten-Handbuch Entwicklungspolitik 1986, S. 217; 1993, S. 256

2. Entwicklungsländer und Industrieländer

2.1 Ein Blick zurück: Abhängigkeit hat eine lange Geschichte

Es gibt heute kein Land, das nicht auf andere angewiesen ist. So gesehen sind auch wir, das reiche Deutschland, von anderen abhängig. Wenn wir dennoch betonen, die Entwicklungsländer seien von den Industrieländern abhängig, dann meinen wir damit, daß die reichen Länder mit ihren politischen Entscheidungen und durch ihr wirtschaftliches Handeln einen entscheidenden Einfluß auf die *Entwicklungsmöglichkeiten* der armen Länder haben.

Eroberer und Besiegte Aus der Sicht der Industrieländer ist die Armut auf der Weltkugel vor allem im Süden angesiedelt. (Doch es gibt Ausnahmen – z. B. Neuseeland und Australien.)
Der Gegensatz zwischen dem Norden und dem Süden hat eine lange Geschichte, und diese Geschichte wurde vor allem von den reichen europäischen Staaten gemacht: Die meisten Länder der Dritten und Vierten Welt waren *Kolonien* europäischer Staaten. Sie wurden von diesen erobert und beherrscht und meistens wirtschaftlich ausgebeutet. Dabei wurde die eigene Entwicklung der eroberten Länder oft zerstört. Die kulturellen Leistungen, die gesellschaftliche und die politische Ordnung der eroberten Länder wurden nicht selten gewaltsam unterdrückt. Wenn uns

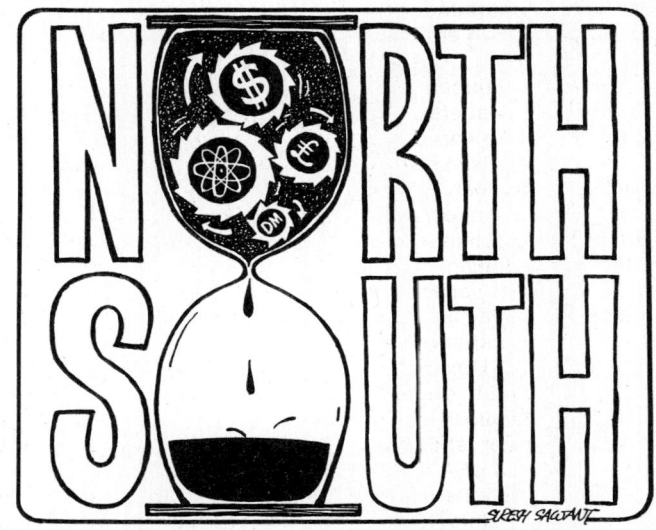

Suresh Sawant ist ein Karikaturist aus Indien. Er lebt in Bombay.
Evangelischer Pressedienst (Hg.), epd – Dritte Welt-Information, Nr. 5/6 1993, S. 5

heute diese Länder als „rückständig" oder „unterentwickelt" erscheinen, so müssen wir wissen, daß wir Europäer die Entwicklung dieser Länder gestört, oft sogar abgebrochen haben.

Viele Probleme, die Entwicklungsländer heute haben, hängen mit ihrer Geschichte unter fremder Herrschaft zusammen. Als Beispiel einige Stationen aus der Geschichte des „reichen Entwicklungslandes" Mexiko.

Übersicht 8

Entwicklung unter fremder Herrschaft – Mexiko als Beispiel

1519–1521: Eroberung des Aztekenreiches durch die *Spanier.* Der letzte Aztekenherrscher Cuauhtemoc wird im Februar 1525 hingerichtet. Die Eroberer gründen das *Vize-Königreich Neuspanien.*
Mit der spanischen Herrschaft entsteht eine einflußreiche und mächtige Oberschicht, der weite Teile des Landes gehören – spanische Einwanderer und ihre Nachkommen (Kreolen), aber auch Mischlinge (Mestizen: Spanier und Indios).

Anfang des 19. Jahrhunderts beginnt der Kampf um die *politische Unabhängigkeit.* 1824 erhält Mexiko eine neue Verfassung und wird zunächst Republik.

In den folgenden Jahrzehnten kommt es zu zahlreichen *Bürgerkriegen,* die auch von anderen Staaten für ihre eigenen Interessen ausgenutzt werden: So von den *Vereinigten Staaten von Amerika,* die 1846–1848 im amerikanisch-mexikanischen Krieg große Gebiete im mexikanischen Norden – das heutige Kalifornien – an sich reißen, aber auch von *Frankreich, England* und *Spanien,* die in den 60er Jahren des letzten Jahrhunderts mit Truppen einmarschieren. (Mexiko hatte die Rückzahlung der Staatsschulden eine Zeitlang ausgesetzt.) Napoleon III. von Frankreich setzt 1864 den österreichischen Erzherzog *Maximilian als Kaiser von Mexiko* ein. Unter dem Druck der Vereinigten Staaten von Amerika müssen die Europäer 1867 ihre Truppen abziehen. Maximilian wird abgesetzt und erschossen.

1911 brechen erneut *revolutionäre Unruhen* aus. Daran beteiligen sich zahlreiche landlose indianische Kleinbauern und Landarbeiter. Einer ihrer Anführer ist *Emiliano Zapata.* In diese Auseinandersetzungen greifen die USA mehrfach militärisch ein (1914 und 1917).

1917 erhält Mexiko eine *neue Verfassung,* die in Grundzügen auch heute noch gilt. *Soziale Reformen* – z. B. Verteilung von Bauernland, Einführung des Acht-Stunden-Tages – sollen in den folgenden Jahren Mexiko zu einer Republik mit demokratischen Rechten machen.

Anfang 1994 brechen im südmexikanischen Bundesstaat *Chiapas soziale Unruhen* aus. Rund eintausend aufständische Indios fordern, daß die Ziele der Revolution von 1911 bis 1917 auch endlich für sie eingelöst werden: Arbeit, soziale Rechte, ausreichende medizinische Versorgung. Sie nennen sich „Zapatisten" (s. o.). Die Unruhen werden mit 12 000 Soldaten niedergeschlagen. Im Januar 1994 melden deutsche Zeitungen: „Bomben und Lebensmittel für die Indios".

Süddeutsche Zeitung, 8./9. 1. 1994

2.2 Wirtschaft weltweit: Wie sind die Rollen im Welthandel verteilt?

Die meisten Gebiete Mittel- und Südamerikas wurden im letzten Jahrhundert von den europäischen Kolonialmächten politisch unabhängig. Andere Gebiete – etwa die ehemaligen Kolonien der Franzosen und Briten in Afrika und Asien – erhielten ihre Unabhängigkeit in der zweiten Hälfte dieses Jahrhunderts.

Trotz der politischen Unabhängigkeit sind die Länder der Dritten und Vierten Welt weiterhin abhängig von den reichen Ländern des Nordens.

Dies wird deutlich, wenn wir zum Beispiel genauer untersuchen, welche Rolle die Entwicklungsländer heute im *Welthandel* spielen.

Mitmachen im Welthandel – mit unterschiedlichem Erfolg Für die achtziger Jahre gaben die Vereinten Nationen der Entwicklungspolitik das Ziel, die wirtschaftlichen Unterschiede zwischen den Industrie- und den Entwicklungsländern zu verringern. Eine entscheidende Rolle dieser Strategie wurde dem *Handel* der Länder der Dritten und Vierten Welt mit den Industrieländern zugeschrieben. Das Ergebnis dieser Politik ist nicht überall gleich:

– Einige Länder verfügen über eine relativ breite Palette an *Industrieprodukten,* die sie auf dem Weltmarkt anbieten. Damit konnten sie in den letzten Jahren ihre Exporte bedeutend steigern. Dazu zählen die Schwellenländer in Lateinamerika (Brasilien, Mexiko) und in Ostasien (die „vier kleinen Tiger" Hongkong, Taiwan, Singapur, Südkorea).

– Eine andere Gruppe kann als „zweite Reihe" der Schwellenländer bezeichnet werden. Länder wie Indonesien, Malaysia und Thailand erzeugen ebenfalls ein breiteres Angebot an Industrieprodukten, können aber mit diesen Produkten noch nicht in besonders nennenswertem Ausmaß auf dem Weltmarkt mithalten.

– Die größere Gruppe bilden jedoch jene Länder, die im wesentlichen nur über einen Rohstoff oder über wenige *landwirtschaftliche Produkte* verfügen. Die Exporteinnahmen z. B. der afrikanischen Staaten Burundi und Uganda stammen zu mehr als 90 Prozent aus dem Verkauf von Kaffee. Eine industrielle Produktion ist erst vereinzelt in den Anfängen vorhanden.

Übersicht 9

Der Welthandel – Anteile der Industrie- und der Entwicklungsländer (jeweils Ausfuhren in Mrd. US-Dollar)

Ländergruppen	1975		1980		1993	
	Mrd. $	Anteil	Mrd. $	Anteil	Mrd.$	Anteil
Westl. Industrieländer	575	66 %	1252	63 %	2660	71 %
Entwicklungsländer	216	25 %	569	29 %	1006	27 %
Osteurop. Staaten einschl. ehem. UdSSR	87	10 %	177	9 %	80	2 %

Anteil an den gesamten Ausfuhren des Welthandels (mehr als 100 % durch Rundungen).

Journalisten-Handbuch Entwicklungspolitik 1995, S. 272 f.

Übersicht 10

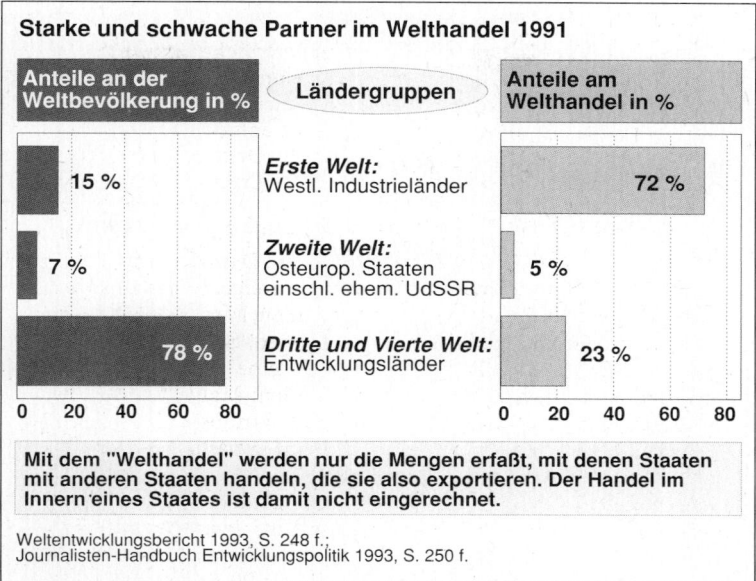

Starke und schwache Partner im Welthandel 1991

Anteile an der Weltbevölkerung in %	Ländergruppen	Anteile am Welthandel in %
15 %	**Erste Welt:** Westl. Industrieländer	72 %
7 %	**Zweite Welt:** Osteurop. Staaten einschl. ehem. UdSSR	5 %
78 %	**Dritte und Vierte Welt:** Entwicklungsländer	23 %

Mit dem "Welthandel" werden nur die Mengen erfaßt, mit denen Staaten mit anderen Staaten handeln, die sie also exportieren. Der Handel im Innern eines Staates ist damit nicht eingerechnet.

Weltentwicklungsbericht 1993, S. 248 f.;
Journalisten-Handbuch Entwicklungspolitik 1993, S. 250 f.

2.3 Schranken für den Handel und ungleiche Chancen

Zwei Barrieren erschweren den Handel der Dritten und Vierten Welt mit den Industrieländern (siehe Kap. 2, S. 93):

Protektionismus Die Industriestaaten schützen (engl. to protect) ihre eigene Wirtschaft, indem sie die Einfuhren erschweren – etwa durch Zölle, die die Produkte an der Grenze verteuern, durch Beschränkung der Einfuhrmengen, durch besondere Vorschriften über die Qualität, durch Gesundheits- und Sicherheitsbestimmungen, Hafen- und Grenzgebühren usw. Von solchen besonderen Vorschriften sind nicht zuletzt landwirtschaftliche Erzeugnisse aus der Dritten und Vierten Welt betroffen.

Ungleicher Warentausch Die Exporte der Entwicklungsländer hängen stark von der Nachfrage in den Industrieländern ab. Die Preise für Rohstoffe und landwirtschaftliche Produkte schwanken ständig. Insgesamt sanken sie in den achtziger Jahren auf den niedrigsten Stand seit 1945

(ausgenommen Rohöl). Umgekehrt stiegen die Preise für Industriepro-
dukte, die die Entwicklungsländer kaum noch bezahlen können.
Das Problem, das daraus für die Entwicklungsländer entsteht, deren
Exporte vor allem aus Grundstoffen für die verarbeitende Industrie und
landwirtschaftliche Produkten entstehen, verdeutlicht die folgende
Übersicht 11.

Übersicht 11

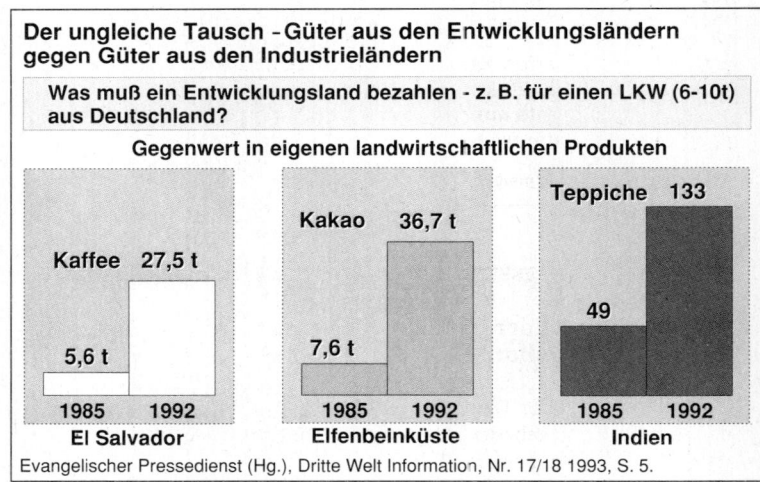

Der ungleiche Tausch - Güter aus den Entwicklungsländern
gegen Güter aus den Industrieländern

Was muß ein Entwicklungsland bezahlen - z. B. für einen LKW (6-10t)
aus Deutschland?

Gegenwert in eigenen landwirtschaftlichen Produkten

Kaffee 27,5 t — 5,6 t — 1985 1992 — El Salvador
Kakao 36,7 t — 7,6 t — 1985 1992 — Elfenbeinküste
Teppiche 133 — 49 — 1985 1992 — Indien

Evangelischer Pressedienst (Hg.), Dritte Welt Information, Nr. 17/18 1993, S. 5.

An diesem ungleichen und ungerechten Tausch ändert sich auch nichts
Grundsätzliches, wenn bei uns der Preis für Kaffee steigt – wie z. B. seit
dem Sommer 1994. Dieser Anstieg ging auf eine Verringerung des Ange-
bots zurück: Fröste hatten in Brasilien einen nicht geringen Teil der Ernte
vernichtet. Die höheren Gewinne gingen vor allem an die Zwischen- und
Großhändler – und nicht an die kleinen Erzeuger.
Wer profitiert also von dieser Entwicklung des ungleichen Tausches zwischen dem Süden und dem Norden? Auf die Bundesrepublik bezogen
heißt die Antwort eindeutig: wir. Verglichen mit 1985 bekamen wir Ende
der achtziger Jahre für die gleiche Geldmenge rund 40 Prozent mehr
Güter aus den Entwicklungsländern.
In der Umkehrung besagt dies: Die Verlierer sind die armen Länder. Sie
bekamen für ihr Geld von uns wesentlich weniger Güter als fünf Jahre
zuvor.

Übersicht 12

Was alles im Preis für ein Pfund Kaffee steckt

Beispiel: Anbau in Südamerika

Ladenpreis für 500 g Arabica-Mischung   DM 7,00
Kaffeesteuer des deutschen Staates   DM 2,00
die Röster bezahlen dem Erzeugerland für Rohkaffee   DM 2,00
die Kleinbauern als Lieferanten erhalten   DM 0,60 bis 0,90
davon gehen ab für Pflanzen, Dünger u. a.   DM 0,40

Um ein Pfund Kaffee kaufen zu können, muß ein Facharbeiter in
Deutschland etwa 20 Minuten arbeiten.
Für Anbau und Ernte muß der kolumbianische Kleinbauer pro Pfund
Kaffee einen Zeitaufwand von etwa zwei Stunden rechnen.

Entwicklung und Zusammenarbeit 33 (1992) Nr. 6, S. 11

---

3.   Entwicklungsstrategien – Wege aus der Armut?

3.1   Forderungen der Entwicklungsländer: eine neue Weltordnung

Damit die Länder der Dritten und Vierten Welt eine Infrastruktur zur
Befriedigung ihrer lebensnotwendigen Bedürfnisse aufbauen können,
eine Zukunft haben, brauchen sie die Mitwirkung der industriell entwik-
kelten Staaten:
- Armut, Hunger und Krankheit von Millionen von Menschen stehen im
  Widerspruch zum Wohlstand der anderen. Der weltweite Gegensatz
  zwischen Armen und Reichen ist nicht zu vereinbaren mit dem Menschenrecht auf *soziale Gerechtigkeit.*
- Die großen Armuts- und Hungergebiete der Erde sind nicht selten
  auch die Regionen, von denen gewaltsame Unruhen ausgehen. Hunger
  und Not ziehen oft *Gewalt und Krieg* nach sich. Millionen von Menschen sind auf der Flucht. Die reichen Länder werden für viele von
  ihnen zum Ziel massenhafter Wanderungsbewegungen.
- Wir brauchen die Zusammenarbeit mit den Entwicklungsländern. Die
  Wirtschaft der Industrieländer ist auf die *Rohstoffe* aus diesen Regionen angewiesen.
- Die Länder der Dritten und Vierten Welt kaufen auch Produkte des
  Nordens. Rund 16 Prozent des gesamten Außenhandels der Bundesrepublik Deutschland gehen zur Zeit in Entwicklungsländer.

Übersicht 13

Forderungen der Entwicklungsländer

Folgen des Kolonialismus beseitigen
– Ausgleich für die Ausbeutung durch die früheren Kolonialmächte
– Anspruch auf Hilfe

Wirtschaftliche Souveränität der EL sichern

– Recht, über eigene Rohstoffe zu verfügen
– Kontrolle ausländischer und multinationaler Konzerne

Gleichberechtigte Partner in den internationalen Handelsbeziehungen
– Öffnung der Märkte der IL, weniger Handelsschranken: Abbau der Zölle und der benachteiligenden Vorschriften
– mehr Mitbestimmung in Organisationen, die den internationalen Handel regeln

> **Forderungen:**
> **Neue Weltwirtschaftsordnung**

Entwicklungshilfe

– Erhöhung der öffentlichen Zahlungen aller IL auf mindestens 0,7 % ihres Bruttosozialprodukts

Abbau der Verschuldungskrise
– Schuldenerlaß für die ärmsten EL
– Umschuldung bei den übrigen Ländern zu finanzierbaren langfristigen Bedingungen

Gemeinsame Rohstoffpolitik
– Aufbau gemeinsamer Rohstofflager (Rohstoff-Fonds)
– langfristige Sicherung der Erlöse aus den Exporten durch Vereinbarungen (Rohstoffabkommen)

EL = Entwicklungsländer, IL = Industrieländer

Die Welthandelskonferenz der UNO   In den vergangenen Jahren wurden vor allem die *Vereinten Nationen (UNO)* zur Bühne, auf der die Entwicklungsländer ihre Probleme darstellen und ihre Forderungen vortragen konnten. In mehreren großen internationalen Verhandlungen, die seit 1964 im Rahmen einer Unterorganisation der UNO, der *UN-Konferenz für Handel und Entwicklung* (engl. Abkürzung *UNCTAD*, auch Welthandelskonferenz genannt) stattgefunden haben, ging es um die Fragen,
– welchen Beitrag wir zur Entwicklung der armen Länder leisten sollen,
– wie der Handel mit Rohstoffen zwischen den Entwicklungsländern und den Industriestaaten organisiert werden soll,
– wie die wirtschaftlichen Beziehungen insgesamt zwischen den reichen und den armen Ländern gestaltet werden müssen, damit die Abhängigkeit der Armen von den Reichen aufgehoben werden kann.
An diesen Konferenzrunden zwischen den Entwicklungs- und den Industrieländern nehmen mittlerweile mehr als 170 Staaten teil. Dabei soll ein Weg gefunden werden, wie die alte Rollenaufteilung zwischen dem Norden und dem Süden in einer *neuen Ordnung der Weltwirtschaft* überwunden werden kann.

3.2 Entwicklung durch mehr Industrie?

Industrialisierung – nicht ohne Kapital   In den meisten Entwicklungsländern fehlen Arbeitsplätze. Es liegt nahe, diesen Zustand durch die verstärkte Ansiedlung von Fabriken ändern zu wollen. Hierzu ist jedoch *Kapital* erforderlich.
Um eine eigene Industrie aufzubauen oder die vorhandenen Produktionsanlagen zu modernisieren, nehmen die Länder *Kredite* auf – sei es von ausländischen Banken oder von Industriestaaten selbst. Daneben ist ein zweiter Weg möglich, um Industrieunternehmen anzusiedeln: Kapitalkräftige *ausländische Unternehmen* errichten Produktionsanlagen in den Ländern der Dritten Welt. Oft bekommen diese Unternehmen finanzielle Anreize für solche Investitionen, z. B. durch Steuererleichterungen in den ersten Jahren, den Verkauf billiger und günstiger Grundstücke als Standorte für Fabriken usw.
Unternehmen aus Industrieländern investieren in den Entwicklungsländern aus unterschiedlichen Gründen, z. B. um
– sich neue Märkte zu erschließen,
– durch billigere Arbeitskräfte kostengünstiger zu produzieren,
– schärferen Umweltvorschriften in den Industrieländern auszuweichen,
– den Ansprüchen der Arbeiterschaft in den Industrieländern, die zu einem großen Teil gewerkschaftlich organisiert ist, zu entgehen.

Industrialisierung – wozu? Mit der Steigerung der eigenen industriellen Produktion wollen die Entwicklungsländer zunächst erreichen, daß sie weniger Industrieprodukte vom Ausland einführen müssen. Die eigene Produktion soll die teuren *Einfuhren ersetzen.* Darüber hinaus sind sie daran interessiert, selber Industrieprodukte im Ausland zu verkaufen, um ihre Einnahmen in ausländischer Währung (Devisen) allmählich zu erhöhen. Das zweite Ziel ist also, mit den eigenen Produktionen auf dem *Weltmarkt wettbewerbsfähig* zu werden.

Mit zunehmenden Erfolgen soll es dann gelingen, den Rückstand zu den reichen Ländern aufzuholen. Dazu – so die Vorstellung – ist es notwendig, die industrielle Entwicklung durch einen „großen Schub" in Gang zu setzen: Ein kräftiger Investitionsstoß soll auch in den übrigen Bereichen der Wirtschaft *dauerhaftes Wachstum* ankurbeln.

Industrialisierung – mit wenig Arbeitsplätzen In den vergangenen Jahren konnte man beobachten, daß die Zahl der *industriellen Arbeitsplätze* nicht in dem erwünschten Maße zunahm. In den neuen Unternehmen werden Produktionsmethoden und Einrichtungen verwendet, die nach

Übersicht 14

Entwicklung durch Industrialisierung

INDUSTRIALISIERUNG
– industrielles Wachstum –

Ziele

- Aufbau einer modernen Industrie
- weniger Einfuhren vom Ausland, Einsparung von Devisen
- mehr Ausfuhren, Handel auf dem Weltmarkt, mehr Deviseneinnahmen

Voraussetzungen

- Kapital – Investitionen
- Technik – neue Produktionsanlagen
- Arbeitskräfte – ausgebildete Facharbeiter und Management

---

den wirtschaftlichen Zielen der Industrieländer entwickelt wurden: Moderne technische Anlagen sind geeignet, in kurzer Zeit viele Güter zu erzeugen. Sie benötigen dafür nur wenige Arbeitskräfte. Das Problem der Arbeitslosigkeit wird dadurch nur in geringem Maße gelöst.

Am erfolgreichsten ist bislang die Industrialisierung in kleineren Ländern gewesen – so in Taiwan, Südkorea, Singapur und Hongkong. Diesen Ländern gelang es, mit ihren industriellen Produkten auf den Weltmarkt zu kommen. Sie exportieren z. B. Automobile, Geräte zur Datenverarbeitung, Unterhaltungselektronik, Musikinstrumente und Textilprodukte. Die Entwicklung verläuft in diesen kleineren Ländern gleichmäßig.

Anders in den großen und bevölkerungsreichen Flächenstaaten Brasilien und Mexiko, die auch zu den Schwellenländern gezählt werden. Hier sind in den letzten Jahren zwar ebenfalls moderne Industriezentren entstanden. Sie bilden aber gleichsam Inseln, die von armen Regionen umgeben sind, die nach wie vor von der Entwicklung ausgeschlossen sind. Die sozialen Gegensätze haben sich damit in diesen großen Schwellenländern noch verschärft.

Wichtig: die Entwicklung der Landwirtschaft Die Entwicklung kann nicht allein von der Industrie ausgehen. Dies wurde in jenen Ländern deutlich, die gleichzeitig auch die *Landwirtschaft* in ihre Entwicklungspolitik einbezogen haben (etwa Südkorea, Indonesien und Taiwan in Asien sowie Kamerun und Kenia in Afrika): Eine Zunahme der landwirtschaftlichen Produktion sichert sowohl die Ernährung der Bevölkerung als auch die landwirtschaftlichen Arbeitsplätze. Außerdem wird so vermieden, daß immer mehr Menschen in die großen Städte ziehen, weil sie auf dem Land keine Arbeit und kein Einkommen haben.

Voraussetzung hierfür ist jedoch eine *soziale Politik,* die kleine Bauern unterstützt und Landarbeitern ermöglicht, selbst Land zu erhalten und anzubauen. In Ländern dagegen, in denen der Boden weitgehend von Großgrundbesitzern oder Agrarkonzernen bewirtschaftet wird, findet die Landbevölkerung nicht genügend Arbeitsplätze. Diese Großbetriebe produzieren mit modernen Maschinen oder haben sich auf solche Produkte spezialisiert, zu deren Erzeugung nur wenige Arbeitskräfte benötigt werden. Argentinien und Brasilien sind Beispiele dafür: Die Ausdehnung der Rinderzucht und des Zuckerrohranbaus durch die großen Agrarunternehmen nimmt vielen Landarbeitern Arbeit und Einkommen.

3.3   Entwicklung – erst die Grundbedürfnisse sichern?

Von unten beginnen   Seit der zweiten Hälfte der siebziger Jahre gewann eine alternative Strategie Bedeutung. Sie hat sich zum Ziel gesetzt,

- die wichtigsten *Lebensbedürfnisse* der Menschen zu befriedigen;
- die betroffenen Menschen selber in die Erziehungsarbeit einzubeziehen, also *Entwicklung von unten* anzuregen und zu organisieren;
- mit der gemeinsamen Arbeit im *unmittelbaren Umfeld* der Menschen zu beginnen (z. B. durch den Bau eines Brunnens, der hygienisch einwandfreies Wasser liefert);
- durch solche gemeinsame Arbeit auch das *soziale Verhalten* und das *politische Bewußtsein* (z. B. im Hinblick auf die Bevölkerungsentwicklung und beim Kampf um die Menschenrechte) zu verändern.

Auf diese Weise soll die Bevölkerung in die Lage versetzt werden, ihre *Grundbedürfnisse* in ausreichendem Maße befriedigen zu können. Darunter versteht man zunächst, daß der Mindestbedarf eines einzelnen und seiner Familie gesichert wird. Dazu zählen die notwendigen Mittel für die Ernährung, für die Unterkunft und für die Kleidung. Darüber hinaus sollen wichtige öffentliche Einrichtungen, wie medizinische Stationen, Brunnen für sauberes Trinkwasser und Schulen von allen benutzt werden können. Schließlich gehören eine gesunde Umwelt, die Beteiligung des Volkes an den politischen Entscheidungen und die Möglichkeit dazu, seinen Lebensunterhalt selber durch Arbeit zu verdienen.

Selbsthilfenetze – lernen, Erfolge zu haben Die lebenswichtigen Einrichtungen dürfen in den Dörfern und Städten aber nicht einfach von fremden Fachleuten erstellt und betrieben werden. Die Bevölkerung soll vielmehr von Anfang an bei der Planung und beim Betrieb *beteiligt* werden. Denn neben der Versorgung ist ein zweites Ziel dieser Entwicklungspolitik wichtig: Die Menschen sollen *Erfahrungen* sammeln können im Umgang mit den neuen Einrichtungen und lernen, daß sie ihre Verhältnisse selbst gestalten können. *Selbstvertrauen,* d. h. Vertrauen auf die eigene Kraft, kann so der wichtige Schritt aus der Armut sein.

Die Arbeit der einzelnen Gruppen kann die Lebensbedingungen „vor Ort" verändern. Um ihre Wirkung auf ein ganzes Land oder eine ganze Entwicklungsregion auszudehnen, treten die Gruppen miteinander in Kontakt, tauschen Erfahrungen aus und stimmen sich gegenseitig ab. Dadurch soll ein *Netzwerk von Initiativen* entstehen, das die Erfolge im kleinen weiterträgt und auf Dauer absichert.

Politische Rechte Der Aufbau eines solchen Netzwerkes kann nur erfolgreich sein, wenn auch die Regierungen diese Arbeit aufgreifen, unterstützen und weiterführen oder zumindest dulden. In vielen Ländern geraten die Basisgruppen jedoch in Konflikt mit dem Staat und den herrschenden Gruppen. Aus der Initiative zur Selbsthilfe entsteht so oft eine *politische Opposition*. Ihr Ziel ist es letztlich, die sozialen und politischen Verhältnisse im Land insgesamt zu verändern.

Der „informelle Sektor" – Arbeit durch Selbsthilfe   Eine wichtige Rolle können die kleinen Betriebe im Handwerk und im Handel haben. Sie entstehen meist aus der Selbsthilfe einzelner oder kleiner Gruppen. In der Regel arbeiten sie zunächst ohne staatliche Zulassung, zahlen keine Steuern und Abgaben.

Dieser Bereich der Wirtschaft wird *informeller Sektor* genannt, im Unterschied zum formellen Sektor, d. h. den regulären, offiziell gemeldeten Industrie-, Dienstleistungs- und Handwerksbetrieben. In Europa werden

Übersicht 15

Entwicklung – Grundbedürfnisse befriedigen

GRUNDBEDÜRFNISSE
ausreichende Versorgung und selbstbestimmte Entwicklung

Ziele

- Grundversorgung: Ernährung, Bekleidung, Wohnen, Arbeit
- lebenswichtige Einrichtungen: medizinische Stationen und Krankenhäuser, Trinkwasserversorgung, Schulen, Verkehrsverbindungen
- Selbsthilfe lernen: Erfahrungen machen und Selbstvertrauen gewinnen
- Rechte: soziale Gerechtigkeit, Gleichberechtigung und politische Mitwirkung

Voraussetzungen

- Hilfe zur Selbsthilfe: Anstöße von innen und von außen, z. B. Schuldenerlaß
- soziale Reformen: z. B. Verteilung von Grund und Boden (Bodenreformen), Schulbildung usw.
- politische Reformen: politische Freiheit, Mitwirkungsrechte in der Gesellschaft und in der Politik

---

solche ungeschützten und nicht genehmigten Tätigkeiten als „Schwarzarbeit" oder als „Schattenwirtschaft" bezeichnet. Sie spielen in entwickelten Industriestaaten in normalen Zeiten eine untergeordnete Rolle. In
der Dritten und Vierten Welt dagegen kommt ihnen immer größere
Bedeutung zu:
– Sie brauchen nicht in erster Linie Kapital, sondern *Arbeitskräfte;* sie
  sind also arbeitsintensiv,
– sie verbrauchen nicht große Mengen an Rohstoffen, sondern *verwerten*
  vor allem *Abfallprodukte* der modernen Industrie,
– sie versorgen unmittelbar den *lokalen Markt.*
Einige Länder haben erkannt, welche Chancen in diesem informellen
Sektor liegen. Deshalb fördern sie solche Kleinst- und Kleinbetriebe mit
Krediten, durch die Vergabe von Landrechten oder Verkaufsgenehmi-
gungen. Die Betroffenen erhalten damit zugleich einen rechtlich abgesi-
cherten Stand.

3.4   Eigene oder fremde Entwicklung – werden, wie wir sind?

Der Norden – ein Vorbild?

So weitermachen?   Der ehemalige Staatssekretär im brasilianischen
Umweltministerium, José Lutzenberger, machte folgende Rechnung auf:
„Wir haben heute auf der Welt 500 Millionen Privatwagen. Wir sind 5,3
– vielleicht schon 5,4 Milliarden Menschen. In Ländern wie der Bundesrepublik kommt ein Auto auf etwas weniger als zwei Einwohner. Wenn
wir dieses Ziel weltweit schon erreicht hätten, dann hätten wir auf dem
Planeten nicht 500 Millionen Autos, sondern cirka drei Milliarden, und
dann wären wir in wenigen Tagen alle tot."
Dies ist ein Beispiel, das zeigt: Unsere Lebensweise kann nicht zum Vorbild für die ganze Welt gemacht werden. Eine solche Entwicklung wäre
mit einer Belastung der *Umwelt* und der Ausbeutung der *Natur* verbunden, die letztlich die Grundlagen des Lebens zerstören müßten – mit
einem extrem hohen Verbrauch an Rohstoffen und Energie, und mit
einer Belastung der Luft und der Erdatmosphäre durch Abgase, die das
Weltklima bedrohlich verändern können (vgl. Kap. 6, S. 228 f.):
– Heute sind die Industrieländer für drei Viertel der Treibhausgase verantwortlich, die zur Erwärmung der Erde beitragen.
– Mit der starken Motorisierung in den Industrieländern, der Verwen-
  dung bestimmter Gase als Treibmittel für Sprühdosen und als Kühlmittel wird die Ozonschicht in der Erdatmosphäre abgebaut. Diese
  Schicht schützt uns vor den krebserregenden UV-Strahlen.
Nicht wenige ziehen aus diesen Erfahrungen die Folgerung: „Wir – im

Norden der Welt – müssen unsere Lebensweise ändern, damit wir überleben und damit auch andere menschenwürdig leben können."

Entwicklung – aus der Sicht des Südens Für die Länder der Dritten und Vierten Welt hat die *Südkommission* formuliert, was aus ihrer Sicht Entwicklung bedeutet. Diese Kommission wurde von den Vereinten Nationen eingesetzt. Ihre Mitglieder, alle aus Entwicklungsländern, kamen zu dem Ergebnis:
„Nach unserer Auffassung ist Entwicklung ein Prozeß, der es Menschen ermöglicht, ihre Fähigkeiten zu entfalten, Selbstvertrauen zu gewinnen und ein erfülltes und menschenwürdiges Leben zu führen. Entwicklung ist ein Prozeß, der die Menschen von der Angst vor Armut und Ausbeutung befreit. Sie ist der Ausweg aus politischer, wirtschaftlicher und sozialer Unterdrückung. Erst durch Entwicklung erlangt die politische Unabhängigkeit ihre eigentliche Bedeutung." (Die Herausforderung des Südens. Der Bericht der Südkommission, Bonn: Stiftung Entwicklung und Frieden 1991, S. 34).

Die Zukunft gemeinsam sichern

Eigenständige Entwicklung Mit diesem Begriff wird eine Entwicklungspolitik bezeichnet, die auf die *eigenen Kräfte* in der Dritten und Vierten Welt bauen will, ohne die *Industrieländer* aus ihrer Verantwortung zu entlassen. Folgende Gedanken liegen dieser Politik zugrunde:
– Die Menschen müssen erfahren, daß sie selber etwas zur Veränderung ihrer Lage beitragen können: Sie müssen Vertrauen in die eigenen Kräfte finden.
– Veränderungen dürfen nicht von außen aufgesetzt werden. Vielmehr müssen sie an der Tradition des jeweiligen Landes anknüpfen.
– Vorrangiges Ziel ist zunächst die Befriedigung der Grundbedürfnisse (siehe S. 305).
– Die Wirtschaft eines Landes soll deshalb erst einmal auf den Markt im Innern, d. h. auf den eigenen Verbrauch ausgerichtet sein.
– Was in einem Land erwirtschaftet wird, muß gerecht verteilt werden: Soziale Gerechtigkeit und politische Freiheit tragen dazu bei, gesellschaftliche Konflikte friedlich zu lösen.

Dauerhafte Entwicklung Entwicklungshelfer klagen nicht selten, daß viele Hilfsprojekte in der Dritten und Vierten Welt scheitern, sobald sie sich zurückziehen. Diese Gefahr besteht vor allem dann, wenn es nicht gelingt, das Interesse der betroffenen Menschen selbst zu wecken. Um dies zu erreichen, sind aktive Gruppen in den Dörfern, Städten und Stadtteilen besonders wichtig. Solche *Basis-* und *Selbsthilfegruppen* sind es vor allem, die die Entwicklung dauerhaft voranbringen können.

Eine wichtige Rolle spielen dabei die *Frauen:* „Überall im Süden ist die Arbeit der Frauen ... unerläßlich. Inzwischen zunehmend auch in der Industrie tätig, haben Frauen schon immer einen großen Teil der Arbeit in der Landwirtschaft, insbesondere in dem wichtigen Bereich der Nahrungsmittelproduktion, geleistet; sie stellen die Hälfte der landwirtschaftlichen Arbeitskräfte des Südens...

In den Entwicklungsländern trägt die Mehrzahl der Frauen die zweifache Last von Armut und Unterdrückung. Sie werden ausnahmslos für die gleiche Arbeit schlechter entlohnt als Männer, und der Aufstieg in besser bezahlte Beschäftigungen ist ihnen häufig verwehrt..." (Südkommission, S. 194–196)

Zu einer dauerhaften Entwicklung gehört aber auch, daß die *natürlichen Lebensgrundlagen* durch die heutige Generation nicht gefährdet oder gar nachhaltig geschädigt werden: „Die Möglichkeit kommender Generationen, ihre eigenen Bedürfnisse zu befriedigen, ist durch Umweltzerstörung ebenso gefährdet, wie durch Unterentwicklung in der Dritten Welt." (Brundtland-Bericht 1987. Unsere gemeinsame Zukunft, Bericht der Weltkommission für Umwelt und Entwicklung [UNO], 1987, S. XV)

Dieses Ziel zu verwirklichen, ist jedoch nicht nur Sache der Entwicklungsländer. Dies zeigt das Beispiel der tropischen Regenwälder, die für das Klima auf der ganzen Welt wichtig sind (vgl. Kap. 6, S. 230). Seit Beginn dieses Jahrhunderts wurde weltweit rund die Hälfte vernichtet. Jährlich werden zur Zeit ca. 200 000 Quadratkilometer abgeholzt. Zum Vergleich: Die Bundesrepublik hatte bis zur Vereinigung eine Fläche von knapp 250 000 Quadratkilometer.

Zusammenarbeit der Entwicklungsländer   Was die Selbsthilfegruppen vor Ort erreichen wollen, soll auf internationaler Ebene durch die *Kooperation einzelner Entwicklungsländer* verwirklicht werden: durch eigene Anstrengungen Wege aus der Armut zu öffnen. So arbeiten seit 1986 sieben Staaten in Südasien, nämlich Indien, Pakistan, Sri Lanka, Bangladesch, die Malediven, Nepal und Bhutan, in der „Vereinigung für regionale Kooperation" zusammen. Ihr Ziel ist es, sich gegenseitig abzustimmen, gemeinsame Projekte durchzuführen und den Handel zwischen ihren Ländern zu verstärken.

Weitere Beispiele der Süd-Süd-Zusammenarbeit gibt es auch in anderen Regionen, z. B. in Lateinamerika. Dort schlossen 1969 Bolivien, Chile, Kolumbien, Ecuador und Peru den „Andenpakt". Venezuela trat 1974 bei. Die sechs Länder wollen zwischenstaatliche Handelsschranken abbauen

Übersicht 16

Was ist Entwicklung?

Unabhängigkeit und Selbständigkeit (politisch, wirtschaftlich)	Sicherung der Grundbedürfnisse (Arbeit, Einkommen...)	wirtschaftliches Wachstum

ENTWICKLUNG

politische Rechte: Freiheit, Mitbestimmung, politische Beteiligung, Pressefreiheit

Gleichberechtigung und soziale Gerechtigkeit

und gemeinsame Entwicklungsprogramme durchführen. Während gemeinsame Vorhaben bislang nur geringen Erfolg brachten, nahm immerhin der Handel zwischen diesen Ländern in den letzten Jahren zu.

4. Gemeinsame Verantwortung: Entwicklungshilfe und Entwicklungspolitik

Hilfe durch wen? – Was wir tun können Als *Entwicklungshilfe* bezeichnen wir Maßnahmen, die von Staaten, Staatengruppen (z.B. Europäische Union), von internationalen Organisationen (etwa die UNO), aber auch von privaten Organisationen ergriffen werden. Ihr Ziel ist es, die *wirtschaftliche* und *soziale Entwicklung* in den Ländern der Dritten und Vierten Welt zu fördern. Damit sollen die Lebensbedingungen der Menschen in diesen Ländern verbessert werden. Zu den privaten Organisationen, die Entwicklungshilfe betreiben, zählen z.B. Vereine wie „terre des hommes", aber auch kirchliche Organisationen.
Entwicklungshilfe wird oft auch als *Entwicklungspolitik* bezeichnet. Meistens werden beide Begriffe mit gleicher Bedeutung verwendet. Um jedoch zwischen privater und staatlicher Hilfe zu unterscheiden, sind im folgenden unter Entwicklungspolitik alle Maßnahmen gemeint, die einzelne oder mehrere Staaten und internationale politische Organisationen unternehmen, um Entwicklungsländern zu helfen.

Deutsche Entwicklungspolitik Die Bundesrepublik Deutschland beteiligte sich erstmals 1952 mit einer kleinen Summe an einem Hilfspro-

gramm der Vereinten Nationen für arme Länder. Als der eigentliche
Beginn der westdeutschen Entwicklungspolitik gilt das Jahr 1956: Das
Auswärtige Amt stellte damals 50 Mio. DM für technische Hilfe an
„unterentwickelte Gebiete" bereit. Das erste *Bundesministerium für wirtschaftliche Zusammenarbeit* wurde 1961 eingerichtet.

Zusammenarbeit mit Entwicklungsländern vollzieht sich heute auf mehreren Ebenen:

Die Bundesregierung und die Bundesländer führen entwicklungspoliti-
sche Vorhaben in der Dritten und Vierten Welt durch. So leistet die Bundesrepublik finanzielle Hilfe (Kredite, Zuschüsse) und technische
Zusammenarbeit, mit der sie einzelne Projekte, z. B. den Aufbau eines
Telefonsystems, unterstützt. Die Bundesländer fördern daneben vor
allem die Aus- und Fortbildung von Hochschülern und von Fachkräften
für die Wirtschaft.

Einzelne Städte beteiligen sich an der Arbeit in der Dritten und Vierten Welt. Sie schließen Partnerschaften mit Städten aus Entwicklungsländern, stellen Berater und Experten zur Verfügung und helfen beim Bau
von Schulen, Krankenhäusern und anderen öffentlichen Einrichtungen.
So unterhält Freiburg i. Br. eine Partnerschaft mit der Stadt Wiwili in
Nicaragua. Freiburger Fachleute halfen beim Bau einer Wasserleitung.
Und die Stadt wie auch einzelne private Initiativen unterstützen das dor-
tige Krankenhaus mit Geldspenden, mit medizinischen Geräten und mit
Medikamenten.

Im Rahmen der Europäischen Union betreibt die Bundesrepublik Entwicklungspolitik: Die Staaten der EU haben im Dezember 1989 mit 69
Staaten Afrikas, der Karibischen See und des Pazifischen Ozeans (AKP-
Staaten) das *Vierte Lomé-Abkommen* (benannt nach der Hauptstadt
Togos) geschlossen. Sie vereinbarten, daß gewerbliche Produkte dieser
Länder ohne besondere Zölle in die Europäische Union eingeführt und
dort verkauft werden können. Darüber hinaus soll die wirtschaftliche
und technische Zusammenarbeit verstärkt werden, indem z. B. Industrieunternehmen finanziell unterstützt oder mit Hilfe europäischer Fach-
leute aufgebaut und betrieben werden. Das Abkommen trat 1990 in Kraft.
Es gilt bis zum Jahr 2000.

Zur Entwicklungspolitik der EU gehört auch die gemeinsame Hilfe der
Mitgliedstaaten, wenn Menschen von Katastrophen oder von Kriegen
bedroht sind: Mit Nahrungsmitteln, Medikamenten und Kleidung, aber
auch durch Ärzte und Sanitäter soll dann vor Ort geholfen werden.

In Zusammenarbeit mit der UNO beteiligt sich die Bundesregierung an
entwicklungspolitischen Maßnahmen, die von dieser Weltorganisation

gemeinsam mit mehreren Staaten durchgeführt werden. Die UNO stellt Geld und Berater zur Verfügung, indem sie z. B. landwirtschaftliche Betriebe ausbaut, mit denen die Versorgung der Bevölkerung mit Nahrungsmitteln verbessert werden soll.

Umstritten: Wieviel Hilfe? Die Vereinten Nationen haben die reichen Länder aufgefordert, für die Dritte und Vierte Welt jeweils 0,7 Prozent ihres Bruttosozialprodukts zur Verfügung zu stellen. Diesem Vorschlag sind bislang nur wenige Staaten (z. B. Norwegen, Dänemark, Schweden und die Niederlande) nachgekommen. Obwohl der Deutsche Bundestag der Regierung 1982 empfahl, sich an dieser Zahl zu orientieren, blieben die deutschen Leistungen bislang unter diesem Wert. 1992 leistete die Bundesrepublik Deutschland staatliche Entwicklungshilfe in Höhe von 11,8 Mrd. DM. Das entsprach 0,39 Prozent des Bruttosozialprodukts. 1980 waren es noch 0,44 Prozent.

Private Entwicklungshilfe Neben staatlichen Stellen organisieren und finanzieren auch kirchliche und gesellschaftliche Organisationen Entwicklungsvorhaben. Zu diesen *Nichtregierungsorganisationen* gehören „Misereor" (katholische Kirche), „Brot für die Welt" (protestantische Kirchen), die „Deutsche Welthungerhilfe" (eine deutsche Unterorganisation der Vereinten Nationen) oder die Vereinigung „terre des hommes" Deutschland.

Initiativen für einen gerechten Preis In den letzten Jahren haben sich an vielen Orten – auch in Deutschland – Menschen zusammengetan, die den Entwicklungsländern im Handel mit ihren Produkten helfen wollen. „Dritte-Welt-Läden" z. B. verkaufen Produkte aus Entwicklungsländern. Die Erlöse fließen direkt den Herstellerinnen und Herstellern zu: Genossenschaften kleiner Bauern, Teppichwerkstätten, kleinen Fabriken, die aus der heimischen Wolle Textilien herstellen usw. Solche Initiativen wollen unser Konsumverhalten verändern und so dazu beitragen, daß die armen Länder einen *gerechten Preis* für ihre Erzeugnisse bekommen. Ein besonders erfolgreiches Beispiel ist der „TransFair-Kaffee". Ursprünglich nur in den Dritte-Welt-Läden verkauft, haben ihn inzwischen auch große Handelsketten in ihr Angebot aufgenommen. Etwa den Kaffee Foresta aus der Kooperative COOCAFE im Norden Costa Ricas: „Er trägt das Siegel ‚TransFair' – ein Zeichen, daß der Erlös mehr als bisher den Kleinbauern zugute kommt. Mit dem Kauf der Bohnen sichern die Konsumenten ihnen aber nicht nur mehr Einkommen, sie helfen auch, abgeholzte Tropenwälder aufzuforsten: Ein halber Dollar pro Paket wird abgezweigt, um Bäume zu pflanzen."
(Frankfurter Rundschau, 27. 10. 1993)

Adressen für weitere Informationen:

Bundesanstalt für Arbeit, Postfach, 90327 Nürnberg

Bundesrat, Bundeshaus, 53106 Bonn

Deutscher Bundestag, Presse- und Informationszentrum, Referat Öffentlichkeitsarbeit, Bundeshaus, 53113 Bonn

Bei den genannten Bundesministerien ist Informationsmaterial bei den Referaten für Öffentlichkeitsarbeit zu erhalten:

Auswärtiges Amt, PF 1148, 53001 Bonn

Bundesministerium des Innern, PF 170290, 53108 Bonn

Bundesministerium für Arbeit und Sozialordnung, PF 140280, 53107 Bonn

Bundesministerium für Familie, Senioren, Frauen und Jugend, Postfach, 53107 Bonn

Bundesministerium für Umwelt, Naturschutz und Reaktorsicherheit, PF 120629, 53048 Bonn

Bundesministerium für wirtschaftliche Zusammenarbeit und Entwicklung, PF 120322, 53045 Bonn

Presse- und Informationsamt der Bundesregierung, Postfach, 53105 Bonn

Bundeszentrale für politische Bildung, PF 2325, 53013 Bonn

Landeszentralen für politische Bildung:

Baden-Württemberg: Stafflenbergstr. 38, 70184 Stuttgart

Bayern: Brienner Str. 41, 80333 München

Berlin: Hauptstr. 98–99, 10827 Berlin

Brandenburg: Heinrich-Mann-Allee 107, 14473 Potsdam

Bremen: Osterdeich 6, 28203 Bremen

Hamburg: Große Bleichen 23/III, 20354 Hamburg

Hessen: Rheinbahnstr. 2, 65185 Wiesbaden

Mecklenburg-Vorpommern: Schloßstr. 2–4, 19053 Schwerin

Niedersachsen: Hohenzollernstr. 46, 30161 Hannover

Nordrhein-Westfalen: Neanderstr. 6, 40233 Düsseldorf

Rheinland-Pfalz: Am Kronberger Hof 6, 55116 Mainz

Saarland: Beethovenstr. 26, 66125 Saarbrücken

Sachsen: Schützenhofstr. 36–38, 01129 Dresden

Sachsen-Anhalt: Klewitzstr. 4, 39112 Magdeburg

Schleswig-Holstein: Düvelsbeker Weg 12, 24105 Kiel

Thüringen: Steinplatz, 99085 Erfurt

Parteien in Bonn:

CDU, PF 1380, 53003 Bonn
CSU, Franz-Josef-Strauß-Haus, Nymphenburger Str. 64–66, 80335 München
SPD, PF 2280, 53012 Bonn
F.D.P., PF 120223, 53044 Bonn
Bündnis 90/Die Grünen, Baunscheidtstr. 1a, 53113 Bonn
PDS, Karl-Liebknecht-Haus, Kleine Alexanderstr. 28, 10178 Berlin

Tarifpartner:

Deutscher Gewerkschaftsbund,
PF 101026, 40001 Düsseldorf

**Bundesvereinigung der Deutschen
Arbeitgeberverbände,** PF 510508,
50941 Köln

**Bundesverband der Deutschen Indu-
strie,** PF 510548, 50941 Köln

**Fragen zur Europäischen Union und
UNO:**

Europäisches Parlament, General-
sekretariat, Plateau du Kirchberg,
Centre Européen, L-2929 Luxemburg
Informationsbüro für Deutschland,
Bonn-Center, Bundeskanzlerplatz,
53113 Bonn

**Kommission der Europäischen
Gemeinschaften,** Rue de la Loi 200,
B-1049 Brüssel
Vertretung in der Bundesrepublik
Deutschland, Postfach, 53106 Bonn

**Deutsche Gesellschaft für die Ver-
einten Nationen,** Poppelsdorfer Allee
55, 53115 Bonn

Abkürzungsverzeichnis:

Viele dieser Abkürzungen tauchen in unserem Buch, bei der täglichen Zeitungslektüre, in den Nachrichten oder bei Gesprächen immer wieder auf:

ABM: Arbeitsbeschaffungsmaßnahme

AG: Aktiengesellschaft

BDA: Bundesverband der Deutschen Arbeitgeberverbände

BDI: Bundesverband der Deutschen Industrie

Benelux: Seit 1947 zusammenfassende Bezeichnung für die Staaten Belgien, Niederlande und Luxemburg

BGB: Bürgerliches Gesetzbuch der Bundesrepublik

BVG: Bundesverfassungsgericht

CDU: Christlich Demokratische Union Deutschlands

CSU: Christlich Soziale Union

DDR: (ehemals) Deutsche Demokratische Republik

DGB: Deutscher Gewerkschaftsbund

ECU: Europäische Währungseinheit

EFTA: Europäische Freihandelszone

EG: Europäische Gemeinschaft

EU: Europäische Union (früher EG)

EWR: Europäischer Wirtschaftsraum

EWS: Europäisches Währungssystem

FCKW: Fluorchlorkohlenwasserstoffe

F.D.P.: Freie Demokratische Partei

GASP: Gemeinsame Außen- und Sicherheitspolitik (der EU)

GATT: Allgemeines Zoll-und Handelsabkommen

GG: Grundgesetz für die Bundesrepublik Deutschland

MdB; **MdL**: Abkürzung für Abgeordnete: Mitglied des Deutschen Bundestages bzw. des Landtages

NATO: Nordatlantischer Verteidigungspakt

OECD: Organisation für wirtschaftliche Zusammenarbeit und Entwicklung

OPEC: Organisation erdölexportierende Länder

OSZE: Organisation für Sicherheit und Zusammenarbeit in Europa (früher KSZE)

PDS: Partei des Demokratischen Sozialismus

SED: Sozialistische Einheitspartei Deutschlands der ehemaligen DDR

SPD: Sozialdemokratische Partei Deutschlands

StGB: Strafgesetzbuch der Bundesrepublik

UN: United Nations (Vereinte Nationen)

UNCTAD: Welthandels- und Entwicklungskonferenz der VN

UNO: United Nations Organization = UN

VN: Vereinte Nationen

WTO: Welthandelsorganisation

WWU: Wirtschafts- und Währungsunion

Register